비영리 기관의 모금

- 비영리 부문의 혁신과 투자를 위한 새로운 전략 -

비영리 기관의 모금

– 비영리 부문의 혁신과 투자를 위한 새로운 전략 –

정 무 성 옮김

Beyond Fund Raising

by Kay Sprinkel Grace

Copyright ⓒ 1997 by Kay Sprinkel Grace
Korean translation edition published by arrangement with John
Wiley & Sons and Shin Won Agency Co.

Translation copyright ⓒ 2000 by The House of Sharing Press

이 책의 한국어판 저작권은 신원에이전시를 통해 저작권사와의 독점계약으로
한국어 판권을 나눔의집이 소유합니다. 저작권법에 따라 한국에서
보호를 받는 저작물이므로 무단전재와 무단복제를 금합니다.

저자 서문

미국 뿐만 아니라 전 세계에서 지역사회의 문화, 사회, 사회복지, 의료, 교육 및 예술기관에 대한 정부의 지원이 축소되면서 비영리 부문에서는 다양한 반응들이 나왔다. 위기감이라는 의견에서부터 적극적인 문제해결 노력까지 다양하다. 섣부른 모금 활동들은 여러 가지 이유로 반복적으로 기금제공을 요청 받은 사람들을 혼란케하거나 분노하게 하고 있다. 이들 잠재적 기부자들은 그들이 너무 쉽게 노출되어 있다고 느끼고 있으며, 기관들은 급변하는 사회환경에서 생존하기 위해서는 모금을 통한 기금확보가 절대절명의 과제라고 인식하고 있다.

지금은 비영리 부문의 리엔지니어링이 필요한 시기이다. 기부자 및 자원봉사자들과 장기적인 관계를 유지하기 위한 혁신과 투자전략이 필요한 것이다. 이러한 관계는 지역사회의 개선과 서비스를 위해서는 비영리 기관과 후원투자자가 함께 상호 책임을 져야한다는 이해에 바탕을 두어야 한다.

이는 파트너쉽, 존경, 비전에 기초한 관계이다.

이 책은 새로운 후원자와 조직간의 관계와 강화된 지역사회 건설을 위한 청사진이라고 할 수 있다. 또한 단순한 모금의 차원을 넘어서 가치에 기초한 박애, 개발, 그리고 참신한 접근의 모금으로 나아가기를 원하는 자원봉사자와 전문가들을 위한 것이다. 이 책은 다음과 같은 핵심적 원칙에 기초하고 있다.

1. 후원자들은 기관에 무엇을 바라기 때문에 기부하는 것이 아니고, 기관이 그들의 욕구를 잘 충족시키기 때문에 기부하는 것이다.

2. 모금은 돈과 관련된 것이라기 보다는 관계와 관련된 것이다.

3. 박애행위는 기부하고, 요청하고, 개입하고, 봉사하는 참여와 민주적인 과정이다. 이는 '다지선다형'의 성격을 지닌 것이 아니다. 역동적인 사회 속에서 사람들은 과정의 모든 측면에 관여하여야 한다.

4. 직원과 자원봉사자들이 개입하고 실천하는 과정에 있는 세 가지 수준이 있다 — 철학적 수준, 전략적 수준, 기술적 수준, 성공적인 기관들은 이 모든 수준에서 운영된다.

5. 박애 부문에서 '속전속결'과 같은 것은 없다. 단기적 혹은 예기치 못한 성공을 경험한 기관들이라 할지라도 시간이 지남에 따라 지속될 수 있는 체계와 구조를 창출해야 한다. 그렇지 않으면 기초나 벽을 다지지 않고 지붕을 올린 격이 되고 만다.

6. 박애행위는 가치중심적인 개발과 모금이라고 할 수 있다.

7. 기부자 안내서비스는 소홀히 취급하였거나 잘 못 이해해 온 기능이다. 후원자의 기부금품을 대하는 것 못지 않게 성실히 실천해야 할 과제이다.

8. 비영리기관의 기부요청 과정이 요청자 입장에서는 투자유치라는 자부심을 갖게 만들고, 후원자 입장에서는 압력이 아닌 해방으로서의 느낌을 갖도록 해 주어야 한다.

   이 책에 제시된 이러한 생각을 반영하고 전략을 실행하는 사람들은 이 세상의 비정부·비영리 조직의 건전성에 상당한 기여를 하게될 것이다. 그렇게 함으로써 비영리기관들이 혼란의 시대를 넘어 자신들의 개입을 통해 영향을 받아 재구조화된 사회로 안전하게 나아갈 수 있도록 도움을 줄 것이다.
   이것은 매우 의미있는 역할이다. 비영리 부문에 대한 나의 열정은 뜨겁다. 그 열정이 전문가적 사명감으로 발전하여 이 책을 쓰도록 영감을 주었다. 이 열정은 윤리, 가치, 전문가 의식, 대중 참여, 비영리에 대한 자부심, 사회 모든 조직과의 파트너십, 그리고 깊은 비전과 사명 등을 포함한다.
   이 책은 전 세계 비영리 부문에서 일하는 유급 혹은 무급의 지도자와 헌신자들을 위한 것이다. 이 책의 원칙들은 보편적인 것이다. 상당 부분 미국의 전통인 많은 박애적 실천과 전략이, 이제는 전 세계에서 성공적으로 실행되고 있다. 미국식 아이디어를 다른 나라에서 실행으로 옮길 때는 문화적인 적응이 필요할 것이다. 그러나 각 전략의 핵심은 합리적으로 적용될 수 있으리라 본다.
   비영리 부문이 정부 및 기업과 함께 건전한 사회를 창출하는 역할을 확

대해 감에 있어 주도력과 감응을 보여주어야 한다. 박애행위 영역은 기관의 재정 위기 때문이 아닌 투자 기회로서 기부자를 유치하는 담대함과 혁신, 그리고 결과 지향적인 새로운 행동모델을 통해 더욱 강한 공동체를 형성하는 기회를 제공해야 한다. 이 책은 바로 비영리 부문의 혁신을 추구하고 공동체적 지역사회를 강화시키고자 투자하기를 원하는 사람들을 위한 것이다.

케이 스프링켈 그레이스
(Kay Sprinkel Grace)

역자 서문

최근 우리 사회에서도 시민사회단체의 역할이 구체화되면서 시민사회의 성장이 가시화되고 있다. 특히 90년대 들어 이데올로기적 지향성이 약화되면서 다양한 정체성을 갖는 시민사회단체들이 출현하기 시작하였고, IMF를 거치면서 사회복지를 매개로 하는 시민사회단체들이 대거 등장하게 되었다. 따라서 그동안 정부와 시장이 사람들의 삶의 질에 영향을 미치는 기능을 주로 맡아왔던 구도에서 이제는 시민사회단체가 그 기능이 강화되게 되었다.

이는 21세기 새로운 사회변화의 동향을 반영하고 있는 것으로, 인간의 삶에 국가의 역할이 중요시되었던 20세기를 마감하면서, 사회복지를 둘러싼 외부환경의 변화가 민간 사회복지영역에 영향을 미치고 있는 것이다. 이들 영역에는 복지관련 시민단체, 복지관련 각종 재단, 연구소, 연구회, 지역사회 내 복지관련 기관 및 시설, 노인·아동·장애인·청소년 등 범주별 복지시설, 보건의료단체, 자원봉사단체, 구호단체 등이 포함된다. 사회복지계의 민간 부문 활성화는 그동안 부족했던 우리 사회의 복지 총량을 확대하는데 크게 기여할 것으로 여긴다.

　물론 우리 사회에서는 기본적으로 정부의 복지에 대한 투자가 대폭 확대되어야 한다. 그러나 동시에 정부의 부족한 복지 프로그램을 보충할 수 있는 민간 부문의 자원개발 노력도 경주되어야 한다. 우리 사회 기부문화를 확대하기 위해서는 사회복지기관과 복지관련 시민사회단체의 적극적인 모금 전략의 개발이 요구된다. 특히 민간 비영리 조직들이 지속성을 갖기 위해서는 재정적 기반을 확고히 하는 전략이 필요하다. 이를 위해 이 책은 매우 유용한 교과서가 될 것으로 믿는다.

　『비영리 기관의 모금』의 원서 제목은 <Beyond Fund Raising : New Strategies for Nonprofit Innovation and Investment>이다. 단순 모금을 넘어서 새로운 전략이 필요하다는 의미이다. 그럼에도 불구하고 『비영리기관의 모금』으로 제목을 붙인 것은 독자들이 쉽게 접근할 수 있도록 유도하기 위한 것이다. 그러나 저자의 의도를 충분히 전달하기 위해 '비영리기관의 혁신과 투자를 위한 새로운 전략'이라는 부제를 덧 붙였다.

　저자는 이 책을 통해 비영리 기관의 행정가들이 최근 사회환경의 변화에 따라 기부 문화가 바뀌고 있음을 깨달아야 한다고 강조하고 있다. 즉, 과거와 같이 단순히 기관이나 시설의 어려운 상황을 호소하고 동정을 얻어 기부금을 구하는 시대는 지났다는 것이다. 기관이 사회의 욕구를 제대로 충족하고 있을 때 사람들이 기부금을 내는 것이 오늘날의 추세이다.

　따라서 올바른 기부문화의 정립을 위해서는 마지못해 억지로 돈을 내도록 하는 것이 아니라, 기부가 건전한 사회의 구축을 위해 위대한 투자라는 인식을 심어주어야 한다. 이를 위해 비영리기관의 행정가들은 지속적인 자기 개혁과 함께 후원자들을 사회 변화의 동반자로서 참여시키기 위한 다양한 전략을 수립할 필요가 있다.

이러한 맥락에서 이 책은 비영리기관의 혁신과 투자 전략에 관한 이론과 실제를 제시하고 있다. 사회복지시설과 시민사회단체를 포함한 비영리기관의 지도자와 실무자들이 반드시 숙독해야할 책이라고 생각한다. 또한 장차 사회개혁을 위해 비영리부문에서 헌신하고자 준비하고 있는 학생들에게도 매우 유익한 참고도서가 될 것이다.

이 책을 번역하기까지 도움과 격려를 주신 많은 분들께 감사를 드린다. 특히 우리 사회 소외계층을 위해 일하는 조직과 실무자들에게 꼭 필요한 실용적 책들을 공급하겠다는 신념을 공유하는 나눔의집 출판사의 유보열 사장님과 직원들에게 깊은 감사를 드린다. 아무쪼록 이 책이 소외계층을 위해 적은 예산으로 자기 희생을 통해 엄청난 일을 해내고 있는 비영리기관의 지도자와 실무자들에게 도움이 되는 실용적인 지침서가 되기를 기대한다.

정 무 성

차 례

저자 서문 ··· 5

역자 서문 ··· 9

제 1장 : 가치(Values) : 박애행위, 개발, 모금의 기초 ············ 17
  1. 박애행위의 개념 ··· 17
  2. 비영리 부문에서의 가치의 역할 ···································· 18
  3. 가치에 기초한 접근 ·· 20
  4. 가치에 기초한 박애행위, 개발, 모금의 모델 ··················· 22
  5. 모델의 이해 ··· 23
  6. 패러다임의 변화 : 박애정신·개발·모금의 통합 ············· 37
  7. 요약 ··· 40

제 2장 : 구걸식 모금의 타파 : 태도의 변화, 실천의 변화 ······· 41
  1. 요청자·기부자·기관에서 구걸식 모금 태도를 고집하는 이유 ··· 42
  2. 개인 및 기관이 변화되어야 하는 이유 ·························· 52
  3. 기부자의 새로운 관점 : 후원투자자 ······························ 53
  4. 투자자와의 관계 ··· 55

5. 새로운 모금 태도의 도입 ·· 59
   6. 태도의 변화, 실천의 변화 : 참된 혁신 ·························· 61
   7. 가치에 기초한 개발 및 모금을 위한 조직의 구성 ············ 62
   8. 요약 ·· 62

제 3장 : 소명의 표류를 방지하기 위한 필수요소 : 리더십 ·········· 65
   1. 조직과 소명을 강력하게 유지하는 것 ···························· 65
   2. 소명의 표류에 대한 정의 ·· 66
   3. 소명의 표류를 피하는 방법 ·· 67
   4. 유능한 비영리 부문 지도자의 실천 ································ 68
   5. 비영리기관 지도자의 도전 : 소명과 기관간의 균형 ······· 73
   6. 효과적 시스템 유지를 위한 지도자의 역할 ···················· 80
   7. 변환기의 리더십 ·· 81
   8. 요약 ·· 89

제 4장 : 성공적인 개발 : 과정 및 협력관계(Partnership) ·········· 95
   1. 개발 및 모금을 위한 협력관계 ······································ 96
   2. 성공적인 개발 협력관계의 주요 성과 ···························· 96
   3. 개발 협력관계 구축 ·· 97
   4. 성공적인 개발 협력관계의 구축 ···································· 101
   5. 개발 과정: 기부자와 자원 개발을 위한 협력관계 ········ 110
   6. 기부자 개발을 위한 10단계 과정 ·································· 111
   7. 요약 ·· 143

제 5장 : 투자 유치 ·· 145
   1. 후원투자자의 정의 ·· 146
   2. 후원투자자 기반의 구축 ·· 147
   3. 투자 태도를 실행시키기 위한 도전 ································ 148
   4. 투자 요청 ·· 149
   5. 투자 유치 : 기부요청 단계 ·· 151
   6. 낡은 태도 바꾸기 ·· 169
   7. 거절의 극복 ·· 180

8. 투자 유치에 있어서 기관 차원의 참여 증대 ·················· 185
9. 새로운 접근방식을 좋아하는 법 배우기 ························ 188
10. 요약 ··· 189

제 6장 : 지역사회 투자의 자본화 : 연중 캠페인 ·············· 193
1. 연중 캠페인과 자본 캠페인 ·· 194
2. 연중 캠페인 ·· 196
3. 연중 캠페인 : 개발 및 모금 ·· 197
4. 기부자에게 복합적인 기부 기회 제시하기 ····················· 220
5. 성공적인 연중 캠페인의 요소 ······································ 222
6. 요약 ··· 231

제 7장 : 지역사회 투자의 자본화: 자본 캠페인 ·············· 233
1. 자본 캠페인의 정당성 ·· 234
2. 비영리 기관의 자본화 필요성 ······································ 236
3. 기부자를 자본 캠페인에 유인하기 ······························· 236
4. 자본 캠페인을 하기 전에 고려해야 할 사항 ················· 247
5. 캠페인의 진행 여부에 대한 판단 ································· 247
6. 요약 ··· 257

제 8장 : 기부자 안내서비스 : 개발 과정의 핵심 ············· 259
1. 왜 기부자 안내서비스를 실천해야 하는가? ·················· 259
2. 기부자 안내서비스의 의미 ··· 261
3. 기부와 기부자 안내서비스 ··· 262
4. 기부자 안내서비스와 소속감 ·· 263
5. 기부자와 잠재적 기부자를 주방으로 데려오기 ············· 265
6. 기부자 안내서비스에 우선권 부여 ······························· 267
7. 기부자 안내서비스 프로그램 구축 원칙 ······················· 268
8. 기부자 안내서비스 프로그램의 실행 ···························· 277
9. 요약 ··· 284

제 9장 : 이사회의 개발 및 참여의 극대화 ····················· 287

1. 이사회 개발 : 기금 개발의 열쇠 ································· 287
2. 이사회 개발 과정의 관리 ··· 289
3. 개발 위원회 : 책임감 ·· 290
4. 모집 ·· 292
5. 가입 ·· 304
6. 이사진 보유 및 참여 ·· 308
7. 이사(Board)인가 지루함(Bored)인가? – 모임을 최대한 활용하기 ·· 313
8. 이사회의 유지 및 교체 ·· 330
9. 요약 ·· 336

제10장 : 이사회 및 직원 운영의 세 가지 수준 ················· 339
1. 각 수준의 중요성 ·· 340
2. 철학적 수준 ·· 341
3. 전략적 수준 ·· 353
4. 전술적 수준 ·· 355
5. 세 가지 수준의 통합을 가로막는 장애물 ············ 359
6. 세 가지 수준의 접근방식을 기획 영역에 적용하기 ······· 360
7. 요약 ·· 366

제11장 : 계획의 위력 ·· 367
1. 기관에 계획이 필요한 이유 ····································· 368
2. 기관 계획과 개발 계획 ·· 373
3. 사전계획 분석 ··· 383
4. 구성 요소들의 결합 : 삼각형(TRI-POD) 기관 계획 과정 ·············· 383
5. 요약 ·· 402

제12장 : 원리의 실현 ·· 405
1. 본 책의 원리를 기관에서 실현하기 ······················ 406
2. 모금 이상의 성공을 위한 5가지 행동 ················· 407
3. 효과적인 모금에 필요한 3가지 자원 ··················· 414
4. 효과적인 모금을 위한 준비 ···································· 417
5. 효과적인 모금을 위한 10단계 ······························· 418

6. 두 가지 사례 연구 : 단순 모금 차원을 넘어서기 ·························· 427
7. 비영리 기관의 개발 및 모금의 추세 ··· 434
8. 요약 ·· 439

참고문헌 ·· **441**

제1장
가치(Values) : 박애행위, 개발, 모금의 기초

박애행위는 가치에 의해 동기화 된다. 이사회의 적극적인 활동, 자원봉사자의 열의, 기부자들의 만족감은 그 일이 은연중에 지니고 있는 가치에 바탕을 둔 행동에서 비롯된다. 자원봉사자, 기부자 및 기관의 가치를 연계시키는 것이 비영리 기관 성공의 중요한 열쇠이다.

1. 박애행위의 개념

인디애나 대학의 박애센터는, 박애행위란 단지 기부를 하는 것 이상의 큰 의미를 지닌다고 정의한다. 박애행위는 공공선을 위한 자발적인 행위이며 가치를 그 바탕으로 하고 있다(Payton, 1988). 자발적인 행위에는 주는 것, 요청하는 것, 참여하는 것, 섬기는 것이 포함된다.

사람들은 자신이 공감하지 않는 가치를 갖고 있는 기관의 박애행위에는 참여하지 않는다. 기관을 지지하는 사람들의 가치가 그 기관의 가치와 일치할 때, 기부자와 자원봉사자가 보여주게 되는 반응의 수준과 강도는 예상할 수 있을 것이다.

진정한 혁신과 기부자의 장기적인 투자를 유도하기 위해서 비영리 기관은 자체의 가치 기반을 개념화하고 적용해보아야 한다. 이들 가치에 대한 이해와 반응, 그리고 영향을 극대화하기 위해서 내부 체계와 지역사회 외부 체계를 조직화해야 한다. 이렇게 되었을 때에야 비로소 기관은 그 기관을 지지하는 자들과 충분한 교감을 달성할 수 있고, 지속적이고도 상호 만족스러운 관계를 유지할 수 있다.

2. 비영리 부문에서의 가치의 역할

비영리 기관의 설립과정에는 대개 복잡하고 열정적인 가치들이 나타난다. 사람들은 이러한 가치들이 의미 있게 추구되기를 바라면서, 지역사회의 다양한 욕구를 충족시킬 수 있는 기관을 설립하고 이를 지원한다. 아래의 예는 사람들이 자신의 가치에 따라 욕구들을 어떻게 실현하는 지에 관한 내용들이다.

- 약물 과용으로 자녀를 잃은 부모들은 자신의 슬픔을 달래는 건설적인 대안으로 청소년을 위해 지역의 고등학교에 상담 프로그램을 개설하였다.
- 발달 장애를 겪고 있는 어느 청소년의 할머니는 자립 생활과 존엄성을 모든 사람이 유지해야 한다는 가치에 따라, 자신의 손자와 그와 유사한 장애를 가진 청소년들을 위한 센터를 설립하는데 도움을 주

었다.
- 어느 미국인 시인 병사의 아버지는 그 아들이 제1차 세계대전 때 전사한 것을 기리면서 파리 시내의 미국 도서관을 설립하였다.
- 오스트레일리아의 퀸스랜드(Queensland)에 있는 백혈병 환자의 가족들은 환자가 병원 치료를 받는 동안 보호자가 기거할 아파트를 건립하는데 도움을 주었다.

다음의 예는 개인적인 동기는 약하지만 위의 예와 마찬가지로 가치 지향적이다.

- 미국에서, 지역 교향악단을 발전시키고 또 지역주민들이 음악회에 보다 접근 가능하도록 하는 운동 역시 가치에 따른 것이다. 즉, 라이브 음악 공연이 지역사회에 대한 매력을 강화시키고, 아동과 성인이 음악에 대해서 배우고 감상할 기회를 가질 필요가 있으며, 지역의 음악가들이 함께 연주할 필요가 있음을 지역의 지도자들이 깨닫게 되면서부터 이러한 운동은 가능해지는 것이다.
- 프라하의 한 현대미술 박물관은 재정 지원과 기금 조성을 강화하기 위해 민간 부문으로 시선을 돌리고 있다.
- 세입 감소로 허덕이고 있는 캘리포니아 소재 공립학교들과 기타 다른 지역에서는 위기에 처한 학교 프로그램을 지원할 기금을 확충하기 위해 민간 재단을 설립했다. 이러한 민간 재단은 교육의 질과 기회에 대한 가치로 동기화 된 부모들의 작품이라고 할 수 있다.
- 슬로베니아에서는 정부가 제공하던 보건 프로그램을 대체할 아동 서비스 기관 설립을 시민들이 주장하였다.

전 세계적으로 지역사회는 박물관, 학교, 사회복지기관 및 기타 중요한 기관을 설립하고 운영함으로써, 전통적인 서비스 공급주체 및 재정부담의 변화에 대응하고 있다. 자신들이 가지고 있는 가치와 그들 지역사회의 가치에 자극 받아 지역사회 건설자로서의 새로운 역할을 담당하고 있다.

세계적으로 독특한 미국의 비영리 지도력에 힘입어 국제적인 자선이 등장하고 있다. 이러한 박애정신은 가치에 의해 발전된 것이며, 이는 모금 및 개발 과정의 근간을 이루고 있다.

3. 가치에 기초한 접근

자원봉사자와 기금을 끌어들일 수 있는 성공적인 시스템과 구조는, 공통의 가치를 규명하는 데 달려있다. 이 가치는 지역사회 연계와 기관 운영에 기반이 된다. 박애행위의 기초가 되는 가치는 직관적이거나 무의식적이다. 자발적인 행위의 핵심에 위치해 있는 가치는 반드시 자극되어야 한다.

위원회 구성원, 자원봉사자나 직원 모두 왜 자신이 이 조직에서 활동하고 있는지를 본능적으로 인식할 수도 있지만, 이들 대부분은 자신을 이끄는 가치를 명확하게 정립하고 있지 않다. 지역사회의 지지를 이끌어내기 위해 참신하고 설득력 있는 메시지를 전달하는 능력에 손상을 입은 비영리 기관의 지도자들은 소속 기관의 핵심 가치를 재검토함으로써 힘을 얻을 수 있다.

이러한 노력의 결과는 매우 놀랍게 나타난다. 다시 새롭게 동기화 된 가치는 때로는 직접적으로, 혹은 원칙을 발견하거나 이를 유지하는 재 다짐으로 나타난다. 이는 지역사회 지지를 확장시키는 가치 지향적인 지역사회 연계의 첫 단계가 된다.

기관이 오래되었고 기존의 기반을 지속적으로 추구하든, 혹은 새롭게 지역사회와의 연계를 구축하기 위해 확고한 기초를 다지든 간에 가치를 규명하는 것은 중요한 단계이다.

1) 가치의 규명

가치 지향은 외향적인 것이다. 이를 위해 기관은 자신의 창을 거울로 대체하고, 지역사회의 욕구와 기존의 잠재적인 구성원의 가치를 연계시킬 수 있는 신념과 실천에 대한 기관의 관점을 규명해야 한다. 자신의 욕구를 강조하는 것으로부터 지역사회가 충족해야 하는 욕구를 강조하는, 발전하는 조직에게 있어 가치 규명의 과정은 가끔 어려운 작업이다.

가치는 지역사회와의 연계를 수행하고 기관내부의 재정 욕구에 필요한 모금을 하는데 사용된다. 기관의 가치를 새롭게 규명하기 위해서는 과거의 습관을 초월하기 위한 훈련이 요구되며, 이 때에는 마음이 일치하는 사람들을 이끌고 유지할 수 있는 핵심 가치에 초점을 두어야 한다.

가치는 기관과 기부자에 따라 다양하게 나타난다. 다음은 몇몇 기관의 핵심적인 가치에 관한 예이다. 이는 개발 과정과 모금에서 박애행위의 본질을 이해하는 데 도움이 될 것이다.

- YMCA   : 청소년, 지도력, 가족, 지역사회, 건강
- 예술교육 기관   : 창의성, 표현력, 학습, 기회, 가족 참여
- 아동서비스 기관 : 안전, 보건, 보호, 관심, 가족, 치유의 기회
- 의료기관   : 치료, 지속적인 보호, 우수성, 연민

다소 이타적인 가치와는 좀 거리가 먼 사람들은 자기 이익적인 가치, 즉

아주 평판 높은 기관, 특히 주요 예술교육 기관을 지원할 수 있도록 하는 가치를 제안한다. 즉, 이들에게는 부자, 유명인, 혹은 권력 있는 사람들과 교제할 수 있는 기회 혹은 사회적 인정 등이라는 가치가 영향력이 있다는 것이다. 이러한 동기도 실질적이고 타당한 것이며, 다른 가치와 연계하기 위한 기회로 간주되어야 한다.

연말정산시 일회성 기부금을 주는 사람들이나 큰 목돈을 기부하는 사람들의 동기가 기관의 윤리와 가치에 크게 어긋나지 않는 한 이는 서로간의 관계를 형성하는 출발점이 되어야 한다. 시간이 지남에 따라 초기 'WIFM (What's in it for me?: 내게 무슨 이득이 있을까)'의 동기는 이후 상호 중요하다고 인식되는 영역에서 변화를 이루려는 노력에 기관과 함께 기꺼이 일하려는 열망으로 변화될 수 있다.

심판자보다는 촉매자로서 역할을 담당하는 기관들은 사람들에게 참여의 영향을 더욱 잘 이해할 수 있는 기회를 열어줄 수 있다. 대부분의 자원봉사자와 전문가들은 기부자의 동기가 기관의 사명과 일치하지 않아서 기관의 명예를 위태롭게 하는 경우를 잘 알고 있다. 이러한 사례는 매우 드물며, 그런 선물은 거의 대부분 거절되고 만다.

기관이 사람들과의 첫 상호작용에서 가치를 규명하고 배양하는 것은 새로운 모금전략의 첫 단계이다.

4. 가치에 기초한 박애행위, 개발, 모금의 모델

가치에 기초한 박애행위, 개발, 모금의 상호관계를 숙지하는 것은 기관이 소속 지역사회에서 혁신적이고 강력한 위치를 차지하기 위한 중요한 조건이다. [그림 1.1]은 이러한 세 가지 기능이 비영리 기관에서 일관성 있게

[그림 1.1] 가치에 기초한 박애정신, 개발, 모금간의 상호관계

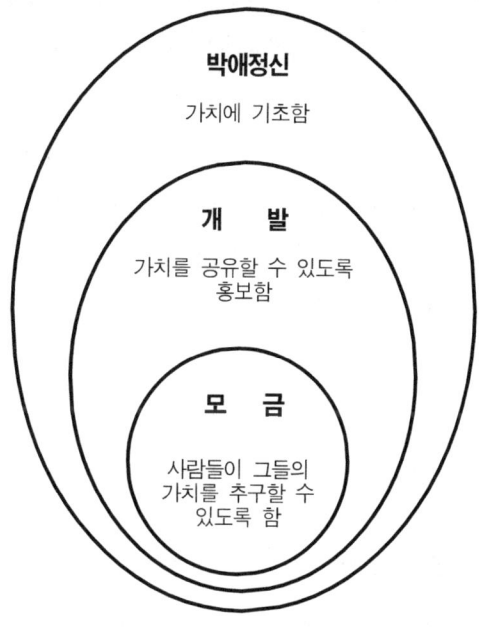

기부자를 개발하는 빈틈없는 전략으로 작용하는 것을 보여주고 있다. 이러한 기능의 통합이 새로운 모금전략의 기본 전제가 된다.

5. 모델의 이해

패이턴(Payton)과 그의 동료가 재 정의한 바와 같이, 이 모델의 가장 큰 요소는 박애정신이다. 이것은 개발과 모금을 둘러싸고 있는 배경이 된다.

공공선을 위한 자발적 행위로서 박애행위를 확대 해석하는 대부분의 비영리기관의 자원봉사자와 기관의 지도자들은, 기획과 결정의 우선순위를 다루는 철학적 기초로서 박애행위의 역할을 깨닫게 된다. 즉, 개발과 모금 사이의 차이를 이해하는데 전통적인 사고 방식에 대한 도전이 더욱 강력하게 대두되고 있다. 미국비영리기관이사회(National Center for Nonprofit Boards) 워크샵 시리즈의 일부로 수행된 어느 조사에 따르면, 참여자 대부분이 '개발'은 모금을 의미하는 '좀더 나은 표현방법'에 불과하다고 지적했다.

개발과 모금의 차이를 구별하는 이 3단계 모델에서는 그러한 생각에 문제가 있음을 지적하며, 이들 기능들은 박애정신의 산물로 간주한다. 이 모델은 모금 활동으로부터 개발의 과정을 분리시키며, 각각을 가치에 기초한 구조 내에서 개별적인 기능들로 설정한다.

이 모델에는 박애정신, 개발, 모금의 세 가지 요소가 있다.

1) 가치에 기초한 박애

박애정신은 이 모델에서 가장 기초적인 부분이며, 이는 가치를 그 바탕으로 한다. 이러한 결론은 패이턴(Payton)과 그의 동료들이 수행한 조사에서 검증되었다. 사람들은 자신의 가치와 일치하지 않는 가치를 추구하는 기관에 기부·요청·참여·봉사 등을 하지는 않는다.

대부분의 사람들은 지역사회와 개인의 가치를 강화하고 발전시키는 기관에 헌신적으로 참여한다. 또 어떤 사람들은 처음에는 자기에게 유익한 것이기 때문에 동기화되는 경우도 있다. 앞에서 언급한 바와 같이 이러한 최초 동기는 시간이 흐름에 따라 기부자와 기관 모두에게 이익이 되는, 보다 깊은 상호이해로 발전할 수 있다.

핵심 가치가 광범위하기 때문에(예를 들어 존엄성, 독립성, 우수성, 동정심, 삶의 질 등), 이러한 가치는 서로 다른 욕구와 인식을 가지고 있는 다양한 영역의 기부자들이 기관에 접근할 수 있도록 해 준다. 메시지에는 이들 가치 중 어느 하나 또는 모든 가치를 담을 수 있다. 또한 가치는 기관간의 경계를 초월하여 공유될 수도 있다. 가족, 건강 또는 안전을 가치로 삼는 사람들은 이들이 참여할 수 있는 기관이 지역사회에 여럿 있다는 것을 발견할 수 있다. 이것은 기관간의 경쟁의식을 감소시키고, 대신에 여러 기관들이 공동으로 가치 중심적인 지역사회 임무 수행의 중요성에 초점을 둘 수 있게 해 준다.

(1) 두 기관의 공동 캠페인 : 공통 소명 및 공통 가치

어느 한 지역사회에 있는, 가정폭력을 경험한 여성과 그 자녀를 대상으로 하는 독립적인 두 개의 기관은 지역사회 캠페인에 서로의 노력을 결합할 수 있었다. 위기관리 쉼터와 임시 주거 혹은 직업훈련 프로그램에서 '폭력의 악순환 제거'라는 공통적인 가치 아래, 연간 합동 모금 캠페인을 수행했다.

한 광고 회사는 양질의 인쇄물과 전자 공공서비스 홍보 자료를 제공했다. 또한 지역의 한 신망 높은 전문가가 캠페인의 기조강연을 해 주었다. 75,000달러가 넘는 기부금은 합동 캠페인을 벌인 두 기관이 공유하였다. 또한 그 두 기관은 그 해에 공동으로 벌인 합동 캠페인과는 별개로 공통적인 임무를 반영하는 자체의 모금 활동을 수행하였다. 가정폭력 문제에 대한 지역사회의 인식은 합동 캠페인을 통하여 강화되었으며, 이것은 개별 기관의 캠페인에서도 나타났다. 공공서비스 안내에서 계속적으로 발표되고 호소되고 있으며, 아직도 지역의 TV 방송에 등장하고 있다.

두 기관에서는 공유하는 가치에 동조하는 새로운 기부자들을 발굴해 냈으며, 기존의 기부자들에게는 폭력의 악순환 제거가 중요함을 새롭게 인식시키는 계기가 되었다.

(2) 박애정신의 해석 : 가치를 전달하는 메시지는 사명이다.

가치에 기초한 박애행위에 있어서 후원·투자자 또는 자원봉사자로 참여하기를 권유하는 경우, 그들의 가치를 반영하는 소명헌장(mission statement)을 통하여 가장 잘 확대될 수 있다. 많은 비영리 기관들은 가치 진술에 불편해 하는 사람들의 압력을 극복하지 못하고 '기업적인' 소명헌장을 채택한다. 그래서 기관이 '왜' 활동을 수행하는가 보다는 '무엇을' 수행하는가를 설명하는 것에 그치고 만다.

가치에 기초한 박애행위, 개발, 모금을 성공적으로 수행하기 위해서는 기관이 존재하는 이유가 명시된 소명헌장을 채택하는 것이 매우 중요하다. 즉, 기관이 무엇을 수행하는가에 대해 규명하는 것도 중요하지만 기능은 단지 목적에 대한 반응에 불과한 것이다.

(3) 소명헌장에 명시되어야 할 사항

비영리 기관은 지역사회의 욕구를 충족시킬 목적으로 존재한다. 사람들은 기관이 필요로 하기 때문에 시간과 금전을 기부하는 것이 아니라 기관이 사회의 욕구를 충족시켜주기 때문에 기부하는 것이다. 이것은 모금전략의 핵심적인 전제이다. 기관의 기능만을 명시하는 소명헌장에는 기관이 존재하는 이유는 무엇인가, 어떤 욕구가 충족되는가와 같은 목적에 기초한 기능을 정립할 필요가 있다.

일부 가치는 '기관이 무엇을 수행하는가'에 대한 기술 속에 나타날 수도 있지만, 관심을 유발하는 핵심 가치는 '왜 기관이 존재하는가'에 대한 기술 속에 더욱 명확하게 나타난다. 인디애나 대학 자선센터의 프로그램 중에 하나인 모금학교에서는 가치에 기초한 소명헌장에 관한 워크샵을 실시했다. 기초과정의 자료집에는 "당신의 기관이 존재하는 이유가 무엇인가?"를 설명해 주는 소명헌장의 예가 소개되어 있다.

(4) 가치에 기초한 소명헌장의 예

갈수록 많은 기관들이 투자를 강력히 권유할 수 있는 소명헌장을 수립하고 이를 이용하고 있다. 손의 부상만을 전문적으로 치료하는 캘리포니아의 벡터 보건 프로그램(Vector Health Program)은 이에 대한 적절한 사례가 될 것이다. 이 프로그램의 책임자인 카렌 에인젤(Karen Angel)은 이것을 워크샵 실습의 일부로 준비하였다. 벡터 서비스를 기술한 최초의 소명헌장은 핵심 가치가 결여되어 있다는 지적을 받았다. 그 후 에인젤은 "왜 여러분의 기관이 존재하는가?"에 대해 다음과 같이 기술했다.

"사람의 얼굴 다음으로 손은 가장 두드러지게 표현할 수 있는 특징을 갖는다. 우리는 손으로 대화를 한다. 우리는 손으로 일을 하며 놀기도 한다. 우리는 손이 있음으로써 편안해 지고 손으로 사랑을 표현한다. 손에 부상을 당하면 사람들은 스스로, 또 전문적으로 영향을 받게 된다. 벡터 보건 프로그램은 사람들이 자신의 손을 다시 사용할 수 있도록 해 준다."

이 소명헌장에서는 벡터가 어떻게 사람들이 손을 사용할 수 있도록 치료하는가에 대해 설명하였다. 처음 이 소명헌장을 들은 기관의 이사장은 감동의 눈물을 흘렸다. 이 일이 있기 전까지 에인젤은 자신이 왜 워크샵에 참석했는지를 깨닫지 못했다고 한다. 이 소명헌장은 에인젤 자신의 가치를 표현한 것이었다.

다른 예로, 예일 대학교 의과 대학원에서는 가치에 기초한 소명헌장을 약 20여 년 전에 수행한 기금마련 캠페인에 사용하였다. "우리는 지금 가장 심오한 지식 혁명의 한 가운데 서 있습니다. 이는 생명 과학의 혁명입니다. 삶의 과정을 이해하고 질병과 싸우는데 있어서 이것이 의미하는 바는 무한 합니다. 예일 대학교는 이 혁명의 선두에 있습니다." 간략하면서도 강력한 이 소명헌장은 우수성, 혁신 및 참여의 뛰어난 가치를 반영하며, 이러한 가치를 공유하는 사람들을 캠페인에 참여하도록 유도해 냈다.

(5) 편안한 가치 표현 기법

가치를 지니는 것만으로는 충분하지 않다. 가치는 표현되어야 한다. 점차 비판정신과 실용성을 강조하는 대중에게 가치에 기초한 소명헌장을 제시하는 것을 주저한다면, 이러한 기관들은 기관의 핵심 가치를 규명하는 훈련을 더 해야 한다. 기관에서 수립한 소명헌장은 내부적으로만 사용할 목적을 가질 수도 있지만, 소명헌장이 수립되면 기관의 발전을 위해 타인들을 동참시켜야 하는 사람들을 고무시키고, 동기를 유발하는 목적으로 사용하여야 한다.

기관이 가치에 기초한 소명헌장을 개발하여 공표하기를 꺼려하는 것은 이해할 수 없는 일이다. 대부분의 상업광고에서 보면, 가치와 감정이 상업적인 이득을 위해 적절히 사용되고 있는 것을 볼 수 있다. 자동차, 청량 음료, 식품, 세척제, 보험, 건강 계획, 기타 소비재 등을 생산하는 업체들은 마케팅에서 결코 가치 강조를 주저하지 않는다.

비영리 기관의 소명헌장이 광고는 아니지만 소명헌장은 광고가 소비자의 구매를 확신시키도록 하는 것과 같은 맥락으로 잠재적인 기부자 및 자원봉사자들을 유인하는데 활용된다.

앞에서 인용한 두 소명헌장에 반영된 바와 같이, 비영리 기관의 소명헌장에서는 어느 정도 감정적인 표현이 들어가 있다. 이 감정은 가치에 근거한 것이며, 결코 과도하거나 공격적인 표현은 아니다. 대부분의 비영리 기관은 태생적으로 감정적인 기반을 가지고 있다. 소명헌장이나 기타 자료에 감정을 배제하면 이 것은 목적에 모순되는 것으로 보이게 된다.

한 예를 들면 어느 광고회사 중역이 자신의 모교를 위한 모금 캠페인 우편물에 대해 건설적인 비판을 가했다. 그는 자신에게 어떠한 추억이나 감정도 부여하지 못하는 지나치게 지적인 이미지를 지적했다. 그리고 모교의 개발 담당 직원에게 비가 내린 후 캠퍼스 숲의 향기, 축구경기 중간 휴식시간의 경기장 함성, 쉬는 시간에 친구와 급히 마신 커피 맛 등, 동창생들 사이에 향수를 불러일으키는 이미지를 부각시키도록 권고하였다. 그의 생각은 다음 해의 우편물에 반영되어 뚜렷한 성과를 가져왔다.

(6) 가치에 기초한 소명헌장의 창안

소명헌장을 창안해 내는 것은 어렵지만 필수적인 단계이다. 소명헌장에서 가치를 구체화하는 것은, 우편물이나 사업계획서를 포함하여 다른 자료를 만드는데 도움을 줄 수 있다. 이것은 자원봉사자를 모집할 때 대화의 초점이 될 수도 있고, 강연 및 발표의 핵심 사항이 될 수도 있다. 소명헌장이 위원회에서 수립될 수는 없지만, 주요 관련자들이 참여하는 초기 아이디어 회의에서 도움을 얻을 수도 있다.

첫 단계는 핵심 가치를 규명하는 하나의 연습으로 볼 수 있다. 이사회의 모임에서, 그리고 자원봉사자, 직원, 회의에 참여한 모든 개인은 자신이 생각하는 기관의 핵심 가치를 기록한다. 다음에 사회자는 모든 개인에게 자신이 기록한 목록에 있는 가치 중 한 가지를 설명을 하도록 한다. 두 번째 단계가 완료되면, 아직까지 주요 목록에 포함되지 않은 가치를 어떤 것이든지 제시하도록 한다. 처음에는 각자에게 한 가지 가치만을 말하도록 요청하는 것이 중요하다. 이 과정의 장점은, 참여자들이 기관의 가치로 생각하는 공통적인 관점을 서로 인식하게 되는 데에 있다.

일단 이러한 가치가 규명되면, 이전과 동일한 참여자들은 "(우리 기관은)

…… 라는 이유로 존재한다"라는 문장을 완성한다. 설명이 '…… 하기 위해서'의 형식(동사의 부정사형, 예 ; 정보를 제공하기 위하여, 교육하기 위하여 등)으로 쓰기보다는, 명시된 가치를 통합하고 기관이 존재하는 이유를 설명하는 형식으로 쓰도록 한다. 이 지침은 벡터 보건 프로그램에서의 손에 관한 소명헌장을 작성할 때 활용되었다.

이렇듯 '왜'로 시작하는 표현과 핵심 가치 목록은 소명헌장의 초안을 잡는데 소재가 된다. 확인된 작성 기법과 기관의 역사와 우선 순위를 자유자재로 구사할 수 있는 재량을 갖고 각 개인에게 가치를 작성하는 과제를 할당한다. 그리고 재검토 과정에 따라, 편집될 수 있는 범위에 따라, 소명헌장을 작성하기 전에 합의를 이끌어 낸다.

우수하고 빈틈없으며 활력 있고 영감을 주는 많은 소명헌장들이 다듬고 수정하는 과정에서 너무 많은 사람들이 개입하기 때문에 볼품 없고 폐쇄적이며 무의미하고 두서 없는 어구가 되어버리는 경우가 있다. 어느 기관은 전체 이사회 회의가 소명헌장 초안에 언급한 '사회 부정의'와 '사회 부정의들' 사이의 실질적인 차이를 규명해 내는데 시간을 보냈다. 이들 어구의 미묘한 차이로 의견이 모순되게 엇갈렸고, 소명헌장 작성 과정은 결렬되고 말았다.

일단 초안이 내부적으로 승인되면 기관은 소명헌장을 일부 후원·투자자 집단에게 회람함으로써 도움을 얻을 수 있다. 여기에는 전임 이사, 주요 기부자, 이러한 '내부' 의사소통과정에 참여하는데 관심이 있는 사람들이 포함된다. 어떤 기관에서는 자본 캠페인(capital campaign)에 사용할 목적으로, 그 기관의 소명에 대한 개념을 검증하는 과정에서 아주 미묘한 방법상의 차이로 캠페인 자료를 보다 효과적으로 만들 수 있는 유용한 피드백을 얻었다. 이러한 변경으로 그 기관은 더욱 광범위하게 호소 메시지를 개발하었고 지금까지 다른 방법으로는 참여하지 않았던 사람들의 참여를 이끌어 낼 수 있었다.

(7) 가치에 기초한 소명헌장의 수용 및 적용

기관의 가치와 기관이 충족하고자 하는 욕구를 일치시키는 '가치에 기초한 소명헌장'도 이사나 직원으로부터 결코 승인을 얻어내지 못하는 경우가 있다. 대신 기관의 지도자는 보다 기업적인 형태의 기관의 기능에 관한 소명헌장을 승인하고 수립한다. 거의 감동을 줄 수는 없지만, 이러한 소명헌장은 기업이나 법률 회사에서 사용하는 형태와 유사한 것으로 기관 내부 및 외부에서 사람들이 가지고 있는 욕구를 충족시켜 주기도 한다. 그러나 기관 가치의 표현은 당연히 갖추고 있어야 한다.

가치에 기초한 소명헌장은 그 즉시 환영받거나 수용되지 않을 수 있다. 때로 이것은 차후에 채택되거나, 아니면 소명헌장이 아닌 기관의 목적을 표현하는 다른 기초 자료에 통합되기도 한다. 많은 경우 기관의 미래에 대해 어려운 결정을 내릴 때 소명헌장의 가치 중심적인 표현에 관심을 갖게된다.

대형 종교기관의 여름 캠프를 운영하는 한 조직에서는 역사적으로 결정적인 순간에 이르러서야 가치와 목적에 관한 헌장을 되돌아보게 되었다. 소명헌장을 수립하는 워크샵에 참석했던 개발부장은 자신의 기관에 돌아와서 그 소명헌장에 대해 부정적인 반응을 얻었다. 그러나 그는 자신이 수립한 소명헌장이 언젠가는 활용될 것이라는 생각을 가지고 그것을 계속 보관하였다. 그리고 그것은 실현되었다. 이사회와 직원들의 수련회에서 참석자들은 기관이 지향해야 할 방향에 대하여 서로 상반된 시각을 보였다. 뚜렷한 이견이 대립되어 논쟁은 수 시간동안 지속되었다. 일부에게는 제안된 조치가 임무를 벗어난 것이라고 했으며, 또 다른 일부에게는 이것은 논리적인 다음 단계의 과정이라고 주장했다. 개발부장은 이를 자신이 준비한 가치에 기초한 소명헌장을 기관에 제공할 기회로 보았다. 부장이 소명헌장을 낭독하고 난 후, 어떤 방향을 취할 것인가에 대한 어떠한 질문도 더 이상 제기되지 않았다. 그는 모든 참석자들에게 기관의 기본적인 목적을 확인시켜 주었고, 충족해야할 욕구에 관한 초점을 재설정하도록 하였다.

가치에 기초한 소명헌장을 수립하는데 한 가지 핵심적인 측면은 가치나 충족해야 할 욕구를 주요한 문구나 서두에 놓는 것이다(앞의 벡터 및 예일 대학교 소명헌장을 참고하도록 한다). 이러한 방법은 사람들이 선호하는 가치를 기관의 명칭이나 기능의 소개에 우선하여 관심을 끌게 만들 수 있다. 욕구가 무엇이고, 또 이 욕구를 충족시키는 것이 왜 중요한지를 설명하는 간결하면서도 강렬한 느낌의 용어를 지속적으로 사용함으로써, 이와 유사한 관심과 가치를 공유하는 사람들은 더욱 깊이 있는 목적에 관심을 갖게 된다. 기관의 명칭이나 원칙적인 기능으로 소명헌장을 시작하게 되면 일부 듣는 사람이나 읽는 사람들은 가치나 목적이 드러나기도 전에 외면해 버린다. 이렇게 될 경우 사람들에게 기관의 소명헌장을 소개할 기회는 연기되거나 사라져 버릴 수도 있다. 무엇보다도 먼저 욕구는 눈으로 지각할 수 있도록 해야 한다.

이 접근법이 사용된 블랙 앤 데커(Black and Decker) 회사에 관한 이야기가 있다. 이것은 블랙 앤 데커 드릴에 관한 것으로, 영업사원들이 드릴 판매를 위한 교육을 받는 중이었다. 영업사원들은 "사람들이 왜 블랙 앤 데커 드릴을 구입하는가?"란 질문을 받게 된다. 대부분 즉석에서 제시한 대답은 "그들이 드릴을 필요로 하기 때문"이었다. 이것은 오답이다. 사람들이 블랙 앤 데커 드릴을 구입하는 이유는 "구멍을 필요로 하기 때문"이다. 훈련생들은 이것을 배우게 된다.

이것은 비영리 기관에도 마찬가지이다. 사람들은 우리가 수행하는 것에 투자를 하기에 앞서, 우리가 어떤 욕구를 충족시키는가를 알 필요가 있다. 구멍을 뚫을 필요가 있을 때만 드릴을 구매하는 것과 마찬가지로, 우리가 제공하는 것이 그들 자신이나 지역사회에 중요한 것이라고 판단될 때만 비영리 기관에 투자를 하게 되는 것이다.

기관의 가치를 표현하는 철학적 소명헌장은 확실한 지지집단을 만들거나 기부자 개발 프로그램을 수립하는데 기본적인 도구가 된다. 소명헌장은 사람들이 행동을 취하게 하며 기관이 지역사회에 미치는 영향이 전달되도록 메시지를 제공한다. 이것은 개발을 위한 주춧돌이다.

2) 개발 : 공유된 가치를 알리는 과정

이 모델의 두 번째 요소는 개발이며, 이것은 넓은 범위의 박애행위에 속한다. 개발은 모금을 포함하지만 전적으로 모금을 의미하는 것은 아니다. 대개 모금의 완곡한 어구로 간주되는 개발은 그 이상의 의미를 포함하고 있다. 자선은 가치를 바탕으로 하며, 개발은 공유된 가치를 알리는 과정이다. 이 과정에는 공유된 가치의 규명, 양성, 강화가 포함된다. 이것은 잠재적인 기부자나 기존의 기부자들이 기관을 위해 가치를 탐구하고 적용하는 기회를 제공하는 것이 중요하다는 것을 깨닫게 하는 과정이다.

개발 과정의 잠재성은 기관이 결코 완전히 실현할 수 없다. 다음은 더욱 포괄적인 개발 관점을 얻기 위한 중요한 통찰력을 제시해 줄 것이다.

- 개발은 후원자·투자자가 되게 하기 위해 기관이 개입하여 전개하는 일련의 의도적인 활동이다.
- 개발 과정의 위력을 깨달은 조직은 개발의 활성화와 모금 실천에 근

본적인 것으로 새로운 지식을 간주한다.
- 개발은 관계를 생성시키고 강화하며 유지하는 것과 관련된 광범위하고 인내심이 요구되는 과정이다.
- 개발은 비영리 기관이 잠재적인 그리고 기존의 기부자에게 그들의 투자가 기관 및 지역사회에 미치는 영향을 이해시키는 방법이다.
- 개발은 기관과의 역학 관계를 추구하는 후원자, 투자자, 기부자를 모집하는 과정이다.
- 개발은 모든 기부가 투자의 형태라는 전제를 바탕으로 하며, 이는 기관 및 후원·투자자가 공유하는 가치가 제 역할을 발휘함을 아는 것으로 보답이 된다.

(1) 개발에 우선 순위가 주어져야 하는 이유

개발은 비영리 기관이 성공적인 운영을 하기 위해 시간을 투여하는 과정이다. 개발이 계획되어 예민하게 중요한 과정을 추구하게 되면, 모금의 안정성은 커진다.

기부자와 기관의 가치 결합을 규명하고 개발하기 위해 장기 전략을 수행하는 기관은 변화를 극복할 수 있다. 이러한 기관은 경제의 변화, 혁신적인 모금 유형, 격심한 정치 변동 및 기부자를 유지하는 기관의 능력을 훼손시키는 기타 무력으로부터 살아나는데 도움을 얻을 수 있다. 개발을 실천하는 기관(대학교, 병원, 시각 및 행위 예술 기관, 사회복지기관, 사회단체)은 성공적인 연중 캠페인을 기획, 배치하는 데 유능해야 하며, 자본 또는 증여 캠페인이 필요하게 된다.

그러나 이러한 설명을 충족시키면서 지역적, 전국적 및 국제적으로 지도력을 인정받는 기관들조차도, 연중 캠페인이 성공적으로 수행되지 못하여 재정의 확보를 위한 반복적인 노력이 실패하고 목표에 도달하지 못한 채 캠페인이 사라져 버리는 경우가 많다.

간단히 말해 문제는 이것이다. 기관의 개발이 견고하지 못하고 실천이 계획적이지 못할 경우, 인적·재정 자원이 이러한 핵심 기능에 적절히 배치되지 못하여 결국 모금은 실패하게 된다.

(2) 개발의 정의

개발은 대개 미묘하고 흔히 실체를 분간하기 어려우며 즉석에서 측정할 수는 없지만, 기부자와 자원봉사자를 기관에 밀접히 연결시키고 공유된 가치를 더욱 깊이 있게 이해시키도록 하는 행위로 이루어진다. 이는 다음과 같은 내용으로 구성된다.

1. 기부 가능자를 확인하고 자격을 부여하는 과정, 즉 이사회, 자원봉사자, 정규 직원, 잠재적 기부자 및 자원봉사자를 선별하는 과정
2. 자원봉사자-직원간의 협력과 기부자 욕구를 바탕으로 한 일련의 활동을 통해 잠재적인 그리고 기존의 기부자를 참여시키는 전략을 개발하는 것
3. 관심을 고양시키고 관계를 수립하는 것으로 평가된 일련의 계획된 활동, 우편물, 기회를 제공하는 것을 통해 기부 가능자와 기부자를 양육하는 것
4. 기부 가능자를 후원·투자자로 전환시키는 과정으로, 기부를 권유하는 것
5. 기부자에 대한 책무를 이행하는 것, 즉 기부자에게 바람직하고 수용

가능한 방법으로 공유된 가치를 보다 잘 이해시키는 것
6. 기관이 지역사회에 미치는 영향과 관련된 전반적인 지역사회 관점의 개선

　개발을 실천하는 것은 모금을 성공적으로 이루어내기 위한 필수적인 준비 사항이며 나아가서 모금을 성공시키기 위한 핵심 사항이다.
　개발 실천 과정을 소개하고 적용하는 것이 이 책의 핵심내용이다.

3) 모금 : 사람들이 자신의 가치를 추구할 수 있도록 도와주는 과정

　여기에 제시된 모델의 모금은 개발과 박애정신 및 여기에 내재하는 가치를 연계시키는 지속적이며 활력 있는 기능이다. 이 세 가지 요소는 상호 의존적이다. 모금을 성공적으로 이루어내는 것은 박애정신 및 개발의 성과이다. 건전한 비영리 기관이 번성하는데 필요한 박애정신과 개발은 모금의 성공 여부에 달려있다.

　이 모델에서 모금은 사람들이 자신의 가치를 추구할 수 있도록 도와주는 과정이다. 개발에 대하여 우리가 수행하는 모든 것과 박애정신에 대하여 우리가 이해하는 모든 것이 가치에 기초한 것이라면, 모금 과정 역시 가치와 관련된다. 이러한 관점에서 보면, 모금은 비교적 덜 방대하고 좌절감이 적은 활동이다. 이는 자원봉사자와 직원의 부담을 줄여준다. 그리고 기금 요청자와 후원투자자의 역할을 변형하는 잠재성도 명확하게 갖고 있다.

　모금에 대한 이러한 새로운 정의는 구걸하는 식의 모금 행태를 벗어버릴 수 있게 한다. 기부를 요청하는 행위가, 잠재적인 기부자가 그들의 가치를 추구하는 과정으로 간주된다면 이러한 기부의 요청은 더 이상 구걸행위로

느껴지지 않을 것이다.

(1) 압력이 아닌 해방으로서의 기부 요청

기부의 요청은 잠재적인 기부자에 대한 압력을 의미하는 과정이기보다는 그러한 압력에서 오히려 벗어나는 과정이다. 기부 가능자가 적절하게 파악되고, 공유된 가치를 바탕으로 단순히 재정적 욕구가 아닌 프로그램 결과를 강조하는 측면에서 기관과의 관계를 형성한다면, 기부 요청 행위는 요청자 및 기부 가능자 양자 모두에 긍정적인 경험이 된다.

이러한 방식의 모금은 가치에 기초한 거래라고 할 수 있다. 요청자와 기부 가능자의 가치는, 조직이 기부금을 받아서 그들이 가치 있게 여기는 프로그램을 만들고 결과로 발전시키고 유지하고 또 보호할 때 성취된다. 이것은 비교적 단순한 실천이지만 모금을 불편한 과정으로 여기는 수많은 자원봉사자와 직원에게는 새로운 것이다. 또한 이것은, 금전을 요청하는 과제로가 아닌, 오히려 자신들의 활동의 영향에 대해 보다 광범위한 이해로 받아들이는 사람들에게 이러한 확신을 재확인시켜주는 실천이기도 하다.

이와 같은 관점에 입각해서 이 책에 제시되는 모금은 박애정신과 개발의 통합을 바탕으로 한다.

6. 패러다임의 변화 : 박애정신·개발·모금의 통합

3단계 모델은 각 요소들이 단일하게 빈틈없이 프로그램으로 통합될 때 최선으로 실현된다. 가치에 기초한 관계를 구축하는 것은 장래의 기부자를 박애정신으로부터 개발로, 개발로부터 모금으로 이동한다는 이론을 바탕으로 한다.

이 이론을 실천하는 데에는 몇몇 변수가 존재한다. 기부자는 먼저 모금행위를 통하여(DM, 특별 호소문, 기념행사, 특별 행사, 전화 호소) 자신을 깨닫게 되며, 다음으로 개발 및 박애정신의 기초를 탐구하는 기관과 관계를 수립하는 것으로 이어진다. 가치와 관심을 결정하게 되는 것은 초기 기부가 이루어진 후에 나타나며 장래의 기부를 촉진시킨다. 왜 개발과정의 초기 단계인 개별화의 책무가 전체 과정에서 중요한 지 여기에 이유가 있다(제8장 참조).

기부자가 초기 기부에서 자기 인식을 하든 하지 않든지 간에 혹은 기부로 이어질 관계를 점진적으로 향상시키든 관계없이, 유연성 있게 그리고 관계 수립 실천을 적용할 수 있는 것으로서 모델을 파악하는 것이 중요하다.

이 세 모델의 성공적인 통합에는 두 가지 기본적인 기관의 결정이 요구된다. 이는 주요한 패러다임의 변화를 의미한다.

- 가치에 기초한 모델을 이사, 자원봉사자, 프로그램·행정·개발 직원에게 내부적으로 마케팅하는 것
- 기관 내에 존재하는 인적·재정 자원을 모금 및 개발에 할당하는 것. 그리고 기관의 기획 및 예산 개발의 책임을 반영하는 것

1) 내부 마케팅

가치에 기초한 과정으로서 개발 기능을 내부적으로 마케팅하는 것은 일종의 전략적이고 실천적인 관리이다.

개발의 중요성·영향·가치 기초에 관하여 적절한 자문이 이루어지는

내부 의사소통은 개발에 대한 기관의 지지 여부에 큰 차이를 갖게 한다. 이러한 지지는 자원봉사자와 모든 직원이 개발에 더욱 광범위하게 헌신할 수 있도록 하는데 매우 중요하다.

내부 마케팅은 항상 중요하지만, 개발과 모금을 위해 새롭게 통합한 포괄적인 모델로 기관이 그 위치를 재정립하는 정도에 불과하다. 개발을 촉진시키는 데 이것을 성취하는 한 가지 핵심적인 방법은 직원과 자원봉사자 전체 팀의 참여를 통해서이다.

가치에 기초한 개발에서 강조되는 것은 욕구가 아니라 결과이기 때문에, 이는 자긍심을 갖게 한다. 상호 영향을 미치는 사람들에게 이러한 결과물을 통해 격려 받게 됨으로써 그 프로그램을 담당하는 직원과 자원봉사자는 기관의 자발적인 옹호자 또는 개발 과정의 옹호자가 된다.

다른 한 가지 중요한 기법은 개발이 조직에 미치는 영향을 내부적으로 홍보하는 것이다. 즉, 자원봉사자와 기부자 참여의 증가, 프로그램에 대한 새로운 또는 보다 증가된 재정 지원 등이 함축하는 바를 알리는 것이다.

어느 한 기관은, 비용 집약적인 것으로 보이는 이 과정에 대해 다소 회의적이고 비판적인 직원들에게, 개발의 중요성을 홍보하기로 결정하고 근로자 우체통에 배달되던 주간 Good Newsletter를 활용하여 개발의 중요성을 납득할 수 있게 하였다. 그 기관에서는 Good Newsletter에 잠재적 기부자들이 수행한 지역사회 연계 활동·현장 방문, 기관을 위한 이사회의 활동, 성공적인 재단 및 기업에의 사업계획서, 직접 및 계획된 기부 수입에 대한 정기 보고를 요약하였다. 직원들은 여러 프로그램의 긍정적인 변화를 개발 활동으로 힘입은 자원개발과 계약의 직접적인 결과로 보기 시작했다.

2) 개발을 위한 예산 할당

단순히 모금이 아닌 개발을 위한 예산 할당은 모델을 실행하는 데 핵심적인 것이다.

일관성 있는 개발의 활성화와 책무를 실천하기 위해서는 직원, 자료, 지역사회와의 연계, 분석에 대한 기금의 할당이 필요하다. 개발을 옹호하는 자들은 맨 처음 이러한 예산을 승인 받는 것이 어렵다는 것을 깨닫게 된다.

단기간에 결과를 얻을 수 있어 측정이 가능하고 쉽게 이해될 수 있는 모금 비용은 개발을 위해 할당된 지출금으로 보충되어야 한다. 그렇지 않으면 모금 비용이 더욱 많이 소요되는 악순환이 될 것이다.

예를 들어 기부자의 보유와 후원·투자자의 성장 없이 유일하게 의지할 수 있는 것은 기부자 확보를 위해 계획된 활동(DM 및 특별 이벤트)을 늘리는 것이다. 이 것은 비용이 가장 많이 소요되는 모금 방법이다. 반면 모금 프로그램의 예결산 수지를 맞추기 위해서는 언제나 필요한 과정이 된다. 이를 상쇄할 수 있는 것은 오직 개발 과정에서 파트너가 될 자원봉사자의 참여와 대규모의 후원·투자자의 성장이다.

7. 요약

3단계 모델의 강점은 모델을 실행하는 데에 있다. 각 요소들은 상호 의존적이며 각 요소들이 다른 요소들과 통합될 때 가장 강력한 힘을 발휘한다.

계속되는 장(障)에서는, 이 모델을 실행하는 데 있어서 비영리 기관 지도자에게 지침을 제공하고 용기를 북돋아 주는 내용들을 담고 있다. 이는 단순한 모금을 넘어서는 능력을 갖도록 할 것이다.

제2장
구걸식 모금의 타파 : 태도의 변화, 실천의 변화

제1장에서 설명한 가치에 기초한 박애, 개발, 모금이라는 3단계 모델을 적용하는 것은, 기관을 단지 단순한 모금의 행위를 뛰어넘어 기부자와 이미 관례화 된 기관의 제도들을 개발하는 보다 더 깊이 있는 과정으로 끌어올리는 것이다.

자원봉사자와 직원들이 모금을 기관의 욕구에 따른 구걸 과정이라는 생각을 버리고, 기관이 충족시켜야 할 욕구를 바탕으로 한 투자의 과정으로 생각할 때, 이 모델은 성공적으로 수행된다. 기금을 요청하는 것이 금전의 구걸이 아니라 투자에의 초대라는 것을 깨달아야 한다. 즉 구걸을 위해 깡통을 차는 것이 아니라 지역사회의 욕구를 충족시키기 위해 함께 노력할 기회를 제공하는 것이다.

박애와 개발을 가치 실현의 과정으로 생각하여 편안하고 긍지 있게 참여할 수 있는 사람들조차도 기금을 조성하도록 요청 받으면 주저하기도 한다. 자원봉사자나 직원은 기부 가능자를 일대 일로 만나 요청하는 일, 전화로 설득하는 일, 행사 티켓을 팔거나 편지를 쓰는 일 중 어느 것을 맡든, 부담감과 자신이 구걸하고 있다는 생각을 떨쳐 버리기 어렵다는 것을 인정한다. 효과적인 모금전략을 구사하려면 우선 기관이 모금에 편안해지는 것이 중요하다.

1. 요청자·기부자·기관에서 구걸식 모금 태도를 고집하는 이유

1) 기금 요청자가 구걸식 모금 태도를 고집하는 이유

구걸식 모금 태도는 정확히 모금을 거절당할지 모른다는 두려움 때문에 생기는 것이다. 이러한 두려움은 기금 요청 과정에서 느끼는 상당한 부담감의 근원이 된다.

자원봉사자나 직원들은 거절당할지도 모른다는 두려움과 또 그러한 두려움을 완화시키고자 미안해하는 구걸식의 태도를 취하게 된다. 이들은 주저하거나 미안해하는 방식으로 기금 요청의 틀을 정하게되는데, 이는 무의식적으로 기부가 선의의 투자라는 확신이 없음을 드러내는 것이다.

예를 들면, "기부를 원치 않으실 지 모르겠지만, 이 것이 저에게 맡겨진 일이기 때문에…"라는 식으로 기금 요청을 하게 된다. 그 결과 한두 번 거절당하게 되면, 기금 요청자는 이러한 온갖 노력들이 단지 패배할 게 뻔한 경기장에 대책 없이 뛰어드는 것과 같다는 느낌을 갖게 된다. 따라서 이들은 대부분 자신에게 기금 모금의 임무가 맡겨지면 주저하게 되는 것이다. 모금에 관여하는 거부감은 이렇게 해서 생긴다.

거절에 대한 두려움은 예외 없이 모금을 익숙하게 여기는데 가장 큰 걸림돌이 된다. 이사회나 위원회에서 자신의 재능과 경험을 발휘하는 유능한 변호사, 회계사, 지역사회 자원봉사자, 언론인, 은행가들 역시 대부분은 기금 요청을 거절할까봐 두려워한다고 토로한다.

구걸식 모금 태도를 타파하자는 어느 워크샵 책자의 표지에는, 곰인형이 옆에 깡통을 놓고 길에 앉아 "여섯 살짜리 꼬마가 컴퓨터 때문에 저를 버렸어요. 도와주세요"라는 팻말을 들고 있는 그림이 있다. 참여자들 대부분은 곰인형의 처지와 자신의 처지가 똑같다고 느끼고 기금을 요청할 때 느끼는 심정과 곰인형의 심정을 동일시한다. 이들은 사람들이 기꺼이 기부하려 한다는 것에 확신을 갖지 못하고, 결국 요청을 받는 사람이 쉽게 거절하게 하는 방식으로 요청하고 만다(제5장 참조). 그 결과 거절은 더욱 많아지고 자원봉사자나 직원은 거절에 대한 두려움이 더욱 커진다.

(1) 거절에 대한 두려움을 극복하는 여섯 가지 비결

기금을 요청하는 것을 즐겁게 고대하는 사람은 거의 없다. 그러나 어떤 사람들은 실제로 모금을 즐기면서 한다. 이들이 기부를 요청하는데 부담을 느끼지 않는 이유는 다음의 몇 가지 때문이다. 거절에 대한 두려움을 극복하고 모금과 개발에 부담을 느끼지 않는 핵심 전략이 바로 여기에 있다.

1. 기관이 충족시키는 욕구의 중요성과 또 기부가 미치는 영향 이해
2. 기관 혹은 프로젝트에 대한 열정
3. 기관에 관한 적절한 정보(이는 기부의 거절을 극복하는데 필요하다)
4. 기부 가능자의 관심사 파악(이들에 대해 이해하기)
5. 어떻게 요청할 것인지 방법 훈련
6. 적절한 자료, 조사, 자원 등 직원과 자원봉사자의 지도력 지원

이러한 여섯 가지 필수 요건은 자신감을 심어준다. 이는 거절에 대한 두려움을 극복하는데 도움을 주고 자원봉사자나 직원들이 나약하지 않고 당당하게 기금 요청을 할 수 있도록 한다. 중요한 것은 기관의 욕구가 아니라 기관을 통해 충족되는 욕구이며, 성공적인 기관이 추구하는 가치를 확인하고자 하는 기부자의 욕구인 것이다. 기금 요청은 지역사회의 중요한 목표를 달성하기 위해 기부자와 기관이 서로의 노력을 결합하는 방법을 협상하고 탐구하는 것이다.

(2) 자원봉사자와 직원이 모금 활동에 편안해지도록 하는 훈련

기금 요청에 대한 거절을 극복하기 위한 여섯 가지 전략은 모두 적절한 훈련을 통하여 최대한 실현될 수 있는데, 특별히 일대일 지도는 중요하다. 적절하게 모금을 권유하고 또 개발하기 위해서 훈련은 필수적이다.

이사회 구성원 가운데 "저는 방법을 알고 있습니다. 내가 할 일이나 주십시오"라고 하거나, 신입 직원이 "수년간 해 온 일입니다. 시작하게만 해 주십시오"라고 얘기하더라도, 간과해서는 안 되는 사항은 모든 사람이 동일한 메시지를 가져야 한다는 것이다. 특히, 가치에 기초한 개발 과정으로 나아갈 때 더욱 그러하다.

경험이 풍부한 일부 자원봉사자들도 구걸식 모금 태도에 매달리거나, 또는 기금 요청 방법을 효과적으로 구사하지 못하기도 한다. 직원, 이사회 또는 외부의 전문도우미가 이 과정에 익숙하더라도, 가치 있는 훈련을 하기 위해서 기관과 후원자들에 관한 정보는 매년 새로운 것이어야 한다. 대개 몇 시간 정도면 충분하다. 일부 기관에서는 이러한 훈련을 확대 위원회 모임을 갖기도 한다. 훈련에서는 다음 사항들이 중점적으로 다루어진다.

- 기관이 충족시킨 지역사회 욕구(결과)와 앞으로 지속적으로 충족시키게 될 욕구(현재의 모금으로 발생된 수입의 영향)
- 기관의 우선 순위(비전과 목표)
- 핵심 기부가능자의 프로필과 동기(이러한 정보는 신중하고 기밀이 유지되어야 한다)
- 기부에 대한 거절과 이에 대한 적절한 대응(일반적인 경우와 특수한 경우 모두)
- 기금 요청의 특수 기법(제5장에서 자세히 설명함)

기민하고 도전적인 훈련이 되려면 활기 있고 유익한 것이어야 한다. 또 재미도 있어야 한다. 훈련 과정이 끝나면, 이들은 현장에 진출하여 기금을 조성할 수 있다는 자신감을 가질 수 있어야 한다. 좋은 교육훈련이란 모금 시 주저함을 버릴 수 있도록 하는 것이다. 적절한 시기에 이러한 과정을 마련해서 앞으로의 임무를 준비할 수 있도록 해야 한다. 훈련과 기금 요청 활동 사이의 기간이 너무 길어지면 사람들은 전략을 잊고 흥미도 잃게 된다.

(3) 훈련이 필수인 이유

개발과 모금에 참여하기를 꺼리는 이유는 종종 그 과정 자체에서 느끼는 무지함에 있다. 적절한 용어를 구사하는 것, 적절한 기부 규모를 요청하는 것, 효과적으로 모금을 완료하는 것, 적절한 사후관리, 실패에 당당히 맞서는 것 등에 확신을 갖지 못하는 것이 자원봉사자의 헌신과 효과적인 직원의 지원을 저지한다.

아무리 자신의 고유 영역에 전문적인 재능을 갖고 있다 하더라도, (약간의 예외는 있지만) 이사회 구성원들도 모금 과정에 관한 교육이 필요하다.

이것은 기금조성 모금에서처럼 연례 캠페인에서도 마찬가지이다.

훈련 과정이 반드시 한 가지 내용만으로 이루어지는 것은 아니다. 경험을 갖춘 자원봉사자와 직원들은 기술 그 이상의 것을 요구할 수도 있다. 훈련 과정은 종종 연수, 시무식, 캠페인 오리엔테이션, 지도력 오리엔테이션, 수련회 등의 명칭들이 붙여진다. 예외적으로 해마다 직원의 참석률이 높은 훈련은 주말 프로그램을 기관의 종결회의로 간주한다.

직원들을 위한 진정한 연수 교육은 미국 및 세계 도처에서 실행하고 있는 추세이다. 이러한 과정은 직원의 열정을 다시 북돋우며 이들의 기술을 강화시킨다.

어떤 명칭으로 불리든 훈련 과정은 다음의 기본적인 세 가지 구성 요소를 갖게 된다.

- 사명감 고취
- 정보 제공
- 동기 부여

(4) 사명감 고취

사명감 고취는 이사회, 자원봉사자, 직원들이 보다 더 소명의식을 가질 때 이루어진다. 훈련 과정에서 '결과물을 제시하는 것'은 기금 요청자가 목적의식과 정열을 갖게 하는 데 핵심 요인이다. 그러나 프로그램을 진행하는 직원이 보고하는 내용만으로는 불충분하다. 자원봉사자와 직원을 고무시키기 위해서는 이들을 프로그램의 과정과 효과에 직접 관여시켜야 한다. 이러한 과정은 다음을 통하여 이루어질 수 있다.

- 프로그램을 직접 보기 위한 시설 견학(그것이 적절하고 가능한 경우)
- 프로그램의 혜택을 받은 사람으로부터 직접 듣는 개인적인 고백 또는 증언

직접적인 발표를 통한 고취. 많은 기관에서는 클라이언트나 수혜자가 참여한 훈련과정을 계획하거나 그들의 발표를 경청할 수 있는 기회를 갖는다. 이러한 방법을 이용하여 매우 성공적인 결과를 이루어낸 기관도 있다.

다른 재단이 출연한 기금으로 장학금을 제공하는 것이 주요 목적이자 활동인 어느 지역사회 기관은, 아동보호 장학금을 충당하기 위해 300만 달러를 증액해야 한다는 것을 깨닫게 되었다. 이들은 그러한 규모의 기금을 증액하는 것이 현재 기관의 능력에 비추어 볼 때 매우 어렵다는 것을 우려했으며, 이사회 구성원 대다수도 기금 요청을 매우 주저하고 있었다. 개발과 모금에서 경험을 갖춘 능력 있는 신임 임원이 채용되었음에도 불구하고, 시간이 경과해도 모금의 상승폭은 미미한 수준이었다.

그러다가 임원 수련회에서 새로운 전기가 마련되었다. 앞으로 충당될 자금으로 장학금을 지원 받을 수 있는 수혜자 부모 세 명이 초대되었다. 이사회, 자원봉사자, 직원들은 이들의 이야기를 경청하면서 진정한 의미의 소명을 갖게 되었다.

두 아이를 둔 어느 10대 엄마는 아동 보호 지원 덕분에 학교를 마치고 일을 시작할 수 있게 된 과정에 대해 설명하였다. 또 새로운 기회를 찾아 아들을 데리고 LA 남중부로 이사한 어느 청년은, 방과 후 보호서비스가 있었기 때문에 아들을 안심하게 맡기고 대학을 다닐 수 있었다고 회고했다. 그리고 아홉 살 난 그의 아들은 아버지를 자랑스러워하며, "우리 모두 학교 성적이 A"라고 덧붙였다. 파출부였다가 현재는 은행 출납계원으로 일하고

있는 나이가 지긋한 한 여성은, 장학금을 지급 받았기 때문에 자녀를 돌보면서 학교로 되돌아 올 수 있었다고 술회했다.

이렇듯 수혜자가 직접으로 자신의 경험을 이야기하는 것은 직원들이 발표하는 다른 어떤 성공담보다도 효과적이다. 여기에서 아동보호 장학금 프로그램이 주는 영향은 개인에게 뿐만 아니라 지역사회에도 명확히 나타난다. 새로운 헌신은 캠페인의 진척 속도를 향상시킨다.

(5) 정보 제공

정보 또한 자원봉사자와 직원에게 자신감을 불어넣어 준다. 사명감 고취가 기존의 것들을 다시 새롭게 시작할 수 있게 한다면, 정보는 이를 지속시키는 역할을 한다.

열정적으로 과업에 임하는 것과 마찬가지로, 지원을 요청하거나 그 요청을 받는 사람들 좌측 뇌의 욕구를 충족시키는 것도 중요하다. 정보는 명확하게 제시되고 통계로 문서화해야 하며, 여기에는 프로그램 자료뿐 아니라 재정에 관한 자료도 포함된다.

중요한 것은 여기에서 시각 정보를 이용하는 것이다. 이는 예산, 수입원, 프로그램 인구통계, 지역사회의 노력, 프로그램의 영향, 기타 핵심적인 '요점'을 이해하는데 도움이 된다.

예산, 수입 및 지출에 관한 연례보고서, 캠페인 보고서 또는 기타 재정에 관한 자료를 접했을 때 일부에서는 까막눈 신드롬 반응을 보이기도 한다. 그러므로 시각 정보를 지원함으로써 이러한 정보를 습득할 수 있도록 도울 수 있다.

파이 도표와 막대 그래프로 충분히 설명이 된다. 어떤 경우에는 다음과 같은 이야기 또한 유용하다. "지난 해 지역사회 재단의 지원으로 후원을 받은 우리는 서비스 단위를 27% 증가시켰으며 지역사회의 다른 기부자들이 제공한 기금 규모를 42% 신장시킬 수 있었다."

정보의 유형. 정보는 재정적인 것 이상의 의미가 있다. 프로그램과 관련된 다양한 정보들은 사람들이 이야기를 나눌 실마리를 제공한다. 이러한 정보는 정확하고 이해하기 쉬우며 특수한 용어가 아니어야 하고 접근 가능해야 한다. 현황 소개서가 유용한 도구가 될 수 있다. 이 소개서는 14 포인트로 인쇄하여 직접 사람을 만나거나 또는 전화로 제시할 때 한 눈에 알아볼 수 있도록 해야 한다.

훈련 또는 오리엔테이션을 위한 정보를 준비할 때, 이를 담당하는 사람은 기부 가능자에 관하여 잘 알고 있어야 하며, 어떠한 정보에 대해 궁금해하고 질문할 지 예측할 수 있어야 한다. 잠재적인 기부자에게 아무런 대답도 할 수 없는 몇 가지 질문을 받는 것보다 자원봉사자에게 더 실망스러운 것은 없다. 때문에 기금 요청자는 거절될 가능성이 있는 항목과 그 목록 각각에 대한 적절한 대응을 미리 준비하는 것이 필요하다.

정보를 제공하는 것을 하나의 독립된 훈련 과정으로 준비하는 동안, 실질적인 권유 과정의 각 단계들을 소개하고 강조할 수 있다. 또는 몇몇 능동적인 자원봉사자가 이러한 과정을 시범적으로 보여주거나 훈련과정에 참가한 모든 사람들이 직접 실천해 볼 수 있다. 이러한 단계는 5장에서 자세히 설명한다.

(6) 동기 부여

동기 부여는 교육훈련의 세 번째 요소이다. 사람들이 기관을 지지하는 동기를 갖는 것은, 바로 그들의 노력이 가치 있고 높이 평가되며 차별적이라는 확신을 갖게 하는 것이다.

훈련과정에서 이러한 동기 부여 부분은 프로그램으로, 또는 관리 직원들이 지역사회의 욕구를 충족시키는 기관의 역량에 이들의 노력이 얼마나 중요한가를 전달하는 것으로 이루어진다.

예를 들어, 병원 재단의 최고 경영자들이 훈련과정에 참여하는 것만으로도 자원봉사자들에게는 막대한 영향을 미친다. 또한 이들이 의료센터의 상태를 발표하고 특정 프로그램에 기부 수입이 미치는 영향을 보여주면, 이것은 더욱 효과적이다. 최고 경영자의 말을 들음으로써 직원과 자원봉사자들은 더욱 용기를 갖게 되고 따라서 고도로 동기 부여가 되는 것이다. 이것은 모든 기관에서도 마찬가지다. 즉, 개발과 모금을 담당하는 책임자들에게 프로그램에서 이들이 수행하는 노력에 따른 영향을 보여주는 것이야말로 가장 강력하게 동기를 유발하게 된다.

훈련과정의 세 가지 요소는 각각의 중요성을 가진다. 이러한 요소는 기관, 일정, 참여자의 기술 및 전문적 지식 등이 적절하게 배열된 프로그램에 자연스럽게 결합·교류·형성될 수 있다.

이와 같이 교육훈련을 통해, 기금 요청을 해야하는 사람들의 구걸식 모금 태도가 완전히 없어지는 것은 아니지만 자신이 맡은 역할의 중요성과 가치를 이해하는 데에 실질적인 기여를 할 수 있다. 이들은 앞으로의 과정을 향한 새로운 태도를 개발하기 시작할 것이다(제5장 참조).

2) 기부자와 기관이 구걸식 모금 태도에 집착하는 이유

자원봉사자와 직원들이 기금 요청에 관한 걱정을 극복하고자 하는 노력에도 불구하고, 기관의 구걸식 모금은 여전히 전 세계적으로 성행하고 있다.

이러한 태도는 기관이 생존하기 위해서 개별 및 제도적 기부자들에게 반드시 충족시켜 줘야 할 욕구가 있어야 한다는 믿음에 근거한다.

엄격한 의미에서는 이것이 사실이지만 거기에는 다음과 같은 위험한 징후가 있다. 즉, 비영리 기관은 이러한 기부자들에 대하여 다소 일방적인 관계를 유지하고 있으며, 모금을 위해서는 탄원의 자세를 요하게 된다. 여기에는 두 가지 문제가 함축되어 있다.

- 비영리 기관에서는 기금 제공을 도의적인 책임으로 인식하게 되며, 기부자들과의 의견 교환이나 관계를 발전시킬 필요가 없게 된다. 이러한 접근법이 당분간은 효과가 있겠지만, 장기적인 관점에서의 충성·헌신·투자를 유인하기는 어렵다.
- 기부자들은 비영리 기관이 성공적이기보다는 항상 '빈곤'해야 한다는 인식을 가지게 된다. 따라서 불충분한 관리·열악한 사무 시설·기부자의 개발 활동에 비해 부족한 예산 등 기금 제공의 근거로서 기관의 결핍을 지속시켜야 하는 기타의 명백하고 민감한 경우를 지속하게 된다.

이러한 결과는 기관과 지역사회가 욕구의 변화를 지속적으로 발전시키고 규명하는 시너지 효과에는 걸림돌이 된다. 기부자는 강하고 기관은 여기에 의존하는 일방적인 구걸 관계의 기부자의 자선은, 비영리 기관이 자연적으로 성숙하고 지역사회의 변화를 위한 매개체로서 인식하는 데에 장애가 된다.

(1) 모순

공교롭게도 이와 같은 기부자의 일방적인 관계는 박애행위를 위해 동기와 욕구에 처한 이들을 돕고자 하는 사람들의 열망에 의해 조장된다. 구걸식 모금 태도를 타파하려는 욕구는 가끔 "우리는 과연 구걸식 모금 태도를 버릴 수 있는가, 아니면 기부자들이 지역사회 지원에 의존하여 항상 도움을 받아야 하는 기관의 모습을 계속해서 보여주기를 원하는가(Grace, 1991)?"라는 모순에 직면한다. 비영리 부문이 변화된 기관으로 인식되기 위해서는 기부자들을 위한 다양한 교육이 필요하다.

또한 '자선'이라는 말에는 이러한 문제가 영원히 사라지지 않는다는 의미가 내포되어 있다. 성서적 근거를 가지고 있는 자선은 기금이 부족한 기관이 생존할 수 있도록 돕는 구호품의 이미지를 주고, 부자가 가난한 비영리 부문을 돕는 개념으로서 발전되어 왔다. 이러한 비영리 부문의 이미지가 지속될 필요는 없다.

기부자들은 반드시 공통의 목적을 달성하기 위한 노력의 수단으로 비영리 기관을 인식해야 한다. 이들은 스스로를 대신하여 행동하는 성공적이고, 든든한, 진보적인 기관으로서, 그리고 지역사회의 안정을 위한 선의의 투자 대상으로서 비영리 기관을 보아야 한다.

2. 개인 및 기관이 변화되어야 하는 이유

모금이 구걸이 되면, 기부 가능자의 입장에서는 기금 요청자와 기관 모두는 신용을 잃는 것이 된다. 계약의 핵심인 꿈이 절망으로 바뀌며, 지역사회의 수준을 결정하는데 근본적인 서비스를 제공하는 기관에 대한 투자의 열의가 상실된다.

전략적인 모금을 실시하려면 기관을 가치 있는 투자 대상으로 여기는 긍지 있는 자세를 보여야 할 것이다. 이렇게 되면 기금 요청의 거절은, 기금 요청자에 대한 거절이 아니라 바로 기관이 충족시키는 욕구에 대한 거절이 된다. 이는 기부 가능자에게 궁극적인 우선 순위로서의 욕구를 재 설정하거나, 모금의 기회를 더욱 용이하게 할 또 다른 관심과 동기를 설정하는 계기가 된다.

3. 기부자의 새로운 관점 : 후원투자자

[그림 2-1]에 제시한 모델은 기여와 기부의 고유한 개념과 투자 사이의 차이를 설명해 준다. 기관은 보통 앞의 두 용어를 즐겨 사용하지만, 이 두 용어 모두에는 수동적인 관계를 발생시키는 미묘한 의미가 있다. 투자만이 기관이 기부자의 관계에서 추구해야 할 원동력을 이끌어 낸다.

전략적 혁신자로서의 기관은 구걸식 태도를 버리고 순수한 박애행위와 개발을 실천하고자 하는 필연적인 결과로 모금을 받아들여야 할 것이다.

여기에서 핵심은 기부 가능자와 기부자, 그리고 기관의 책임을 검토함으로써 파악할 수 있다. 기관은 최초 기부로부터 시작되는 관계를 역동적 관계로 발전시킨다. 이것은 가치에 바탕을 둔 관계이며, 투자에 대한 '답례'가 끊임없이 표현된다는 특징이 있다. 이렇게 될 때 기부자는 실제로 후원투자자가 된다. 여기에는 다음과 같은 투자에 대한 두 가지 순이익이 있다는 함축적인 믿음을 근거로 한다.

1. 탄탄한 관리·프로그램·모금 활동 수행·기부된 수입에 대한 건전한 관리가 반영된 재정적인 답례

[그림 2.1] 모델 : 기금 제공/기부 대(對) 투자

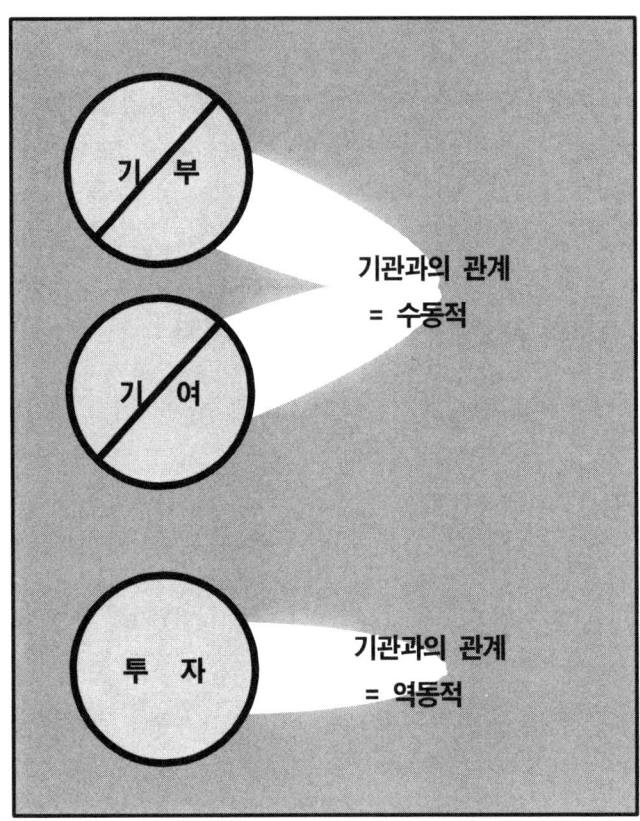

2. 문제 해결, 서비스 제공, 지역사회의 삶의 질을 개선하는 데에 기관이 주는 영향을 의미하는 가치적인 답례

잠재적인 또는 현재의 후원투자자가 이러한 두 가지 순이익에 대한 믿음

을 갖게 하는 것은 구걸식 태도를 치유하기 위한 최선의 방법 가운데 하나이다. 긍지는 기관이 성취한 것을 검토함으로써 생겨나며, 이는 하나의 메시지가 된다.

초기에 또는 다시 또 투자를 하게 되는 것은, 서비스를 제공받는 사람에게 미치는, 일반적으로 인정되는 프로그램의 영향을 근거로 하여 이루어진다. 따라서 모금의 초점은 내부적으로 세운 모금의 목표로부터 각각의 투자에 대한 영향과 지역사회 프로그램의 가치로 이동하게 된다.

후원투자가는 부분적인 기부자가 아닌 참여자로서의 가치를 지니도록 권유되어야 한다. 이들의 역할은 [그림 2.1]에 나타난 바와 같이 수동적이 아닌 역동적인 것이다.

4. 투자자와의 관계

후원투자자를 개발하고 권유하는데 있어서 기관은 기부자의 투자에 대한 '답례'에 관하여 정기적으로 소식을 나누는 책임을 규정해야 한다. 기금 제공의 영향, 기관의 안정성 그리고 기관의 욕구에 대한 중요성을 지속시키는 역할은 지역사회에서 달성된다. 기관은 또한 기부자의 가치, 관심사, 욕구를 지속적으로 표출시켜야 할 절대적인 책임이 있으며, 기부자 안내서비스에 대한 책임도 있다(제8장 참조).

일부 기관에서는 기부자에 대한 수동적인 관계에서 역동적인 관계로 이동하기를 주저하기도 한다. 이러한 기관은 기부자와의 관계를 유지하기 위한 자원(시간, 금전, 인력)의 부족을 변명으로 든다. 또한 이러한 기관은 개발을 위한 근거가 아닌 모금의 결과로 기부자를 인식하며, 수동적인 관계를 기부자가 선호한다는 믿음을 이유로 이러한 관계에 만족해 한다.

1) 기부 가능자 및 기부자의 동기에 대한 이해

우리가 후원자들 속에서 반드시 규명하고 발전시켜야 할 세 가지 주요 특성은 연줄(connection), 관심(concern), 능력(capacity)이다. 이는 가치의 보고(**寶庫**)이기 때문에, 이러한 특성을 초기 개발 과정에서 표출시키는 것이 중요하다. 또한 이러한 특성을 성숙한 관계로 전개시키는 것도 마찬가지로 중요하다. 관계 수립에 따른 결과로 기금 제공이 이루어지면 기관에서는 이미 이러한 특성의 방향과 깊이를 어느 정도 인식하고 있는 것이다. 기관을 위한 초기 활동으로서 기금 제공이 이루어지면 이러한 특성 각각의 강도와 규모가 반드시 검증되어야 한다.

1. 연줄. 이것은 잠재적인 기부 및 기여를 결정하는 데에 가장 강력한 요인이다. 흔히 '관계'로 불리는 이것은 개인 또는 시설이 수립한 기관과의 정서적인 연결이다. 감사의 마음을 느끼는 환자는 병원에 기여한다. 감사의 마음으로 살아남은 배우자는 호스피스에 기여한다. 기부자의 자녀들이 교육을 위한 외부활동에 대하여 감사의 뜻을 표하기 때문에 심포니 오케스트라에 대한 지원이 이루어진다. 오랜 친구들의 동창회 모임이 영향을 발휘하여 대학에 기금이 제공된다.

   이러한 연줄을 규명하고 발전시키며 촉진시키는 것은 가치에 기초한 개발 과 모금에 필수적이다. 그러나 감정적 연줄은 당연한 것으로 간주되어서도 안 되며, 가장 우선시 되어서도 안 된다.

   후원투자가에 대한 가치적인 답례는 기관에 대한 이들의 관계와 밀접하게 연관된다. 반드시 기관에서는 이러한 연줄을 강화고 활발히 유지하기 위한 노력을 충실히 수행해야 한다. 이러한 연줄의 동기는 대개 강하게 추구되는 강력한 가치에 의하여 고취된다.

2. **관심.** 관심은 지적이며 사려 깊은 것이다. 어떤 사람들은 감정적인 연줄 없이 기관의 소명에 관심을 가질 수 있다. 지역사회의 굶주림이나 노숙에 대한 관심은 이러한 환경을 전혀 겪어보지 않은 사람들 사이에서도 나타난다. 지역의 예술 프로그램에 대한 법인이나 개인의 투자는 이러한 특정 예술 형태에 대한 열정으로부터 나오는 것이 아니라, 지역사회의 예술 프로그램이 근로자들에게 균형 있게 제공되어야 한다는 중요성을 자각하는 것으로부터 나온다. 관심에 내재된 가치는 연줄에 내재된 가치보다 근본적으로는 더욱 지적이지만, 그렇다고 강도가 떨어지는 것은 아니다.

3. **능력.** 이것은 가장 분명하긴 하나, 기부자의 기부 의향을 평가할 때는 가장 약한 분모이다. 너무나도 흔히 이것은 기부가능자의 목록에서 유일한 초점이 된다. 사람들의 가치와 비전에 관심이 없고 또 그러한 가치와 비전과 상관없는 기관은 매일 부유한 사람만을 찾으려고 한다.

능력이 기금 제공의 가장 강력한 동기라면 기관에서는 간단히 포브스(Forbes) 400 또는 포춘(Fortune) 500대 기업 목록을 입수하여 각각의 기업에 대하여 "귀사는 성공했습니다. 우리는 여러분의 지원이 필요합니다. 동참해 주십시오!"라는 글을 띄울 수 있다.

미국에서 가장 부유한 집안 가운데 한 집안에서 비서로 근무하는 어느 젊은 여성은, 매주 수백 건의 기금 후원 제의를 받는다고 말한다. 이러한 기금 요청은 기관이 이 집안과 닿을 수 있는 모든 연줄을 동원하여 제의한 것이며, 대다수는 이 집안의 관심 영역에서 벗어난 것들이라고 한다.

능력은 판단하기 어려운 특성이다. 눈으로 쉽게 확인되는 재산이 기관의 주요 투자로 허용되기에는 그렇게 쉬운 일이 아니다. 대개 진정으로 막대한 부는 매우 비밀스럽기 때문에, 부 자체가 지역사회에 커다란 영향을 미치는 기부로 되는 경우는 이따금씩 그리고 매우 제한적인 것으로 한정된다.

기관에서는 능력의 요소와 연줄 및 관심 사이의 균형을 유지할 필요가 있다. 능력이 막강한 기부자와 막대한 규모의 기금 제공을 제의 받는 많은 기부자들에게 있어 기관이 전반적으로 추구해야 하는 가치 있는 답례이다. 그것은 질, 우수성, 긍지, 만족 등이다.

가치에 기초하여 기부자를 개발하는 것을 보다 편안하게 여기는 자원봉사자와 직원은 관계가 발전함에 따라 연줄과 관심 모두가 강렬해 짐을 깨닫게 된다. 비록 비영리 기관이 잠재적인 기부자의 절대적인 능력을 강화시키는 노력은 거의 할 수 없지만(예 : 소득, 순자산 가치), 상대적인 능력(즉, 기부자가 기관에 기부함으로써 얻게되는 소유 재산)을 강화시킬 수 있는 기회는 열려 있다.

기부자의 동기를 이해하는 것은 모금과 개발에 필수적인데, 왜냐하면 기부자의 동기는 가치와 매우 단단히 결합되어 있기 때문이다. 또한 이것은 기금 요청의 신뢰도를 높이고 구걸식 모금 태도를 타파하는 데에도 유용한 수단이 된다. 기부자의 동기를 확실히 파악하고, 기관의 가치와 활동을 이해시키고 이를 가치에 연관짓는 것 등은 자원봉사자와 직원이 보다 편안한 마음으로 기부를 요청할 수 있도록 돕는다. 이 두 가지 요인이 서로 결합되어 새로운 태도를 개발하게 되며, 이는 기관이 모금을 전략적으로 수행할 수 있도록 해 준다.

5. 새로운 모금 태도의 도입

비영리기관이 기관의 욕구에서 지역사회의 욕구로 자선의 초점을 이동시키는 것은 필수적인 것이다. 모금은, 기관이 사회문제를 해결하거나 지역사회의 삶의 질을 근본적으로 높이는데 투자하는 과정으로 인식해야 한다. 따라서 기부자는 기관의 욕구를 충족시키고자 하는 관점이 아니라 프로그램과 서비스를 제공받는 지역사회 주민에 대한 지원을 지속시키고자 하는 관점에서 자신이 수행한 기부의 중요성을 인식해야 한다.

소명헌장에서부터 뉴스레터에 이르기까지 빠지지 않고 등장하는 메시지들에서 이러한 새로운 입장을 전달할 수 있다. 사람들은 욕구에 의해 지배될 수 있다. 즉, 사람들은 결과에 자극을 받는다(특히 결과가 기관 또는 프로그램에 미치는 투자의 영향을 증진시키는 경우).

기관의 뉴스레터 내용과 뉴스레터가 전달하는 의미를 분석하라. 지역사회가 받은 영향(얼마나 많은 사람들이 도움을 받았는가, 또는 이전에는 할 수 없었던 무언가를 할 수 있게 되었는가?)에 초점을 맞추는가 아니면, 기관(모금 행사, 기금조성 캠페인, 관리의 변화)에만 초점을 맞추는가? 와인 잔을 들고 있는 사람들이 소개된 수많은 사진과 같이 기관의 자원봉사자가 수행한 활동에 대한 사회적 측면을 지나친 강조하고 있지는 않은가? 보고의 유형을 최소로 제한하고, 프로그램과 관련된 작업을 수행하는 자원봉사자들의 모습과 서비스의 편익을 누리는 고객 또는 클라이언트에 관심을 집중시키는 것이 훨씬 유용하다.

1) 적절한 용어의 선택

매우 성공적인 사회복지서비스 기관의 뉴스레터는 적절한 균형을 이루고 있다. 주요 논설에서는 항상 개인이나 가족을 위한 기관 프로그램의 영향에 관해 상세한 내용을 다룬다. 기관이 해당 지역사회에서 규명해 낸 욕구에 관해 그리고 그것이 전국적인 추세 및 프로그램에 어떻게 연관되는지에 관한(주요 변인별 통계 및 설명) 정보가 제시된다. 기부자 목록은 분기별로 제공되며, 자원봉사자와 직원 소식은 최소한의 흥미를 끄는 정도로 제한된다. 또한 모금활동이 진행되는 동안에는, 그 프로그램이 영향력 있는 결과를 만드는 방법들에 대해 비중 있는 기사로 특히 강조하여 싣도록 한다.

뉴스레터 그 자체는 기관에 알맞게 설계, 간행된다. 뉴스레터는 결코 모양만 그럴 듯하거나 지나친 또는 부적절한 사진으로 치장되는 종류의 것이 아니다. 기사는 본질에 대한 적절한 논조와 권위를 전달해야 한다.

시간이 흐름에 따라 뉴스레터는 신중하게 관리되는 지역사회의 자산으로 기관을 격상시키는데 커다란 역할을 하게된다. 신규 프로그램과 새로운 센터를 건립하기 위한 기금조성 캠페인이 매우 성공을 거두고 계획을 초과 달성하게 된다. 성공은 뉴스레터를 통해 해마다 증진된 안정, 강점, 서비스의 이미지와 지역사회를 위한 포괄적인 외부활동에 대한 설명 등으로부터 얻은 것이다.

어느 지역사회 예술 교육 기관에서는 부정적인 느낌의 구걸하는 식의 용어를 삭제함으로써 연말 우편으로 모금된 수입이 전년도에 비해 70%나 증가하였다. 그리고 그 동안 이룬 많은 성과에 대한 생생한 이야기가 다시 쓰

여지게 되었다. 우편은 지역사회가 음악 교육 프로그램에 지속적으로 참여할 수 있도록 하였으며, 지역사회의 기부가 기관의 욕구 충족을 도울 것이라는 재단 보조금에 관한 유익한 소식을 전달하였다. 우편 초안은, 단지 이 문제를 해결하는 것은 절망적이라는 데에 초점을 두고 있다. 그러나 두 번째이자 마지막 초안에서는 이 초점이 기금 요청에 대한 단순한 청원에서 기부가 왜 지역사회 음악 교육의 장래에 대한 위대한 투자인지를 설명하는 것으로 이동하였다.

6. 태도의 변화, 실천의 변화 : 참된 혁신

자원봉사자와 직원이 구걸식 모금 태도를 버리고 기부를 투자로 인식하여 기금 요청 과정이, 압력이 아닌 해방의 과정으로 인식하도록 개발 팀의 중심을 변화시키기 위해서는 용기와 훈련이 필요하다. 또한 기부자도 기관의 구걸식 태도를 타파할 수 있도록 훈련을 받아야 한다. 그러나 다음과 같은 상황에서는 최선의 용기와 훈련이라도 실패하고, 모금도 소모적이고 이행되지 않으며 별 성과 없는 활동에 머무르고 만다.

- 태도가 내부적인 것에 집착하며, 외부적으로는 기관이 프로그램과 서비스를 통하여 지역사회의 욕구를 충족시키는 대신 주로 기관의 금전에 대한 욕구를 통해서 모금이 이루어진다는 것으로 표출되는 경우
- 모금이 개발의 전략적 조치에 대한 이점 및 자선의 철학적 틀과 상관없이 수행되는 경우

성공적으로 위상을 재정립하는 것은 특정한 핵심적인 관리와 기관의 조치가 수립될 때 달성될 수 있다.

7. 가치에 기초한 개발 및 모금을 위한 조직의 구성

태도의 변화는 부분적으로 가치에 기초한 모금원 개발을 실천할 수 있는 조직을 구성함으로써 이루어낼 수 있다. 개발 과정을 관리하기 위한 내부 시스템은 기관의 비전과 개발을 성취함으로써 구축할 수 있다. 스포츠 용어를 인용하자면, '입상을 위해 방심하지 말라(Keep your eye on the prize)'가 핵심이다. 비영리 부문에서 입상은 더욱 능력을 갖게된 지역사회, 기관으로부터 서비스를 제공받는 사람들, 그리고 투자를 통해 가치가 추구될 때의 갖게되는 기부자의 성취감이다. 이러한 결과를 이루어 낼 수 있는 능력은, 기관이 무질서하거나 다양한 개발 활동에 참여하고 있으나 그 관리구조의 허술함에서 손상 받을 수 있다. 기관이 내부적으로 혼란하게 되면 지역사회에 근거한 소명에 초점을 맞추기 어렵게 된다. 마찬가지로 가치에 기초한 소명에 대한 의식이 없다면 이 기관은 급속히 타락하게 된다(제3장).

8. 요약

1) 기관이 구걸식 모금 태도를 탈피하도록 돕는 개발의 실천

지금까지 개발과 모금 사이의 관계를 설명하였고, 이러한 개발 과정에서 기관 내부의 마케팅 욕구는 세 가지 부분 - 즉 사명감 고취, 동기 부여, 정보제공을 실천함으로써 가능하다는 것을 강조하였다.

이것은 구걸식 태도를 탈피하기 위해 기관이 기본적으로 이해해야 할 사항이다. 일단 기관이 투자의 기회로 기관의 욕구를 인식하는 관점에서 지역사회를 개발하려는 태도를 취하게 되면 변화는 이루어진다. 모금과 자원봉사자를 모집하는 자료들은 결과물과 성공을 반영하게 되며, 사람들은 그 기관의 일원이 되고자 할 것이다. 하나의 개발 과정으로 모집된 자원봉사자는 편안하게 그리고 건설적으로 이 과정에 참여할 수 있는 방법이 있음을 깨닫게 된다.

기부자를 개발하고 관계를 구축하는 데 참여한 사람들은 모금에서 기꺼이 한 가지 역할을 담당할 마음가짐을 갖게 된다. 이들은 잠재적 기부자, 커다란 잠재성을 지닌 기존의 기부자들이 기관의 활동에 참여하는데 즐거움을 느끼도록 하는 방법을 깨닫게 된다.

관계가 진전됨에 따라, 직원과 자원봉사자는 다음 과정으로, 잠재적인 기부자가 처음으로 기부할 수 있도록 권유하거나 기존의 기부자들이 보다 많은 기부를 할 수 있도록 권유하는 단계로 자연스럽게 이동한다. 이러한 이동 즉, 마지못해 하는 입장에서 기금 요청에 대한 신뢰로 옮겨가는 것은 변화된 태도의 주요 결과라고 할 수 있다. 이를 위해서는 다음과 같은 사항들이 요구된다.

1. 기관의 성과에 대한 긍지 : 성과에 대해 남에게 이야기해 주며, 이러한 성과에 더하여 프로그램과 서비스를 더욱 강화시키기 위해 필요한(인적 및 재정적) 자원이 무엇인지에 대한 정보를 제공한다.
2. 참여와 의사소통 : 이사회, 자원봉사자, 프로그램 담당 직원들은 성과

와 관심을 이해하고 있어야 하며, 축하 행사나 문제 해결에 참여할 수 있도록 초대되어야 한다.
3. 기관이 아닌 기부자가 시장의 중심이라는 믿음 : 무엇보다도 기관의 욕구가 아닌 기부자 와 지역사회의 욕구가 가장 중요하다. 이들의 이해관계·열의·애착·관심사가 잠재적인 관계를 수립하는데 핵심이 되어야 한다.
4. 서비스의 가치와 영향(결과)에 최우선을 둔 신념 : 전반적으로 이 것은 기관의 자신감과 개발, 모금 과정의 핵심이다. 또한 이 것은 혁신과 변화된 실천의 핵심이다.

기관이 기부자와 지역사회를 가치를 반영하는 투자 대상으로 자리를 잡을 수록 구걸식 모금 태도는 사라지게 된다. 기부자와 기관의 관계가 수동적이면 지역사회가 요구하는 역동적인 협력관계가 이루어질 수 없다. 따라서 역동적인 후원자는 투자자라는 관계가 반드시 수립되어야 한다.

제3장
소명의 표류를 방지하기 위한 필수요소 : 리더십

제1장에서 언급한 바와 같이 비영리 기관의 소명은 그 조직의 방향이자 지침이다. 소명은 변화를 통해서 조직을 이끌고 안정시키며, 조직의 일탈을 방지한다.

소명을 중시하는 것은 훌륭한 관리의 기본이며, 효과적인 개발과 모금의 핵심이다. 조직의 존재 이유를 명시하고 있는 소명헌장은 지도자들의 관심을 끌고, 후원투자자를 유지시킨다. 조직의 핵심 가치를 표현한 소명헌장은 지속적으로 검증되고 철저히 보호되어야 한다. 비영리기관에서 지도자의 책임은 바로 자원봉사자와 직원이 바로 이 소명을 잃지 않도록 방지하는 것이다. 즉, 소명에 충실하고 일탈하지 않도록 하는 것이다.

1. 조직과 소명을 강력하게 유지하는 것

비영리기관의 리더십은 이사회와 직원이 균형을 유지하도록 하는 것이다. 복잡한 조직에서는 특별한 리더십이 필요하다. 하나의 조직을 이끌고 관리하기란 쉬운 일이 아니다. 수많은 지지자들과 지역사회가 위탁한 소명을 실행하는 비영리기관의 경우는 더욱 심각한 상황이 초래될 수도 있다. 역동적이고 가치 지향적인 후원을 확보하기 위해서는 조직의 욕구가 아닌, 조직이 충족시켜야 할 욕구에 개발과 모금의 초점을 두어야 한다. 지역사회를 위한 모든 소명에는 반드시 외부 영향이 강조되어야 한다. 반면 조직 내부의 욕구는 강조돼서는 안 된다. 소명은 메시지가 되어야 한다.

이 장에 제시된 리더십의 원리와 실천은 이 책 전체에 적용된다. 이 장에서는 효과적인 리더십으로 소명의 표류를 방지할 수 있는 방법에 그 초점을 둘 것이다.

2. 소명의 표류에 대한 정의

소명의 표류는 일시적이든 장기적이든 조직이 자체의 제도적 문제에 너무 사로잡힌 나머지 본래의 임무를 망각하게 되는 상황을 말한다. 수십 년 전에 유행했던 한 인기만화에는 유사(流砂)에 파묻혀 간신히 머리만 보이는 남자가 악어에게 포위되는 장면이 있었다. 이 그림에 대한 설명은, "악어가 당신의 목을 삼킬 때, 본래의 임무가 바로 이 늪에서 빠져나가는 것이라는 사실을 기억하기란 힘든 일이다"였다.

소명의 표류가 발생하는 가장 흔한 원인은 조직의 시스템을 붕괴하는 지도력의 약화이다. 이 때 조직의 초점은 지역사회의 욕구를 충족시키기 위한 전략에서 내부적인 문제를 통제하기 위한 전술로 이동한다. 단순한 소명표류에서 심각한 소명표류에로의 이행을 알려주는 징후는 다음과 같다.

• 재정 보고서를 제외한 어느 곳에도 프로그램이나 서비스에 대한 언

급이 빈약하거나 전무한 이사회의 모임
- 이사회의 모임을 제외한 조직의 모든 활동에 참여하기를 거부하고, 재정적인 책임을 지지 않으려는 이사회 구성원
- 지도력의 강화, 또는 계승에 실패한 지도자
- 통제와 관련된 이사회와 직원 사이의 알력
- 지지자들의 욕구와 시장의 변화를 무시한 조직의 우선 순위 설정 방법
- 조직의 창립 또는 초기 단계에서의 이사회의 특성이 되었던 열정적인 참여에서, 오래된 조직의 이사회 구성원들 사이에 자주 나타나는 매우 실용적인 태도로의 변화

이러한 징후는 모두 위험스러운 것이며, 다른 사람들이 소명에 동참하도록 하거나 재정적인 안정을 유지시킬 조직의 역량에 해를 끼칠 수도 있다. 이러한 각각의 징후는 발견 즉시 규명되어야 하며, 이에 대한 명확한 조치가 취해져야 한다. 이러한 징후는 소명에 대한 강조에서 벗어나, 프로그램의 성과가 아닌 조직의 문제에 관심을 쏟게 한다. 매우 소모적인 이러한 문제가 방치될 경우 조직은 결국 조직이 지향하는 소명의 수행을 방해하는 존재가 되고 만다.

3. 소명의 표류를 피하는 방법

리더십은 비영리기관이 소명의 표류를 방지하도록 하는 주요 원동력이다. 강력하고 일관된 리더십이 결여되면 그 조직은 난관에 부딪쳐 허우적거리며 평온한 환경에서도 순조로운 운영을 할 수 없게 된다.

비영리 부문에서의 리더십은 이중 구조를 가지고 있다. 그것은 이사회와 직원 양자의 책임이다. 소명에 대한 초점의 상실을 보여주는 하나 이상의 징후가 발견되는 조직의 이사회 또는 직원들은 이 문제를 가지고 흔히 서로를 비난하게 된다. 이것은 역효과를 초래할 뿐만 아니라 부적절한 것이기도 하다. 다른 어떤 부문에서도 리더십에 대한 책임이 내부 지도층/관리팀과 외부에서 발탁되거나 임명된 이사회 사이에 혼재하지는 않는다.

비영리 부문은 기관과 지지자들간의 협력에 의해 단련이 된다. 4장에 언급하겠지만 협력의 위력은 책임의 공유로 간주되는 리더십에서 나온다. 비영리 부문의 근본적인 협력은 이사회와 직원 사이의 협력이다. 효과적인 이사회를 구성하기 위한 전략은 9장에서 논의한다.

4. 유능한 비영리 부문 지도자의 실천

유능한 직원과 자원봉사자는 다양한 방법으로 자신의 강점을 증명하여, 조직의 안정을 유지하고 조직을 강력하고 활동적으로 유지시킨다. 이들은 다음을 제공하고 또 강화시킨다.

1. 모든 이사회 또는 위원회 모임 및 모든 제도적 의사결정에서 소명과 목적 강조. 모임의 분위기와 진행 속도는 특히 신임 또는 장래의 이사회 위원에게 조직에 대한 많은 것들을 전달한다. 여기에서 지도자는 많은 역할들을 해야 한다. 즉, 의제를 잘 전달하고 유지할 수 있도록 하고, 프로그램 참여자나 수혜자가 감사의 뜻이나 그 외 내용들을 충분히 발표할 수 있도록 각 모임마다 적절한 시간을 할당하고, 주어

진 시간을 지키면서도 모임이 충분한 시간을 갖도록 하고, 토론이 잘 이끌어지도록 하며, 어려운 의사결정은 조직의 소명과 목적과 관련하여 쟁점을 다각도로 살펴보는 과정을 통하여 내려질 수 있도록 해야 한다.

2. 조직의 라이프사이클 전 과정을 통한 열정과 실용주의의 균형유지.
비영리기관의 지도부와 관련된 사람들은 조직이 성숙함에 따라 이사회의 역할이 다양하게 변화함을 인식하게 된다. 조직이 성숙함에 따라, 초기의 직접 관여에서 점차 감독 위원회로서 기능을 하는데, 이처럼 역할이 변해도 이사회 구성원은 자신의 열정과 실용주의를 유지해야 한다.

조직의 설립을 자극한 아이디어가 새롭고 과감한 초기에는 이사회 구성원들의 열정은 뜨겁다. 이들은 소명에 헌신적이며, 공통적인 비전과 공유된 가치로부터 나오는 열정은 이사회의 활동을 촉진하고 특징이 된다.

이사회는 신속히 결정을 내리고 대담하게 기회를 포착하며 소명에 대한 헌신을 토대로 위험을 감수한다. 이사회 구성원은 취임 즉시 대표자, 기금 조달자 및 옹호자로서 지역사회에 다가선다. 지도자의 비전과 기관의 소명간의 의사교환은 확고하며 열성적이다. 반면 실용성은 종종 결여되기도 한다.

조직이 성장함에 따라, 이들은 자연스럽게 시스템과 구조에 그 초점을 두게 된다. 열정이 시들 수도 있다. 창립시기에는 없었던 그리고 창립 구성원에 대해 알지도 못하는 이사회 구성원이 충원되기도 한다. 이러한 신규 이사회 구성원들은 자신이 제공할 전문 지식(법률, 재무, 마케팅)만을 이유로 모집된 것이 아니라는 커다란 방침을 이해하고 있어야 한다. 그렇지 않으면 이들은 조직을 편협하게 바라보게 되고, 열정을 갖지 못하며, 보다 넓은 제도적 관점이 결여된 상태에서 특정 쟁점에 초점을 둠으로써 소명을 표류시킬 수 있다.

 실용주의를 더욱 촉진시키기 위해서는 열정이 주입되어야 한다. 조직의 존립 전반에 걸쳐서 이 두 원동력의 균형을 유지하는 것이 중요하다.

3. **이사회 구성원의 평가 강화와 이사회 근무기간 제한을 포함한 리더십의 승계 계획.** 이사나 간부들이 제 아무리 효과적이고 가치 있다 하더라도 현명한 지도자라면 서비스 와 업무 시간을 제한하는 내규를 준수해야 할 것이다. 이사회 구성원의 출석이나 참여가 저조하더라도 이를 위해 이러한 일정들을 변경해서는 안된다.

 건전한 이사회는 관리 업무에 새로운 균형을 가져 올 신임 이사를 위한 자리를 마련한다. 대부분의 내규는 일년 또는 그 이상의 기간동안 이사회를 떠난 뒤에야 다시 이사회 구성원으로 선출될 수 있다는 규정을 두고 있다. 기관의 운영에 필수적인 전문 지식을 갖추고 있는 사람은 이 기간이라도 언제든지 위원회에 소속하여 활동할 수 있다.

 승계에 대한 좋은 계획을 갖고 있는 지도자는 끊임없이 이사회 구성원과 그 외 자원봉사자를 관찰하고, 조직의 구성원들을 효과적으로 활용하는 방법을 연구하게 된다. 또한 이러한 지도자는 조직에서 새롭게 영입된 사람들이 조직에 대하여 헌신할 수 있도록 하기 위한 기회를 마련한다. 이사회의 승계 계획은 9장에서 더욱 자세히 다루어진다.

4. **기관장 / CEO에 대한 정기 평가.** 이사회의 자체 평가와 지도부의 승계와 관련하여 또 하나의 기능은 기관장에 대한 정기 평가이다. 이것은 모든 이사회의 필수 업무이면서도 자주 무시되곤 한다. 기관장은 평가를 받지 않고 수년간 재임할 수 있다. 지도자는 리더십을 강화시킨다. 이사회의 집행 위원회는 동기 부여, 검증, 피드백을 포함하고 있는 기관장에 대한 연례 평가를 실시해야 한다.

5. **모든 모금 캠페인에 이사 100%의 재정적 참여.** 지도자는 "나는 내 시간을 할애했으니 금전까지 기부할 필요는 없다"라는 반응을 수용하지 않는다. 스스로 모범을 보임으로써 이들은 다른 사람들에게 적절한 수준에서 기부할 것을 권유하며 또한 외부 기부자가 이사 100%의 기부 참여에 두는 중요성을 강조한다. 연례 및 주요 캠페인에 대한 이사회의 참여는 외부 기부자의 참여를 유도하기 위한 필수 요건이다.

6. **기부자 및 기금조성 활동에 이사회의 100% 참여.** 개발은 잠재적 기부자에 대하여 공유된 가치를 드러내는 과정으로, 여기에는 기금조성 이상의 의미가 포함되기 때문에, 이사회의 모든 구성원이 관여하여야 한다. 강력한 지도자는 가장 싫어하는 이사가 있는 경우에서조차도 이사회의 모든 구성원이 개발 활동에 참여하도록 하는 동기 부여의 기회를 포착한다. 모든 사람이 직접적인 모금활동에 참여할 필요는 없지만 적어도 개발 과정의 여러 단계 중의 하나 또는 다른 종류의 모금활동(우편, 전화, 특별 행사)에는 참여해야 한다.

7. 새로운 프로그램이나 인사 문제(이사회, 자원봉사자 또는 직원)로 소명에 대한 초점을 흐리지 않기 위해 초기에 철저하게 주의. 강력한 지도자는 문제를 해결하는 사람이다. 이러한 지도자는 이사회나 직원 내부 또는 이사회와 직원 사이의 어떤 수준에서 문제가 해결되어야 하는 가를 알고 있다. 이들은 가장 중요한 문제만을 이사회에 상정하며, 다른 문제들은 인사, 집행 또는 기타 위원회의 구조 내에서 해결되도록 한다. 이들은 공정하고 객관적인 문제 해결 방법에 익숙하여 그 방법을 사용하며, 그 과정에서 쟁점의 모든 관점을 파악하려고 노력한다. 의사 결정과 그 배경에 대해 설명하는 것은 공개적으로 그리고 시기 적절한 방법으로 이루어진다. 갈등이 증폭되는 것은 허용되지 않으며, 지도자가 문제를 해결할 수 없다면 문제가 조직 전체에 퍼지기 전에 외부의 전문적 도움을 받는다.

8. 문제가 아닌 해결책에 대한 초점. 쥐어짜 보았자 에너지만 소모될 뿐 아무 것도 이루지 못한다. 그러므로 지도자는 쟁점을 초월하여 문제가 해결될 수 있는 방법을 모색한다. 문제 해결 과정에서 이들은 문제를 철저히 격리, 검토하지만 초점은 해결책에 두도록 한다. 지도자는 조직원들이 해결책을 이행하는데 참여하도록 하며, 이사회·자원봉사자·직원의 창조성과 이익을 이끌어낼 수 있도록 대표자로서의 역량을 발휘한다. 지도자는 아이디어와 실행에 대한 평가를 환영하며, 처음의 해결책이 맞지 않으면 기꺼이 변화를 수용한다.

9. 조직 및 조직의 소명에 대한 헌신을 공유하는 파트너로서 직원, 이사회 및 자원봉사자에 대한 존중. 지도자는 자신과 함께 일하는 사람

들을 신뢰하며 존중한다. 이들은 함께 일하는 사람들 각자가 이루어 낼 수 있는 독특한 공헌을 이해하며, 말과 실천을 통해서 소명에 대한 공통의 관심을 장려하고 중시한다.

이러한 실천은 비영리 부문에만 국한되지는 않지만 이 부문의 리더십을 효과적으로 하기 위한 기본적인 요건이다.

5. 비영리기관 지도자의 도전 : 소명과 기관간의 균형

강력한 조직과 강력한 소명 사이의 균형을 이루는 데에는 다음과 같은 특수한 난제가 존재한다.

- 후원투자가에게 책임을 져야 하는 두 가지 조건 즉, 재정 성과와 가치 지향 프로그램의 실적
- 이사회와 직원의 역할 중복 및 혼선
- 개발 직원의 불가피한 이직
- 자원봉사자가 자신의 본업이나 기타 활동과 비영리기관에서의 활동을 균형 있게 유지할 수 있도록 돕는 자원봉사 지도자의 필요성

1) 두 가지 핵심사항

두 가지 '핵심사항' - 즉 소명과 조직을 동시에 관리하는 것은 소명의 표류를 방지하고자 하는 지도자에겐 최대의 난제이자 최대의 기회이기도 하다. 난제인 이유는 가치와 관련하여 이룰 수 있는 이 점을 간과한 채 재정

조건만을 중요하게 여길 경우, 소명을 수행하는 기관의 능력이 손상당하는 결과로 귀결될 수 있기 때문이다. 재정 조건과 관련하여, 직원이나 프로그램의 축소가 현명한 것으로 여겨질 수 있지만, 이는 반면 지역사회에 필수적인 프로그램이나 서비스의 제공을 감소시킬 수 있으며, 기관의 가치에 공감하는 사람들에게는 투자의 기회를 줄이는 것으로 간주될 수 있다.

그러나 이 두 가지 핵심요소가 기회를 제공할 수도 있다. 그것은 단지 재정적인 조건만이 아닌 가치에 기초한 결과를 바탕으로 기부자와의 관계와 기금조성 관행을 개발할 때 가능해진다. 이러한 시도는 직원이나 서비스의 과도한 축소에 대한 보상역할을 할 수도 있다. 이것은 지역사회가 필요로 하는 서비스의 지속을 보장하기 위해 잠재 기부자가 더욱 큰 규모로 투자하게 만드는 강력한 동기로 전환될 수 있다. 두 가지 요소가 균형을 이루어, 둘 중 어느 하나의 강점이 다른 하나의 성과를 보완할 수 있게 되는 것이 필수적이다. 이런 경우에만 적절한 결정이 내려질 수 있다.

2) 이사회와 직원의 역할 중복 및 혼선

비영리기관의 독특한 이중 지도체제 때문에, 이사회와 직원의 역할 규정은 지도부가 당면한 우선 과제이다. 이는 소명 표류가 일어나는 주요 원인 중의 하나이기도 하다. 이 과제는 기대치를 설정하고 전달함으로써 해결할 수 있다.

기대치에 의존한 지도력은 강력한 접근방식이다. 서로 다른 업무를 관장하고 있는 대표, 이사회, 위원회, 자원봉사자들은 특별 회의에서 개인적으로 또는 연례 토론회나 수련회에서 그들에게 전달되는 기대치를 알게 됨으로써 큰 이익을 얻게 된다. 사람들은 다른 사람들이 그들에 대해 가지고 있는 기대치에 의해 매일 매일 평가를 받게 된다. 이러한 기대치는 흔히 문제가 발생한 후에야 드러나곤 한다.

　이사회, 위원회, 자원봉사자, 직원의 역할이 명쾌하게 정의되면 조직의 체질이 강화되고 소명의 표류를 방지하는데 도움을 준다. 역할이 충분히 이해되고 수행되면 내부 의사소통도 증대된다. 많은 기관들이 연례 수련회의 일환으로, 기대치 설정에 그 우선권을 두는 추세이다. 이러한 과정은 다음과 같이 세 가지 측면에서 서로의 의견 교환이 필요하다.

1. 기관장(및 직원)은 이사회와 자원봉사자에게 자신이 갖고 있는 기대치를 전달한다.
2. 이사회는 기관장(및 직원)에게 직원의 지도력에 대한 이사회의 기대치를 전달한다.
3. 이사회와 직원은 서로에 대한 기대치를 서로에게 전달한다.

　이 과정은 매우 의미 있다. 이를 실현한 어느 모임에서, 신임 기관장과 그 외 직원들을 채용하는 동안 임시로 경영관리인의 역할을 맡았던 전임 기관장은, 이사회에서 다음과 같은 말을 했다. "여러분이 기관장에게 기대했던 바가 이런 것이었음을 알았다면, 나는 아직 기관장으로 남아있었을 것입니다."

　기대치를 전달하지 않는다면, 기대치에 의해 조직을 이끌어갈 수 없다. 우리가 기대하는 바를 사람들이 알지 못한다면, 우리는 그들이 알지 못하는 기준에 의거해 그들을 계속 평가하게 된다. 긴장이 야기되고 의사소통이 와해되며 업무에 쏟아 부어야 할 정력이 관계나 책임에 대한 걱정이나 논쟁으로 소모된다.

　기대치를 서로 전달하는 것이 일부 이사회나 직원에게는 위협적인 생각으로 받아들여질 수도 있지만, 이 과정은 조직이 이사회와 직원의 역할을 공명정대하게 규정하는데 도움을 준다. 그 결과, 소명에 더욱 전반적인 초점을 맞추게 되고 기관은 더욱 강력해 진다.

3) 개발 직원들간의 불가피한 이직

최고위 관리층의 경우 뚜렷한 개선이 이루어지고 있긴 하지만, 중급 및 신입 수준의 개발 담당자의 평균 재직 기간은 여전히 2년여에 불과하다.

사람들이 다른 전문직에서 이직해 오거나 다른 기관으로 눈을 돌려 더욱 전문적인 또는 더 많은 수입을 올릴 수 있는 직위를 찾게 됨에 따라, 비영리 부문에서 이러한 일은 불가피한 현상으로 받아들여지고 있다. 그러나 개발 직원들이 속해 있는 많은 기관의 노력으로 그들에 대한 처우가 개선됨에 따라, 앞으로는 재직 기간도 더욱 늘어나게 될 것이다. 관리와 처우(보상)는 전국모금관리자협회 및 기타 유사 전문 기관(보건자선협회, 교육개선연구협의회)의 지도자들이 지속적으로 연구하고 조치를 취해야 할 분야이다.

우수한 개발 직원을 확보하기 위한 노력에는 고액 보수의 지급이 포함된다. 개발 직원 이직이 비영리기관에 미치는 영향은 상당하다. 개발에 대한 상식에 비추어보더라도, 그것은 시간을 필요로 하고 의사소통과 관리에 있어서 지속성을 요구하는 과정임을 알 수 있다. 개발 직원의 이직은 이러한 지속성의 파괴를 의미한다.

이사회, 자원봉사자, 특히 개발 위원회 위원들은 개발 관리자와 직원이 적절한 보수를 받고 그들의 성과에 대한 정기적인 평가와 적절한 피드백을 제공받는 가를 확인해야 한다. 개발 이사는 예산을 수립하고 기타 정책 문제에 관해서도 관리팀의 일부로 참여할 수 있어야 한다.

이와 동시에, 조직의 안정을 유지하기 위해서는 개발 직원이 이직하였을 때 그러한 변화가 개발 프로그램에 심각한 장애로 작용하지 않도록 이사회와 기관장은 개발 시스템이 제대로 확립되어 있는 지를 보장해야 한다.

(1) 직원 교체의 처리

개발 이사의 사직이나 해임 문제에 직면한 기관장과 이사회는 이러한 변화가 최대한 자연스럽게 이루어질 수 있도록 해야 한다. 마찬가지로, 능력 있는 개발 이사는 인사관리 기술을 습득하고 가장 합리적인 기간 내에 가장 적절한 인재를 충원할 수 있는 능력을 발휘하여 직원 교체를 자연스럽고 신속하게 처리해야 한다. 개발담당 임원(개발 이사 또는 개발 부사장)의 사직이나 해임의 경우에, 기관장과 이사회 또는 개발위원회 위원장은 다음 사항을 명심해야 한다.

- 주요 기부자와 모금 담당 자원봉사자를 포함한 모든 주요 지도자 및 구성원에게 공개적이고 신속하게 의사 결정 사항을 전달한다.
- 조정(재편성) 계획(충원 전략, 임시 업무량 배분, 예상 일정)을 준비하고 이행한다.
- 업무는 중단 없이 지속적으로 이루어지며 적절한 기술과 직업 정신에 의해 처리될 것이라는 신뢰감을 심어준다.
- 충원 과정과 개발 활동이 지속적으로 진행되는 것에 대하여 주요 후원자들에게 알린다.
- 주요 이사와 개발 위원회 위원을 참여시키고 충원 과정에서 주요 기부자를 선정한다.
- 충원이 이루어지면 신임 개발 임원이 이사회와 개발 위원회의 비전과 기대치를 공유할 수 있도록 기회를 마련한다.

・건설적인 피드백을 포함한 정기 평가와, 활기와 정열을 유지할 수 있도록 하기 위한 충분한 보상제도를 포함하여 가능한 모든 방법으로 신임 개발 임원을 지원한다.

개발담당 임원의 이직 원인은 주로 개발 기능을 관리하는 속도·강도·복잡성 때문으로 설명된다. 이들은 쉽게 소진되며, 일시적으로 또는 영원히 직장을 떠나는 경우도 있다. 피로를 예방하는 것이 중요하다. 개발담당 임원을 유지하기 위한 핵심 요소로는, 이사회와 자원봉사자의 지원, 분명한 기대치, 직접적이고 정직한 피드백, 보상 등이 있다.

유능한 개발 이사는 자원봉사자가 훌륭하게 보이고 기분 좋게 느낄 수 있도록 배려한다. 개발 직원은 대부분 기본적인 일을 담당하여 자원봉사자들이 성공적으로 일을 마치고 그 성과가 드러나도록 도와 준다. 많은 기부를 이끌어 낸 성공적인 모금 또는 특별 행사의 유치는 보통 자원봉사자와 직원간의 협력의 결과로, 이 과정에서 자원봉사자는 지역사회의 인정을 받게 된다. 이러한 성과를 위해 개발 임원이 담당한 역할을 기관장과 이사회가 기억하는 것도 매우 중요하다. 육필 노트, 꽃다발, 이사회 모임에서의 특별 표창 등은 자원봉사자가 지속적으로 참여할 수 있도록 할 뿐 아니라 개발담당 임원의 소진을 적절한 수준에서 최소한으로 유지하는 데에도 도움을 준다.

4) 자원봉사자가 본업 및 기타 활동과 비영리기관에서의 활동을 균형 있게 유지할 수 있도록 하기 위한 자원봉사 지도자의 필요성

자원봉사자의 참여는 비영리 부문이 지역사회의 욕구에 부응할 수 있는 역량을 결정짓는 기본적인 요소이다. 자원봉사자가 지역사회를 관장하기 때문에, 이들은 비영리기관이 적절한 프로그램과 외부관계를 수립할 수 있도록 통찰력과 전망을 제공한다.

자원봉사는 박애의 한 유형이다(Payton). 박애의 완성을 위해서는 시간의 투자와 금전의 기부가 균형을 이루어야 한다는 점을 고려해볼 때, 자원봉사자의 경험으로부터 나오는 만족은 종종 재정적인 참여 욕구를 강화시킨다.

상호 존중은 자원봉사자의 참여를 지속시키는데 도움을 준다. 이사회와 자원봉사자가 개발 직원에게 피드백을 제공하고 지원할 책임을 지고 있는 것과 마찬가지로, 자원봉사자와 함께 일하는 직원들도 자원봉사자가 느낀 경험의 질을 보장해야 할 중대한 의무를 지고 있다. 기관장·개발담당 임원·개발 및 프로그램 직원 모두는 자신이 소속되지 않은 다른 기관에서 자원봉사할 수 있는 시간을 가져야 한다. 이렇게 되면 그들은 자체의 자원봉사자가 가지고 있는 요구를 잊지 않을 것이며, 자원봉사자의 시간에 대한 민감성과 관심에 주의를 기울일 것이다. 자원봉사자는 자신들의 시간이 가치 있고, 변화를 만들어 내며, 효과적으로 쓰이기를 원한다. 기부자와 마찬가지로 자원봉사자도 그들의 가치에 부합하는 기술, 가치, 인정, 기회 등 비영리기관과의 교환을 추구한다.

이들의 평가나 인정에는 명확한 기준이 있어야 한다. 유능한 이사회와 자원봉사자를 유지하는 데 성공한 비영리기관에서는 보통 다음의 사항을 수행한다.

- 모든 이사회, 위원회, 기타 직위에 대한 기대치를 포함한 문서화된 직무 지침서 제공

- 모임의 참여도, 적절한 시간 내의 직무 완수, 업무의 질과 같은 자원 봉사 활동에 관한 높은 수준의 기준 설정
- 직원 또한 그러한 기준을 준수한다는 보장
- 주요 결정사항에 자원봉사자의 의견 수렴, 자원봉사자가 그들이 이용할 자료의 초안검토(사례 기술서, 소책자, 지역사회 우편물)
- 이사회를 포함한 모든 자원봉사자 선발(해임)을 위한 정책과 절차의 개발과 적용
- 모든 모임과 직무가 필요하고 중요한 것임을 분명히 함으로써 자원봉사자의 시간에 가치 부여
- 적절한 사례와 성과 인정
- 자원봉사자가 참여하고 있는 프로젝트의 진척과 결과에 대한 정기적인 의견 교환
- 프로그램 담당 직원 또는 클라이언트와의 적절한 상호관계 수립을 통해, 자원봉사자가 기관의 소명에 참여할 수 있는 특별한 기회 제공
- 자원봉사자의 동기 유발과 욕구를 충족시킬 수 있는 직무 수립
- 자원봉사 경험을 성공적이며 가치 있게 만드는데 필요한 모든 지원 제공

6. 효과적 시스템 유지를 위한 지도자의 역할

효과적인 관리, 개발 및 기금 조성 시스템은 생산적인 모든 비영리기관의 토대이다. 시스템은 지도자가 소명을 집중하여 완수할 수 있도록 하는 훌륭한 운영체제를 제공한다. 유능한 리더십에 의해 고안, 관리된 시스템은 소

명 표류를 방지하는 주요 버팀목 중 하나다.

시스템은 기관에 구조를 제공한다. 시스템은 조직의 주요 활동을 관리하기 위해 지도부가 개발한 정책과 절차이다. 여기에는 내규, 정관, 이사회 방침, 인사정책, 제도와 개발 계획, 기타 문서화된 혹은 묵시적인 규칙 등이 포함된다.

시스템은 하나의 지침이다. 그리고 시스템은 조직을 자유롭게 한다(Grace in Rosso, 1991). 조직 내에서 잘 고안되고 합의된 시스템은 그 조직을 안정시킨다. 효과적인 시스템은 통상적인 업무나 예측 가능한 활동이 상대적으로 쉽게 처리될 수 있게 함으로써 프로그램과 기부자 개발 그리고 기타 창조적이고 전략적인 활동에 보다 많은 시간을 할애할 수 있게 한다.

기본적인 비영리 시스템에는 다음 사항이 포함된다.

· 개발, 제도적인 계획
· 내부 의사소통 시스템
· 이사회 충원과 확장 절차
· 가치 지향적인 개발과 모금을 지원하는 정책
· 사례(謝禮), 인정, 책임의 실천
· 기부자와 재정 확충을 지원하기 위한 적절한 컴퓨터 시스템

7. 변환기의 리더십

변화는 비영리 부문의 환경에서 가장 지속적으로 나타나는 현상이다. 성공적인 비영리기관은 건전한 제도를 계획하고 변화를 예견, 주도한다.

이들 기관은 예기치 못한 변화에 부딪혀도 안정을 유지한다. 이들의 시스템은 소명을 지원하여, 지도자가 예기치 못한 상황에도 보다 효과적으로 대응할 수 있게 한다. 가장 바람직한 조직은 변화의 도전에 맞서 자체의 활동을 끊임없이 보완, 적응시킬 수 있는 조직이다.

비영리기관은 지역사회의 욕구를 충족시키기 위해 존재하기 때문에 항상 예기치 못한 상황에 직면하게 된다. 자연재해가 발생한다든가, 이전엔 알려지지 않았던 질병이 전염병으로 발전한다든가, 유권자들이 학교에 대한 조세 지출을 억제하고, 시민들이 집회를 갖는 등의 상황은 비영리기관의 개입을 요청한다. 전국에서 기금이 지원되는 유럽의 한 박물관이 생존을 위해 급작스럽게 민간의 기부금을 필요로 하는 경우도 있다.

변화는 조직으로 하여금 새로운 외부의 도전에 부응할 수 있도록 끊임없이 내부의 활동과 프로그램을 조정하도록 요구한다. 자살예방기관이 재정적으로 파산하면, 가족상담기관이 대신 그 업무를 흡수하도록 요청 받을 수 있다. 두 병원이 각자의 재단과 더불어 합병되면, 새로운 기회가 창출되지만 동시에 다른 기회는 사라지기도 한다. 도서관의 경우 방과후 프로그램에 대한 요구에 부응하기 위해 청소년 문고를 확충하고 관리 직원을 증가시킬 수 있다.

변화에 대한 지도부의 반응은 시스템이 얼마나 반응을 잘 하는가를 결정짓는다. 변화가 기회로 인식되고 창조적인 반응이 이루어지면, 이 변화는 기관의 성장을 주도한다. 변화가 위협으로 인식되고 두려움 속에 반응이 이루어지면, 이 변화는 기관의 쇠퇴를 부추긴다. 지도자들은 변화에 대해 반응 할 때 선택을 해야 한다. 이들은 기관의 창의성을 얼어붙게 하고 기관의 성장을 방해하는 반응을 할 수도 있고, 기관을 이전보다 더욱 강하게 만드는 선택으로 반응할 수도 있다.

1) 소명의 표류를 예방하는데 도움을 주는 리더십의 4가지 속성

 소명이 표류하면 조직은 가치 지향의 개발을 위한 기금 조성의 범위를 넘어설 수 없게 된다. 소명은 사명이며, 지도자는 이러한 사명을 전달하고 설명할 위치에 있다. 이런 이유에서 이사회와 직원의 리더십에는 건전한 지역사회 투자로서 기관의 지속적인 역할을 보장할 수 있는 자질이 반영되어야 한다.

 소속 기관의 강점과 안정성에 공헌할 수 있는 비영리기관 지도자의 네 가지 자질로는 용기, 자신감, 창의성, 헌신이 있다.

(1) 용기

 구조와 기능이 아직 많은 사람들에게 이해되지 않은 비영리 부문에서 지도자로 활동하기 위해서는 용기를 가져야 하고 남에게 용기를 '북돋아 줄 수 있어야' 한다. 용기는 가치 지향적 개발 및 기금 조성의 핵심 요소이다. 용기를 '갖춘다'는 것은 잘 알려진 지도자의 속성이지만, 용기를 '북돋울 수 있다'는 것 역시 중요하다. 소명의 표류를 막기 위해 지도자는 봉사하려는 마음, 정신, 열정, 의욕을 북돋아 자신과 타인의 용기를 유지해야 한다. 지도자는 타인이 성장하고 탁월한 업적을 이루도록 용기를 북돋아 스스로 지도자가 되도록 해야 한다.

 용기는 지역사회 내에 변화와 차이를 가져올 계산된 위험감수 행위에 나타나지만, 또한 이사회 및 직원의 지도자들이 기관을 위해 그들이 설정한 방향과 계획 실행의 방법 속에 내부적으로 증명되기도 한다. 기업 문화와 그것이 조직에 미치는 영향을 다룬 수많은 연구에서 모든 연구자와 관찰자들 사이에 한가지 일치를 보이는 것은 '영웅'이 조직 문화의 큰 부분을 이루고 있다는 사실이다.

영웅이란 조직을 대변하는데 용감하고, 이사회 또는 지역사회의 모임에서 자신의 신념을 견지하며, 내부적 혹은 외부적인 쟁점에 관해 환영을 받지 못하더라도 윤리적인 입장을 취하며, 하기 어려운 요구를 과감히 청하고, 자신의 인내력과 성공을 통해 다른 사람들을 격려할 수 있는 용기를 지닌 사람이다. 이러한 용기를 좀처럼 접해보지 못했기 때문에, 지도자의 용기에 대해 별다른 언급이 없었던 것으로 보인다. 그러나 발견만 한다면, 우리는 그 용기를 알아차리고 존중하게 될 것이다. 지도자는 리더십의 또 하나의 속성인 자신감을 키우게 될 때, 더욱 용감해진다.

(2) 자신감

자신감은 조직의 중요성 및 그 조직이 수행하는 소명 그리고 봉사 분야에 대한 이해로부터 나온다. 자신감은 개발 및 기금 조성 과정에 대해 변명보다는 긍지를 가질 수 있는 환경에 있는 이사회 및 직원에게 나타난다. 긍지를 갖고 성공을 공유하는 환경에서 자신감은 더욱 촉진된다. 조직에 대한 자신감과 봉사 분야에 대한 자신감은 지도력의 강화에 중요하다.

조직의 영향과 성공에 대한 이해를 통해서 자신감을 배양할 수 있는 것과 마찬가지로, 결과에 초점을 맞춰 전체 자선소명 부문의 성과를 파악함으로써 이 자신감을 확장시킬 수 있다. 용기와 자신감을 구현한 한 이야기가 그 실례를 보여준다.

이는 월스트리트 저널의 1991년 12월 19일자 기사의 일부분으로 적은 것으로 많은 성과를 이룩할 수 있는 비영리 부문의 역량에 대한 피터 드러커(Peter Drucker)의 얘기이다. 이 짤막한 기사에서 그는 많은 기관의 활동을 인용했다. 그러나 이중 한 이야기가 용기와 자신감의 메시지를 가장 강력하게 전달한다.

미시간주의 로얄 오크(Royal Oak)에 있는 '타이니 저드슨 센터(Tiny Judson Center)'는 심각한 장애를 겪고 있는 아이들을 장애인 시설에서 벗어나 사회로 환원시킴과 동시에, 미혼모와 그들의 가족이 복지수당 수혜에서 벗어날 수 있게 한 프로그램을 개발하였다. 이 프로그램은 성과가 거의 없던 두 개의 정부 지원 프로그램을 대체하게 되었는데, 그 하나는 복지모(welfare mother) 프로그램이고 다른 하나는 장애 아동 시설수용 프로그램이었다. 이 센터는 신중히 선정된 복지모들에게 적당한 봉급을 주고 2~3명의 성장장애 아동 또는 정신지체 아동을 키우도록 하는 훈련을 실시하였다. 복지모 프로그램의 성공률은 100%에 가까웠고, 많은 복지모들이 재활기관에 취업하는 성과를 거뒀다. 성장장애 아동에 대한 영향 역시 지대했다. 이제 시설에 수용된 아동은 50%에 불과한데, 이들은 모두 "가망없다고 포기하였던 아동들이었다"고 드러커는 첨부했다.

드러커는 자신의 관점을 다음과 같은 말로 요약하였다. "비영리기관은 정부가 실패를 위해 지출하는 것보다 훨씬 적은 비용으로 성과를 이루고 있다." 이러한 말은 자선소명 부문에 대한 일반대중의 인식을 높이고, 이 부문에서 일하거나 자원봉사 하는 사람들의 기분을 좋게 할 것이다.

봉사부문에 대한 자신감과 조직에 대한 자신감은 용기의 토대인 자기 자신에 대한 믿음으로 발전한다. 자신감은 변명이 줄어듦에 따라 커진다. 비영리기관에 대한 지원이 약점보다는 봉사와 강점의 입장에서 이루어질 때에도 자신감은 커진다. 이때 사람들은 조직의 업적에 대해 그리고 봉사참여와 옹호의 기쁨에 대해 자신 있게 얘기할 수 있게 된다. 어려운 기부권유를 쉽게 하는 것도 바로 이 자신감이다. 자신감은 비영리기관에서 가치 지향적 관계를 성공적으로 수립, 유지하는 사람들의 중요한 덕목이다.

(3) 창의성

창의적 해결책, 창의적 접근방식, 창의적 결과, 이 모두는 비영리기관의 지도자에게 기대되는 것들이다. 창의성은 흔히 지도자에게서 간과되어 온 자질이다. 이는 새로운 접근방식과 관점을 확인, 평가, 실행되는 과정에서 효과적인 문제 해결과 갈등의 견제를 이룸으로써 증명된다.

창의성은 조직의 재료와 프로그램, 특히 적은 예산으로 큰 반향을 불러올 프로그램에서 보다 분명히 드러난다. 지역사회의 지원을 받는 무용단의 예술감독이 후원투자가에게 정직하게 자신은 "1달러로 5달러의 일을 한다"고 말한다고 해 보자. 안무가로서의 무대 위에서의 그의 창의성과 행정가로서 지역사회 투자와 관련한 그의 창의성은 직원, 자원봉사자, 그리고 후원투자가에게 긍지와 만족감의 근원이 될 것이다.

이사회 구성원에게 창의성은 새로운 아이디어를 이사회실 탁자에, 새로운 자원봉사자를 행사와 모임에 끌어들이는 것을 의미한다. 창의성은 기회에 대한 예리한 감각과 새로운 아이디어를 추진하는 데 앞장 설 의욕을 요구한다.

창의성과 변화는 긴밀히 연결되어 있다. 창의성이 인정되고 보상받는 조직 환경에서는 흔히 변화에 보다 긍정적인 반응이 나타난다. 탄력 있는 조직이란 항상 환영하지는 않는다 하더라도 필요할 때는 과감히 변화를 수용, 주도하는 조직이다. 내적, 외적 조건에서 예견된 변화에 대응하여 여러 개의 시나리오를 만드는 것도 소명의 표류방지에 상당한 도움이 된다. 그러나 조직이 예상되는 변화의 부정적 영향이나 대안의 상실에 집착하게 되면 변화가 가져올 긍정적인 새로운 방향을 간과할 수 있다.

(4) 헌신

헌신이 가장 강력한 지도자의 자질이라고 주장하는 사람들이 있다. 이처럼 헌신은 분명 필수적인 것이며, 용기·자신감·창의성과 결합되면 대담하고 혁신적인 리더십을 낳게 된다. 헌신은 조직을 키우고 지원하는 활동 즉, 위기 때의 충성심·기꺼이 주고 요청하려는 자세·타인을 소명에 동참시키기 위한 조직에 대한 정열적인 옹호 등에서 나타난다.

헌신은 지속적인 열정이다. 헌신은 마음속 깊이 느끼고 이해된 신념을 의미한다. 그것은 가치의 좋은 예다. 헌신은 효과적인 지도력에 의해 촉진되고 유지된다. 헌신은 조직의 가치와 소명을 끊임없이 재연결함으로써 건강하고 신선하게 유지된다. 헌신은 기관이 수행하는 일뿐만 아니라 기관의 존재 이유까지도 확실하게 파악했을 때 강화된다. 헌신은 기관의 소명과 가치, 그리고 기관이 충족시키는 지역사회 욕구에 대한 존중과 이러한 욕구에 전념함으로써 성장한다.

이사와 직원, 자원봉사자가 기관의 존재 근거가 되는 가치를 지역사회에서 기관이 수행하는 업무의 가치와 결합할 때 헌신성은 성장한다. 기쁨과 정력은 무관심을 무력화시킨다. 개발 자원봉사자는 감동을 주는 요청자-옹호자가 된다. 헌신은 장기간에 걸친 아동보호센터 또는 암 병동에서의 자원봉사 활동, 리엔지니어링을 실시하고 있는 기관의 이사회 구성 과정에 대한 참여, 비영리기관에 대한 지원법률 및 재정 서비스 제공 또는 무수한 다른 방법으로 인식된다.

헌신은 눈에 보이기도, 좀처럼 보이지 않기도 하는 성질의 것이다. 개발 및 모금 과정에 있어서, 헌신은 잠재적인 후원투자가에게 가장 설득력 있는 기금 요청자의 일면이다.

헌신은 시간과 금전의 투자로 나타나지만 박애 행위 즉, 주고 요청하며 결합하고 섬기는 모든 활동 영역에 기꺼이 참여하려는 자세를 통해서도 나타난다.

여기서 예로 제시한 강력한 지도력과 기타 자질들은 소명의 표류를 막을 수 있다. 소명의 표류를 방지하는 것에 대한 중요성은 아무리 강조해도 지나침이 없다. 기관이 소명으로부터 벗어나 표류하면서 문제에 봉착하게 되면, 모금을 초월할 수 있도록 하는 개발 실천을 지속시키는 역량은 위험에 빠지고 만다.

소명의 표류가 이따금씩 생기는 경우에도 그 소명은 상기될 수 있다. 소명이 표류하는 기관은 이사회·자원봉사자·직원과 소명을 재결합함으로써 제자리로 돌릴 수 있다. 이것은 다양한 방법으로 이루어질 수 있다.

- 이사회 모임에서의 발표, 증언
- 시설 견학
- 지역주민 및 클라이언트와의 모임
- 지역사회 서비스나 프로그램의 영향에 대한 긍정적인 피드백을 생성시키는데 있어서 최대한 기관에 열중하는 간헐적인 기회

이사회와 자원봉사자에 대한 메시지는 균형을 이루어야 한다. 즉, 여기에는 관심을 유발하는 좋은 뉴스, 문제에 초점을 두기보다는 해결방법에 초점을 두는 것, 위기 때에도 낙관적인 태도 유지, 참여에 대한 가치의 정도를 알리는 것 등이 포함된다.

기관에서는 돛과 닻 모두를 필요로 한다. 이들 기관은 소명이 표류하지 않고 제자리를 지킬 수 있도록 하는 실용주의와 열정을 필요로 한다. 지도

력은 이 둘 모두를 반영하게 된다.

8. 요약

1) 열정적인 실용주의로서의 지도력

용기 · 자신감 · 창의성 · 헌신이 번창할 수 있는 환경에서 제시되는 소명, 가치에 대한 초점은 '열정적인 실용주의' 즉, 균형 잡힌 의사결정을 이루고 조직이 성장한 후에도 초창기의 열정을 잊지 않도록 하는 자질들로 집중된다(Grace 1995).

조직이 성장함에 따라 열정과 실용주의 둘 모두가 소명의 표류를 방지하는 데에 필수적이다. 조직의 초기 발전 단계에서는 열정이 곧 추진력인 사람들과 함께 실용주의자들이 이사회를 운영해야 한다.

이들은 서로로부터 배울 수 있다. 처음부터 균형 잡힌 특성을 견지함으로써, 조직이 성장하는 일정 시점에서 이사회가 과도한 변화를 통해 열정을 버리고 실용성만을 취하게 되는 우를 범할 소지를 줄일 수 있다.

두 가지 특성이 균형을 이룬다면 이사회의 역할이 변한다 하더라도 조직은 계속해서 소명에 전념할 수 있다. 열정 없이 실용주의에만 의존한다면 헌신은 쉽게 포기되고, 조직의 성장은 불안정하고 혼돈에 빠지며, 퇴보와 혼란으로 특징 지워진다.

여기에 조직 내에서 열정적인 실용주의을 유지하고 소명의 표류를 방지하기 위한 10가지 비결을 제시한다. 이들 비결은 이사회와 직원 모두를 열렬한 소명의 수호자로 만드는데 기여할 것이다.

1. 조직의 설립 초기, 그리고 성숙 단계에서도 지속적으로 열정과 실용주의의 균형을 유지한다. 자원봉사자와 직원의 채용은 항상 그들과 함께 하고, 강력한 조직을 만들어 유지할 수 있도록 이들을 서로 융합시킨다.

2. 끊임없이 사명감을 불어넣는다 : 믿고, 실천하고, 검토하며, 소중히 여겨라. 말로는 충분하지 않다. 접수 창구 뒤의 강령은 실천이 되어야만 믿을만한 것이 된다.

3. 이사회가 초기에 그리고 가능한 한 자주 기부를 하도록 하고, 직원 역시 이를 따르도록 유도한다. 기부는 후원투자가가 참여자가 되는 변환 활동이다. 이사회와 직원 모두가 시간과 금전 모든 면에서 중요한 기부자로서 적당하고 지속적인 책임감을 갖게 되면, 소속감과 참여의식 역시 고양된다. 이러한 소속감은 제도적 문제에 대해 실용적이며 적절한 해결책을 추구하면서도 열정을 잃지 않게 해주는 충성심을 유발한다.

4. 이사회 구성원을 모금 활동자 및 지지자로 활용하고, 적절한 경우, 직원의 모금 활동 참여를 북돋운다. 조직을 타인에게 알리는 과정에서 이들의 헌신은 새롭게 갱신된다.

5. 헌신을 고취시키고 이에 대한 보상을 한다. 이사회 구성원 특히, 특정 전문기술이나 재능으로 이사의 위치에 올라 자신의 책임에 대해 편협한 생각을 갖고 있는 이사에게서 투철한 헌신을 자발적으로 이

끌어 내기는 것은 쉽지 않다. 매우 전문화된 직위에 있는 직원의 경우에도 이것은 마찬가지이다. 모든 이사회 및 직원에 대한 인정과 보상은, 인정을 받은 사람들이 중요한 지역사회의 욕구를 충족시킬 수 있는 조직의 역량을 개선시켰고, 그러한 노력이 지역사회의 삶의 질을 향상시켰다는 사실과 결부시킨다.

6. 이사회의 참여와 직원의 업무수행 기준을 마련하고 유지한다. 열정적인 실용주의는 대의에 대한 헌신과 대의에 부응해 행하는데 무엇이 필요한 가를 이해한다. 이사회 충원과 직원의 채용에 기준이 제시되어 있다면, 조직을 위한 열정은 감소하지 않고 증가한다. 평가와 보상체계는 적절해야 한다. 적절하고 효과적인 시스템의 구비가 실제로 사명감의 해이를 막을 수 있다는 사실은 조직 활동에 있어서 유일한 진리로 통한다. 시스템은 직원 및 이사회를 해방시켜, 그들의 정력을 소명을 성취하도록 하는 창조적인 일에 이용할 수 있도록 한다.

7. 주인 의식을 유발한다. 이사회와 직원을 기획에 참여시킨다(제11장). 이것은 의사결정 및 변화에 참여하고 지원하는 사람들 사이에 주인 의식을 유발한다.

8. '결과물'을 항상 눈에 띄게 한다. 게시판·회보·이사회 모임에서의 표창·슬라이드 쇼·비디오 그리고 사례를 전할 수 있는 사람들, 이 모두는 실용적인 결정 속에서도 열정의 토대를 유지할 수 있는 효과적인 방법이다. 이러한 '결과물을 연상하게 하는 것'은 또한 사람들의 모금행위를 고무시킨다. 어느 연례 캠페인에서, 물리치료사인 어

느 직원의 사례발표는 자원봉사자들이 모금 활동에 나서는데 있어서 모금 자문위원의 격려 연설보다 훨씬 효과적이었다고 한다. 그 물리치료사는 심각한 문제 청소년이 철저하게 변화한 성공사례를 말하면서, 자원봉사자들에게 그들이 하려고 하는 일이 왜 중요한 지를 알려주었다. 이 이야기에 깊이 매료된 자원봉사자들은 자신의 모금 활동이 단지 캠페인의 목표 때문만이 아니라 청소년들의 욕구 충족이라는 긴박하고 중요한 일 때문이라는 것을 느끼게 되었다: 자원봉사자들은 잠재적인 기부자들과 이 사례에 대해 이야기를 나누었다.

9. 이사회와 직원을 산하조직이 주최하는 지역·지방 또는 전국적인 모임(댄스, 음악, 사회서비스, 도서관 등)에 참석하도록 독려한다. 다른 이사회 또는 전문직 직원과 의견을 교환함으로써 이들은 더욱 폭넓은 시야를 얻게 된다. 조직의 업적에 의해 이들의 긍지는 증가되며 또한 타인들로부터 배우게 된다.

10. 정직해야 한다. 이사회와 직원이 조직의 재정 상태나 프로그램의 현황에 대해 알고 있는 것이 사실이 아님을 알게 되면, 열정은 노여움으로 변화하고, 실용주의는 편협함과 통제로 변한다.

소명의 표류 징후에 대한 지식과 유능한 지도자의 자질과 실천이 결합된 이상의 전략 10계명은, 비영리기관이 소명을 적절히 관리하고, 열정과 실용주의, 소명과 조직 사이의 균형을 깨뜨리는 조직의 재난을 피할 수 있는 방침을 수립하는데 도움을 준다. 직원과 이사회가 소명과 긴밀히 결합되면 예기치 못했거나 불가피한 변화 속에서도 조직을 안정시킬 수 있다. 조직은 균형 잡히고 생산적인 리더십을 통하여 조직의 소명을 보호하고 발전시킬 수 있으며 또한 이를 지켜야 한다.

제4장
성공적인 개발 : 과정 및 협력관계(Partnership)

비영리 부문은 협력관계에 그 바탕을 두고 있다. 문제점을 해결하고 삶의 질을 높이는 일에 있어서 우리는 지역사회와 동반자 관계에 있다. 우리는 상호 협력 하에 소명을 수행하기 위해서 기부자와 협력관계를 시작하며, 시간과 비용을 가능한 가장 효율적인 방법으로 지출하기 위해서 자원봉사자들과 협력관계도 맺는다. 이사회와 직원이 기관에 대한 책임을 공유하는 비영리 기관의 이원화된 운영 구조는, 특별히 협력관계를 중시하는 비영리 기관의 본질을 그대로 보여주고 있다. 관계의 형성과 기능에 내포되어 있는 팀웍이야말로 파트너십에서 성공적인 기관과 그렇지 못한 기관을 구분하는 특징이다.

가장 성공적인 개발 프로그램 및 모금 캠페인은 협력관계를 기본으로 한다. 처음부터 직원과 지역사회의 자원봉사자는 목표 수립, 자료 수집, 전략 수립 등을 위해 협력해야 한다. 이들은 자신의 업무 생산성을 최대한 높이는 방향으로 구조와 시스템을 구축해야 한다.

1. 개발 및 모금을 위한 협력관계

효과적인 개발 및 모금을 위한 협력관계는 지역사회의 중대한 욕구를 충족하는 것이 중요하다는 사실을 공통적으로 이해하는 데에서부터 시작된다. 이와 같은 이해의 공유는 욕구를 해결할 수 있는 기관의 역량에 대해 열정이 덧붙여질 때 한 단계 끌어 올려진다. 정직하고 실질적인 의사 소통을 할 수 있는 모임이 정기적으로 열리고, 이 같은 의사 소통을 바탕으로 상호 신뢰감이 형성되면서 협력관계가 다져진다. 협력관계는 기관을 위해 일하는 헌신적인 사람들 사이의 강력한 동맹 의식이다.

2. 성공적인 개발 협력관계의 주요 성과

협력관계가 효율적이 되려면, 협력관계에 대한 이해와 격려와 보상이 필요하다. 비영리기관에서 이러한 점은 특히 가장 중대한 협력관계 중의 하나인 개발 협력관계에 그대로 적용된다. 개발 협력관계는 협조적이며 조정된 타협 관계, 즉 직원과 이사회, 자원봉사자가 개발 과정에서 서로 협조하여 아래와 같은 다섯 가지 중요한 성과를 얻어내는 관계라고 정의할 수 있다.

1. 큰 액수를 기부할 수 있는 능력과 용의가 있는 기부자를 끌어들여 유지시키는 일을 포함하여, 재정 및 외부관계에 대한 공통의 목표 달성
2. 적절하고 보상이 주어지는, 도전적이고 목적이 뚜렷한 개발 과업에 이사회와 자원봉사자의 참여
3. 기부자와의 협력관계 강화, 그리고 이사회와 직원간의 개선된 의사

소통을 포함하는 상호 만족할 수 있는 결과
4. 이사회와 직원간의 상호 존중의 강화, 이를 통한 개발 과정에서의 고유 역할 수행
5. 기부자가 지역사회를 개선하는 기관에 대한 투자 실현

성공적인 개발 과정을 구축하려면 기관으로부터 전적인 지원이 필요하다. 완전한 협력관계에는 다음과 같은 개인과 집단 모두가 관여할 때 이루어진다.

- 대표, 회장, 사무총장 및 관련 직원
- 개발 중역, 전문 직원이나 보조 직원
- 개발 위원회
- 이사장/이사, 감사
- 프로그램과 행정 지원 또는 개발 지원에 참여하는 자원봉사자
- 중요한 사업계획서와 기부 권유를 담당할 프로그램 담당 직원

상호 협조함으로써 이들 각 개인들은 기관의 장래를 확고히 하는데 도움을 줄 수 있다.

3. 개발 협력관계 구축

협력관계가 잘 이루어지는 환경을 만드는 데에는 난관과 좌절이 따를 수 있다. 이러한 환경을 만들려면 개발 과정에 대한 내부 마케팅이 상당히 요구된다(제1장). 개발 과정이 무엇이며, 이러한 과정이 잘 진행될 때 왜 모든 사람이 도움을 받으며, 과정과 관련된 각 개인들이 어떤 일을 해야 하는가 등이 내부 마케팅의 내용이라고 할 수 있다.

이와 같은 마케팅은 시간이 걸리기 때문에 최종 결과의 중요성에 대하여 책임자들이 헌신적이어야 한다. 기부자 및 기금 개발 프로그램은, 현재의 욕구나 또는 특별한 욕구를 충족시키기 위해 기금을 끌어들여야 하는 문제를 장기적이고도 체계적으로 해결할 수 있게 한다. 사람들이 이와 같은 개발 과정과 이러한 프로그램을 유지시켜 주는 협력관계의 중요성을 이해한다면 일은 쉽게 풀려 나간다.

이론적으로 협력관계의 가치에 대해 이의를 제기하는 사람은 거의 없지만, 실제적으로 이를 이행하는 데에는 어려움이 따를 수 있다. 협력관계를 구축하는 과정에서, 어떠한 경우에도 조직에 대한 비전의 공유, 인적 자원 및 재정적 자원의 조정, 협동 정신, 책임자를 선출하고 권한을 위임하는 데에 시간이 걸린다는 점에 대해 기꺼이 수용하는 자세가 요구된다. 개발의 관점에서 볼 때, 이는 기관이 초기에 이사회의 임원과 핵심 직원들에게 협력관계에 수반되는 일이 무엇이고, 협력관계가 왜 중요하며, 협력관계가 미칠 영향이 무엇인지에 관하여 공통된 이해를 갖도록 만드는 것을 의미한다.

1) 개발 협력관계에 수반되는 일

개발 협력관계는 포괄적이어야 한다. 개발 협력관계의 초기 과정에서 개발 및 모금 운동의 목표와 범위에 관한 협의안을 계획하고 확정할 때 핵심적인 이사회, 자원봉사자, 직원 대표가 참여한다. 협력관계가 어느 정도 성숙되면, 협력관계에는 이사회 임원 전체와 더 많은 수의 자원봉사자, 프로그램 담당 직원, 행정 담당 직원, 기부자들이 참여하게 된다.

2) 개발 협력관계가 중요한 이유

협력관계에 있는 당사자들은 업무나 노력에 있어서 동반 책임자들이다.

개발에 있어서, 이 같은 주인 의식을 갖고 지역사회를 기관에 깊숙이 그리고 지속적으로 끌어들여야 하는 책무를 수행할 때 이들은 적극성을 띠게 된다.

모금과 개발이 개발 직원과 개발 위원회 또는 각각의 책임으로만 간주된다면 보다 폭넓은 참여와 목적 의식이 좌절될 수 있다. 이러한 폭넓은 참여와 목적 의식이 있어야만 개발은 개선될 수 있다.

개발에 기관 전체를 점진적으로 참여시키는 일은, 모든 비영리기관의 지도력이나 지침에 있어서 가장 강력한 과정 중의 하나이다. 직원과 이사회가 필수적인 역할을 이해할 때, 구성원들은 자긍심과 소속감을 높일 수 있으며, 개발 과정 전반에 걸쳐 자신의 역할을 수행할 수 있게 된다.

이전에 어떠한 개발 활동이나 모금 운동에도 참여한 적이 없는 한 아동복지 기관의 프로그램 담당 직원이 적극적인 개발 참여자가 되었다. 도시락으로 점심을 해결하면서 몇 차례에 걸쳐 이루어진 개발 이사가 주최한 '기부자 포럼'을 통해, 그들은 기금을 제공할 잠재적인 재단, 기업, 정부 기관에 관한 정보를 습득하였고, 프로그램과 관련된 정보를 개발 위원회 위원 및 직원들과 공유할 것을 권유받았다. 그 결과 프로그램 담당 직원은 프로그램과 관련된 사람들 가운데 기부 가능자를 찾아내는 데 도움을 아끼지 않았고, 제안서의 작성과 현재의 기부자나 잠재적인 기부자와의 모임, 그리고 현장 방문에 적극적으로 참여하게 되었다. 든든한 협력관계가 구축된 것이다.

3) 개발 협력관계의 영향

한 의료 기관은 수술을 마친 뒤 방사선 치료를 받은 적이 있는 어느 여성으로부터 암 치료 프로그램을 위해 사용해 달라는 거액의 기부금을 받았다. 이 기부금에 관한 이야기는 개발 협력관계가 어떠한 일을 해낼 수 있는지를 역설해 준다. 이 의료 재단의 원장은 병원 직원들에게 지역사회와의 연계를 최우선 원칙으로 주지시키고 있다. 그는 의사들과 함께 회진을 돌고, 병원 직원 회의에 참석하며, 병원의 여러 부서와 정기적인 모임을 가짐으로써 병원의 서비스에 대해 주지시켰다. 즉, 모금과 '친구(friend)' 모집의 목적이 무엇이며, 병원 직원들이 접하게 되는 사람들 중에서 잠재적인 기부자를 찾아내는 일에 어떻게 참여할 지에 대해 알려 주었다. 그리고 외부 병원에 환자를 이송하는 모든 의뢰는 신중하고 환자의 권리와 병력을 비밀로 지키며 처리되어야 한다는 사실을 강조하였다. 이 재단은 개발 직능을 내부적으로 홍보하는 일을 훌륭하게 처리하고 있었다. 즉, 개발이 어떠한 일을 하며, 참여하는 지역사회 자원봉사자는 누구인지, 또 몇 년간 어떤 결과를 얻어냈는지 등을 널리 알렸다(이 의료 재단은 광범위한 병원 프로그램을 위해서 연간 5,800만 달러 이상을 모금하고 있다).

암 치료 센터에 막대한 영향을 주는 거액의 기부금을 희사한 주인공(환자)은 방사선과 의사를 통해 재단에 알려지게 되었으며, 이 의사는 개인적으로 따뜻한 마음을 갖고 이 여성 환자를 치료하던 중에 치료에 대한 감사의 뜻으로 병원을 위해 무언가를 하고 싶다는 말을 듣게 되었다.

그는 이 사실을 재단에 통보했으며, 대표와 함께 상황의 특수성에 대해 의논했다. 재단 직원은 이 환자가 이전에도 기부를 한 적이 있는 사람인지, 재단 직원과 이사회 중 어떤 사람을 알고 있는지 또는 다른 의료 센터에 기부한 적이 있었는지 등을 알아보기 위해 조사를 실시했다. 재단 이사장과 자원봉사자 한 명이 이 장래의 기부자를 찾아가 그녀의 관심사항과 요구에 대해 좀 더 많은 사실들을 알아냈다. 그리고 그녀가 하고자 하는 기부의 규모와 유형에 대해서도 알게 되었다.

이들은 제안 상태에 있던 여러 가지의 암 치료 센터 계획을 보여주었고, 그녀를 위해서 이후 몇 달에 걸쳐 다른 주요 직원과 자원봉사자가 회의를 지속적으로 개최하였다. 이러한 회의 중 하나는 환자에 대해 최초로 언급했던 바로 그 의사와 이루어졌다. 다른 의료 기관과 재단의 직원들은 회의에 참석하거나, 정보를 준비거나 또는 재정적인 자료를 제공하는 방식으로 참여하였다.

기부가 확실하게 결정되었을 때, 모든 관련자들은 만족감을 경험할 수 있었다. 즉, 기부자는 자신의 욕구가 이에 대한 배려와 이를 실행할 수 있는 기술로 충족되는 만족감을 얻게 되었고, 의료 센터와 재단의 입장에서는 진정한 협력관계의 정신으로 최고의 팀을 가동할 수 있었다.

4. 성공적인 개발 협력관계의 구축

개발 협력관계의 중요성과 잠재적인 효과는 아무리 강조해도 지나치지 않다. 개발 협력관계를 확실히 수행하려면 기관에서는 다음 사항들을 따라야 한다.

1. 개발 및 모금의 목표를 달성하기 위한 견실한 계획. 계획은 이사회의 임원진 및 직원에 의해서 개발되어야 하며, 전년도(모금 또는 캠페인)의 실적을 바탕으로 수립되어야 한다. 즉, 이사회의 임원을 포함하여, 개발 과정의 각 부문에 참여시킬 수 있는 자원봉사자의 인원 수, 모금 및 자원봉사자의 모집을 위한 환경, 기관의 비전과 목표, 그리고 현 시점에서 '시장(marketplace)'에 대한 객관적인 평가 즉, 지역사회 욕구의 실현 등을 바탕으로 계획을 수립한다. 이러한 계획은 기관의 전반적인 계획과 연계되어야 하며(제11장 참조), 모금 목표에는 프로그램 담당 직원과 행정 담당 직원의 의견이 우선 반영된다.

2. 개발 프로그램 지원에 적합한 유급 직원이나 자원봉사자. 기관 차원에서 개발 프로그램을 지원할 토대가 마련되어 있지 않은 상태에서 개발을 위한 가시적인 협력관계를 만든다는 것은 불가능하다. 개발에 참여할 가능성이 있다고 자원봉사자를 부추기고 나서 행동할 기회를 주지 않는 것보다는 준비가 완벽하게 이루어질 때까지 프로그램을 연기하는 편이 오히려 낫다.

어느 대학의 모금 캠페인에서는 기부 권유자에 대한 교육이 충분히 이루어지지 않았다. 또한 충분한 수의 기부 가능자에 대해 조사하거나 양육할 준비도 이루어지지 못했다. 결국 철저한 준비와 포용력 있고 효과적으로 동기를 부여 해 주었던 뛰어난 교육은 제 가치를 발휘하지 못하게 되었다. 엄선되어 전문 교육을 받은 자원봉사자가 즉각적으로 맡아야 할 역할도 없었다. 자원봉사자를 배정해도 될 만큼 이미 준비가 된 장래의 기부자가 있었지만, 모금 운동을 위해 시간을 낼 수 있는 자원봉사자는 소수에 그쳤으며, 시간이 나는 자원봉사자라 할지라도 모금 기법에 대해 재교육을 할 수 밖에 없었다.

기관에서 직원 배치가 원활하지 못해 개발 팀 구성이나 협력관계 구축이 어려운 경우도 많다. 하지만 이를 대신할 수 있는 전략에는 여러 가지가 있다.

기관장을 제외하고는 급여를 받는 직원이 없는 실정의 새로 시작하거나 과도기에 있는 기관의 경우, 자원봉사 '직원'은 등록을 하여 교육을 받은 다음 개발 과정을 안내할 책임과 권한을 갖게 된다. 이 경우 대부분 개발 이사회에서 자원봉사 직원을 파견하여 유급 직원을 뽑을 때까지 기관장의 주도 아래 여러 개발 업무를 조정한다.

이러한 방식도 가능하다. 기관이 유급 직원을 둘 만큼 커지면, 자원봉사 직원이 기관에 투자하는 시간과 노력의 정도를 고려하면서 업무에 차질이 없는 범위에서 자원봉사 직원을 단계적으로 철수해야 한다. 개발 담당자는 이들 자원봉사자들로부터 가능한 한 많은 것을 배워야 하고, 이렇게 습득한 지식을 개발 위원회나 자문 위원회, 또는 기금 권유자에 맞도록 새로 정의하거나 적절히 변형하여 활용해야 한다.

3. **직원 및 자원봉사 개발 담당의 고유 직무 기술서.** 이러한 기술서는 필수적이다. 개발 담당자의 직무 기술서는 기관의 계획과 관련을 맺는 전체 직무의 일부로, 우선 순위나 실적이 변화하면 매년 이러한 변화 내용을 반영시키면서 개정되어야 한다. 계획을 성공하기 위해서 필요한 자원봉사자의 직무 기술서는 개발 담당자의 직무 기술서에 따라 달라진다.

이러한 업무에는 연례 모금 캠페인, 기금 또는 증여 캠페인, 개인이나 재단 또는 기업을 대상으로 직접 모금에 나서는 일, 팀장이나 다른 '행정적인' 자원봉사 업무, 전화 상담, 우편 업무(서명, 봉투에 내용물 넣기, 라벨 붙이기, 자루에 우편물 넣기) 등이 있다.

업무 설명을 문서로 만들어 미리 준비해 두면 언제라도 자원봉사자에게 업무를 배정할 때 최선의 선택을 할 수 있도록 해준다. 기관에 있어서 이러한 배정은 매우 중요한 일이다. 그러나 가장 중요한 것은 자원봉사자가 처음부터 업무에 수반되는 일들이 무엇인지 알도록 하는 것이다. 일부 기관에서는 한 걸음 더 나아가 직무 기술서에 근거하여 자원봉사자와 실제적인 계약을 맺는다([표 4. 1] 및 [표 4. 2] **참조**).

[표 4.1] 자원봉사자 계약서 예

(기관 이름)와/과 (자원봉사자 이름)은/는 첨부된 (자원봉사자 이름)의 업무 기술서에 근거하여 다음과 같이 계약을 체결한다.

(자원봉사자 이름)은/는 (기관 이름)에 대해 다음과 같은 자원봉사 서비스를 제공할 것에 동의한다. (업무 설명에 근거하여 목록을 제시한다)

이러한 서비스 지원에 (기관 이름)은/는 (자원봉사자 이름)이/가 동의된 업무를 완수하는데 필요한 다음 사항을 제공할 것에 동의한다.

1. 상호 합의한 시간 범위 내에서 정보 요청
2. 정기적인 진행보고 및 결과보고
3. 자원봉사자의 책무를 실행하는데 필요한 직원의 지원
4. 배정된 업무를 성공적으로 완수하는데 직접 참여하거나 정보를 제공해 줄 수 있는 직원이나 다른 자원봉사자와의 접촉
5. 전화에 대한 즉각적인 응답 또는 팩스/자료에 대한 즉각적 회신
6. (합의된 기타 추가 사항)

이 (업무)(임기)의 완료/만료일은 (날짜)이다. 이러한 책무를 성공적으로 달성하는데 (매월 몇 일, 매주 몇 시간, 매년 몇 주)가 소요될 것으로 예상한다. 자원봉사자는 위와 같은 시간을 수용하거나, 그렇지 못할 경우 기관에 통지할 것에 동의한다.

(서비스) (업무를 완료할 때까지의 진행 과정)은/는 (직원 이름 또는 이 자원봉사자 업무의 감독을 맡은 자원봉사자의 관리자 이름)에 의해 정기적으로 검토된다. 이 계약 기간 동안 언제라도 쌍방 중 어느 쪽이 계약의 종료를 원하면 그 타당성을 검토하기 위해 면담을 한다. 이때 완료되지 못한 모든 배정 업무나 자료는 재배정을 위해 (기관이나 개인에게) 반납된다.

(기관 이름)은/는 자원봉사자에게 배정된 이 중요한 업무를 생산적으로 달성하기 위해 (자원봉사자 이름)와/과 함께 일하고자 합니다.

서명 및 날인
자원봉사자와 기관이 사본을 각각 1통씩 보관한다.

[표 4.2] 이해를 위한 비공식적인 편지의 예

이 합의서는 계약서 대신 사용할 수 있다. 이 합의서는 직접 면담이나 전화상으로 책무를 검토하고 자원봉사자가 업무를 맡겠다고 확약한 다음 발송한다.

(주소)
친애하는 (대부분의 경우, 이름)

(기간, 완료일 또는 임기) 동안 (과제명)에 동의해 주신 것에 대하여 감사 드립니다. 저희는 귀하에게 배정된 이 중요한 업무를 귀하와 함께 추진하고 싶습니다.

논의된 내용들을 동봉한 업무 기술서에서 확인하실 수 있을 것입니다. 열거된 책무 중에서 합의된 내용에 어긋나는 항목이 있으면 가능한 한 빨리 알려주십시오.

저희는 귀하께서 저희에게 자원봉사자 서비스를 제공할 시간과 용의가 있다고 이해하고, 이에 대해 매우 기쁘게 생각합니다. 저희와 함께 일하는 동안 귀하에게 배정된 업무를 완료하는데 방해가 되는 문제점이 발생하면, 이 문제점을 조정할 수 있도록 가능한 빨리 저희에게 알려주십시오. (직원 이름이나 이사회 책임자)이/가 이 업무가 진행되는 동안 귀하와 연락을 취할 담당입니다. 의문사항이나 관심사항이 있으면 담당자에게 연락주십시오.

저희와 함께 일하는데 참여해 주셔서 감사합니다. 귀하의 자원봉사는 저희 프로그램을 지역사회에 성공적으로 구현하는데 필수적입니다.

(해당 자원봉사자나 직원의 서명)

자원봉사자 계약을 적극 찬성하는 사람이 있는 반면 이에 대한 반대 의견도 만만치 않다. 자원봉사자 계약을 찬성하는 사람들은 계약을

맺으면 자원봉사자의 평가, 등록 및 재등록에 있어서 사업과 같이 분명한 기준을 제공한다고 말한다. 공식적인 계약에 반대하는 사람들은 계약이 불쾌감을 주며 자원봉사자의 참여에 내포된 자선과 자발의 성격을 훼손할 수 있다고 말한다.

기관은 스스로 어느 것이 기관의 문화, 필요, 자원봉사자에게 적절한지를 결정해야 한다. 공식적인 계약서가 작성되지 않는다 하더라도 서로 무엇을 기대하는지 분명히 하도록 자원봉사자의 업무 기술서를 마련한다는 것은 대단히 중요하다. 마찬가지로 직원 업무의 범위를 자원봉사자와 공유하는 것이 유용할 때도 있다. 때때로 직원이 자원봉사자에 대하여 기대하는 것이 직원의 직무 기술서를 넘어서기 때문에 부당하게 자원봉사자들이 좌절하거나 실망하는 경우가 있다.

4. **직접 모금 및 기부자 개발의 간접비에 소요되는 예산을 제공하는 개발 계획.** 모금을 하는 데에는 비용이 수반된다. 모금 예산은 거의 모두 모금의 직접비(문구 비용, 우편 비용, 개발 직원급여, 전화비, 팜플렛 인쇄비)에 치중하는 경향이 있어, 모금 다음에 이루어지는 주요 측면들 가운데 두 가지 즉, 기부자를 양육하고 관리하는 데 소요되는 간접비를 간과한다.

이사회 임원과 자원봉사자가 개발 과정의 전 과정에 참여하려면, 장래의 기부자를 검토하는 것에 대한 재교육, 양육, 기부자 안내서비스 이벤트, 수익이 발생하지 않는 우편물(감사 편지, 보고서나 신문기사 발췌문을 동봉한 특별 우편물)에 소요되는 특별 우편 비용, 연례 모금 캠페인이나 자본 모금 캠페인에 필요한 개인적인 감사 편지에 소요되는 특별 문구 비용, 양육을 위한 점심이나 저녁 식사에서 자원봉사자나 직원이 지출한 비용의 보상 등에 대한 예산이 마련되어야 한다.

이 비용은 기관이 자원봉사자가 반드시 부담할 것이라고 기대할 수 없는 까다로운 비용이다. 많은 기관에서 자원봉사자들이 이러한 비용을 부담할 용의를 갖고 있다. 그러나 자원봉사자 등록시 이러한 점이 논의되어 행사나 활동이 시작되기 전에 합의되지 않는 한 이를 기대하지 말아야 한다.

또한 기관은 자체 프로그램의 예산 책정을 고려해야 하며, 비록 이러한 비용이 자원봉사자들에 의해 충당된다 할지라도 이 비용들이 반영되는 방식을 고려해야 한다. 회계 기록은 물론 장래의 계획에 참고하기 위해 모금 비용에 대해 실제적인 수치를 기록하는 것이 중요하다.

사실상 자원봉사자가 총 비용 분석에 포함되는 활동 비용을 부담한다면 모금이나 개발에 드는 비용을 파악할 때 이러한 사실에 주의를 기울여야 한다. 개발이나 모금의 재정적인 관련 사항에 대한 분명한 합의나 이러한 비용을 부담할 사람에 대한 합의 없이 개발 협력 관계를 구축하려는 시도는 바람직하지 못하다.

5. **직원이나 자원봉사자의 입장에서 세 가지 필수적인 차원 즉, 철학적, 전략적, 전술적인 차원 모두에서 개발과 모금에 접근하려는 의지.** 10장에서 이러한 세 가지 차원을 깊이 있게 다루고 있다. 간략히 말해서 이러한 차원들을 개발에 필요한 기본 구조에 포함시키는 것이 중요하다. 개발 과정의 철학적인 또는 '소프트웨어적인' 측면은 진정한 기초를 마련하는 일이다. 이는 직원이나 이사회의 주요 책임자들

이 개발 협력관계의 구조, 헌신, 유지, 성공을 형성하는 구조를 설정하는데 기초가 된다. 일반적으로는 박애라는 철학적인 기초에 대한 공약과 세부적으로는 기관의 소명이 직원과 자원봉사자의 자질과 헌신에 반영된다.

비영리 부문에는 진지하며 중요한 목적이 있다. 이 목적이란 공공기관이나 기타 사설 기관과의 협력관계에서 지역사회의 건강, 대인서비스, 문화, 예술, 교육, 사회, 환경, 종교 등과 관련된 욕구를 충족시키는 프로그램과 서비스를 제공하는 것이다. 이러한 광범위한 소명에 주목하는 사람들은 자신이 속한 기관이 설정한 명확한 소명을 놓치지 않는다.

이러한 이해와 자신이 속한 특정 기관에서 실현하고 있는 지역사회의 욕구에 대한 지식이 결합될 때, 개발 노력이 얼마나 중요한가는 한층 더 강하게 인식될 것이다. 이는 '구걸한다는 생각을 버리고' 지역사회의 욕구를 진정으로 충족시킬 기관에 투자할 사람을 찾아 지역사회로 나아가는데 기본이 된다.

신입 자원봉사자를 모집할 때, 우리는 비영리 부문의 철학적인 면에 대해서 주저하는 경향이 있다. 그렇지만 우리의 철학이야말로 우리의 일을 기업이나 다른 산업체들과 구별시켜주는 것이며, 바로 이 점이 장래의 자원봉사자나 기부자들에게 호소력을 갖는 일면이 된다.

우리는 하나의 대안이다. 그리고 의미와 희망과 기쁨을 준다. 우리는 사람들에게 의미심장하고 강력한 어떤 일에 참여할 기회를 제공한다. 1970년대에 3억2천6백만 달러라는 획기적인 모금에 성공했던 스탠포드 대학의 자원봉사 지도자들은, 당시 모금 캠페인이 끝나갈 무렵 일종의 예방 주사가 필요하다고 느꼈다. 샌프란시스코의 주민들이 철학자이자 인도주의자이고 경영대학원 교수이면서 또한 스탠포드의 위대한 동문인 존 가드너(John Gardener)와 함께 '단합 대회'의 밤을 보내려고 한데 모였다. 자원봉사자들은 항상 바쁜 일정 속에서도 업적이 뛰어난 존 가드너에게서 '자기 자신보다 더 중요한' 어떤 일에 참여하게 된 것이 자신의 생애에서 얼마나 중요한가에 대해 강연을 듣게 되었고, 모금 캠페인 공약을 새롭게 완료해야 한다는 마음가짐을 가지게 되었다. 이는 자원봉사자들이 자신의 노력을 계속하도록 만드는 예리한 철학적 원칙을 실현한 좋은 예이다.

기관은 또한 전략적 예리함도 전달해야 한다. 기관은 기관과 개발 협력관계에 있는 상대방에게 미래를 위한 확실한 전략이 세워져 있다는 것을 보여줘야 한다. 이와 같은 전략에 있어서 본질적인 것은 계획 및 실행을 지속적으로 평가하고 수정하겠다는 약속이다.

기관은 장기적 계획에 대한 1년 단위의 평가와 연간 목표에 대한 분기 단위의 평가, 그리고 예산에 대한 월 단위의 평가를 수행해야 한다. 이러한 전략적인 실행과 의도는 비영리 부문 및 기관에 대한 확고한 철학적인 공약과 결합되면서, 기관에 도움을 주는 사람들을 참여시킬 수 있는 매력적인 기회를 만들어낸다.

기관에 참여하고 있는 사람들이 아무런 일도 하지 않는다면 철학과 전략이 아무리 많다 하더라도 업무를 추진해 나가지 못한다. 특히 개발과 모금에 있어서는 더욱 그러하다. 소명에 대한 완벽한 성명이나 조직 및 개발 계획에 관한 교재를 갖춘 기관이라 하더라도 모금에 실패할 수 있다. 전술적인 수준에 맞춰 수행하는 실무 능력이 없다는 것이 유력한 이유이다. 무기력이야말로 진단은 쉽지만 치료하기 힘든 고질적인 기관의 질병이다. 개발에서 단계적으로 전술을 실행하기 위해서는 실무에 적용될 수 있는 토대가 필요하다.

다음의 10단계 과정은 효과적인 개발과 모금 협력관계가 성공적으로 기부자를 끌어들이고 기금 개발 목표를 달성할 수 있도록 하는 기반이 된다.

5. 개발 과정 : 기부자와 자원 개발을 위한 협력관계

개발 과정은 시간이 지나면서 개발 팀 참여자들에 의해 내재화될 수 있는 논리적인 순서이다.

다음의 과정은 몇 년에 걸쳐 관찰되고 교육되고 실행되어 온 몇 가지 과정을 종합한 것으로 매우 상세히 기술된 것이다. 기관은 시작 시점에서 모금을 넘어서서 더 높은 차원으로 나아갈 수 있도록 해 줄 협력관계 형성이 복잡하다는 것을 이해해야 한다.

이 틀을 사용하거나 실험하는 과정에서 특정 단계가 기관의 특수한 필요에 따라 다른 단계와 결합되거나 생략될 수도 있다. 독자들에게 친숙한 다른 과정들과 마찬가지로, 이 과정 역시 목적은 단계의 순서를 철저히 익혀서 단계의 실행이 중단되지 않고 이어지도록 하는데 있다.

장래의 기부자가 단계의 흐름을 알 필요는 없으며, 결국은 자원봉사자와 직원으로 구성된 팀이 각 단계에서 중단 없이 전체 과정을 원활하게 추진할 수 있어야 한다. 그러나 초기에는 모든 단계를 고려하는 것이, 개발팀에 소속된 인원 모두가 그들 자신이 하고 있는 일에 대해 보다 만족스럽고도 편안한 기분을 갖는데 도움을 줄 것이다.

6. 기부자 개발을 위한 10단계 과정

 1. 파악/분류 단계
 2. 초기전략 개발 단계
 3. 양육 단계
 4. 참여 단계
 5. 평가 단계
 6. 배정 단계
 7. 기부요청 단계
 8. 후속조치 및 감사 단계
 9. 기부자 안내서비스
10. 갱신 단계

　이 틀을 사용할 때 명심해야 할 중요한 개념이 두 가지 있다. 첫째는 이 과정의 각 단계가 이사회와 직원간의 협력관계를 필요로 하는 동시에 서로를 격려하는 역할을 한다는 것이다. 이를 통해 이사회와 직원 각자가 자원이면서 촉매자이고 실행자가 될 기회를 제공한다. 둘째는 여러 단계들 중 한 단계에서만 기금을 직접 요청하고 있다는 것이다. 이렇게 해서 기금 요청을 마지못해서 하거나 기금 요청에 확신이 없는 이사회 임원과 또 업무상으로나 공사간의 상충되는 이해관계로 기금을 요청할 수 없는 이사회 임원(예를 들어, 특정 지역사회에 소속된 법관에게는 모금이 금지된다)들이 개발 과정의 나머지 중요한 아홉 가지 역할 중의 하나를 수행하게 된다.

　따라서 직접적인 기금 요청 이외의 역할들이 부수적인 것은 아니다. 이 역할들은 기부 요청을 성공적으로 이끌어주고, 기부자가 기관 내에서 기간을 갱신하여 지속적인 투자자로 남도록 만드는 활력소가 된다.

이 과정의 각 단계에는 개발 협력관계에 관련된 자원봉사자와 직원들을 반드시 참여시켜야 한다. 왜냐하면 과정의 효율성은 이들의 폭넓은 참여 여부에 달려 있기 때문이다.

1) 파악/분류 단계

신규 기부와 기간을 새롭게 갱신하는 기부, 또는 규모가 큰 기부금을 희사할 잠재적 기부자를 식별하고 분류하는 일은 간단한 협력관계이다. 이사회 회의와 직원 회의 때마다 식별 작업을 위한 정기적인 기회와 시스템을 제공하도록 한다.

이사회 및 직원 회의에서 의사 일정과 자료의 상단에 다음과 같은 내용으로 시작하는 보고서를 한 장이나 반 장으로 작성한다. "지난 번 회의 이후, 저는 다음과 같은 사람들과 개별 면담을 했으며, 우리의 사업에 관심을 보이는 다음과 같은 회사와 재단에 관한 얘기를 들었습니다."

성명과 주소(가능한 경우) 그리고 다음 단계를 지시할 사람을 위해서 빈 칸을 남겨 두도록 한다(주소록에 추가해 주십시오. 저에게 연락하시고, 저 외에 연락을 취할 사람은 (이름)입니다. 등). 주소나 전화번호가 없더라도 성명을 기록하도록 한다. 왜냐하면 일단 목록이라도 제출되면 전화번호를 입수할 수 있기 때문이다. 목록을 작성하는 사람은 직원(또는 식별 작업을 안내하는 자원봉사자)이 후속조치를 할 수 있도록 자신의 서명을 남긴다.

이러한 이름들을 기존의 데이터베이스와 대조하면서 확인하고, 새 이름이 있으면 추후의 조사를 위해서 기부 가능자 파일에 새로운 이름을 추가한다. 회보(모금용 봉투 제외)를 보내도 될 그룹으로 식별된 사람들을 이 주소록에 포함시킨다.

첫 번째 회보를 우송할 때는 기관의 로고나 주소가 찍힌 공식 봉투에 회보를 넣는 것이 매우 중요한 일이다. 추천자의 이름을 사용해도 좋다고 허가받은 경우에는 다음과 같은 개별 메모를 추가하도록 한다. "로저 던캔씨의 제안으로 귀하에게 저희의 최근 회보를 발송합니다. 로저씨는 귀하께서 저희가 하고 있는 사업에 관심을 가지고 있을 것이라고 생각하고 있습니다."

또한 기부가능자가 예상할 수 있는 후속조치에 대해 언급해도 좋다. 즉, 여섯 달 동안 회보를 받아본 다음, 추천자로부터 전화를 받게 될 것과 이사회 대표에게서도 전화를 받게 될 것 등의 내용이다. 추천자의 이름을 사용할 수 없는 경우에는 다음과 같은 내용을 추가하도록 한다. "저희는 귀하께서 저희 기관에 대해서 더 자세히 알고 싶어하시리라고 생각해서…."

(1) 조용하게 기부 가능자 선별하기

직원과 이사회가 명단을 제출하면, 명단의 이름들을 대조하여 직원 및 이사회의 여러 그룹에서 검토할 수 있도록 하나의 목록을 작성한다.

기부가능자 선별작업은 기부가능자를 분류하는 신중하고도 철저한 접근 방식이다. 기부가능자를 비밀스럽게 선별할 때 분류 작업에 참가하는 모든 사람들은 검토할 이름이 기록된 동일한 목록이 든 봉투를 받는다. 이름들이 동일한 양식에 제시되며 지침이 주어진다([표 4.3] 참조).

모든 참가자들에게는 의견을 기록하면서, 토론 없이 조용히 명단을 검토하고 의견을 작성하도록 요청한다. 모임이 끝날 때, 이 모임을 감독한 직원이나 이사회 임원에게 그 목록을 제출한다. 선별 작업은 이사회 회의나 특별 회의 중의 일부로 행해질 수도 있고, 회의에 참가할 수 없는 사람들과 개별적으로 행해질 수도 있다.

　기부가능자의 선별은 협력관계를 위한 또 다른 기회이다. 몇 달에 걸쳐 작성된 목록을 검토할 때, 보호와 비밀 유지가 필수적이다. 이때 시효가 만료된 일부 기부자나 다른 유사 기관에 기부하고 있는 기부자 명단(이 경우, 연간 보고서가 정보를 얻는데 좋은 출처이다)의 일부가 포함되더라도 좋다. 목록을 검토하는 사람들은 이러한 과정을 지켜보면서 기관의 윤리성과 성실성에 대해 많은 것을 알게 된다.

　비밀 선별 작업에는 이사회 임원과 직원, 프로그램에 참여하고 있는 지역사회의 주요 자원봉사자와 이사회 전직 임원 그리고 지역사회에 대한 지식을 가진 사람들이 참여한다.

　회의는 반드시 편리한 시간과 장소에서 이루어지도록 조정해야 한다. 가능하면 사람들이 오도록 하는 것이 중요하다. 즉, 검토용 목록을 외부로 발송하지 않도록 한다. 사람들이 회의에 참석하지 못하는 경우에는, 목록을 집이나 사무실로 가져가서 검토할 것을 제안한다. 이와 같은 잠재적 기부투자자 목록은 상당한 시간 투자와 무수한 접촉 횟수를 보여주는 것이므로, 가장 소중한 자산의 하나로 간주해야 한다. 이 잠재적 기부자 목록은 비밀스럽게 다루어져야 한다.

　기부가능자의 선별 목록을 작성하는 한 가지 쉬운 방법으로, 자격이 있다고 분류하고 싶은 사람들의 명단과 주소를 적은 라벨을 사용한다. 제안된 양식을 사용하여, 라벨이 있는 전체 목록을 확정한다.

　회의 참석자 모두에게 나누어 줄 전체 목록의 사본과 지침 문서를 마련한다. 대봉투에 사본과 지침 문서를 넣고 봉투 겉면에 참가자의 이름을 적는다.

　또한 구두로도 지침을 알려주고, 각자의 속도에 맞게 목록을 검토해 나가도록 한다. 여기에서 장차 이들과 교류를 맺을 기회를 마련하거나, 이사회나 위원회를 소집하고자 할 수 있다.

기부가능자의 선별을 위한 회의에 더 많은 사람들의 참석을 유도하려면 회의 시간과 장소를 다양하게 선택할 수 있도록 한다. 예를 들면, 시내에 위치한 이사회 임원의 자택 조찬, 다른 지역사회 구역 소속인 이사회 임원의 자택 오찬, 대행 기관 사무실에서의 만찬 등에서 선택할 수 있도록 한다. 그러면 참석자들은 가장 편한 시간과 장소를 선택할 수 있다.

모든 그룹 회의나 개별 회의가 끝난 후에는, 임원과 직원을 기부가능자 평가팀에 선임하여 회의의 결과를 체계적으로 분석한다. 선별 작업 양식은 기부가능자 평가를 세 가지로 구분하여 따로 평가할 수 있도록 구성되어 있다. 참석자가 페이지 상에 기입된 세 명 중 한 명에 관해서만 정보를 제공할 수도 있고 두 명에 관해 정보를 제공할 수 있는데, 이때 오직 정보가 제공된 사람의 이름만 남긴다. 정보가 채워지지 않은 양식은 폐기해도 된다. 정보를 제공한 사람을 적어두는 양식 난에 제공자의 이름이나 이름의 머릿글자를 기록한다. 이름이 다르면 따로 처리하며 동일 인물의 복수 평가는 한데 묶어서 기록한다.

이런 방식으로 잠재적인 기부가능자 평가에 관한 정보가 축적되고 분석됨으로써 일관성과 정확성을 확보할 수 있다. 이렇게 축적된 정보는 일차적인 기부가능자 평가 프로파일을 작성해 나가는 기초가 된다.

개발 위원회에서 기부가능자를 일차로 선정하여 등급을 매긴 다음 기부가능자의 핵심 목록을 작성할 때 이 프로파일을 사용한다([표 4.4] 참조). 이 목록은 대외 경비로 취급해야 하며, 이 목록에 있는 정보는 잠재적으로나마 타인에게 해가 되는 내용을 담고 있어서는 안 된다. 기부가능자가 읽기를 바라지 않는 내용은 무엇이든 기입하지 않도록 한다.

기부가능자의 선별은 규모에 관계없이 모든 기관에 적용될 수 있으며, 기부가능자를 물색하려는 노력이 활발히 지속되도록 정기적으로 이루어져야 한다. 선별 작업은 다음과 같은 일에 유용하다.

- 기금모금 캠페인의 잠재적인 기부가능자를 식별하는 일
- 기존 목록에서 회원, 지원자, 기부자, 부모, 대학생, 또는 기타 구성원에 적합한 업무를 할당하는 일
- 연례 모금 캠페인이나 기금모금 캠페인에 새로운 이름을 추가하는 일
- 능력이나 연고 또는 관심도에 있어서 더 비중이 있다고 판단되는 후원-투자가에게 적합한 업무를 재할당하는 일

어느 기부가능자의 선별 회의가 기금모금 캠페인이 끝나갈 무렵 개최된 적이 있는데 그 결과는 아주 성공적이었다. 신축 건물을 위한 모금에서 곤경에 빠져 있던 한 공연 예술 기관은 기관의 모금 캠페인이 동참을 유도할 정도로 기부가능자들의 마음을 움직이지 못하고 있다는 사실을 깨달았다. 기관이 모금 캠페인의 기초로 삼고 있는 기부가능자 명단에 새로운 이름을 추가하려는 온갖 노력의 일환으로, 그들은 잠재적으로 도움이 될 만한 여러 분야의 사회 구성원들을 초청하는 회의를 구상하였다. 즉, 훈련 프로그램에 참여 중인 대학 재학생이나 졸업생의 부모, 여행이나 답사에 참가한 적이 있는 사람들, 이사회 현 임원이나 전 임원, 직원, 그리고 현재의 기부자 및 이전의 기부자 등이 그 대상이었다. 때때로 이 같은 노력은 무질서하게 여겨졌다. 즉, 일부 목록이 회람되었고, '비밀' 원칙은 깨지기 일쑤였으며, 사람들은 자신이 맡은 평가를 끝내고 나면, 회의장 안팎으로 돌아다녔다. 그러나 성과는 만족할 만한 것이었다. 양육이 다소 부족하거나 더 면밀한 조

[표 4.3] 기부가능자 선별을 위한 지침서의 예

당 기관의 '기부가능자 선별' 프로그램에 참여하기로 동의해 주셔서 감사합니다. 이것은 기관에 대하여 최대 관심사를 표명하고, 우리의 기부 프로그램에 기꺼이 헌신하고자 하는 지역사회 주민들을 선별하는 기관의 역량강화에 있어 핵심적인 단계입니다. 이 과정은 조용히 추진되어야 하며 비밀이 보장되어야 합니다.

동봉한 목록은 모금의 목적으로 기존의 목록과 새 목록을 종합하여 작성한 목록입니다. 여기에는 현재의 기부자, 잠재적 기부자, 그리고 우리 기관에 관심을 보여 준 기타 사람들이 포함되어 있습니다. 목록에 있는 모든 사람들의 이름과 주소가 제시되어 있으며, 이름 옆에는 여러분이 표시를 할 수 있는 박스가 있고 여기에 의견을 적을 수도 있습니다.

이 과정에 참여하는 모든 사람들은 동일한 목록을 제공받습니다.

1. 우리는 여러분께서 전화를 통해 명부에 있는 각 개인을 평가하도록 요청합니다(이 사람을 아십니까, 그렇다면 어느 정도 알고 있습니까?(1차 접촉), 또는 이 밖에 이들과 기꺼이 연락을 취할 분을 알고 계십니까?(2차 접촉)). 여러분께서 이 사람과 연락할 수 있는지를 표시해 주십시오.

2. 우리는 또한 명부에 있는 잠재 기부자들이 기부할 수 있는 능력을 예측해 주시길 바랍니다.
    여러분께서 쉽게 이용할 수 있도록 마련해 놓았습니다. 각 이름에 대응하는 숫자에 동그라미 표시만 하면 됩니다. (이것은 목표에 따라 다양하게 나타납니다.)

    A - 10,000달러 이상
    B - 5,000~9,999달러
    C - 1,000~4,999달러
    D - 1,000달러 이하

(계 속)

[표 4.3] 계 속

3. 관심이나 흥미는 중요한 변수입니다. 이 점검표에서 선택하십시오. (예술 교육, 역사 기관, 대인 서비스 등과 같은 다양한 기관을 위한 제안)

댄스	피아노	성악
보호	특별 수집	골동품
가족 서비스	휴양 프로그램	아동보호

(견본)
존 도씨 부부　　　　　　　　　1차 접촉입니까?　　예/아니오
2222 Jackson Street　　　　　　2차 접촉입니까?　　예/아니오
Hillsborough, CA 우편번호　　　우선 연락 대상 성명
Phone
　　　　　　　　　　　　　　　──────────────
　　　　　　　　　　　　　　　기부자의 관심사 :

　　　　　　　　　　　　　　　──────────────
　　　　　　　　　　　　　　　능력 : A　B　C　D

기부 요청(연락)에 대한 용의 여부　　예　　　아니오
기타 의견:

비공개로 작업해 주십시오. 질문 사항이 있으면 직원이나 이사회 임원에게 연락을 취하십시오. 이 목록을 제출하기 전에는 봉투에 이름을 적지 않도록 하십시오. 감사합니다. 이 과정을 비밀로 유지해 주십시오.

(계 속)

[표 4.3] 계 속

작 성 자 : 이름 첫 글자＿＿＿＿＿＿＿
기부가능자 :　　　　　　1차 접촉입니까?　　　예　　아니오
　　　　　　　　　　　　2차 접촉입니까?　　　예　　아니오
　　　　　　　　　　　　우선 연락 대상 성명 :＿＿＿＿＿＿
　　　　　　　　　　　　기부자의 관심사 :
　　　　　　　　　　　　＿＿＿＿＿＿＿＿＿＿＿＿＿＿
　　　　　　　　　　　　능　　력 : A　B　C　D
기부 요청(연락)에 대한 용의 여부 : 예 아니오
기타 의견 :
＿＿＿＿＿＿＿＿＿＿＿＿＿＿＿＿＿＿＿＿＿＿＿＿＿＿＿

작 성 자 : 이름 첫 글자＿＿＿＿＿＿＿
기부가능자 :　　　　　　1차 접촉입니까?　　　예　　아니오
　　　　　　　　　　　　2차 접촉입니까?　　　예　　아니오
　　　　　　　　　　　　우선 연락 대상 성명 :＿＿＿＿＿＿
　　　　　　　　　　　　기부자의 관심사 :
　　　　　　　　　　　　＿＿＿＿＿＿＿＿＿＿＿＿＿＿
　　　　　　　　　　　　능　　력 : A　B　C　D
기부 요청(연락)에 대한 용의 여부 : 예 아니오
기타 의견 :
＿＿＿＿＿＿＿＿＿＿＿＿＿＿＿＿＿＿＿＿＿＿＿＿＿＿＿

작 성 자 : 이름 첫 글자＿＿＿＿＿＿＿
기부가능자 :　　　　　　1차 접촉입니까?　　　예　　아니오
　　　　　　　　　　　　2차 접촉입니까?　　　예　　아니오
　　　　　　　　　　　　우선 연락 대상 성명 :＿＿＿＿＿＿
　　　　　　　　　　　　기부자의 관심사 :
　　　　　　　　　　　　＿＿＿＿＿＿＿＿＿＿＿＿＿＿
　　　　　　　　　　　　능　　력 : A　B　C　D
기부 요청(연락)에 대한 용의 여부 : 예 아니오
기타 의견 :

[표 4.4] 핵심 기부가능자 목록

성 명	기한	1차접촉	요청금액	과거활동	기존양육	기타의견	약속금액
전략적 기부 $100,000+	1군						
	0_/12/1		$250,000	핵심주요 기부자		추가 현물 지원: 현장 조사, 프로젝트 안내 및 비디오 테이프	$300,000
	0_/12/1		$100,000				
	0_/12/1		$100,000	특별 프로젝트 지원			
	0_/12/1		$100,000				
	0_/12/1		$250,000	주요 핵심 기부자			
	0_/12/1		$300,000	주요 핵심 기부자			
	수시 요청에 따름		$100,000	주요 핵심 기부자			
	0_/1/15		$300,000				
	0_/11/15		$750,000				
	0_/2/15		$100,000				
	0_/9/1		$300,000	주요 핵심 기부자		0_/9/28 방문, 좋다는 답변, 사전 검토 0_/10; 결정 0_/12	

[표 4.4] 계 속

성 명	기한	1차접촉	요청금액	과 거 활 동	기존양속	기 타 의 견	약속금액
	0_/11/1		$300,000				
	0_/12/1		$100,000	특별 프로젝트 지원 (19992~1993년)			
	0_/12/1		$100,000				
	0_/8/5		$468,358	주요 핵심 기부자	200_년 $150,000 약속	0_년 기부 기한 0_/7/15 2차 기부요청	$150,000
	0_/12/1		$100,000	주요 핵심 기부자			
	0_/2/1		$100,000	특별 프로젝트 지원 (1993~1994년)			
	0_/12/1		$100,000				
	0_/12/1		$100,000				
	0_/12/1		$300,000				
	0_/12/1		$200,000	0/1 현장방문요청			
주요 기부 $10,000+	2군						
	0_/11/15		$25,000				
	0_/4/1		$15,000				
	0_/4/15		$50,000				

※ 3군 명부는 대개 핵심 기부가능자 목록 끝에 포함되어 있지만, 2군으로 분류되기 전까지는 철저히 분석되지 않음.

제4장: 성공적인 개발: 과정 및 협력관계(Partnership)

사를 해 볼 필요가 있는 개인이나 기관의 잠재적 기부자뿐만 아니라, 상류층에 속하는 잠재적 기부자들까지도 합류했으며, 이들 모두는 이전에 기관이 염두에 두지 않았던 대상이었다. 이 모금 캠페인의 성공적인 결과는 부분적으로나마 이 회의 덕분이라고 할 수 있다.

기부가능자의 비밀 선별에 있어서, 과정의 성공은 과정에 참여하는 사람들에 의해 대표되는 기부가능자 명단의 포괄성과 직접적인 관련이 있다. 대상을 넓게 잡고 캠페인을 전개한 기관은 탁월한 정보 덕분으로 이에 상응한 기부 결과를 얻는다. 기부자 및 기부가능자를 분류하는 컴퓨터 처리방식의 전문 선별 서비스가 존재한다. 미국 기부가능자 조사협회(APRA)는 좋은 자원이 될 수 있다.

2) 초기전략 개발 단계

기부가능자의 선별 회의에서 나온 결과를 기초하여 특정 부류의 기부가능자들은 단기간 내에 기부할 가능성이 가장 큰 대상으로 떠오른다. 이들은 기관과 확실한 연계를 가지며, 프로그램이나 서비스의 내용, 그리고 그들이 서비스를 제공해야 할 대상에 대해서도 깊은 관심을 보이며, 분류 과정에서 확인된 수준으로 기부할 능력을 갖추고 있다. 깊은 관심이나 능력 또는 연계성을 갖춘 또 다른 이들이 발견되더라도 이들은 필수적인 세 가지 요소를 모두 만족시키지 못하며, 그 외 사람들은 넓은 의미의 잠재적인 기부가능자로 간주되지만, 선별 기간 동안 협력관계 형성 과정의 다음 단계에서 판단을 내리기에는 알려진 정보가 너무 없는 실정이다.

(1) 핵심 기부가능자 목록 작성

우선 순위의 기부가능자와 이들을 양육하고 기부를 권유하는 일에 관한 내용을 기부가능자 기초 목록에 체계적으로 정리한다. 이 목록은 다음과 같은 세 부분으로 구성된다.

- 1군 - 상당히 알려져 있고, 이미 협력관계를 갖고 있는 기부가능자 집단이다. 이들은 기부 권유를 받아들일 준비가 되어 있는 사람들이다.
- 2군 - 이들에 관한 정보가 어느 정도 있기는 하나, 협력관계가 형성되어 있지는 않은 경우이다. 이들은 양육 대상에 해당되며, 이들과의 연계 정도나 관심도 또는 능력에 관한 자세한 조사가 필요하다.
- 3군 - 이들에 관한 정보는 거의 없으며, 기부가능자 선별 작업에서 잠재적인 대상이 될 수 있다고 분류된 사람들이다. 이들에 관해서는 조사와 양육이 필요하다.

핵심 기부가능자 목록은 개발을 위한 전략적인 지침 도구의 역할을 하며, 과정을 감독하는 근거가 된다. 1군에 해당되는 기부가능자를 양육하고 기부 권유에 착수하기 위해서, 예비 자원봉사자를 배정할 수 있다. 그리고 이때 기부 금액과 기부 일자를 확정한다. 이 시점까지 전략은 예비적이다. 이 전략은 기부가능자의 실제 기부 준비 여부에 따라 수시로 변경될 수도 있다. 과정 중에 개발 협력관계 구성원들은 다른 방식으로 기부를 권유하는 것이 더 적절하다고 결정하거나, 자신이 기부 권유 대상의 능력이나 관심도를 정확하게 파악하지 못했다고 결론내릴 수도 있다. 과정이 잘 진행되도록 하려면, 핵심 기부가능자 목록에 예비 기부권유자 배정 및 기부 금액 그리고 기부 요청 일자 등을 반영해야 한다.

2군은 1군에 속한 사람들보다 심도 있는 양육이 필요한 개인과 기관들로 구성된다. 일반적으로 이들은 기관과의 더욱 긴밀한 연계가 필요한 기부가능자들이다. 이들은 자신의 지역사회에 존재하는 다른 기관에 기부함으로써, 기부할 능력이 있다는 사실과 기관의 프로그램이나 서비스의 내용에 대해 관심이 있다는 사실이 알려져 있는 잠재적 기부자인 경우가 많다. 이들이 후원-투자가로서 잠재력이 취약한 것은 연계성이 부족하다는 점 때문인데, 다행히도 양육을 통해서 이러한 취약점이 보완될 수 있다.

3군은 거의 정보에 노출되지 않은 사람들이다. 이들은 대부분 지역사회 내에서의 지위나 소득 또는 투자, 그리고 지역사회의 다른 기관에 기부한 일 등으로 인해서 그 능력의 정도가 알려진 상태이다. 그러나 나머지 두 가지의 필수적인 요소 즉, 관심과 연계성에 대한 정보가 없다. 이 두 가지 부분에 대한 정보를 입수하려면 시간과 조사와 노력이 필요하다. 3군에 해당하는 사람들의 가치를 규명하고 이들과의 협력관계를 형성하는 일은 장기간에 걸쳐 수행해야 할 과제로 삼는 한편, 1군과 2군에 해당하는 기부가능자들에게 주력하도록 한다.

잘 관리되고 있는 기부가능자 및 기부자 개발 프로그램은, 이러한 기부가능자가 기부 권유를 받게 되면 2군 목록에 있던 이들의 이름이 1군으로 편입된다.

조사 결과 그들이 기부자가 될 가능성이 높은 것으로 밝혀지면 3군에 속한 기부가능자들을 집중적으로 양육할 목적으로 2군에 편입시킨다. 또는 핵심 기부가능자 목록에 들어 있는 이름이 탈락되며 다른 이름이 그 자리를 대신하기도 한다. 이 과정에서, 2군이나 3군에 속한 기부가능자가 투자자로서의 가능성이 없다고 판단되면 목록에서 완전히 삭제한다.

대체로 약 3개월이나 6개월마다 열리는 기부가능자 선별 회의에서 결정한 기부가능자를 등록할 수 있도록 핵심 기부가능자 목록을 지속적으로 평가하는 것이 중요하다.

3) 양육 단계

이 단계는 계획을 실행으로 옮긴다. 여기에서 협력관계가 다시 한 번 요구된다. 직원들은 이사회 임원과 자원봉사자가 기부 가능성이 높은 사람들을 만나 이야기를 나눌 수 있도록 기회를 만들고, 또 여기에 참여하기도 한다.

기부 가능성이 높은 사람들이란 주로 1군으로 분류된 사람들이긴 하지만, 초기 전략을 세울 때는 2군에 속해 있지만 1군에 속한 기부가능자들과 연고가 있는 사람들이나 친구가 참여하는 행사나 기회에 참여할 가능성이 있는 사람도 포함시킨다.

이 단계를 원활하게 수행해 나가기 위해서, 자원봉사자는 기부 가능성이 높은 사람들을 초대한 정기 행사(콘서트, 리셉션, 강연 등)나 마음에 두고 있는 특정 인사와 함께 하기로 계획된 양육을 위한 특별 행사(기관 순회, 기관장과의 만찬)에 봉사할 수 있어야 한다. 양육 과정을 효율적으로 수행하기 위하여 자원봉사자는 독자적으로 기부가능자로 확인된 사람들과 가진 모임에 관하여 기관의 직원에게 알려주어야 한다.

다음은 양육 활동을 조정하는데 지켜야 할 두 가지 규칙이다.

- 핵심 기부가능자 목록에서 어느 군에 속하든 잠재적인 기부자와 자원봉사자가 접촉한 사실을 직원에게 알리도록 한다. 이 과정을 수월하게 처리하기 위해 많은 기관에서는 '활동 일지' 양식을 작성하여 배포한다([표 4.5] 참조). 이 양식은 기금모금 캠페인에 사용될 뿐만 아니라 연례 모금을 위한 개발 과정을 수행할 때에도 사용된다.
- 기관을 대신하여 수행되는 양육은 직원과의 조정을 거쳐야 한다. 조정이 필요한 이유는 여러 가지가 있다. 첫째, 직원은 기부가능자와의

[표 4.5] 활동 일지 양식

활 동 일 지

작성 일자 : _____

자원봉사자 성명 : _____

기부가능자 성명 : _____

활동 일자 : _____

활동내용 : _____
_____
_____
_____
_____
_____
_____

다음 활동 계획 : _____
_____
_____

기한 : _____

기타 의견 : _____
_____
_____
_____

팩스(팩스 번호)로 보내거나, 개발 담당 부서에 우편으로 보내 주십시오.

대화에서 중요한 영향을 미칠 수 있는 정보(예를 들어, 이전의 기부 내용, 이전의 봉사 활동 등)를 알고 있을 수 있다. 둘째, 자원봉사자가 알지 못하고 있는 다른 기회나 시간에 기부가능자가 묶여 있을 수 있다. 셋째, 기부가능자가 이미 다른 자원봉사자에게 배정되어 있어서 조정을 하지 않을 경우 양쪽으로부터 기부 권유를 받게되는 혼란을 경험할 수도 있다. 마지막으로 자원봉사자는, 직원이 이미 준비해 놓은 기부가능자 개인의 연고나 관심사에 관한 기관의 특수한 정보를 얻을 수다.

대개의 경우 양육에 대해 잠재적인 후원·투자자를 기관의 직원이나 모금단에 소개하는 파티나 행사로 간주하는 경향이 있다. 그럴 수도 있지만, 그것이 전부는 아니다. 파티나 행사는 적절한 양육 계획에 기초한 사후조치 없이 커다란 효과를 거둘 수 없다. 지속적인 조치가 필요하다.

새로운 노력을 의미하는 사후 조치와 지속적인 노력을 의미하는 지속조치 사이에는 중요한 차이가 있다. 비영리 부문에서는 한시라도 노력을 게을리 할 수 없다(이 책의 독자들에게 이 말은 전혀 새삼스러운 말이 아닐 것이다). 행사나 활동이 끝나고 나면 지속조치 계획이 있어야 참석자와 강한 연계를 맺을 수 있다.

권할만한 지속조치 기법으로는 주소록에 참석자의 이름을 즉시 올리는 일이나 행사나 프로그램의 성공을 참석자들에게 알리는 감사 편지를 보내는 일 등을 들 수 있다. 행사 위원회 위원이 행사의 후원자에게 개인적으로 전화를 하는 것도 효과가 크다. 초대한 사람들 가운데 일부가 기부가능자 1군에 속하는 경우, 반드시 이사회 임원을 배정하여 행사 도중 그 사람들에게 세심한 배려를 기울일 필요가 있다. 행사가 끝난 다음, 배정되었던 이사회 임원에게 활동일지를 작성하도록 하고 다음 단계의 계획을 세우기 위해 직원과 면담을 하도록 한다. 양육이나 감사 표시를 위한 오찬이나 만찬에서, (누군가가 그룹을 위해 테이블을 예약하여 빈자리가 없는 경우가 아니면) 이사회 임원을 각 테이블에 배정하도록 한다. 이사회 임원이나 자원봉사자에게 테이블에 참석한 사람들에 관한 간단한 약력과 대외비 명단을 알려주도록 한다. 그래야 접대하는 자리에서 이사회나 만찬 주최 위원회의 이사나 위원이 적당한 시간 간격을 두고 테이블을 돌면서 예의바르게 참석한 손님들에게 인사를 할 수 있다.

양육과 지속조치를 훌륭하게 제공한다면 행사를 통한 기부 권유를 한결 수월하게 만들 뿐만 아니라 이것은 성공적인 결과를 이끌어내는데 커다란 변수로 작용하기도 한다. 주요한 기부가능자의 양육을 모니터링하는 담당자들은 기부가능자 측에서 기부를 요청 받을 때가 되었다고 느끼는 시점을 간파할 수 있어야 한다.

양육은 즐거운 일이며 별 어려움이 따르지 않기 때문에 쉽사리 소모적인 활동에 머물 수 있다. 양육만을 계속하다 보면 뒤이어 반드시 이루어져야 하는 기부 요청을 오히려 꺼리게 될 수도 있다. 여러분은 다 익은 과일이 땅에 떨어져 깨져 버리기 전에 그 과일이 익은 정도를 알아볼 수 있어야 한다.

(1) 양육 과정에서의 정보의 역할

지금까지 설명한 개인적인 접촉이 어느 양육에나 다 적용되는 것은 아니다. 정보를 제공하는 것도 기부가능자를 양육하는 또 하나의 방법이 된다. 소식지가 양육의 한 가지 형태이며, 기부가능자를 양육하는 목적으로 사용할 수 있다. 소식지를 평가하여 이것이 독자가 받기를 원하는 최선의 메시지를 전달하고 있는지 확인하여야 한다.

소식지가 프로그램의 영향이나 결과를 제대로 전달하고 있는가 또는 소식지가 필요한 내용에 제대로 초점을 맞추고 있는가? 소식지가 현재 공을 들이고 있는 사람이나 프로그램을 글이나 이미지로 잘 그려내고 있는가? 또는 소식지가 기관의 사회적 측면을 지나치게 강조하는 것은 아닌가 아니면 파티에 참석한 사람들의 수에 집착하는 것은 아닌가?

소식지도 양육의 한 가지 형태이며, 이 외에 여러 가지 다른 형태의 양육 방법이 있다. 기부가능자의 확실한 관심을 끌 수 있는 특별 프로그램이 있다면, 프로그램 담당 직원으로 하여금 기관이 이 프로그램을 진행하면서 해결해야 하는 지역적, 전국적 또는 국제적인 문제에 초점을 맞춘 잡지나 신문의 기사를 프로그램과 관련시킨 '백서'를 작성하도록 한다.

어느 가족 서비스 기관은 기부자 그룹과 함께 아동학대 예방프로그램에 초점을 맞추었다. 아동학대 예방교육의 중요성에 관한 뛰어난 기사를 전국에 배포되는 권위 있는 주요 신문에서 발췌하였다. 이 기사는 증가하는 아동학대 문제에 대한 이러한 해결책의 중요성을 다루고 있다. 담당 직원이 작성한 의견서는 이 지역 가정 상담 기관의 활동에 전적으로 초점을 맞추었다. 기사와 함께 스크랩한 내용이 현재의 후원·투자자에게는 물론 기부 가능성이 높은 사람에게도 우편으로 배달된다. 기부가능자에게 보내는 우편물에는 그들이 아는 어느 개인이나 기관이 관심을 갖고 있는 전국적인 현안을 해결하려는 지역 기관의 노력에 주목하게 하는 메모도 들어 있다.

이 방법은 양육 도구로서는 아주 효과적이었다. 현재의 후원·투자자에게는 이 프로그램을 가능하게 해 준데 대한 감사의 뜻을 전하는 글이 기사와 함께 전달되었다. 새로운 기부가 감사의 메모나 전화와 함께 배달된 것으로 볼 때 이러한 두 가지 글은 이 글을 받은 기부자와 기부가능자들에게 커다란 감화를 안겨 주었다고 볼 수 있다.

양육은 예기치 않게 이루어질 수도 있다. 언론에서 행사나 프로그램을 우호적으로 다루어주면 잠재적인 기부자들이 기관이나 기관의 소명에 대해 더 잘 알게 될 것이다. 열성적인 이사회 임원이나 자원봉사자는 비공식적인 추천자가 되어 종종 부지중에 사회적으로나 직업적으로 접촉하는 사람들에게 커다란 관심을 이끌어 낸다.

직원의 열성과 추천 때문에 어느 개인은 모금 캠페인에서 개인이 사회서비스 기관에 기부할 수 있는 최대 금액(약 50만 달러)을 익명으로 기부했다. 기부자는 기관과 관련을 맺은 적이 없으나 시간이 흐르면서 직원의 헌신에 감동을 받은 것이다.

또 다른 예는 아동서비스 기관과 직접적으로 접촉이 없었던 한 여성으로부터 1백만 달러가 넘는 유산을 기증 받은 경우이다. 이 여성이 병상에 누워 있던 몇 년 동안 그녀의 이웃이던 기관의 자원봉사자가 수익 사업으로 자원봉사자가 운영하는 기관의 직영 식당에서 마련한 점심을 그녀에게 가져다 주었던 것이다. 이 여성은 기관이나 기관에서 돌보는 아동에 대해서, 그리고 그녀가 어떻게 이 기관과 관계를 맺을 수 있는가를 물어오곤 하였다. 그녀가 유서로 제공할 기부 금액을 통지 받았을 때 자원봉사자였던 그 이웃을 포함하여 모두가 놀랐다. 그전까지 그녀는 아무런 내색도 하지 않았기 때문이다.

이 양육의 예들은 어느 것도 심사숙고한 끝에 이루어진 것은 아니었다. 두 가지 기부 모두 기관에 헌신하겠다는 개인과의 관계에서 자연 발생적으로 일어난 결과였다. 이 사례는 직원이나 자원봉사자가 기부가능자에 관한 정보를 제대로 알고 있으며 그들이 기관을 대표하고 있다는 열성이 얼마나 중요한지를 잘 드러내고 있다. 우리는 사람들이 감사하고 높이 평가하는 열정을 견지하면서 보여주는 헌신이, 우연의 관심과 함께 커다란 반향을 불러

일으켜 기부로 연결되는 촉매제가 된다는 사실을 알지 못하고 있다.

그러나 대부분의 양육은 공식적인 형태를 지닌다. 기관은 전반적인 개발 계획에 양육을 위한 목적과 목표를 계획의 구성 요소로 갖추어야 한다. 여기에는 일정과 예산은 물론 활동 내역, 핵심 기부가능자 목록에 기초하여 각 활동이나 단계에 참여하는 사람의 수를 기술해야 한다.

이러한 활동을 지원하는데 소요되는 예산을 충분히 확보하는 것이 양육을 성공적으로 이끄는 관건이다. 기관이 단순한 모금 이상의 수준으로 올라서려면 모금 활동이 절박할 때가 있을지라도 단지 모금 활동뿐만 아니라 이러한 중요한 개발 활동에 기꺼이 투자할 용의가 있어야 한다.

절박한 것과 중요한 것의 균형을 이루어 내는 것이 기관의 안정성을 확보하는 핵심 요인이다. 모금 이상의 수준으로 올라설 수 없는 기관은 직원, 시간, 재정적인 자원의 관점에서 절박한 것들이 중요한 것을 압도하는 경우가 많다.

4) 참여 단계

참여는 강력한 개념이며, 강력한 과정이다. 진정으로 누군가를 참여시킨다는 것은 그들을 기관의 업무와 결과에 끌어들임으로써 그들이 협력관계의 참여자라고 느끼기 시작한다는 것을 의미한다. 참여는 또한, 잠재적인 기부자의 가치를 보다 깊이 있게 탐색하도록 한다. 참여는 첫 기부와 함께 시작되지만, 기부를 받은 기관이 적절한 사후 조치를 취하면 주요 기부자들은 양육 과정을 넘어 참여로 이어진다.

참여는 관계의 속성에서 볼 때 양육과는 다르다. 양육은 기관이 정보와 참여의 기회를 제공하는 한편 잠재적인 기부자는 관망하고 듣고 알게 될 뿐이라는 점에서 다소 일방적인 과정이라고 할 수 있다. 참여는 관계를 형성하는 과정에서 비교적 동적인 단계이다. 잠재적인 기부자가 개인적으로 프로젝트에 참여할 수도 있고, 위원회나 특별 위원회의 봉사자로 등록될 수도 있다.

한 지방의 레퍼토리 극장은 잠재적인 기부자를 참여시키는 방법이 독특하다. 기부자들은 극단에서 시즌마다 올리는 여덟 가지 작품의 준비 단계에서 구성되는 '연극 지원 그룹'의 일원으로 초대된다. 연극 지원 그룹은 기부 가능자를 양육하고 기부를 권유하도록 배정되거나 배정될 이사회 임원은 물론 잠재적인 기부자들로 구성되며, 이들은 대본의 최초 강독에 참석하고 그 이후의 강독과 리허설에도 참석한다. 연출자는 극작가의 대본 해석을 그들에게 알려주고, 주제와 뉘앙스에 관련된 토론을 이끌어 낸다. 의상 및 무대 디자이너는 그들에게 예비 스케치와 스케치를 바탕으로 구축될 무대를 보여 준다. 연극 지원 그룹의 구성원은 여건이 허락한다면 다른 지방의 배우나 스탭진에게 저녁 식사를 대접하거나 그들에게 필요한 물품을 조달해 준다. 초연 당일에 연극 지원 그룹에게는 특별석을 지정해 주고 그들의 기여에 대한 감사의 뜻을 모든 사람에게 알린다. 그들이 참여한 결과, 새로운 잠재적 기부자들은 극단에 열성을 보인다. 분명히 연극 지원 그룹에 참여한 이사회 임원은 기관에 대해 새롭고 더 깊이 있는 헌신을 바치게 된다.

공연 예술 기관의 경우는 이러한 참여 기회가 비교적 확실하지만, 다른 종류의 기관에서도 잠재적 기부자와 가능한 기부 권유자를 기관과 더욱 친근해지도록 만드는 프로그램에 참여시키는 창의적인 방법을 만들 수 있다. 고객의 비밀을 지켜주는 것이 중요한 사회서비스나 대인서비스, 의료서비스 부문에서 프로그램 담당 직원과 함께 설명회나 토론에 참여시키는 것은 참여 의식을 높이는데 큰 효과를 얻을 수 있다.

샌프란시스코만 구역에 소재한 환경 기관은 잠재적 기부자와 이사회 임원들을 순시선에 태우고 유람을 시키면서 기름 누출의 흔적이나 깨지고 있는 만의 균형을 보여준다. 박물관에서는 안내나 다른 업무에 참여시키는 것이 기부자로서 행사에 헌신하도록 하는데 커다란 감화를 줄 때가 있다는 사실을 알고 있을 것이다. 학교에서는 잠재적인 기부자를 참여시키는 보다 다양한 방법을 가지고 있다.

참여가 중요한 단계임을 인식하고 개발 과정의 일부로 정식 채택되도록 시스템을 확정하도록 한다. 다른 단계에서와 같이 이사회와 직원간의 협력관계는 참여 단계에서도 주요한 측면이다.

참여 단계에서 잠재적 기부자가 기관과 공유하는 공통의 가치와 관심들이 결과에 얼마나 중요한 영향을 미치는지 가능한 많이 드러내야 한다. 참여는 기부가능자와 함께 아이디어를 테스트하는 시간이며, 기부가능자가 제기하는 초기의 질문이나 이의를 처리하는 시간이다. 질문이 많이 나오도록 유도하며, 이의에 대해 성실하게 답변하고, 잠재적인 기부자들이 요청한 정보를 공개적으로 정직하게 제공해야 한다. 기관을 모금 이상의 수준으로 끌어올리는 협력관계를 구축하는 과정에서 정보의 공개는 중요한 변수이다.

5) 평가 단계

이 시점에서 기관과 잠재적 기부자 사이에 깊어 가는 관계를 평가하고 내부 과정을 분석할 필요가 있다. 다음은 개발 위원회, 기부가능자 평가 위원회, 연례 또는 기금모금 캠페인 운영 위원회가 물을 수 있는 질문들 가운데 일부이다.

- 특정 기부가능자에게 적절한 이사회 임원(또는 자원봉사자)이 배정되었는가?

- 특정 개인의 주된 흥미 거리, 관심사 및 그가 열중하는 것은 무엇인가?
- 특정 기부가능자가 필요로 하는 정확한 정보를 제공하였는가?
- 특정 기부가능자가 가치를 최대한 공유할 수 있는 사람들을 만난 적이 있는가?
- 우리가 구축해야 하는 다른 연계가 있는가?
- 우리는 적합한 양육을 수행했는가?
- 우리는 그들의 능력을 제대로 평가했는가?
- 어느 정도의 금액이 적절한 요청이라고 생각하는가? 그리고 어떤 프로젝트나 프로그램을 위해 요청해야 하는가?
- 언제 요청을 하는 것이 가장 좋은가? 초기 전략에서 정한 요청 시기가 변경되었는가?
- 기부 권유 모임에 누가 참석해야 하는가?

평가 단계에서는 기부 권유에 대한 최선의 전략을 세우기 위해서 앞선 네 단계의 결과에 초점을 맞추어야 한다. 위의 질문에 기초하여 기부가능자에 대한 평가를 문서화하고, 다음 단계에서 기부 권유자로 배정될 사람에게 대외 사본으로 제공할 수 있도록 이를 파일로 보관하도록 한다.

6) 배정 단계

모금에 관해 예전부터 내려오는 격언이 있다. 기부 권유가 성공하려면 적절한 사람이 적절한 기부가능자에게 적절한 금액을 적절한 목적으로 적절한 때에 요청해야 한다. 이것이 현실적이지 않다고 반박할 수도 있다. 그러나 반드시 불가능한 것도 아니다. 이러한 이상적인 배정은 그 실마리가 되는 단계들에 주의를 기울이면 가능하다.

배정 단계에서는 개발 협력관계가 대단히 중요하다. 직원과 자원봉사자는 이 단계에서 협력하여 가능한 한 최선의 기부 권유에 대한 배정을 통하여 성공의 가능성을 높여야 한다. 양육 단계에서 기부가능자와 기관에 참여하고 있는 개인들 간에 자연스러운 연계가 확실히 형성된다. 현재의 기부자, 활동 중인 이사회 임원, 기관에 지속적으로 참여하고 있는 이사회의 전임 임원, 기부가능자가 존경하거나 기관과 긴밀한 관계를 유지하는 지역사회의 구성원이 모두 배정 단계에 투입될 수 있는 잠재적인 후보들이다.

기부가능자에게 한 명 이상의 기부 권유자를 배정하는 것이 최선책이다. 말하자면 팀을 구성하여 기부를 권유하는 것이 가장 좋다. 적절히 양육되었고 이제는 요청을 받아들일 준비를 갖춘 한 명 이상의 개인을 방문할 때 이사회를 대표하는 두세 명의 개인이나 직원을 보내는 것이 매우 효과적이다.

이사회 임원은 지역사회와 중요한 연계를 맺고 있으며, 직원은 프로그램과 행정적인 현안에 대해 전문 지식을 숙지하고 있어야 한다. 또한 기부가능자와의 연계나 명분 있는 헌신으로 기부 권유시 설득력을 가질 수 있다면, 다른 프로그램 또는 개발 직원이나 다른 자원봉사자들로도 팀을 구성할 수 있다.

대학의 모금 캠페인에서는 가끔 학생들이 팀에 합류한다. 어느 교육 기관에서는 학부모를 훈련시켜 기업과의 전화 통화에 투입한 경우도 있다.

배정된 기부권유자가 두 명이든 세 명이든 간에 기부 권유를 조정하여 약속을 정하고, 기부 권유가 이루어질 수 있는 시점까지 기부가능자를 이끄는 총 책임을 한 사람에게 맡기는 것은 여전히 중요하다. 이 사람이 선임 기부 권유자이다. 배정에 관한 정보는 데이터베이스에 입력되어야 한다. 기부 권유는 팀 구성원 모두의 협의 하에 준비되어야 하지만, 전략 회의에서는 선임 기부 권유자와 개발 이사가 주도해야 한다. 이 회의에서 다음 단계로 이어지는 기부 권유 계획이 전개되어야 한다.

7) 기부요청 단계

앞의 여섯 단계에서 계획이 잘 수립되어 수행되었다면 이 단계는 자연스럽게 이어진다. 관계가 발전하면서 기부를 요청하는 일은 그 부담을 덜 수 있다.

과정상 이 시점까지 진행되었을 때, 기부가능자는 준비가 되어 있기 때문에 사실상 왜 기부를 요청하지 않을까 라고 의아해 할 수 있다. 기부요청 과정에 관한 상세한 내용은 다음 장인 '투자 유치'에서 다루어진다. 그러나 모든 기부요청에 관련된 몇 가지 필수적인 점들은 기부자 개발 과정 전반에 걸쳐 관련을 맺고 있기 때문에, 여기에서 목록으로 만들어 다루고 넘어가도록 한다.

(1) 기부 요청의 시점을 주의 깊게 파악하라

10단계 전 과정에서 보아 기부 권유가 너무 늦게 이루어지면 기부가능자는 기관에 대한 관심과 인내심을 잃어버리게 되는데, 이는 기부 권유가 너무 일찍 이루어질 때도 마찬가지이다. 따라서 기부자 개발 과정을 진행하면서 자신 있게 특정 기부자에게 필요없다고 생각하는 단계는 통합하거나 건너뛰고, 반대로 필요한 만큼 준비가 되지 않은 기부자의 경우에는 몇 단계를 늘리도록 한다.

기부 권유는 유동적이고 탄력적인 과정이어야 한다. 기부 권유는 설명을 하는 단계이지, 설명을 준비하는 단계가 아니다. 기부가능자가 기관을 돕는 방법을 물어온다면, 몇 가지 기부의 방법을 제시하면서 기부 권유에 들어갈 수 있어야 한다. 대화 도중 기부가능자가 그 시점에서 기부를 할 수 있다는 관심을 드러내는 어떠한 정보라도 공유하고 있다면, 거기에 맞추어 기부를 권유하도록 해야 한다.

개발 과정에서는 남의 말을 경청하는 기술, 상당한 직감, 그리고 기부가능자의 연고나 관심이 행동으로 이행될 시점에 이르렀다고 암시할 때 다소 신속하게 추진하는 용기가 필요하다. 많은 기부가능자는 '본인 스스로 기부를 권유'하는 시점에 이르게 되며, 요청을 기다리게 된다.

(2) 원하는 점에만 국한시켜라

항상 모금하려는 금액을 지정하여 말하고, 기부가 가져올 결과를 설명하도록 한다. 우리는 종종 내부 개발 목표나 벤치마크에 의해 결정된 주요 기부에 관하여 기부자에게 말해 준다. 잠재적인 후원·투자자와 함께 영향력 있는 기부에 관하여 이야기를 주고받는 것이 더욱 적절하다. 영향력 있는 기부의 액수는 주요 기부 액수와 마찬가지로 천차만별이다. 그러나 '영향이 큰'이란 단어는 결과에 초점을 두고 있다는 점을 우리에게 상기시킨다. 즉, 이 단어는 기관과 기관의 프로그램에 영향을 미칠 것이라는 사실을 기부자의 마음에 심어준다.

여러분이 이해하고 있는 기부의 목적을 기부자에게 분명히 밝히도록 한다. 기부자가 기부를 특정 프로그램이나 확정되지 않은 목적에 국한시키기를 원하면 기부가 이루어질 때 기부자의 의도가 실현되는 방법을 정식으로 말해주어야 한다.

마찬가지로 기관의 입장에서 제약 사항이 없는 연례 모금 또는 기부금에 가장 민감한 우선 순위를 둔다면 기부자에게 단서를 달지 않은 기부를 하도록 요청해야 한다. 단서를 달지 않은 기부를 하는 사람들에게도 특정 프로그램에 기부하는 사람들과 마찬가지로 적절하게 감사의 뜻을 전하여야 한다.

(3) 감사의 표시에 대하여 기꺼이 논의하도록 한다. 기부자가 자신의 기부가 공적으로나 사적으로 남들에게 알려지는 것을 바라는지, 또는 알려지더라도 어느 정도까지 알려지길 원하는 지에 대해 주의를 기울여라.

영향력 있는 기부를 요청할 때는 요청의 내용 속에 이후 기부에 대해 어떻게 감사를 표시할 지에 대해서도 고려해야 한다. 그러나 이러한 기회를 설명할 때 주의를 기울여야 한다. 감사의 표시를 전혀 원치 않으며, 과분하게 알려지는 것을 두려워하는 나머지 오히려 기관에서 멀어지는 기부자들도 있다. 상황을 잘 살펴보아야 한다. 기부를 했을 때 자신이 한 기부가 알려지기를 원하는지 여부와 알려지더라도 어떻게 알려지기를 바라는지를 파악하고, 그러한 욕구에 대한 기관 나름의 대응책을 세워야 한다. 개인이든 기관이든 공적으로나 심지어 사적으로도 기부 사실이 알려지는데 대하여 일부의 기부자들이 갖게 되는 거부감은 존중되어야 한다.

(4) 기부 요청은 박애정신과 개발이라는 공유된 가치의 기반에서 접근해야 한다는 것을 잊지 마라.

심지어 '모금'을 하는 중이라 하더라도 반드시 박애정신과 모금이라는 철학적이고 전략적인, 더욱 커다란 직능을 수행한다는 맥락에서 직접적인 요청을 수행해야 한다는 사항을 잊지 않아야 한다. 이렇게 할 때 요청은 언제나 가치 중심적이고 소명과 연결되며, 기부권유자가 과정을 수행하면서 구걸한다는 생각을 확실히 버릴 수 있게 되는 것이다(제1장 및 제2장).

(5) 긴장을 풀고 순간을 즐겨라.

제5장 '투자 유치'에서 자세히 설명하고 있듯이, 요청은 압력이 아닌 해방(release)의 순간이다. 모든 기부자의 욕구와 기관의 기회는 이 순간에 좌우한다. 기부요청 팀은 기부자가 그들의 가치를 실행하고, 그들의 연고·관심·능력을 기관의 발전에 적용시키도록 자극하는 일종의 촉매이다.

8) 후속조치 및 감사 단계

기부 권유의 결과가 어떠하든, 지속적인 조치와 감사의 표시로 관계를 발전시킬 수 있는 기회가 있다. 최종 답변이 거절이라 할지라도('거절'을 전환시키는 추가 정보나 거절을 단순히 일시적인 실패로 받아들이는 정보는 다음 장에서 다루고 있다), "시간을 내주셔서 감사합니다"라는 내용의 개인적인 메모를 기부자에게 직접 손으로 써서 보내는 것은 예의바른 행위이다. 처음에 거절되었지만 기부 요청자나 기관이 친절하게 감사의 표시를 하자 '승낙'과 즉각적인 기부로 돌아선 경우의 사례가 많이 있다.

여기에서 이사회, 자원봉사자, 직원간의 협력관계가 특히 중요하다. 지속조치에 필요한 정보를 취합할 때 기관은 직원에게 자원봉사자를 지원하거나, 문구나 서신 메모에 따른 우편 비용을 부담하도록 한다.

기부 권유 후 답변을 받지 못하고 있는 경우 지속조치가 필요하다. 기부가능자가 시간과 정보를 더 필요로 할 때, 이 두 가지에 대해 다음 단계에서 수행될 것을 명확하게 알려주어야 한다. 기부요청 후 유보 상태에 있는 건에 대해서는 자원봉사자 책임자와 협력하는 직원이 지속조치 일정을 마련하여 실행해야 한다. 재정적인 정보나 프로그램상의 정보가 요청되면, 정보를 가능한 한 빨리 제공해야 한다. 기부가능자가 다른 기부자와 프로그램 담당 직원과의 모임에서 관심을 나타내거나 기관을 견학하겠다는 의사를 밝히면, 이러한 요청은 이 단계의 일부로서 이루어져야 한다.

이 단계는 아주 긴급하게 이루어진다. 적절하게 지속조치를 취하지 못하면 지금까지 과정에 기울인 노력이 모두 수포로 돌아갈 수 있다.

앞서 언급했듯이 후속조치보다 지속조치가 더 중요하다. 지속조치는 지속적이고 단절이 없는 조치이다. 후속조치에는 활동의 쇄신을 내포하고 있다. 개발 과정을 수행하려면 활동을 새로이 갱신해야 한다. 지속적이고 갱신된 관계를 구축하고 유지할 목적이라면, 개발 과정의 수행에서 지속조치는 물론 심지어 기부요청까지 모든 단계에서 함께 이루어져야 한다.

9) 안내서비스(stewardship) 단계

기부자 안내서비스 기능은 정직한 비영리 경영을 위해 매우 중요한 개념이다. 비교적 새로운 개념이고 그만큼 중요하다고 할 수 있는 이 개념은 9장에서 자세히 다루고 있다. 교회에서 '안내'는 헌금 서약을 받는 캠페인에 붙여지는 이름이다. 고대 영어에서 원래 '안내자'가 된다는 것은 '대저택의 수문장'이 된다는 것을 의미했다. 개발 과정에서 안내서비스는 기부를 통해서 기관이 건실하게 유지시키는 사람들을 사려 깊게 '지켜주는 사람'이 되어야 하는 기관의 특별한 책무이다.

대부분의 기관은 기부금의 용도를 책임성 있게 사용하는 것이 중요하다는 사실을 알고 있다. 그러나 많은 기관에서는 기부자 안내서비스가 놀라울 정도로 태만하게 이루어지고 있어서, 모금 과정에서 어려움이나 반감을 겪게 된다. 연례 모금이 다음 해로 연결되어 갱신되는 경우가 낮다는 것은 이 기능을 제대로 수행하지 못했음을 드러내는 것이다.

안내서비스의 역할을 제대로 수행하지 못한 결과는, 종종 기금 모금의 가능성을 연구하는 과정에서 드러나거나 모금이 시작된 직후에 드러나기도 한다. 소홀히 관리한 투자자가 재투자하리란 것은 알기 쉽다. 감사의 뜻을 전하는 것만으로는 충분하지 않다. 관계를 돈독히 하기 위해서, 기관은 투자의 지속적인 가치와 영향을 전달해야 한다.

안내서비스는 '행위 후의 양육'이라고 볼 수 있다. 이는 기부자에게 기부 가능자와 동일한 주목과 배려를 베푼다. 기부 안내서비스는 기부가 이루어짐과 동시에 기부자의 이름을 기부자 파일에 입력하는 것과 같이 지극히 평범한 업무들이 아니다. 기부 가능한 후원·투자가가 기부를 하면서부터 그는 기관과 새로운 관계를 시작하는 것이다. 이 순간을 다소 길고 힘들며 지루한 개발 과정의 끝이라고 생각해서는 안 된다. 오히려 이 순간부터 기부자를 지켜주는 안내서비스의 역할을 시작하는 것이다.

기부자 안내서비스는 기관의 욕구가 아니라, 기부자의 욕구를 염두에 두어야 한다. 안내서비스 기능 중 실무차원의 몇몇 일들(즉각적으로 감사 편지를 보내는 일, 기부자가 관심을 가질만한 행사나 활동 일정을 제때에 정중하게 통지하는 일)은 기본적으로 이루어져야 하지만, 기부자의 욕구에 맞도록 실무를 기꺼이 조정할 용의가 있어야 한다.

예를 들어, 어떤 박물관에서 상당한 영향력을 미치는 기부를 한 기부자에게 최고 수준의 표창을 수여하기로 제안하였다. 그는 이 제안을 거부했다. 이유는 이미 다른 곳에서 표창을 받았으며 참여하는 곳이 너무 많다는 것이다. 대안을 즉각 제안하는 대신 박물관 측은 기부에 대한 보답으로 무엇을 할 수 있을 지 기부자에게 물어보았다. 기부자 자신이 바라는 것은 그가 열렬한 관심을 갖고 있는 박물관 소장품에 대해, 큐레이터와 6시간 '상담' 시간을 갖는 것이었다. 그는 상당한 예술품 수집가였다. 기부자의 이 제안은 받아 들여졌다. 이러한 기회를 통해 기부자는 수집품에 대한 지식을 쌓을 수 있었고, 동시에 박물관과의 관계도 더욱 두터워 졌다.

놀라운 일이지만 종종 전혀 접촉을 하지 않는 것이 기부자 안내서비스로서 최선의 역할을 수행한 것일 수도 있다. 물론 이러한 무관심은 기부자가 원할 때에만 해당한다. 미국 중서부에 있는 대학의 기금모금 캠페인이 끝난 후 대학 개발 실무에 대한 기부자의 만족도를 평가하기 위해 작성된 모금 캠페인 사후 조사에서, 핵심 기부자들 가운데 한 사람은 대학이 지금까지 제공해 온 안내서비스에 대해 어떻게 생각하느냐는 질문을 받았다. 그의 대답은 "아주 훌륭하다. 우리가 기부하는 기관 가운데 최고이다"였다. 이러한 평가를 받을 정도로 대학이 한 일이 무엇인지 밝혀달라는 제안에, 그가 한 말은 "아무 것도 없지요. 그들은 우리를 그냥 내버려두었습니다"였다. 질문이 계속되자, 그는 자신이 속한 재단은 공식적인 감사 표시 이후에는 어떠한 표창이나 사후 조치를 원하지 않는다고 털어놓았다. 재단은 기부를 제공한 사람들에게 감사 표시할 것을 제안하지만, 거의 대부분 재단의 이러한 제안을 무시한다고 한다. 대학 측은 이러한 요청을 존중하여 '이들을 그냥 내버려둠'으로써 사실상 최선의 기부자 안내서비스, 즉 기부자가 원하는 종류의 안내서비스 역할을 한 셈이었다.

기부자의 욕구나 기호에 기반을 둔 일관성 있고 강력한 안내서비스는 아무리 강조해도 지나치지 않다. 이는 성공한 기관에서 공통적으로 나타나는 가장 중요한 요인 가운데 하나이다. 이것은 제8장에서 광범위하게 다룬다.

10) 갱신 단계

사람들은 기부가 영향을 미친다고 느낄 경우 자신의 투자를 갱신하고 싶어한다. 결과에 초점을 맞춘 피드백과 기부와 기부자에 대한 적절한 관리가 이루어진다면, 기관은 기부를 갱신할 권리를 확보할 수 있을 것이다. 다음 해에도 똑같은 기부자들을 만나는 것을 꺼린다면, 이는 핵심을 놓치고 있는 것이다.

여러분이 필요하다고 해서 모금을 하는 것이 아니라, 여러분이 욕구를 충족시키기 때문에 모금이 되는 것이다. 여러분이 충족시켜야 하는 욕구는 줄어들지 않는다.

오늘날과 같은 사회 문화적 환경에서 이 욕구는 증가할 뿐이다. 업무를 훌륭히 수행하고 있으며, 결과를 제대로 간파할 수 있다면, 그리고 프로그램이나 서비스에 대한 지역사회의 증가하는 욕구를 구체화할 수 있다면, 기관에서는 성취에 대한 긍지를 가지고 투자자들에게 기부를 요청할 수 있으며 투자액을 늘리도록 이들을 유도할 수 있다.

기부자의 갱신은 협력관계를 그대로 유지하면서 동일한 과정을 시작하면서 비롯된다. 최근의 기부를 바탕으로 기부자를 다시 심사하고, 비록 이전보다 신속하게 이루어지겠지만 다른 다음 단계들을 거쳐 기부요청 단계에 이를 것이다. 지역사회 욕구를 충족하는데 있어 기부자를 기관의 파트너로 대우한다면 기부자들은 재투자하기를 원할 것이다.

7. 요약

비영리 부문의 성패는 지역사회에 기반을 둔 기관을 위해 협력할 수 있는 지역사회의 협력관계가 얼마나 튼튼한가에 달려있다. 이러한 협력관계 가운데서 개발 협력관계가 가장 강력하고 포괄적이다.

개발 협력관계에는 직원과 자원봉사자가 포함되며 궁극적으로는 기부자도 개입된다. 이는 모든 비영리 부문에 적용되는 중추적인 협력관계로서,

기관의 소명과 가치에 입각한 기부자 및 기금 개발의 성공을 보장해 준다. 개발 협력관계는 10 단계에 이르는 기부자 및 기금 개발 과정의 틀을 거치면서 성장하고 강해진다. 각각의 단계는 직원과 이사회 간의 협력관계이며, 한 단계에서만 직접 기금을 요청하게 된다.

개발 과정을 위해 강력한 협력관계를 다지는 것은 모든 비영리 부문에서 중요한 활동으로, 이는 기관, 기관의 직원, 이사회와 자원봉사자, 기관에 영입한 사람, 그리고 기부자에게 매우 즉각적이고 장기적인 보상을 해야하는 활동이다.

제5장
투자 유치

기부요청을 투자 유치의 기회로 간주할 때 기관은 모금 이상의 효과를 기대할 수 있다. 요청은 개발 과정의 최초 여섯 단계의 종합이며, 실제적으로 개인 또는 기관에 기금을 요구하는 활동을 일컫는다. 이를 통해 후원자들은 기관에 투자함으로써 자신의 가치에 부합한 행동을 할 수 있다. 노력과 이익의 초점이 비영리기관에 집중됨으로써 기부요청이 일방적인 공식이라 여겨질 수 있지만, 이러한 과정에 투자의 개념을 부여하면 기관과 잠재적인 후원투자자가 서로 균형을 이루어 계약상의 동등한 역할을 담당할 수 있게 된다.

지금까지(4장 참조), 기관은 잠재적인 기부자의 관심사, 관계 및 능력을 발견했다. 잠재적인 후원투자자는 기관 및 기관의 프로그램과 프로그램의 결과에 대해서 잘 알고 있다. 투자 유치는 기관과 잠재적 기부자 모두에게 있어서 이러한 절차에 이르는 논리적 귀결인 것이다.

'개발'이 모금에 대한 완곡한 어구가 아닌 것처럼 '투자' 역시 기부에 대한 완곡한 어구가 아니다. 개발과 투자는 다른 개념이며, 더 강한 개념으로,

더욱 강력한 결과를 설명하는 말이다.

비영리기관의 투자자는 모두 기부자이지만, 기부자가 모두 투자자인 것은 아니다. 투자자 관계는 기부금의 규모가 아니라 기부자와 기관이 서로 느끼는 관계의 강도에 의해 측정할 수 있다. 어떤 경우에는 기관과 투자 관계를 맺고 있지 않은 사람들이 중요하거나 효과적인 기부금을 제공하기도 한다. 규모가 작은 기부금의 다수는 충동적인 기부이며, 진정한 투자자로서의 동기가 결핍되어 있다.

이러한 두 가지 경우에 기관은 관계를 육성할 수 있다. 투자자 관계는 역동적인(제2장) 반면, 기부자 관계는 수동적이다. 개발 과정의 10단계를 따르는 기관은 기부자 기반을 넘어서 투자자들을 구축한다. 투자자들을 식별, 양성 및 유지하기 위해서는 이사회나 직원들이 더욱 많은 시간과 에너지를 들여야 하지만, 이를 통해 얻는 장기적인 이익은 막대한 것이다.

1. 후원투자자의 정의

투자자 즉, 후원투자자의 비영리기관에 대한 재정적인 뒷받침은, 공유하는 가치에 대한 믿음에서 비롯되는 것이며, 투자자와 기관이 서로에게 뿐만 아니라 지역사회에 이익을 가져다 줄 능력이 있음을 신뢰한다는 것을 의미한다.

투자는 장기적이고 갱신 가능한 것으로서 접근해야 한다. 미봉적인 모금은 투자를 자극하지 못한다. 비영리기관의 투자자는 재정과 가치 면에서 두 가지의 최종 결과를 기대한다. 또한 하나의 주요 수익을 기대하는데, 이는 그들의 투자가 의도했던 결과를 낳고 기관 및 지역사회에 영향을 미치리라는 점을 아는 것이다.

후속의 기부금을 위해 접근할 때 투자자는 더욱 쉽게 갱신에 응하는데, 이는 기관의 특정 프로그램이나 서비스가 지역사회의 욕구를 충족시키고 있다는 믿음에서 투자자가 기부금을 제공한 것이지 기관의 재정적 욕구에 따른 것은 아니기 때문이다. 현명한 투자자는 이러한 프로그램이나 서비스에 대한 지역사회의 욕구가 항상 존재하고 있다는 것을 알고 있다.

2. 후원투자자 기반의 구축

장기적인 투자자들을 기관으로 끌어들이는 것은 쉬운 일이 아니다. 투자자들을 확보하려면 이사회와 직원들의 상당한 노고가 필요하며, 투자가 성행할 수 있는 환경을 창출하고 유지하기 위해 열성적인 제도적 노력이 요구된다. 잠재적인 후원투자자를 끌어들이기 위한 노력은 지속조치를 요하는데, 많은 기관에서는 이것이 불가능하다고 생각한다. 기금이 긴급하게 필요하고 개발 단계에 대한 이해가 부족한 상황에서 기관들은 적절한 전략적 관계를 구축하지 못하고 기부요청 기법을 사용하는데 그치고 만다. 일단 기부금을 얻으면 이러한 기관은 기부자들을 방치해 두다가 추가의 기부금이 필요하거나 제공되는 경우에만 이들과 접촉을 재개한다. 그 결과 산발적이고, 탈진하고, 좌절하게 만드는 임시 방편적인 모금이 반복되는 것이다.

투자 개념의 본질적인 요소는 개발과 모금의 차이를 이해하는 일이다. 개발은 지속적이고 체계적인 다단계 과정인 반면, 모금은 집중적이고 즉각적인 계약이다.

개발 과정이 성공적이면 기관이 효과적인 모금을 통해 투자를 유치할 수 있다. 기관들이 잠재적인 기부자를 양성하지 못하거나 안내인의 역할을 제대로 하지 못하면 초기 혹은 갱신 기부금을 요청하기가 어렵다. 아예 불가능할 수도 있다. 다수의 기금모금 캠페인은 그 시작이 매우 느리게 마련인데 이는 안내인 역할이 많이 필요하기 때문이다. 이러한 역할은 기부자와 잠재적 기부자에게 기관의 소명과 영향력의 유효성을 이해시키기 위해 필요하다. 소홀함으로 인해 단절되었거나 아예 형성되지도 않은 필수적인 관계를 구축하기 위해 시간을 투자해야 한다. 너무나 많은 기관들이 자전거를 탈 때 이를 조립해야 하는 것과 같은 상황에 놓여 있다.

3. 투자 태도를 실행시키기 위한 도전

모든 기관이 투자 과정으로서의 개발 가치에 내부적 노력을 기울인다면 모금에 있어서 대변혁을 일으킬 수 있고, 지역사회와 기관 모두에게 이 분야의 활동을 호의적으로 인식시킬 수 있다.

이는 미국뿐만 아니라 개발 과정의 이해가 상대적으로 부족한 서유럽과 기타 지역에서도 지역사회와 기부자를 위한 상당한 교육 프로그램이 필요하다는 함의를 제공해 준다. 동유럽에서는 기존 정부지원 체계가 인프라에서 완전히 삭제됨에 따라, 미국의 개발 관행에 대해 상당한 관심을 보이고 이를 수용해 오고 있다. 그러나 서유럽과 영국에서는 여전히 낡은 믿음을 고수하고 있어, 이를 철폐하는데 상당한 진통이 예상된다. 한때 사회사업 기관의 유일한 지원자였던 정부는 지원을 줄여가고 있으며, 앞으로도 지속적인 기부자로서 혹은 영향력 있는 지원자로서 그 역할을 계속 축소할 것이다. 그러나 정부 지원이라는 환상과 희망은 사라지지 않고 있으며, 이러한 지원이 재개될 것이라는 미련에 집착하고 있다. 유럽연합(EU) 국가들의 비영리 비정부 기관은 기금 구조가 돌이킬 수 없을 정도로 변했음을 잘 알고 있다.

지역사회와 잠재적인 후원투자자 특히, 개인에게 이러한 사실을 이해하도록 하는 일은 하나의 도전이다. 기금지원 호소에 대한 개별적인 반응은 향상되고 있지만, 상시적 욕구에 대한 지원은 여전히 정부의 책임으로 간주되고 있으며 개인을 대상으로 한 연중 지원은 뒤쳐지고 있다.

좁은 범위에서 이러한 사실은 미국에서도 마찬가지다. 정부의 재정정책 보수성은 크게 바뀌지 않을 것이다. 의지나 열정은 있을지 몰라도 자원은 구할 수가 없으며, 미국의 일부 시와 지방은 이미 파산 상태이다. 비영리기관은 서비스 제공을 증가시켜야 하는데, 이를 위해서는 운영 방식을 바꾸어야 한다. 지방뿐만 아니라 전국적으로도 지역사회를 강화하기 위해서는 탁월한 민간부문 투자 기회를 확립시켜야 하는 것이다.

이러한 부문이 살아 남고 사회에 봉사하기 위해서는 향후 수년간 지역사회 교육을 위해 엄청난 노력을 기울여야 할 것이다. 어떤 접근방식은 복잡미묘할 것이고, 또 어떤 방식들은 보다 직접적일 것이다. 모든 접근방식이 사용되어야 한다.

4. 투자 요청

기부금 요청 방식은 투자 유치에서 가장 중요한 측면에 속한다. 제2장에서 논의한 바 있는 구걸식 모금 방식은 그 유행이 지났다. 욕구-이득 등식으로 바꾸어야 한다. 기부 과정은 사람들이 호의를 베푸는 것으로 인식하는 과정(예 : 프로그램에 대한 기금, 직원 인건비, 건물 증축에 필요한 돈을 지원해 달라고 설득하는 일)에서, 진정한 투자 협력관계를 맺고 기부자, 기관 및 지역사회에 대한 상호 이득을 장려하고 존중하는 과정으로 바뀌어야 한다. 투자 요청을 위해서는 자원봉사자와 직원의 참여, 그리고 지속적인 지도와 교육훈련이 필요하다. 후원투자자들을 기관으로 불러모을 수 있는 자신 있는 사람이야말로 유능한 기부요청자인 것이다.

다음은 전문가적인 기부 요청자에게서 발견할 수 있는 사항들이다.

- 항상 준비가 잘 되어있지만 미리 연습한 것처럼 보이지는 않는다.
- 훌륭한 경청자로서, 귀가 두 개이고 입이 하나라는 사실을 감안하여 특히 잠재적인 기부자를 끌어들이고자 할 때 2 : 1의 비율로 귀와 입을 사용한다.
- 준비가 잘 되어있기 때문에 예상하지 못한 거절에도 잘 대응할 수 있다.
- 해답을 모르고 있음을 인정하고 적합한 사람에게서 정답을 구하고자 한다.
- 자신이 대표하는 기관에 대한 믿음과 지원이 확고하여 타인에게 투자를 요청하기 이전에 스스로 기부한 적이 있다.
- 그들의 헌신과 열의는 상호 작용의 한 특징이 되며, 이는 만나는 사람에게 실질적인 영향을 준다.
- 만남의 목적에 초점을 두며 가벼운 대화를 최소 한도로 끝낸 후에 곧바로 핵심으로 들어간다.
- 기부요청 방법에 매우 익숙해서 기부요청 단계들이 서로 매끄럽게 이어진다.

5. 투자 유치 : 기부요청 단계

[표 5. 1]의 기부요청 단계는 개발 과정(제4장)에서 제 7단계인 '기부요청'에 연속하는 부분이다. 연습을 통해 이를 자신의 것으로 할 수 있을 것이다. 각 과정들은 매끄럽게 이어질 것이다.

1) 만날 약속을 정한다.

만날 약속을 정하는 일은 기부요청에서 가장 어려운 부분에 속한다. 용기를 내어 수화기를 들고 누군가에게 전화하여 기부 요청을 위해 만날 약속을 하는 일은, 친분을 가지고 좋은 관계를 유지하고 있는 사람일지라도 매우 어려울 수 있다. 잠재적인 기부자에 배정된 선임 자원봉사자나 직원이 약속을 하거나, 어떤 경우에는 기관 및 선임 자원봉사자 대신에 잠재적 기부자의 친구 또는 사업 동료가 연락할 수 있다.

만날 약속을 이전보다 쉽게 하는 방법이 있다. 어떤 모임이나 행사장에서 약속을 하면 더 자연스럽다. "에드워드씨, 다음 주쯤에 저희랑 30분 정도만 만날 수 있을까요? 오늘 보신 것에 대해 더 자세하게 말씀드리고 에드워드씨께서 (또는 에드워드씨의 회사/재단이) 저희 프로젝트를 지원하는 문제에 관해 말씀을 나누고 싶습니다. 일정 수첩이 있습니까, 아니면 제가 내일 비서실에 연락해서 다음 주 언제가 좋을지 알아볼까요?"

잠재적 후원투자자와 함께 있을 때 만날 약속을 할 수 없는 경우에는 전화로 연락해야 한다. 어조는 자연스럽고 이제까지 만나면서 맺은 관계에 알맞은 것이어야 한다. 비서나 동료와 얘기하는 경우 원하는 바를 명확하게 표현하여 이들의 신뢰를 얻어야 한다. 흔히 비서나 동료를 이처럼 중요한

[표 5.1] 기부요청 단계

1. 만날 약속을 정한다.
2. 기부요청 만남을 신중히 계획한다.
3. 기부요청 팀을 교육한다.
4. 함께 모여 출발하고, 만나서 인사를 나눈다.
5. 기부가능자의 주의를 끈다.
6. 방문한 목적을 얘기한다 : 사례를 제시한다.
7. 투자를 제안한다.
8. 침묵을 유지한다.
9. 기부가능자의 답변을 듣고 마무리한다.
10. 후속 조치

계약을 성사시키는데 핵심적인 역할을 하는 사람으로 대우하면 이들은 약속의 성사를 돕는데 많은 노력을 기울일 것이다. 말할 내용이 그들에게 흥미롭지 않다거나 이해하기 어려울 것이라는 식으로 대하면 약속의 성사를 어렵거나 불가능하게 만들 수도 있다.

자원봉사자가 중재한 만남을 더 용이하게 하기 위해, 직원은 다음과 같이 전화할 수 있다. "저는 플로렌틴 기관에서 근무하는 제드 매튜스라고 합니다. 저희 기관의 이사회 임원인 도나 존스씨 대신에 연락을 드립니다. 존스씨는 스미스씨를 지난 몇 달간 여러 번 뵌 적이 있는데, 캠페인 기부금에 대해 드릴 말씀이 있어서 스미스씨를 만나 뵈었으면 합니다. 존스씨와 저희 이사님과 함께 스미스씨를 30분 정도 만나 뵐 수 있도록 약속을 정해주실 수 있습니까? 아니면 제가 직접 스미스씨께 전화 드릴까요?" (주의 : 개인적인 만남을 강력히 반대하는 경우에는 강요하지 말아야 한다. 그 대신에 전화 통화로 얘기할 수 있도록 한다. 직접 만나는 것보다 효과적이지는 않지만 잠재적인 기부자를 화나게 하여 관계 구축의 기회를 상실하는 것보다는 낫다.)

(1) 기부요청 장소

일반적인 관행은 '점심을 함께 하는 것'이지만, 기부요청 만남은 공개적인 장소에는 어울리지 않을 정도로 비밀스런 것이며, 일반적으로 주위의 산만한 요소(음식, 다른 사람들, 군중)는 초점을 흐려놓을 수도 있다. 사람들은 자신이 주로 생활하는 곳을 더 편안해 하므로 기부가능자의 집이나 사무실로 그들이 편리한 시간에 방문할 것을 제안해야 한다.

개인적인 기부금을 요청하는 경우, 배우자나 파트너가 공동으로 결정을 해야 할 때에는 이들을 포함시키는 일이 매우 중요하다(점차 공동 결정을 많이 하는 추세이다). 이러한 경우 평일이나 주말 낮 혹은 저녁에 집으로 방문하여 함께 만날 수 있도록 해야 한다. 약속을 정하고 나면 메모나 편지를 보내서 확실하게 한다. 목적, 시간, 장소 및 참석자를 분명하게 표시해야 한다. 약속일 하루 전날에 전화를 걸어서 약속을 거듭 확인한다.

2) 기부요청 만남을 신중히 계획한다.

기부가능자와의 기부요청 만남은 전체 개발 과정에 있어서 정점에 해당하는 것이므로 신중하게 계획해야 한다. 개발 팀장, 기관장 또는 선임 기부요청자(개발 위원회 의장, 캠페인 팀장)가 계획 만남을 조정해야 한다.

만남에는 실제 기부요청 활동에 참여하는 사람 모두가 포함되어야 한다. 잠재적인 기부자의 신상 프로필, 기관의 사례 문서, 기타 적절한 자료 및 필요한 경우 사업계획 문안 등과 같은 자료를 준비하여 검토해야 한다.

계획 회의에서는 기부요청 활동에서 각각의 참석자가 맡을 역할을 결정한다. 가급적이면 이사회 임원중 한 명을 요청자 또는 선임 기부요청자로 지정하도록 한다. 그렇지 않으면 만남이 표류하게 된다. 기부요청 팀의 다른 회원은 일반적인 프로그램, 관리, 개발 또는 재정적 전문지식을 제공해야 한다. 잠재적인 기부자가 투자에 관심을 보이는 프로그램 또는 기금 분야의 대표자를 둘 수도 있다.

기부가능자와 함께 보낼 시간에 맞추어 만남의 구조를 정한다. 다음과 같은 활동에 시간을 할애한다. ① 가벼운 담화(너무 오래 걸리지 않도록) ② 기부가능자가 기관에 대한 자신의 관계와 기관이 충족시키는 지역사회의 욕구에 대해 매우 자세하게 얘기하도록 장려할 수 있는 개방적인 질문 ③ 기부가능자가 고려하기를 바라는 캠페인의 목적 또는 연간 기부 기회에 대한 제시 ④ 지정 기탁 또는 일반 목적을 위한 구체적인 기부 요청 ⑤ 요청 이후에 전개되는 후속 논의 등이 그것이다.

30분간의 만남에서 이러한 요소 모두를 다룰 수 있도록 대화를 이끌어야 한다. 이전 만남에서 캠페인의 목적 또는 연간 기부 기회에 대해 설명할 수 있었다면 요청 조건을 설명하는데 더 많은 시간을 할애할 수 있다. 또한 만남 시간을 30분 이상으로 연장할 수 있다면 바람직한 일인데, 이는 특히 두세 명의 기부요청자가 기부가능자를 만날 때 그러하다.

3) 기부요청 팀을 교육한다.

기부금 요청에 아무리 많은 경험이 있는 사람일지라도 만남 이전에 약간의 교육이 제공되면 자신감과 안정감을 향상시킬 수 있다. 연중 또는 기금 캠페인을 위한 기부요청 팀의 배치를 책임지는 직원이나 이사회 임원은 기부요청 과정을 간략하게 개괄하고 이를 기부요청자들과 함께 검토해야 한다. 기부가능자의 프로필에 대한 브리핑을 실시할 수 있는데, 여기에는 이력 및 기타의 관련 신상 정보가 포함된다. 또한 기관의 지원 사례에 대해 알기 쉽도록 정리한 현황 보고서를 팀에게 제공할 수 있는데, 이러한 지원 사례에는 예산, 소명, 캠페인의 규모, 캠페인의 현 상태, 서비스를 제공받은 사람, 연혁 등이 포함된다. 실제적인 기부요청 만남에서는 팀이 기부가능자에게 이러한 현황 보고서를 제공하여 향후에 이를 더 자세한 사례 문서로 활용할 수 있다. 기부요청자가 현황과 정보를 많이 알고 있을수록 기부가능자의 반대 의견을 적극적인 학습 경험으로 전환시킬 수 있을 것이다.

교육 시에는 기부 요청자들이 역할 연기를 하도록 장려할 필요가 있다. 대부분의 성인들은 역할 연기(role play)를 생각만 해도 경직되지만, 기부 요청에 대한 역할 연기를 서로 해 봄으로써 실제 기부요청 시에 자신감을 강화할 수 있다. 역할 연기를 '실습' 활동이라 칭하고 각 기부 요청자들이 적절한 어구를 구사하고, 만남의 초점을 유지하기 위한 전략을 실행하고, 기부가능자의 반대를 다루고, 요청이나 종결을 연습할 기회를 가질 수 있도록 해야 한다.

기부요청 팀을 교육할 때, 기부가능자와 다른 기부 요청자의 말을 경청하는 것이 중요하다는 것을 강조해야 한다. 팀 구성원들이 경청하고 서로를 지원하면 안정적이고 집중적인 기부요청 만남이 될 수 있고, 기부 요청을 제시할 때 전략으로 삼을 수 있는 기부가능자의 관심사를 발견할 수 있다.

4) 함께 모여 출발하고, 만나 인사를 나눈다.

오후 2시로 약속을 정했으면 그 시간에 모두 도착해야 한다. 기부 요청자들이 모두 함께 도착하거나, 약속 대상의 집이나 사무실 외부 또는 근처에서 오후 1시 50분에 만나기로 할 수 있다. 고질적으로 약속에 늦는 사람이 있으면 항상 일찍 도착하거나 정시에 도착하는 사람을 동행시켜야 한다. 만나는 출발부터 불완전하면 타이밍과 추진력을 잃게 된다. 미적거리는 사람들은 속도를 내야한다. 한 사람이 처음부터 제 때 도착하지 못하면 각자 기부요청에서 맡기로 했던 역할이 붕괴된다.

기부가능자에게 방문하는 기부요청자의 수, 이름 및 방문 목적을 분명히 알렸더라도 다시 한 번 기부 요청자 모두를 소개하고 이들이 기관에서 맡은 역할과 방문 목적을 설명해 주어야 한다. "에드워드씨, 앨리스 맥피씨를 기억하시죠? 저와 함께 이사회에서 근무하고 있고, 금년에 프로그램 위원회 의장이 되었습니다. 앨리스가 애쓴 덕택에 에드워드씨에서 도와주셨으면 하는(기부가능자에게 이미 제안서를 제출했거나 사안에 대해 얘기한 경우) 문제에 대해 시로부터 허가를 받을 수 있었습니다."

이와 같이 얘기하면 이러한 종류의 만남에서 궁금증으로 인해 낭비되는 시간을 절약할 수 있다. 누가 왜 와있는지 기부가능자가 궁금해하며 시간을 보내기에는 기부 요청자에게 할애된 시간이 너무 짧기 때문이다.

또한 만남의 시작 시점에서는 두 가지 중요한 일을 더 해야 한다. 첫째, 기부요청자가 알고 있는 만남 시간을 재차 확인한다. "저희가 만남 시간을 30분으로 계획했습니다. 괜찮으시죠?" 기부가능자의 스케줄이 바뀐 경우, 기부 요청자에게 얼마간의 시간이 있는 지에 대해 처음부터 알아야 한다. 15분이 지나서 갑자기 에드워드씨가 자리를 떠야겠다고 말하는 상황을 원하지는 않을 것이다. 둘째, 기부요청자의 방문 목적을 거듭 말한다. "에드워드씨, 잘 아시겠지만 저희는 오늘 투자, 그러니까 기부에 대해 얘기를 나누려고 방문했습니다. 저희 알코올 중독 치료센터에서 치료받는 여성들을 위한 직업교육 시설을 개선하는데 에드워드씨께서 도와주셨으면 합니다."

5) 기부가능자의 주의를 끈다.

기부요청 시에 가장 빈번하게 저지르기 쉬운 실수는 초기의 '분위기 조성'에서 모금 기회에 대한 설명으로 비약하는 일이다. 기부가능자를 최근에 만났거나 사안에 대한 논의를 한 적이 없다면 기부가능자를 대화에 끌어들이는 것이 바람직한데, 이 때 사안에 대한 설명에 들어가기 전에 자유로운 질문을 해야 한다.

물론 여기에는 예외 사항이 있으며, 가장 중요한 예외 사항은 기부가능자에게서 비롯된 경우이다. 기부가능자가 성급하고 핵심을 얘기하고 싶어하면 더 이상 자유로운 질문을 할 필요는 없다. 즉시 본래의 목적에 해당하는 내용을 설명해야 한다. 그러나 자유로운 대화를 기부가능자가 즐긴다고 생각하면 이를 계속해야 한다. 정중하면서도 간결한 대화가 되어야 한다.

적극적인 경청 기술을 사용할 것을 잊지 말아야 한다. 얘기하고 있는 것뿐만 아니라 얘기하고 있지 않은 부분도 경청해야 한다. 기부요청 만남에서 두세 명의 기부요청자가 참석해야 하는 주된 이유는 경청을 서로 도와주기 위해서이다. 기부요청자가 혼자이면 이야기를 듣는 것뿐만 아니라 만남의 역동성을 간파하기가 어렵다. 대화가 잠시 중단된 시간에도 기부 요청자들은 경청하고 관찰하여야 한다. 이러한 적극적인 경청의 자세는 대화를 재개할 때 이롭다.

기부가능자와 대화를 시작할 때에는 기관과 관련이 있는 공통된 경험을 언급한다. 다음은 기부 요청팀이 지역사회 오케스트라를 위한 기부를 위해 기부가능자를 방문했을 경우를 예상한 대화이다. "지난주에 콘서트에 참석해 주셔서 대단히 감사합니다. 공연이 끝나고 저를 찾아 티켓에 대해 사례해 주신 것도 감사드립니다. 연주를 즐겁게 들으셨다는 말씀을 듣고 무척 기뻤습니다. 2, 3년 만에 오케스트라 연주를 처음 듣는 것이라고 말씀하시지 않았던가요? (경청하면서 잠시 멈춤) 매우 바쁘다는 것을 저희는 잘 알고 있습니다. 공연에 참석해 주신 것도 그렇고 몇 주전에 저희 음악 단장과 점심식사를 함께 해주셔서 감사하게 생각하고 있습니다. (경청하면서 잠시 멈춤) 그리고 지난달에 마틴 루터 킹(Martin Luther King) 학교에서 열렸던 저희 교육 프로그램에도 참가해 주셨지요?" (경청하면서 잠시 멈춤)

이러한 종류의 대화에서는 항상 기부가능자가 대답한 이후에 대화를 진행해야 한다. 훌륭한 경청자가 되어야 한다.

이런 절차가 끝난 후에야 요청하고자 하는 내용을 논리적으로 도출할 수 있는 적절한 질문을 쉽게 꺼낼 수 있다. 만일 다음과 같이 매우 개인적인 얘기로 시작하면 만남의 과정에서 다른 사람들을 배제하게 될 뿐만 아니라, 대화가 교정하기 어려운 방향으로 흘러갈 수 있다. "앤드리아씨, 지난 주 토요일에 도나 랜처트씨와 함께 골프장에 있는 것을 봤습니다. 도나씨를 여러 해 동안 만나지 못했는데, 요즘 어떻게 지냅니까?" 가벼운 대화일지라도 기관에 초점을 맞추게 될 때 이야기는 기부요청을 중심으로 서로 연결된다.

오케스트라에 관한 대화에서 앤드리아에게 다음과 같은 질문을 함으로써 그녀를 더욱 직접적으로 대화에 끌어들일 수 있다. 첫 번째 질문을 듣고 나서 그녀가 스스로 만남의 핵심을 얘기하고자 한다면 아래의 질문들을 억지로 할 필요는 없다. 개방적인 질문의 예는 다음과 같다.

- "제가 기억하기로는 당신도 몇 년 동안 플룻을 연주했던 것 같은데요. 음악은 어떻게 시작하게 되셨습니까?"
- "몇 년 동안 오케스트라 연주를 들을 기회가 없었다고 하셨는데, 이번에 보니까 달라진 점이 있습니까?"

- "어떤 종류의 오케스트라 음악을 가장 좋아하십니까?"
- "우리 시의 문화 자원이 점점 줄어든다고 하는데, 오케스트라가 어떤 역할을 해야 한다고 생각하십니까? 대중이 원하는 음악을 해야하는 가 혹은 아닌가에 대해서 논란이 일고 있습니다만."

개방적인 질문은 강력한 수단이다. 피질문자의 관심사나 가치에 대해 상당한 정보를 드러낼 수 있는 답변을 유도하기 때문이다.

만남의 도입부에서도 몸짓이나 비언어적인 의사소통에 주의를 기울여야 한다. 이러한 것들은 만남이 이후 어떻게 진행 될 지에 대해 알려준다. 팔짱을 낀다거나 다리를 꼬는 것은 보통 눈이 마주치지 않는 것과 마찬가지로 부정적인 표시이다. 상대자가 신문을 뒤적거린다든지, 전화를 건다든지 또는 일어나서 주변을 돌아다니는 식으로 주의가 산만하다면 지금이 만남에 적절한 시간인지를 물어보아야 한다. 여기서 두 가지 반응을 예상할 수 있다. 즉, 상대자가 방문객에게 주의를 기울여야 한다는 점을 깨닫고 주의를 집중하거나, 지금이 적당한 시간이 아님을 인정하고 사업 문제 따위로 주의를 돌리게 된다. 후자의 경우, 다른 때에 다시 오겠다고 말함으로써 적극적인 인상을 심어주어야 한다. (떠나기 전에 반드시 약속을 해야 한다) 이렇게 하면 기부가능자는 매우 반가워할 것이다. 이 때 다른 사람을 실망시키고 싶지 않아서 어렵게 마련된 시간 약속에 집착하는 경우가 있다. 상대방이 불편해 하는지를 직관적으로 파악하는 것이 궁극적으로 투자 유치에 도움이 된다.

6) 방문한 목적을 얘기한다 : 사례를 제시하라.

가벼운 대화와 관계형성이 어느 정도 이루어지면 방문 목적과 관련된 내용을 말해야 한다. 기부가능자에게 프로젝트, 프로그램 또는 캠페인에 대해 과거에 설명한 내용을 염두에 두고 현재 설명하고자 하는 내용의 길이와 상세한 정도를 조절해야 한다. 프로젝트나 기관에 대해 분명하고 간결하며 정확하게 설명해야 한다. 개발 과정에서 발견했던 공유된 가치를 다시 언급한다.

"에드워드씨, 직업교육 현장에 함께 방문했을 때, 회복중인 알코올 중독 환자들이 더 많이 이러한 기회를 얻었으면 좋겠다고 말씀하셨죠. 이런 기회를 얻으면 다시 알코올 중독으로 빠질 염려가 없어질 것이라 생각하셨지요. 직업교육 시설을 개선하면 해마다 교육생을 60명 정도 추가할 수 있는데, 이렇게만 되면 지역사회에서 알코올 중독 문제를 줄이기 위해 저희 기관이 할 수 있는 일 중에서 가장 유익한 일이 될 것입니다.

에드워드씨 공장에서 음주로 인한 손해 일수 통계자료를 저희에게 주신 걸 기억하고 있습니다. 정말 큰 문제입니다! 잘 아시겠지만 저희는 또 다른 상담 프로그램을 운영하고 있는데, 여기서는 환자의 가족들과 협력해서 장기적인 재활 과정을 능동적으로 도와줄 수 있도록 하고 있습니다.

이러한 활동을 통해 성과를 거둘 수 있으리라 생각하고 있고, 에드워드씨가 도와주신다면 충분히 가능한 일일 것입니다. 시에서 지급한 재개발 기금은 시설 개선작업의 1단계에 사용하게 되는데, 에드워드씨가 그 정도 액수의 기부금을 제공해 주셔서 2단계 개선작업을 진행할 수 있도록 도와주신다면 교육훈련 시설이 완벽하게 운영될 것입니다."

이러한 방식으로 설명을 구성하면 기부가능자의 믿음과 가치를 강화할 수 있고, 기부요청자가 그의 충고나 의견에 가치를 부여한다는 사실을 알릴 수 있으며, 투자 유치에 대한 내용으로 부드럽게 진입할 수 있다.

서면으로 된 제안서를 제공하고자 하는 경우에는 만남 중에 이를 언급하지 않아야 한다. 만남이 끝날 때 기부가능자에게 제안서를 주거나, 만남 중에 정보나 대화에 따라 내용을 수정해야 할 필요가 있는 경우에는 이후에 보내도록 한다. 만남 도중에 기부가능자가 제안서를 읽기 시작하게 되면, 활기 있는 대화를 위해 데리고 온 팀 동료들의 참여를 잃게 됨은 말할 것도 없고 생생한 활력과 시선 접촉도 잃게된다. 만남에 대한 기부 요청장으로서 제안서를 이미 보냈다면, 기부요청 팀의 구성원과 기부가능자 모두 제안서를 읽어보았고 그 내용을 잘 알고 있는지 확인한다. 그렇지 않은 경우에는 제안서에 대해서는 간단하게 언급하고 대화에 초점을 맞추어야 한다. 제안서의 내용에 관해서는 나중에 전화 연락이나 만남을 통해 논의하도록 연기한다.

7) 투자를 제안한다.

앞의 단계까지 왔다면 이제 거의 목표에 도달한 셈이다. 투자에 대해서 소개를 해 왔고, 이제는 임무 완수를 위해 끝까지 나아가야 한다.

호흡을 가다듬고 전진한다. "에드워드씨, 지난 번 교육시설 시찰 때 제공해 드렸던 자료를 통해 아시는 바와 같이 시에서 저희에게 제공한 기부금이 10만 달러였습니다. 이사회에서는 2만 5천 달러를 모았는데, 아시는 바와 같이, 그 중 1/3은 본 프로그램에 참여했던 이전의 클라이언트들이 제공한 것입니다. 이는 저희에게 매우 고무적인 결과라고 할 수 있습니다. 에드워드씨가 2만 5천 달러의 기부금을 고려해 주신다면 나머지 5만 달러는 지역사회에서 중소 규모의 기부금을 모금하고 여기에 에드워드씨의 도움으로 기업 기부금을 추가한다면 모든 금액은 충당할 수 있을 것입니다. 이러한 기금 모금 프로그램 계획은 바로 에드워드씨에게 달려있습니다. 당신께서 기부해주신다면 금년 말까지 2단계 개선 작업에 필요한 10만 달러를 확보할 수 있다고 확신합니다. 그렇게 되면 4월까지는 공사가 완료될 것이고,

대기인 명부에 있는 사람들에게 직업 교육훈련이 곧 가능하다고 알릴 수 있습니다. 2만 5천 달러를 기부하는 문제에 대해 진지하게 생각해주실 수 있겠습니까?"

8) 침묵을 유지한다.

투자 유치를 요청한 후에는 침묵을 지킨다. 세일즈 교육훈련에는 다음과 같은 격언이 있다 : 먼저 말하는 사람이 진다. 이렇듯 지역사회와 기관의 성공과 관련된 민감한 협상에서는 기부가능자가 요구사항에 대해 숙고하는 동안 기부요청자가 침묵을 지켜야 한다. 일반적으로 사회에서는 침묵을 추구하거나 이를 환영하는 것 같지는 않다. 하지만 오랜 과정 끝에 기부가능자가 결정을 내리는 이 시점에서는 침묵을 중시해야 한다.

방금 중요하게 요청한 내용에 대해 기부가능자가 숙고할 시간을 줌으로써 그를 존중해야 한다. 자본을 영향력 있는 기부금으로 만드는 사람들은 자신의 재산을 신중하게 처리하고 현명하게 투자한다. 충동적으로 행동할 시간이 아니다. 중요한 질문에 대한 답변을 기다리는 경우만큼 시간이 상대적으로 느껴질 때가 없다. 15초가 몇 분처럼 느껴지고, 2분이 1시간처럼 생각된다. 여전히 불편한 과정일지도 모르는 이 단계를 빨리 종결하려고 서두르면서, 협상을 끝내버릴 뿐만 아니라 가능성 있는 후원투자자에게 혼란스러운 신호를 보내는 다음과 같은 얘기들은 침묵을 깨뜨리는 우를 범하는 것이다.

- "이 문제에 대해 생각할 시간이 더 필요하시면 이번 주 중에 다시 연락 드리겠습니다."
- "그 액수가 너무 많으면 생각하시는 액수를 말씀해 주십시오."

- "이 일에 마음이 내키지 않다면 저희가 이해하겠습니다."
- "시간이 다 된 것 같습니다. 지역사회 캠페인이 끝날 때까지 기다리시겠습니까?"

불행하게도 이러한 말들은 가상적인 내용이 아니라 실제 사례에서 흔히 나오는 말들이다.

기다리는 동안 믿음을 유지하면서 기부가능자의 마음을 미리 알려고 하지 말아야 한다. 기부가능자가 실제로는 관심이 없으며 지금 바보 같은 짓을 했다는 식의 좋지 않은 결과를 단정하지 말아야 한다. 기부가능자는 단지 응답을 만들어 가는 중인 것이다. 참을성 있게 기다려야 한다.

9) 기부가능자의 답변을 듣고 마무리 한다.

기부요청자는 '예, 글쎄요, 또는 아니오'라는 세 가지 기본적인 대답 가운데 하나를 듣게 될 것이다.

대답이 "예"인 경우, 열정을 보여야지 사무적이어서는 안 된다. 지나치게 냉정해 할 시간이 아니다. 기뻐하는 모습을 보여주는 것도 괜찮다. 지역사회의 문제를 해결하고 지역사회의 개선을 가져올 수 있는 결정을 함께 내린 것에 대해 기부 요청자팀과 기부자가 같이 기뻐할 수 있다.

기부금을 얻는 방식과 기간을 결정하고, 수여할 수 있는 표창과 기부자가 원하는 것에 대해 논의한다. 기관으로부터 어떤 종류의 후속 조치(예 : 서신, 알림 등)가 필요한지 물어보고, 기부금을 일정 기간에 걸쳐서 내는 경우에는 후원투자자로 하여금 약정서에 서명하도록 한다. 계약이 채 종료되지 않았는데 약정서를 두고 가서는 안 된다. 약정서가 되돌아오도록 할 이유를 만들지 말고, 계약의 관리를 기부가능자에게 맡긴다.

'거래가 끝난 후에 팔려는' 충동을 피해야 한다. 이것 역시 세일즈 교육훈련에서 차용한 표현으로, 기부금을 얻게 된 안도감 때문에 이러한 행동을 한다. 갑자기 긴장이 사라지면 기부요청자는 말하고 싶어했던 내용을 모두 기억하게 된다. 어딘가 읽었던 글에서 긴장을 풀고 순간을 즐기라고 했던 것이 생각날 것이다.

이렇듯 새롭게 발견한 흥분과 에너지를 정중하고 시기 적절한 끝맺음으로 전환시키지 못하고 감사의 표시라는 명분으로 다음과 같은 말을 함으로써 앞의 내용을 반복하게 된다. "정말로 감사합니다! 기부해 주신 덕분에 해마다 60명에게 추가로 직업 교육을 실시할 수 있게 되었습니다. 이것이 무엇을 뜻하는지 아시죠? ……" 이미 약속을 한 후원투자자는 이러한 내용을 다시 들을 필요가 없는 것이다. 대부분의 경우 30분이 이미 지났을 것이므로 사람들이 각자의 업무로 돌아가야 한다. 미소를 머금고 기부금에 대해 감사하면서 자리를 뜬다.

답변이 "글쎄요"인 경우, 실망스러운 기분을 감추어야 한다. 이러한 대답은 만남 초기에 듣는 것 보다 다루기가 쉽다. 대화가 완전히 끝난 것은 아니고 몇 분내에 또는 수일 내에 긍정적인 답변으로 바꿀 수 있는 것이다.

기부가능자가 다음과 같이 말하게 된다. "흥미 있는 제안이군요. 맞습니다. 저는 그 프로젝트에 관심이 있어요. 그런데 그 정도 규모의 기부금을 결정하기 전에 얘기하신 캠페인뿐만 아니라 기관의 전반적인 재정 상황에 대해서 더 알고 싶군요." 예산과 재정에 관한 문서와 같은 보충 자료를 준비했다면 기부요청자는 이 자료를 검토할 수 있다. 또한 기부가능자와 기관의 최고재무책임자(CFO)와의 만남을 주선할 수 있다(기부요청자가 CFO와 동반해서 방문하지 않은 경우).

　어떤 전략이 필요하든 그 전략이 본 궤도를 벗어나서는 안 되며, 추진력을 유지할 수 있도록 시간을 정해야 한다. 다음과 같이 말해서는 안 된다. "물론입니다. 내일까지 그것에 관한 정보를 드리겠습니다. 읽고 나시면 전화 주십시오. 그런 후에 문제를 다시 다루기로 하겠습니다." 이러한 표현은 너무 애매 모호하다. 대신 정보를 얻어서 함께 검토하자고 말해야 한다. 그리고 나서 시간을 정한다. 과정을 계속 추진해 나가야 하는 것이다. 이렇게 하면 머지 않아 '글쎄요'라는 답변은 대부분 '예'로 바뀔 것이다.

　기부가능자가 "아니오"라고 대답하는 경우, 품위를 잃지 말아야 한다. 친분관계가 잘 조성된 잠재적 투자자도 이렇게 대답할 수 있다. 그러나 일단 어떤 사람이 기부 요청자를 만나고 그와 관계를 맺게 되면, 궁극적으로 어느 정도의 기부금이 만들어질 가능성이 높아진다. 여기서 가장 중요한 말은 '어느 정도'와 '궁극적으로'이다.

　기관과 접촉을 하는 중에 잠재적 투자자로 여기는 사람들이 "아니오"라고 했을 때, 이것은 조건부적인 '아니오'일 수 있다. 일반적으로 기부가능자는 왜 부정적인 답변을 하는지를 설명할 것이다. 이따금 '아니오'가 무엇을 의미하는지 기부요청자는 물어보아야 할 필요가 있다. "사실 저희 기대가 빗나갔습니다. 그렇게 결정하시게 된 이유를 여쭤보아도 되겠습니까?" 누군가가 "아니오"라고 대답했을 때 '왜'라는 단어는 피해야 한다. 사람들을 방어적으로 만들기 때문이다.

　대부분의 경우 기부가능자는 기부요청자가 물어보지 않아도 '아니오'라는 대답의 의미를 제시할 것이다. "안되겠습니다. 그만한 금액은 금년에 기부하기가 어려운데요." 이 때 기부요청자의 응답은 다음과 같다. "그렇다면 금년에 어느 정도의 액수가 괜찮을까요?" 또는 "그렇다면 기부금을 2년에 걸쳐 내 주실 수 있겠습니까? 그렇게 하시면 저희가 브리지 론(역자 주 : bridge loan, 기업이 장기 차입금을 빌리는 절차가 진행되는 동안 금융기관이 단기로 자금을 빌려주는 것)으로 공사를 계속할 수 있습니다만."

여기서 수정 제안(더 적은 액수)을 하지 않음을 주목해야 한다. 사회사업에서는 제안과 수정 제안을 연달아 사용하는 것이 바람직하지 않다. 부동산 거래나 기타 상업적 협상이 아니기 때문이다. 비영리기관에서는 사람들이 마련하기 어렵거나 원하지 않는 액수의 기부금을 반복적으로 요청함으로써 이들을 방어적으로 만드는 경우가 있는데, 이 때문에 후원투자자의 태도를 손상시키게 된다. "얼마나 기부하실 수 있습니까?"라고 묻지 않는데, 이는 기부가능자가 요청한 액수만큼 또는 그 이상으로 제공할 능력이 있기 때문이다. 기부 능력이 문제가 되는 것이 아니다. 이러한 프로젝트에 기부할 때 기부가능자들은 무엇을 편하게 여기느냐를 알고자 하는 것이다.

'아니오'에 대한 또 다른 한정 조건은 시기이다. "도와드리고 싶지만, 시기가 적절하지 못하네요. 지금부터 금년 말까지는 사업상 재정 문제도 있고 또 개인적으로는 대학에 다니는 아이들이 둘 있어서요." 이때 기부요청자가 할 수 있는 말은 명백하다. "그러면 언제가 좋겠습니까? 내년에 기부하실 수 있도록 저희가 건축 재원 확보 계획을 조절할 수 있습니다." '아니오'라는 답변이 단지 연기한다는 것을 의미한다면 동의된 기간에 반드시 후속 조치를 취해야 한다. 이러한 후속 조치에 실패하여 기부금이 기관에 제공되지 못하는 경우가 있다. 모든 종류의 미완의 기부요청은 그 종결여부를 확실히 하기 위해 그 내용을 다이어리에 직접 손으로 기록하거나 또는 컴퓨터에 입력한다.

'아니오'라는 답변이 주어진 상황에서 시기와 액수에 대한 후속 질문을 작성하는 방법 중 하나는 '만일/그렇다면' 식이다. "만일 기부금을 1년의 기간동안 낼 수 있다면, 저희가 요청하는 1만 달러를 고려하실 의향이 있으십니까?" 흔히 이러한 방법을 사용하면 기부가능자는 더욱 많은 액수의 기부금을 쾌히 내놓을 가능성이 생긴다.

어떤 경우에는 "아니오"라는 답변이 정말로 '아니오'를 의미할 수 있다. "저도 여러분이 속한 기관을 좋아합니다. 하지만 솔직히 말해서 이 프로젝트에 관심이 없습니다. 이미 청소년 교향악단의 아웃리치 프로그램이 상당히 잘되고 있다고 생각합니다. 따라서 이런 추가적인 프로그램이 그렇게 필요하지 않다고 봅니다. 그 문제를 해결할 수 있는 자원이 충분하다고 생각합니다." 이러한 경우에 몇 가지 해결 방법이 있다.

- 청소년 교향악단의 프로그램과 기부요청자가 속한 기관의 차이점에 대해 기부가능자에게 설명한다.
- 기부가능자의 답변이 정말로 거부인지 아니면 보다 심층적인 것인지 (예술 자체, 특정 지역사회 프로그램에 있어서의 중복 등)에 대해 추가적으로 알아보고 기부가능자와 친밀한 관계를 맺는다.
- 기부가능자의 관심을 끌 수 있는 다른 프로그램을 찾아서 콘서트의 재정 보증, 1년 동안 수석 플롯 연주자에 대한 기금 제공 등에 대해 설명한다.

기부가능자로부터 단호한 부정적인 답변을 듣게 되면 기부 요청자는 실망할 뿐만 아니라 혼란스러워 질 수 있고, 당연히 분하게 여길 수도 있다. "여러분을 실망시키고 싶지 않지만, 얘기를 들어보고 자료를 검토해 보니 이 프로그램은 우리에게 중요한 일이 아닙니다. 이런 프로그램은 지역사회에 도움이 되는 것이라 생각하지만, 우리는 금년에 기부금을 내놓고 싶지는 않습니다. 이런 결정을 내리기까지 힘들었습니다. 미안합니다." 기부 요청자는 잠재적 후원투자자에게 상당한 시간을 투자했다. 따라서 기부 요청자는 친밀한 관계 도모나 기부 요청을 더 잘할 수 있었는가에 대해 생각해 보아야 한다.

기부 요청자는 관계를 계속 유지하기를 바랄 것이다. 그러므로 다음과 같이 말할 수 있다. "물론 매우 유감스럽게 생각합니다. 하지만 저희가 하는 일에 관심을 보여주셔서 감사드립니다. 앞으로도 계속해서 저희 프로젝트에 관심을 가져주시고, 또 가능하다면 저희 프로젝트에 참여해 주셨으면 좋겠습니다. 내년에 저희가 다시 방문해서 프로젝트가 어떻게 진행되고 있는지 설명해 드릴 수 있을까요?" 이 시점에서 기부 요청자를 실망시켰던 사람은 불편해하기 때문에 이렇듯 정중한 퇴장을 반길 것이다. 한 해 동안 기부가능자에게 정보를 계속 제공하고, 약속했던 것처럼 다음에 만날 약속을 기억해야 한다.

10) 후속 조치

만남 이후에는 필요한 모든 작업을 수행한다. 각각의 답변(예, 글쎄요, 아니오)에 대하여 후속 조치 요건이 있다. 답변이 무엇이었든 간에 신속하고 전문적이며 따뜻하게 수행해야 할 것이다.

- 답변이 "예"인 경우, 그 후원투자자 또는 기부 기관은 기부요청자와 이제 막 새로운 또는 갱신된 관계를 맺게 되었음을 기억하라. 투자자들은 정보, 관심, 참여를 기대한다.
- 답변이 "글쎄요"인 경우, 계약을 종료할 때까지 필요한 정보를 제공

하고 만남을 가져서 완수해야 한다.
- 답변이 "아니오"인 경우, 가능한 한 최대한 문호를 열어 놓고, 기부금을 제공받기에 알맞은 시간이나 기회를 찾으려 노력해야 한다.

이러한 10단계는 단도 직입적이며 기관이 전반적인 개발 과정을 이해하면 비교적 실행하기가 쉬운 과정이다. 경험이 축적될수록 성공할 확률이 높다.

6. 낡은 태도 바꾸기

거절에 대한 공포가 사라지고 기부요청 팀이 구걸식 모금 태도를 타파해 버릴 때 10단계 과정의 성공 확률이 높아진다. 자신감 또한 기본적인 성공 요소이다. 기부 요청을 준비할 때 마음에 떠오르는, 기부 요청자를 주저하게 만들고 비효율적으로 만드는 부정적인 문구를 긍정적인 것으로 바꾸어야 한다.

- "그 사람들이 기부하고 싶지 않은 게 분명해."
  "그 사람들이 정말 좋아할 수 있는 기회야."
- "그 사람들은 최근에 기부를 했는데, 이렇게 빨리 다시 요구할 수는 없을 거야."
  "이번 모금 기회는 아주 재미있겠군. 그 사람들은 지난번에 기부를 했는데 너무 빠르다고 생각하겠지만, 어쨌든 부탁해 보자. 어차피 그 사람들이 결정할 테니까."
- "그 사람들이 부탁 받을 준비가 아직 안 된 것 같은데."

"지금까지 그 사람들과 친분 관계를 잘 유지해 왔으니, 기부에 대해서 진지한 얘기를 나눌 준비가 되어 있을 거야. 만날 약속을 잡아서 처음에 꺼내는 얘기에 어떤 반응을 보이는지 알아 보자."

- "그 사람들은 분명히 오고싶어 하지 않을 것인데, 너무 바빠서……"

"그 사람들하고 친하게 지내는 라이언(Ryan)씨 부부가 행사에 오기로 되어 있어. 전화를 해서 개인적인 초대로 하자. 그리고 정식 리셉션을 하기 전에 그 사람들하고 라이언씨 부부랑 칵테일 만남을 갖도록 하자. 그러면 지휘자와 연주자들을 만나게 할 수 있을 거야."

- "그 사람은 만날 시간이 없을 거야. 편지나 써야겠다."

"그 사람하고 직접 만나면 나에게 상당히 이로울 거야. 그에게 전화해서 이러한 일이 나에게 얼마나 중요한지 설명해야겠다. 어쨌든 우리는 오랜 동안 친구니까."

- "나는 분명히 말실수를 할거야."

"이런 종류의 대화를 하는 것은 항상 나에게 어려운 과제야. 다른 사람이 함께 있으면 더 잘할 수 있으니 이번 방문에 나와 함께 갈 수 있겠니?"

- "나는 그렇게 많이 요구하지는 못 할거야."

"그 액수가 적절한 것이라고 확신시키고 싶다. 우리는 상대방에 대해 적절하게 파악하고 충분히 준비하지 않았는가?. 이제는 요청할 시간이다. 내가 낸 기부금은 이보다는 적은 액수였지만 나에겐 부담스러운 금액이었지. 그녀에게도 좀 부담을 가지라고 요청할 수 있을 거야."

- "기부금을 요구하기에는 내가 적임자가 아닐지도 몰라."

"기부금을 요구하는데 바로 내가 적임자라는 것을 확신하고 싶다.

이번 일은 아주 중요한 기부요청 작업이다. 다른 동료들이 내가 적임자라고 생각하고 있다면, 난 할 수 있을 거야."

의심할 여지없이 다른 사람들 또는 자기 자신이 이러한 내용을 생각하거나 말한 적이 있을 것이다. 이렇듯 스스로에게 초점을 맞추고 기부가능자의 생각을 넘겨짚는 일은 기부요청 과정의 성공적인 실행에 있어서 주된 장애 요인이다. 긍정적인 문구를 말하거나 생각하면 스스로에게 뿐만 아니라 타인에게도 자신감을 불어넣을 수 있다.

기관에 혜택을 줄 수 있는 사람을 만날 때, 그들이 제공하고 싶어하지 않는 것을 바라는 식의 태도를 보여서는 안 된다. 그 대신 그들이 원하는 기회를 기관이 제공할 수 있다는 태도로 접근해야 한다. 여기서 기회란 지역 사회를 강화시키고, 자신과 관련된 문제를 해결할 수 있으며, 자신이 신뢰하는 프로그램이나 서비스를 제공하는 기관에 투자할 수 있는 기회를 말한다.

1) 기부자의 관점

모금 및 투자 유치 과정을 잠재적인 후원투자자의 관점에서 바라보아야 한다. 스스로를 잠재적인 후원투자자의 입장에 놓고 생각해 보자. 가치와 목적이 자신과 일치하는 기관과 여러 달 동안(또는 여러 해 동안) 친목 관계를 유지해 왔다. 기관과 그 소명에 대해 관심이 있고, 도와줄 능력이 있으며, 관계를 맺고 있다. 거의 대부분의 개발 과정 단계를 효과적으로 적용함으로써 관계를 구축했다. 자기 자신과 기관 사이에 시너지 효과가 있으며 상호 개입이 존재한다. 행사에 참여했고, 점심 식사를 함께 했으며, 이사를 만나서 자기 자신의 전문 영역과 관련된 문제를 어떻게 생각하는지 질문도 받았다. 이 시점에서 잠재적인 개인 투자자 또는 어떤 기관을 대표하는 개인으로서 그 기관의 재원에 대해 어느 정도의 영향력이 있는 사람이면 그 기관을 위해 무언가 해 주고 싶을 것이다.

2) 수량 조사

어떤 중요한 캠페인에서 한 교육 기관장이 캠페인 계획 단계 중에 기관과 오랜 동안 친밀한 관계를 유지했고 과거에 거물급 투자자였던 사람을 만났다. 만남의 목적은 특정 기금 캠페인의 목적에 대한 개념에 관해 조사해 보기 위해서였다. 그 목적은 기관장의 마음에 드는 것이었고, 따라서 그가 지니는 열정과 열의는 명백한 것이었다. 만남이 끝날 무렵에 이르러서는 두 사람 모두 의자를 바짝 끌어당길 정도로 그 프로젝트의 가능성에 흥미를 보였다. 그 잠재적인 기부자는 즉시 제안했다. "이 일을 성사시키고 싶습니다. 얼마나 필요합니까?" 이 마지막 말은 "어떻게 도와주면 좋겠습니까?"와 마찬가지로 기부요청자가 잠재적인 후원투자자에게 설명한 이후에 듣고 싶어하는 말일 것이다. 이 말은 진정한 투자 태도를 의미하기 때문이다.

그러나 이러한 경우에 문제가 발생했다. 프로젝트가 아직 초기 단계였기 때문에 견적 비용을 아직 추정하지 못했기 때문이다. 기관장은 초기의 기부금을 요청할 수 없었다. 따라서 그는 가장 현명한 방법을 택했다. 즉, 기부가능자에게 프로젝트 계획의 특별 대책위원회에 합류하도록 요청한 것이다. 계획이 진행되고 프로젝트가 결정되면서 기관은 그 기부가능자로부터 상당한 액수의 기부금을 받게 되었다. 이것이야말로 진정한 투자자 협력 관계인 것이다. 외부 기부자가 내부 기관과 한 팀을 이루어 기관과 그 구성원을 향상시킬 수 있는 프로젝트를 창출한 것이다.

3) 기금 요청을 받지 않은 기부가능자

어떤 잠재적 후원투자자들은 자신을 소개하고 자발적으로 기부금을 내기도 하지만, 대부분의 경우에는 요청을 받고 싶어한다. 경험 많은 기부자들은 기관으로부터 기부금 요청을 받게 되면 안도의 표현을 하게 된다.("부탁 안 하는 줄 알았어요.") 성공적인 요청에 큰 영향을 주는 것은 시기의 적절함이다. 너무 이르거나 늦으면 성공 확률이 낮아지거나 아예 실패할 수 있다. 두려움, 걱정 또는 엉터리 후속 조치가 잠재적 또는 갱신된 후원투자자와 기관의 관계를 방해하기 때문에 막대한 기부금이 '책상 위에 방치되는' 경우가 있다.

어떤 문화 단체의 주요 캠페인에서는 선두의 기부금을 위해 양육되어 왔던 한 개인이 결국에는 실제적으로 기관과 관계를 맺지 못한 경우가 있었다. 기부를 추구하는 일은 기부가능자가 자신의 이름을 알릴 수 있는 중요한 기회를 통해 지역사회에서 인정받고자 하는 희망을 염두에 둔 것이었다. 기부가능자와 그의 가족과 여러 달에 걸친 논의를 끝에 협상은 결렬되었고 기부가능자는 기부를 철회했다. 그 기관의 이사회는 흥미로운 기관과 프로그램 계획에 관여하면서 자주 회의를 가져왔다. 기부요청의 진척 상황에 대해서도 정기적으로 보고를 받고 있었으며(기부가능자 이름의 비밀은 유지하면서), 기부요청 논의가 종료되었을 때 즉시 보고를 받았다. 좋지 않은 소식을 알게된 몇 시간 후에 이사장은 어떤 회원으로부터 전화를 받았다. 그 회원은 작년에 상당 액수의 기부금을 제공한 사람이었다. 이 사람은 핵심적인 기부가능자 명부에 올라 있었지만 이사회, 개발위원회, 자원봉사자는 그 사람이 최근에 기부한 액수가 많기 때문에 다시 요청하기가 어려울 것이라고 생각했었다. 이 회원은 전화를 통해 어째서 자기에게 기부금 요청을 하지 않았느냐고 말했고, 즉시 기부금을 제공하기로 약속했다.

위의 사례는 어떤 근본적인 중요점을 시사하고 있으며, 이는 모든 규모의 기관과 투자자 기부금에 적용할 수 있을 것이다.

- 그 회원은 이미 투자대상이 되었던 셈이다. 왜냐하면 그는 이미 기관에 관여하고 있었으며 이전에 기부금을 제공했기 때문이다. 이사회의 회원으로서 그는 기관이 지역사회에 미치는 영향에 대해 잘 알고 있으며, 중요하고 신중하게 작성된 미래의 계획에 관여하고 있었다.
- 그는 이사회, 직원과 공고한 관계를 유지하고 있었다.
- 과거의 투자 결과에 만족하고 있으므로 그는 또 다른 투자를 하여 캠페인의 성공과 기관의 미래를 보증할 수 있음을 즐거워했다.
- 이러한 기부금 제공을 통해 과거의 기부금과 더불어 기관에 최대한의 이익을 가져다 줄 수 있었다. 새로운 시설을 갖추게 되면 그가 지원했던 프로그램은 더 많은 공간과 명성을 확보하게 될 것이다. 이름을 알릴 수 있는 기회는 지역사회에서 인정받는 것 이상으로 그에게는 매우 매력적인 것이었다. 과거에 제공했던 기부금의 영향으로 인해 그는 이미 자랑스러워하는 것이다.
- 기관은 그에게 기부금을 요청하지 않기로 결정했고, 그 대신 기관과 관계가 없는 다른 사람에게 요청했는데, 이것은 일종의 사업 거래와 같은 것이었다. 기관은 과거에 기부금을 제공한 사람이 새로운 기부금을 낼 기회를 가짐으로써 자신의 가치에 따라 활동하고 투자를 늘릴 것이라고 생각하는 대신, 기부금 요청을 거부할 것이라고 짐작했던 것이다.

4) 투자가 투자를 끌어들이는 방식

이와 관련된 또 다른 사례 하나를 들 수 있다. 샌프란시스코 현대미술관

(San Francisco Museum of Modern Art)은 1994년에 완공되었는데, 그 당시 널리 보도되었다. 샌프란시스코에 세계적인 수준의 현대미술관이 건립되어야 한다고 결정했던 헌신적인 미술관 이사회 임원들과 그 동료들은 다른 사람들의 기부금을 끌어들이기 위해 스스로 상당한 액수의 기부금을 내놓았다. 이 계획은 중요한 시 사업으로, 그 성공 여부는 주요 기부금뿐만 아니라 광범위한 지역사회 구성원의 지원에 달려 있음을 샌프란시스코 시민들에게 알리고자 하였다. 지역사회의 참여에 있어서 캠페인은 매우 성공적이었는데, 후원자(1천 달러)와 소액 기부자의 수가 기대치를 넘어섰다. 이들 중 대부분은 시의 미래 문화에 투자한다는 의미가 담긴 서신(DM)을 통해 접수되었다([표 5.2] 참조). 이 서신은, 매우 특별한 사업에 참여할 수 있는 기회로서 투자자에게 호소하였고 이는 훌륭한 모범이 되었다. 이사회 임원들이 제공한 7천만 달러의 기부금은 널리 알려지고 많은 찬사를 받았다. 이를 통해 얻은 주요 이득 중 하나는 지역사회로부터 2천만 달러의 지원금을 얻을 수 있었다는 점이다. 또 한가지 중요한 점은 캠페인 기간 중에 미술관 회원의 수가 3배로 증가했으며(새 미술관이 아직 개관하지도 않았음에도), 현재 시민과 외지에서 온 방문객들이 끊임없이 미술관을 방문한다는 사실이다. 중간 수준의 기부자 층도 역시 현저하게 증가했다.

5) 모든 수준에서 투자를 고무하기

투자 태도는 모든 개발 및 모금 활동에 적합해야 한다. 본 장에서는 대면 접촉을 통한 투자방문에 대해 초점을 맞추었지만 다른 종류의 모금 자료와 프로그램에도 유사한 추진력이 필요하다.

직접적 우편(집단적 호소)과 선택적 우편(사적인 서신)을 통해 투자 기회가 기관에 대한 기부금으로 발전할 수 있도록 해야 한다. 전화 연락을 하는

[표 5.2] 투자 유치를 위한 서신

200X년 12월 15일

캘리포니아 샌프란시스코, 94123

_____씨 귀하,

귀하께 샌프란시스코의 최신 건축물인 샌프란시스코 현대미술관(SFMOMA)에 대해 소개해 드리고자 합니다.

본 미술관은 뛰어난 상상력으로 설계된 갤러리, 학습장 및 공연장으로 구성되어 있고, 작품 콜렉션, 전시회 및 교육 자료들이 통합되어 누구나 쉽게 접할 수 있습니다.

솔직히 말씀드리면, 제가 새로운 미술관 건립을 위한 캠페인의 최종 단계를 지휘하기로 하고, 항만지역의 지역사회와 SFMOMA 회원들에게 기부요청을 하면서 본 프로젝트의 완결을 돕기 위해 회원들을 초청하게 된 것을 영광스럽게 생각했습니다.

본 미술관의 완공을 기다리는 분은 바로 귀하입니다.

사실, 새 미술관을 지원할 것인가의 여부가 아니라 기부금의 액수가 얼마인가에 대해 귀하께서 궁금해하실 것이라고 생각합니다.

지역사회의 모든 구성원에게는 미술관 완공에 참여할 수 있는 기회가 부여되며, 그 호응도가 클 것이라고 저희는 믿고 있습니다. 그러나 더욱 과감한 투자를 위해서는 귀하와 같은 미술관 회원께 요청하고 의지해야 하는 것이 현실입니다.

수일 후에 SFMOMA의 대표가 귀하께 전화 연락을 드려서 새로운 미술관 건립을 위한 캠페인 참여에 관해 말씀드릴 것입니다.

본 서신을 통해 요청 드리는 바는 3년간 총 기부금 1천 달러 중에서 분기 당 기부금 83달러를 제공하실 수 있는지 고려해 달라는 것입니다. 귀하의 이름이 신 미술관 개관 기념책자(New Museum Grand Opening Commemorative Book)에 실릴 것입니다.

귀하께 과거 SFMOMA에 기부하신 것보다 많은 액수를 현재 요청하는 것이기 때문에, 대표가 전화연락을 하기에 앞서서 새로운 미술관에 대해 귀하께 몇 가지 점들을 설명해 드리고자 합니다.

(계 속)

[표 5.2] 계 속

새로운 미술관 건립 계획에는 마리오 보타(Mario Botta)의 탁월한 설계와 아울러 미술관 관장 및 교육에서 설치와 조명 설계에 이르는 광범위한 분야에서 활동하는 전문가들의 조언이 있었습니다.

새 박물관이 건립되면 그 효과는 다음과 같이 즉각적이고 지속적일 것입니다 :

- 지역사회의 모든 부분에서 교육 자원을 향상시키고, 그 문호를 아동, 성인, 학생 및 교사들에게 개방할 수 있습니다.
- 국내외의 흥미로운 전시회를 열 수 있습니다.
- 작품 콜렉션 및 기증품을 전시하고 설명할 수 있는 시설을 위한 예술품 기증을 증진할 수 있습니다.
- 항만지역 주민과 관광객 모두에게 지역의 자부심을 부여할 수 있는 문화적 상징물이 탄생하게 됩니다.

새로운 SFMOMA의 건립은 흔치 않은 행사로, 미국에서 가장 자격 있는 도시에 새로운 현대미술관이 생기는 것입니다. 이토록 효과가 멀리까지 미치고 그 영향력이 지속적인 박애 활동은 그리 많지 않습니다. 이 기회를 통해 귀하께서는 다른 미술관과는 차원이 다른 세계관을 지니고 활기에 찬 새 미술관의 소유권을 공유하게 되는 것입니다.

전화 연락을 드릴 미술관 대표는 귀하께서 약정하실 수 있는 기부금 액수에 관한 계획에 대해 말씀드릴 것입니다. 신 미술관 개관 기념책자에 귀하의 이름을 올릴 수 있는 기회에 대해 고려해 보실 것을 거듭 말씀드립니다.

귀하의 신념에 가득 찬 지원에 대해 감사드리며, 귀하의 이름을 새로운 SFMOMA에 추가할 수 있기를 희망합니다.

감사합니다.

Steven H. Oliver

스티븐 H. 올리버
미술관건립 모금위원회 회장

자원봉사자가 다음과 같은 말을 하지 않도록 지도한다. "저희 사정이 매우 급합니다. 필요한 액수를 맞추지 못하면 프로젝트가 실패합니다." 잠재적 기부가능자를 고무시켜야지 낙담시켜서는 안 된다.

전체적인 개발 과정은 실제로 투자 과정이다. 적절하게 '개발된' 사람은 투자하고 싶어한다. 여러 기관에서 보이는 고질적인 모금 문제는 개발 과정에 대한 투자를 주저하기 때문에 발생한다. 제4장에서 설명한 단계에 필요한 시간과 자원을 투자하지 않는다. 이러한 기관들은 해마다 재원의 고갈로 고생하고, 기록에 남아있는 기부자들에게 모금하려고 애를 쓰지만 이들은 기관과 이미 아무런 관계를 맺고 있지 않다.

이러한 기관의 이사회 임원들은 일반적으로 연말 요청서에 서명하고, 경품이 있는 행사를 위한 티켓을 몇 장 판매하며, 간부회의에서 개발한 재단 및 기업 기부금 요청안을 승인하는 정도로 그들의 '개발' 활동을 제한한다. 이러한 활동이 그들이 할 수 있는 전부라고 생각하면서 안도하는 것이다. 사람들과 직접 만나서 기부에 대해 얘기하는 것을 부끄러워하고 불편해 한다. 일반적으로 그들은 저녁 식사에 방해받고 싶지 않다는 핑계로 전화 요청하기를 거부한다. 어느 만화에서는 한 사람이 전화를 받고 있는데, 그 부인이나 친구는 여전히 저녁 식사중인 모습을 담고 있다. 만화에 실린 글은 다음과 같다. "생각해 보니까 오늘 저녁에 집에서 저녁을 먹지 않았다면 이처럼 훌륭한 투자 기회를 놓칠 뻔했습니다." 실제 전화 요청에서 이러한 말을 사용하지는 않겠지만, 자원봉사자는 지역사회 주민들의 기관을 지원하고자 하는 관심과 의지를 과소 평가해서는 안 된다.

6) 대면 요청과 거절에 대한 두려움

심지어 지속적인 서신 작성(단체 만남에서 서신에 서명하는)과 전화 연락이 일반적인 이사회 활동인 기관에서도 이사들이 사람을 직접 만나서 기부금을 요청하는 일을 매우 두려운 것으로 여긴다. 이러한 계약을 상호 이익을 구현하는 잠재적 투자자와 기관의 관점이 아니라 스스로의 개인적 참여라는 관점에서 바라보기 때문에 이들은 가장 일반적으로 표현되는 거부에 대해 두려워하는 것이다.

거절당하는 것을 반기는 사람은 아무도 없을 것이다. 거절에 대한 공포는 기부금 요청에 대한 응답이 대부분 부정적일 것이라는 생각에서 발생한다. 개발 또는 투자 과정을 신뢰하는 이들은 거절하는 사람들이 대부분은 요청이 있기 이전에 스스로 거절하기로 선택했다는 사실을 알고 있다. 개발 과정을 통해 이토록 소중한 투자자 관계를 추구하는 사람들이 기관과의 관계를 맺게 할 수 있다(**제4장 참조**). 이러한 사람들이 관심을 보이지 않는다면 요청이나 초대에 응하지 않을 것이다.

모금을 두려워하고 주저하며 캠페인의 성공에 대해 불안해하는 이사나 직원들의 잘못을 드러내거나 비판해서는 안 된다. 그 대신 개발 과정의 중요성, 투자의 개념, 그리고 무엇보다도 더 나은 지역사회의 구축을 위한 이사회 임원의 강력한 역할에 대해 이해를 못하는 그릇된 생각을 비판해야 한다. 이러한 요소들을 이해하고 신뢰하게 되면, 기부 요청자는 과거의 부담되는 업무였던 기부금 요청에 대해 더욱 자신감 있고 편하게 접근할 수 있다. 반면에 구걸식 기부 요청은 철폐해야 한다.

개발 과정에 관여된 사람들은 기관이 필요해서가 아니라 지역사회의 요구사항을 기관이 충족할 수 있기 때문에 기부금을 요청하는 것이라는 사실을 인식해야 한다.

7) 압력과 해방

이러한 방식이 정착되면, 기부요청 단계는 양육과정에서 자신의 가치, 흥미, 역량, 관심과 연계를 강화한 사람들에게, 지역사회의 핵심 자원에 대한 투자를 요청을 할 수 있도록 계약으로 이끌어 나갈 수 있다. 박애, 개발 및 모금이라는 3가지 부분으로 구성된 모델(제1장)의 맥락에서 볼 때, 모금은 기부자가 가치 있다고 여기는 일을 할 수 있게 해주는 기회이다. 이것이 투자 유치이다. 따라서 요청 자체가 기부가능자에게 압력을 가하는 시간이 되어서는 안되며, 오히려 여기에서 벗어나는 시간이 되어야 한다.

요청 받은 사람은 자신이 지원하는 기관이 봉사하는 지역사회에 사는 사람들의 생활과 미래 또는 복지에 어느 정도 영향을 미침으로써 성취감을 느낄 수 있어야 한다. 요청하는 사람은 또한 후원투자자에게 이러한 활동에 더욱 관여할 수 있는 기회를 제공할 수 있었다는 사실에 만족을 느껴야 한다. 기부가능자가 이러한 기회를 거부하면 요청자는 이것을 거절로 간주하지 말아야 한다. 그 대신 계약을 기부가능자의 관점에서 바라보아야 한다. 시기, 프로젝트, 액수가 부적절한 것일지도 모르는 일이다. 그러나 문호는 항상 개방되어 있어야 한다. 기부가능자는 관심을 보이고 있으며, 투자 조건이 적절한 경우 언제라도 투자할 것이기 때문이다.

7. 거절의 극복

거절은 실제로는 은폐된 가치이다. 잠재적 후원투자자가 기관에서 자금의 운용 방식에 대해 우려를 표시하면, 그들이 견실한 자금 관리에 가치를 부여하고 있음을 추론해 내야 한다. 다른 투자자들은 프로그램, 계획, 이사회 관여 등과 같이 상이한 영역에 관심을 보일 수 있다. 이러한 거절을 신중하게 경청하고, 다음과 같은 지침을 염두에 두면서 대답에 임해야 한다.

- 거절을 물리치려고 해서는 안 된다. 그 대신 다음과 같이 받아 들여야 한다. "그 문제가 걱정이 되는 이유를 이해할 수 있습니다." "귀하의 투자가 어떻게 처리되는지 염려하는 것은 당연한 일입니다."

- 강력한 거절이 제기되는 경우, "생각하다, 생각해 왔다, 또는 생각했다" 등의 표현을 사용한다 : "어떻게 생각하시는지 잘 알고 있습니다. 저 자신도 그렇게 생각해 왔고(정말로 그랬다면), 다른 분들도 역시 그렇게 생각했다고 말씀하셨습니다." 이렇게 하면 거절을 제기한 사람의 생각을 인정하고 이해할 수 있음을 확신시키게 된다.

- 4가지 종류의 거절이 있는데, 각각에 대해 상이한 대응이 필요함을 주지해야 한다.

- 오해 이것은 가장 단순한 문제이다. 사실을 가지고 설명하면 된다. "아닙니다. 이사회 임원의 70%가 학부모였습니다만, 현재는 이사회 절반이 학부모이고 나머지 절반은 지역사회의 대표로 구성되어 있습니다. 귀하께서 우려하신 집단 이기주의라는 문제 때문에 이렇게 균형을 맞춘 것입니다."

- 회의(懷疑) 이를 해결하려면 외부 견해나 객관적 증거가 필요하다.

"과거에 대학 장학기금을 마련하는 문제와 관련하여 귀하께서 불쾌해 하신 이유를 이해할 수 있을 것 같습니다. 저희 지역사회 대학 장학기금 기부자 한 분과 만날 수 있도록 주선하겠습니다. 학생들과 기부자와 저희 기관이 교류하는 방식에 대해서, 그리고 저희가 서로를 이해하기 위해 어떻게 노력하는지에 대해 설명해 드릴 것입니다. 나오미 윈더스트(Naomi Windust)씨와의 만남은 의미 있으리라 생각합니다. 두 분께서 개인적으로 만나실 수 있도록 제가 자리를 마련할 수 있으면 합니다."

- 무관심 일반적으로 이러한 태도는 겉으로만 무관심한 것이다. 연구 결과 명백한 무관심에는 강력하고 때로는 정서적인 근거가 있음이 밝혀졌다. 지역 교향악단에 기부하기를 중단한 기부자들을 그 예로 들 수 있다. 자원봉사자가 전화를 걸면 약간 차가운 투로 다음과 같은 대답을 듣는다. "이제는 오케스트라에 관심이 없습니다" 이 때 전화를 건 사람은 다음과 같이 말할 수 있다. "그렇습니까? 혹시 최근에 공연장에 가 보신 적이 있으십니까? 저희 간행물은 계속 받아보시는지요?" 이러한 질문은 핵심을 드러내는 대답을 유도할 수 있다. "그래요, 간행물을 받아 봅니다. 그런데 지휘자를 해고한 것은 말도 안돼요! 내가 알기로는 최고로 훌륭한 지휘자였는데 도대체 사람들이 무슨 생각으로 그렇게 했는지 모르겠어요." 이러한 식으로 진짜 거절하는 이유를 발견하게 되는데, 이때 기부 요청자는 이러한 거절이 어떤 종류의 것인지 판단할 수 있다. 매우 심각한 것일 수도 있고 (지휘자 해고), 단순한 오해일 수도 있다 (지휘자가 사임).

- 실제적인 장애요소 이것은 일반적으로 기부요청 활동을 어렵게 만든다. 대부분 개발-투자 과정의 초기 단계나 전화 연락을 통한 기부요청에서 발생한다. 기관에 대해 이런 종류의 생각을 지닌 사람들은 투자 과정에 깊숙이 개입하려고 하지 않는다. 이러한 거절에는 균형감각을 갖추어야 한다. 기관이 기부요청에 실패했거나 그들의 기분을 상하게 했더라도, 기관의 성과물이나 기관에 어떤 가치 있는 측면이 있음을 그들이 발견하도록 해야 한다.

  입학 자격이 있지만 자신의 모교에 입학하지 못한 자녀를 둔 부모들이 대표적인 예라고 할 수 있다. 그들은 분노하고 실망한다. 이러한 사건이 있은 직후 처음 받게되는 전화나 편지는 부모들의 모든 감정을 폭발시키며, 그 대상은 보통 자원봉사자인 기부요청자가 된다. 우선은 경청하고 그 다음에는 방금 들은 말을 고쳐서 말해 본다.

  "제가 이해하기로 댁의 아드님께서 학점은 4.0이었고, 학생회장과 학보 편집장을 역임했으며, 국내 크로스컨트리 경기에도 출전한 바 있는데, 대학에 합격하지 못했다고 하셨지요" 그리고 다음과 같이 덧붙인다. "당연히 실망하셨겠네요. 댁의 아드님은 그 대학만을 생각하고 있었습니까 아니면 다른 계획이 있었습니까?" 이렇게 상처받은 부모에서 학생으로 화제를 이동시키면(그 학생은 아마도 그 당시에 다른 대학에 합격했을 것이다) 부모가 느끼는 감정의 초점을 다른 곳으로 돌릴 수 있다.

- 모든 자원봉사자가 직면할 수 있는 거절 상황을 다룰 수 있도록 지도해야 하고, 대응할 수 있는 자료로 그들을 무장시켜야 한다. 어떤 기관에서는 거절-대응 목록을 개발하여 구체적인 거절 사항과 거기에

적합한 답변을 정확하게 제시하고 있다. 위험한 일은 자원봉사자가 거절의 내용을 듣고 나서 "아, 그건 제가 갖고 있는 목록의 7번에 해당하는 얘기이군요. 대답이 무엇인지 좀 보겠습니다"고 말하는 것이다. 자원봉사자는 이러한 답변들을 자기 것으로 만들고 숙달해야 한다. 교육훈련을 위해서는 이러한 목록이 필수적이다.

· CLASP를 명심해야 한다. 이 약자는 핵심적인 경청 기술을 요약한 것으로, 이는 거절을 다루는데 도움이 되고 전반적인 기부요청 활동이 궤도를 벗어나지 않도록 해 준다. 이것은 스탠포드 센테니얼 캠페인의 키스톤 프로그램(Keystone Program of the Stanford Centennial Campaign)을 위해 개발된 교육훈련 도구이다.

어떤 사람이 말한 것을 이해할 수 없을 때에는 그 의미를 분명하게 한다(Clarify). 그 사람이 한 번 더 말해주기를 바란다면 그렇게 요청해야 한다. 그렇지 않으면 잘못된 정보로 전체 문제를 다루게 된다.

잠재적인 후원투자자가 표현하는 관심과 우려를 경청하여 연결해야 한다(Link). 이러한 관심과 우려를 그 사람이 투자했으면 하는 프로그램이나 기회와 결부시켜야 하는 것이다. "조금 전에 저희 학교에서 음악이 사라지는 것에 대해 걱정하셨지요. 저희 프로그램에 대해 몇 가지 말씀드리고 싶습니다만……" 이러한 말은 기부가능자를 기쁘게 하는데, 그 이유는 기부요청자가 기부가능자의 말을 경청하고 있음을 나타내고 있기 때문이다. 또한 기부요청자가 말할 내용과 기부가능자가 중요하다고 여기는 것을 결합시켜 준다.

만남 도중에 거절, 관심 및 아이디어에 대해 말할 때 분명하게 드러나는 감정을 인정해야 한다(Acknowledge). "어떤 느낌이 드는지 알겠습니다." "훌륭한 생각입니다. 말씀하신 내용과 아주 관련이 깊은 사업을 저희가 진행하고 있는데, 그것에 대해서 말씀드리겠습니다." 기부요청자가 진심으로 관심을 가지고 있다는 것을 기부가능자에게 확신시켜야 한다.

막간에 요약을 해 준다(Summarize). 이는 주어진 시간 내에 만남을 진척시키고 화제의 이동을 표시하기 위해서이다. "우리 지역사회가 무주택자가 필요로 하는 사항을 다루는 방식에 대해 검토하고, 저희 프로그램에 대한 의견을 들을 수 있어서 저희로서는 무척 기쁩니다. 시간이 거의 다 되었으니, 이제는 저희에게 재정적으로 도움을 주시는 문제에 대해서 말씀을 드리고 싶습니다……"

페이스(Pace)를 유지해야 하는데, 여기에는 대화의 속도와 성격이 포함된다. 기부가능자와의 대화시 기부요청자가 너무 빠르거나 천천히 말하는 것은 효과적이지 않다. 연장자, 청각 또는 시각 장애인, 모국어가 서로 다른 사람 등과 얘기하는 경우에 이러한 사항을 염두해 두어야 한다. 너무 빠르거나 느리게 말하게 되면 그 영향이 눈에 띄게 나타날 것이다. 그들은 주의를 기울이지 않고, MEGO(눈이 흐려짐: Mine Eyes Glazeth Over) 현상이 찾아 온다. 기부가능자와 친숙해지면서 그들의 페이스를 측정하고 이에 맞추어야 한다.

8. 투자 유치에 있어서 기관 차원의 참여 증대

이사회 임원, 자원봉사자, 기부자 및 프로그램 직원은 개발 과정의 여러 단계에서 자신이 도움이 됨을 느낄 수 있어야 하고, 직접적인 금전 요청만

이 투자자를 기관으로 이끌 수 있는 것은 아니라는 점을 알아야 한다.

개발 협력 관계는 복합적이고 포괄적인 것이기 때문에 사람들이 수많은 방식으로 참여할 수 있는 기회를 제공한다. 여기에 두 가지 예가 있다.

1) 소극적인 이사회 임원

어떤 기관에 장기적으로 근무한 이사회 임원이 있었는데, 그녀는 새로운 회장에게 "모금을 제외한 무슨 일이든지 하겠다"고 말했다. 그녀는 개발 과정의 주변을 맴돌면서 봉투에 편지를 넣는 일과 명단 분류 등의 작업에 기꺼이 참여했고, 방문객들에게는 훌륭한 여주인 역할을 했다. 자그마한 캠페인에 끼친 그녀의 공로는 인상적이었다.

우선 25명의 이사회 임원 중 6명만이 캠페인을 위한 기부가능자의 명단을 제공했을 때, 그녀의 명단이 가장 먼저 제출되었으며 제일 길고 상세한 명단이었다. 또한 캠페인 위원회와 함께 명단의 검토를 요청 받았을 때, 그녀는 상당한 시간을 들여서 그렇지 않아도 완벽한 의견서에 풍부한 통찰력을 가미했다. 그리고 캠페인 위원회가 그녀의 명단에 있는 사람들과 회합할 때, 그 사람들은 자신을 기관과 연결시켜주고 여러 해 동안 연락을 계속해 주었다면서 그녀를 열렬하게 한참동안이나 칭찬했다. 또한 그녀는 캠페인과 관련하여 명단에 있는 사람과 대화를 나누게 되면 그 사실을 임원진에게 성실하게 보고했다.

캠페인이 진척되어 가면서 그녀가 추천했던 몇몇 사람들은 기부가능자 명단의 상층에 자리잡게 되었다. 그녀는 기부금이 기관의 발전과 성공적인 모금에 장기적인 영향을 미칠 수 있는 여러 사람들과 기관을 연결시킬 책임이 있었다. 하지만 스스로도 인정했듯이 그녀는 직접 모금에는 참여하지 않았다.

2) 만족한 후원투자자

또 다른 캠페인에서는 지역사회에 막대한 역량을 지니고 기관의 소명에 대해 관심을 보이는 사람이 캠페인 자문위원과의 개인적 친분 관계를 통해 처음부터 사업에 관여하게 되었다. 캠페인에 관계된 직원 및 이사회와 친분 관계를 갖게 되면서 그는 그 기관을 대단히 칭찬하고 존경하게 되었다. 어떤 경우에는 기관의 저비용, 고생산이라는 운영 방식이 매우 인상적이라고 말하는 것이 습관이 될 정도였다. 바로 그가 원하는 종류의 기관이었던 것이다. 캠페인 지도자들은 프로젝트에 대한 그의 전문 지식을 신중하게 구했으며, 그에게 할당된 제한된 시간은 현명하게 사용되었다. 새 건물을 위한 몇몇 건축 예상 지역이 평가되면서 이에 대한 정보를 그에게 계속해서 알렸다. 그가 제공한 기부금은 분명 영향력 있는 기부금이었다. 그는 지역사회에 여러 가지 공로를 끼쳤음에도 불구하고, 비교적 뒤늦게 그가 관심을 갖게 된 기관을 위해 '과중한' 기부금을 제공한 것이다. 하지만 기부금을 제공하고 나서 그가 한 일이야말로 매우 중요한 의미있는 일이라 생각했다. 그는 지역 재단으로 하여금 기부금을 제공하도록 했는데, 어떤 기부금은 기관이 제안서에서 요청한 금액 이상의 것이었다. 그는 또한 몇몇 기업과 개인의 기부금을 확보하는데 창의적으로 활동했다.

만족한 투자자는 자신의 재산을 기증할 뿐만 아니라 기관의 옹호자가 되고자 한다. 이는 월스트리트에 상당량을 투자하여 이러한 투자가 얼마나 좋은 것인지에 대해 모든 사람들에게 설명하고 그들이 투자하도록 장려하는 것과 다를 바 없다.

투자 유치는 실제적인 요청의 범위를 넘어서는 것이다. 10단계의 개발 과정(제4장) 전체는 투자의 과정이다. 기관과 임직원에 의한 시간, 연구, 자원의 투자이며, 기부가능자에 의한 시간, 관심, 배려의 투자인 것이다.

9. 새로운 접근방식을 좋아하는 법 배우기

10여 년 전 투자자 또는 투자라는 말이 비영리기관에 등장했을 때에는 수많은 반대의 목소리가 있었다. 지금까지도 사라지지 않는 몇몇의 우려 사항은 다음과 같다.

- 어떤 사람들은 투자라는 말이 기업체와 동일한 자금 상의 전제를 비영리기관에 부여하여, 지역사회에서 비영리기관만의 독특한 입지를 거부하는 것이라고 생각한다. 이는 타당한 비교가 될 수 있다. 그러나 비영리 부문에서도 '자본화(capitalizing)'를 더욱 강조해야 한다. 기부금 또는 운영 예비자금 회전의 기반을 단단하게 하여, 기관의 연간 자금이나 소득원이 일시적으로 고갈되더라도 지역사회의 요구를 기관이 지속적으로 충족할 수 있도록 해야 한다. 능력있고 관심있는 사람이 기부금 또는 운영 예비 자금에 막대한 금액을 투자하는 일은 기관의 강화뿐만 아니라 지역사회에서의 프로그램 또는 서비스의 지속을 보증하기 위한 수단으로 간주하여야 한다. 기관이 사람들의 욕구를 지속적으로 충족시킬 수 있는 능력을 극대화할 수 있을 것이다. 즉, 이는 지역사회의 안정화에 도움을 줄 것이다.
- 또 다른 사람들은 투자가 의미하는 바는 후원투자자가 운영상의 발언권을 더욱 원하며 기관의 이미지 개선을 바라는 것이라고 생각한

다. 따라서 이러한 생각은 몇몇 비영리기관의 운영자들을 불편하게 만든다는 것이다. 그러나 비영리기관의 관리자들은 지역사회의 투입을 환영해야 한다. 기관들은 금전뿐만 아니라 자신의 시간, 견해 및 아이디어를 제공코자 하는 현명한 투자자를 찾아야 한다. 이 모든 것이 진정한 의미에서의 기부인 것이다.

- 어떤 사람들은 투자에 따른 모종의 금전적 수익이나 회수가 있을 것이라고 생각한다. 최소한 한 기관이라도 투자 기회로 위장한 '대출 프로그램'에 착수하려 했다는 보도가 있었더라도, 이는 오해에서 비롯된 생각이다. 이렇듯 얄팍하게 감추어진 긴급 모금은 투자자로 하여금 현재 기부금을 제공하도록 할 뿐, 그 금액은 5년 후에 전액 반환해 주어야 하는 돈이다. 이 기부금은 전적으로 무이자 대출이었던 것이다. 비록 기부자에 대한 세제상의 혜택이 없어 자금 산출에서 실패했다고 비난받았지만, 더 중요한 비난 요인은 박애의 가치와 원칙이 결핍되었다는 데 있다. 이는 단지 기관에 이익을 가져다 준 것으로만 보이는 금융상의 거래였기 때문이다.

본 장에서 논의한 투자의 진정한 회수는, 투자가 지역사회에 영향을 미친 결과를 인식함으로써 강화되는 만족과 가치에 있는 것이다.

10. 요약

투자 태도는 비영리 부문을 요청자 입장에 가두어 놓는 통념 즉, 미국과 전 세계의 지역사회에 여전히 존재하는 통념을 흔들어 놓을 수 있는 잠재력을 지니고 있다.

[표 5.3] 성공적인 기부요청을 위한 10가지 핵심 사항

(Putting Away the Tin Cup이라는 제목의 워크샵에서 인용)

10. "신은 당신에게 두 개의 귀와 하나의 입을 주었다. 요청할 때에는 그 숫자가 가리키는 비율만큼 입과 귀를 사용하라."

9. "우리는 기부자를 만난 적이 있는데, 그들은 바로 우리 자신이다."

8. 결과, 결과, 결과!
   사람들이 도와주었다, 사람들이 도와주었다, 사람들이 도와주었다!
   고통을 감소하고, 인간의 잠재력을 향상시키는 일
   우리가 하는 일
   우리가 그것을 하는 이유

7. 마음 대 마음
   공개적인 질문을 통해 사람들의 가치를 밝혀 내라.
   (…… 에 대해 조금 더 얘기해 주십시오. 저희 기관에 대해 처음 어떻게 알게 되셨습니까?……지금 어떤 문제에 관심이 있으십니까……?)

6. 개인 대 개인
   당신 스스로가 관계를 구축하라. 약간 담소하라. 왜 연락했는지 설명하라. "모금은 접촉의 경기이다"는 말을 믿어야 한다.

5. 투자
   '기부'를 생각하지 말라. '기여'를 생각하지 말라. 기관과의 수동적인 관계를 의미하는 그 어떤 것도 생각하지 말라. 투자란 역동적인 것이다. 기부자는 가치의 수익을 얻는다. 당신은 "결과를 확신할 수 있다."

4. 사람들의 의견에 동의하라.
   사람들이 뭐라고 이의를 제기하든, 그것을 존중하고, 존경하라. 중시하

(계 속)

[표 5.3] 계 속

　라. 이해한다고 말하라. 하지만 그 사람들의 마음뿐만 아니라 자기 자신의 마음으로 되돌아가도록 노력하라. 다른 모든 이유보다도 왜 당신의 이유가 가장 중요한지 설명하라. 우리는 모두 같은 처지에 있는 사람들이다.

3. 먼저 당신 스스로 기부금을 내라.
　사람들은 당신의 기부금을 보고 자신의 기여를 결정할 것이다.

2. 핵심에 접근하라. 논지를 말하라. 구체적인 액수를 요청하라.
　그리고……
　성공적인 모금 기부요청에서 가장 핵심적인 사항은
　나이키 철학이다……

1. 해보자!(JUST DO IT!)

(Claire Axelrad, "Jewish Family and Children's Services", 샌프란시스코, 1993)

　투자 유치는 개발 주기의 상위 지점 즉, 개발 과정에 있어서 6단계 절차의 정점에 있는 것이다. 투자 유치를 위해서는 이사회와 직원이 그들 자신의 개발 협력 관계를 통해 가장 신중한 계획과 요청을 확실하게 실행해야 한다. 모금이란 접촉 경기이다. 멀리 떨어져서 투자를 유치할 수는 없다.

　[표 5. 3]은 어떤 기관에서 요약한 구걸 깡통(제2장)과 투자 주제(제5장)에 대한 내용이다.

　투자 유치의 틀과 과정은 자원봉사자와 직원에게 핵심적인 전략이자 기술이다. 지속적인 투자는 잠재적인 후원투자자가 투자 욕구를 자극하는 기관과 관계를 맺을 때에만 가능하다.

제6장
지역사회 투자의 자본화 : 연중 캠페인

개별적이고 제도적인 기부자들은 그들이 기부하는 기관을 강화시킬 정기적인 기회를 얻게될 때 참여적인 후원투자자가 된다. 후원투자자 기반을 구축하는데 일반적으로 사용하는 수단은 연중 캠페인과 자본 캠페인이다. 지역사회에 기반을 둔 모든 기관은 연중 모금 프로그램을 주기적으로 유지해야 하는데, 이러한 기관 대부분은 건물을 위한 자산이나 또는 한 차례 이상 영구 기금을 구하게 된다.

본 장에서는 연중 캠페인에 대해 검토할 것이다. 이러한 캠페인은 기관의 파트너가 될 수 있는 후원투자자 기반을 구축하려는 기관의 전반적인 목적과 관련이 있는데, 이는 기관이 프로그램과 서비스를 지속적으로 제공하기 위한 것이다. 제 7장에서는 이와 동일한 구성으로 자본 캠페인에 대해 설명할 것이다.

먼저 전반적인 자본화와 관련이 있는 연중캠페인과 자본 캠페인에 대해 개괄해 보고 비교해 보는 것은 가치 있는 일일 것이다.

1. 연중 캠페인과 자본 캠페인

각 캠페인의 구체적인 목적은 다르지만, 일반적인 목적은 동일하다. 즉, 기관의 자본화를 증진시키는 것이다. 자본화(capitalization)란 비영리 기관이 소득이나 기증을 통해 얻는 수입의 변화에 대처하고 건실한 프로그램과 서비스를 유지하기 위하여 충분한 양의 재정 자원을 창출하고 보유하는 것을 의미한다. 자본화의 증진은 연중 캠페인을 통해 성취할 수 있는데, 이러한 캠페인은 적절한 자본 흐름을 보증하여 현재의 프로그램을 부채 없이 지원할 수 있도록 한다. 자본 캠페인은 기금을 늘리거나, 새로운 시설의 확보, 보수 및 건설이나 필요한 장비를 구입하는 등 프로그램을 전달할 수 있는 전반적인 능력을 신장시키기 위한 목적으로 사용한다.

연중 캠페인에서는 주요 기부자들과 아울러 일반적인 기부자들이 기관의 소모성 프로그램을 해마다 지원할 수 있는 기회를 얻게 된다. 여기에서 연중은 1년에 한번을 의미하는 것이 아니고 1년 전체에 걸치는 활동을 의미한다. 모금 활동에는 우편, 전화, 이벤트가 포함된다. 연중 캠페인은 지역 사회에 대한 기관의 소명을 가시화 할 수 있다.

건물, 장비 또는 자산을 위한 자본 캠페인은 매우 드물게 이루어진다. 어떤 대학은 현재 10년에 한 차례 있는 정기적인 자본 캠페인에 착수했다. 영국과 서유럽에서는 자본 캠페인은 상대적으로 새로운 것으로 주로 교육, 예술 기관에서 수행하는데, 검증된 미국의 개발 관행을 자체 문화에 맞게 개조하여 활용하고 있다. 오스트레일리아와 뉴질랜드 및 몇몇 아시아 국가들의 경우도 숙련된 자본 캠페인을 수행해 나가고 있다.

캠페인을 위해서는 일반적으로 직원 증원, 외부 자문 및 지도부의 투입

[표 6.1] 연중 캠페인과 자본 캠페인의 차이점

	연중 캠페인	자본 캠페인
지속 기간	연중 계속 진행	제한된 기간(1~5년)
기부금의 원천	임의적인 소득	재산 또는 부동산; 소득
기부금의 범위	소액부터 거액	초기 단계에는 거액 강조 후기에는 소액부터 거액
초점	기존 프로그램의 지원	건물, 장비 및 자산
목적	기부자 확보·갱신 및 업그레이드, 현금 흐름 확보, 소명 의식 갱신, 투자자와 돈독한 관계 유지	건물·자산 및 장비에 대한 주요 자본화, 주요 개인과 기관을 후원투자자로 참여시킴

등이 필요하다. 이러한 요소들은 단기적이고 매우 집중적인 것으로서 이를 통해 기관의 전반적인 역량을 향상시킬 수 있는 탁월한 기회를 마련할 수 있다.

2가지 유형의 캠페인은 [표 6. 1]에서 제시하는 바와 같이 몇 가지 점에서 서로 차이가 있다.

1) 자본 캠페인과 연중 캠페인의 유사점

이러한 2가지 유형의 캠페인은 핵심 기금을 모금하는 것으로서, 기부자와의 관계와 투자 의식의 유지에 핵심적인 역할을 한다. 연중 캠페인에는 후원투자자가 관여하게 되는데, 이들은 지역사회에 대한 소명을 가시화 하는 역할에 참여하고 있다.

자본 캠페인에서는 기관의 장기적인 역량, 능력, 자원을 구축하는데 있어서 후원투자자가 중요한 역할을 담당할 수 있는 기회가 제공되기도 한다.

프로그램을 지속적이고 강력하게 유지하고(연중 캠페인), 자산 및 시설의 기반을 공고하게 할 때에만(자본 캠페인) 기관이 스스로를 매력적이고 박애적인 투자 대상으로 자리 매김 할 수 있는 것이다. 이러한 2가지 캠페인은 서로를 보완함과 아울러 후원투자자 관계를 유지하기 위한 기본 절차이기도 하다.

2. 연중 캠페인

연중 캠페인에 성공하기 위해서는 다음과 같은 6가지 주요 활동이 필요하다.

1. (비 개인적인) 직접 우편(direct mail) : 이것은 신규 기부자를 확보하기 위함이다.
2. (개별적인) 선별 우편(select mail) : 이것은 기부자를 갱신 또는 업그레이드하기 위한 것이다. 자원봉사자 그룹이 과거의 기부자나 잠재적 기부자에게 기부금을 요청하기 위해 저녁에 연락할 수 있는 전화 마라톤(phone-a-thons)을 하기 위한 수단으로 사용되기도 한다.
3. 개인 우편(손수 작성했거나 워드프로세서로 특별히 작성한 것) : 이것은 고액의 기부금을 개인적으로 요청하거나 직접 방문하기 위한 약속을 정하기 위한 것이다. 또한 개인 전화연락은 개인적인 서신에 뒤따르거나 기부금을 직접 요청하기 위한 것이다(서신을 발송한 후

에 기부금 요청을 위한 개인적 전화연락을 해야 한다.).
4. 대면 접촉 : 이것은 고액의 기부금을 요청하거나 또는 이사회 임원과 기타 기관의 특별한 후원자에게 기부금을 요청하기 위함이다.
5. 특별 이벤트 : 이를 통해 동역자 모집(잠재적/실제적 기부자와의 친밀한 관계 개발 및 기부안내)과 후원자 모금이 동시에 가능하다.
6. 재단 및 기업의 연중 기금 제공

3. 연중 캠페인 : 개발 및 모금

1) 직접 우편(Direct Mail)

　직접 우편이란 순수한 의미에서 표준화된 편지를 이용한 비개인적 접근 방식을 뜻한다. 현재 기관이 관계를 맺고 있지 않은 잠재적 기부자에게 보내기에 알맞은 형식이다. 이러한 편지의 목적은 새로운 기부자를 확보하여 기관과 관계를 맺도록 하기 위한 것이다.

　직접 우편에서 얻을 수 있는 수확은 일반적으로 적은 편이다. 1.5% ~ 2%가 만족스러운 답변을 보내고, 0.8% 정도는 보통 수준이다. 이러한 우편은 '냉담(cold)'하거나 또는 '친밀한(warm)' 유형의 목록에 오른 사람들에게 보낸다.

　이러한 목록은 기관의 독자적인 명단 데이터베이스나 유사 기관과의 교환 또는 우편 서비스로부터 임대받게 되는데, 명단에 실린 사람들은 박애주의 문제에 관심을 보이기 때문에 기관의 잠재적인 투자자가 될 가능성이 있는 사람들이다. 기관에서는 목록을 구매하려고 해서는 안 된다. 직접 우편을 통해 기부하려는 사람은 적기 때문에 98% 정도가 무반응일 수 있는 데이터베이스를 확보하려고 무리하는 것은 바람직하지 않다.

목록을 임대하는 경우, 기부하는 사람만이 기관의 데이터베이스에 포함될 수 있다. 다른 기관과 목록을 교환하거나 구매하는 경우, 이러한 목록은 잠재적인 것으로 간주하고, 이 후에 기부하는 사람을 기부자 명단에 포함시킨다. 잠재적 기부자 목록을 정기적으로 평가하여 수년 동안에 걸쳐 반응이 없는 사람의 명단은 삭제해야 한다.

서신 자체도 중요하다. 직접적인 마케팅 아이디어가 변해 가는 상황에서 가장 효과적인 형식은 짧은 문장과 넓은 공백, 주의를 끄는 산뜻한 표현 및 호소력 있는 청원이 담긴 편지이다. 편지를 작성하는 간단한 양식은 ① 심금을 울리고 ② 무엇이 문제인지 설명하며 ③ 그러한 문제에 대해 기관이 무슨 일을 하는지 밝히고 ④ 어떠한 방식의 도움이 필요한지 설명하는 것이다. 사용이 간편한 답장 카드와 봉투를 반드시 동봉해야 하며, 소책자나 기타 정보를 포함시킬 수도 있다.

직접 우편과 관련하여 밝혀진 결과에 따르면, 명단에 있는 사람들 중에서 기관 또는 기관과 관계를 맺는 개인에 대해 최소한이나마 알고 있거나 이들과 연결되어 있는 사람들은 기부를 할 가능성이 높다.

그렇지만 여기에도 예외는 있다. 예컨대 어떤 난민 재정착 지원 기관에서는 기부자의 기반을 구축하기 위해 2가지 목록을 마련했다. 하나의 명단은 회장이 소지한 주소록이었고, 다른 하나는 우수한 우편 취급소에서 임대한 목록이었는데, 이 우편 취급소의 경우 자체 데이터베이스에 모든 종류의 관심사를 다루고 있었다(난민, 아프리카, 종교, 노숙여부). 결과는 예상을 뒤집었는데, 회장의 주소록을 이용하여 얻은 응답(3%)보다 우편 취급소에서 임대한 목록에 의한 응답(5%)이 많았다. 회장 주소록에서 보낸 편지는 기부자를 확보하기 위한 우편물이었지만 소규모의 목록이었고(2천명), 양쪽의 목록에 있는 사람에게 보낸 편지에는 회장이 작성한 메모를 동봉하여 개인적인 성격을 띠게 했기 때문이다.

(1) 우편의 개인화

직접 우편의 성과를 높이는 방법 중 하나는 그것을 개인화 하는 것이다. 급속하게 성장하던 준농림 지역에서 새로이 개설된 병원 재단이 보낸 우편물은 기록적인 응답률 (22%)을 보였으며 3만8천 달러에 달하는 초기 기부금을 확보했는데, 이는 '추신 마라톤(PS-athon)'이라고 하는 단순한 기법을 사용함으로써 가능하였다.

20여 명의 자원봉사자가 오후에 찾아와서 3천장에 달하는 편지에 개인적인 메모를 작성했다. 호소력이 강한 내용을 인쇄한 편지에는 이미 그 재단에 관여하고 있는 4명의 시(市) 저명인사가 서명했다. 수많은 명단을 사용하여 라벨을 만들었는데, 추신 마라톤에 참가한 사람들은 명단에서 라벨을 선택하여 이를 봉투에 붙였고, "친애하는 회원 여러분(Dear Friend)"이라는 머리말 인사 대신에 "이름 또는 더욱 공손한 인사말" 문구를 손으로 직접 써넣었다. 여기에 추신을 첨가했는데, 이러한 추신에는 수신인으로 하여금 서명자와 이토록 훌륭한 새 기관에서 추신을 작성하는 사람과 협력하여 공사중인 병원의 건립을 지원토록 장려하는 내용이 담겨있었다.

결과는 만족스러웠고 재단이 견실한 기반에서 공사를 지속할 수 있도록 지원해 주었다. 우편물에는 기부자의 수준과 선택할 수 있는 기부금의 범위(25~500 달러)가 포함되었다. 대량의 우편물을 개인화하려면 요금별납 우편보다는 등기우편으로 보내는 것이 낫다. 비용이 더 들기는 하지만 결과가 이를 충분히 보상할 것이다.

(2) 기부자 확보에 따른 후속 조치

우편을 보낸 다음에 뒤따르는 조치가 중요하다. 기부금을 받은 후 24시간에서 48시간 사이에 감사편지를 보내는 일은 훌륭한 정책이다. 미국에서는 상품이나 서비스 기증에 있어서 기부자가 받을 수 있는 감세 혜택에 대한 미 국세청(IRS) 관련 내용을 편지나 영수증에 포함시켜야 한다.

그러나 이것말고도 또 다른 조치를 취해야 한다. 오랜 기간동안 기관들은 기부자가 보다 개인적인 관계를 맺을 수 있는가의 여부를 판단하는 수단으로서 내부적인 기부금 범위(100, 500, 1000달러)를 이용해 왔다. 이러한 범위의 수준에 따라 기부자에게 특별 행사나 리셉션에 참석할 수 있는 기회를 제공하거나, 그들에게 일반적인 영수증이나 편지와 함께 개인적으로 전화하거나 편지를 보내는데, 이를 통해 이사회나 직원들이 기부금에 대해 감사를 표시한다.

이러한 기관 내부의 분류는 어느 정도의 관계를 형성할 수는 있지만, 또 다른 측면에서는 일부 사람들을 실망시킬 수도 있다. 어떤 기부자들은 여러 해 동안 명단에 기재되어 있으면서도 개인적인 접촉을 하지 못해서 후원투자자의 역할을 못할 수 있다. 즉, 잠재적으로 거액을 쾌히 내놓을 수 있는 여러 후원투자자들이 명단에 사장되어서, 그들의 가치와 기관의 관계를 드러낼 기회를 얻지 못하는 것이다. 처음으로 기부금을 받은 후에 개인적으로 접촉하는 것은 기관과 기부자 모두에게 도움이 된다.

(3) 감사 마라톤(Thankathon)

'감사 마라톤'은 10여 년 전 한 대학가에서 시작한 것으로, 모든 기관에서 기부자 개발 기술의 중요한 기반이 되어야 한다. 감사 마라톤은 단지 기부자에게 감사하는 것 이상의 목적에 기여한다. 즉, 자원봉사자에게 기부금 요청과 관련이 없는 대화를 기부자와 함께 할 수 있는 기회를 제공하는 것이다. 이를 통해 자원봉사자는 더욱 편안하게 그리고 자원봉사의 의지를 더욱 증진시킬 수 있게 된다. 대부분의 기부금이 우편물을 통해 도착한 직후 감사 마라톤을 조직할 수 있다. 개발 위원회의 의장이나 회원은 다른 자원봉사자들이 참여하도록 조직화한다.

감사 마라톤에서는 지속적인 전화연락과 동일한 구조를 사용하는데, 많은 기관은 직접적인 모금을 위해 사용하거나 우편물 신청 이후 뒤따르는 조치이다. 성공적인 감사 활동의 핵심 요소는 동일하다. 의욕적인 자원봉사자, 전화를 걸 수 있는 적절한 장소, 과거의 기부 경력이나 참여한 자원봉사활동과 같은 관련 신상정보와 전화번호가 있는 명단, 그리고 자원봉사자나 직원 지도자의 관리감독.

감사 마라톤을 위해서는 중앙집중적 장소가 효율적이다. 즉, 기관의 사무실(충분한 수의 전화선이 가설되어 있는 경우), 이사회 임원이나 자원봉사자의 개인 사무실을 들 수 있다. 직원의 참여를 불문하고 자원봉사자에게는 최근에 기부금을 낸 사람들의 명단을 제공하여야 한다. 기관의 정책에 따라 자원봉사자는 기부금의 액수를 알거나 그렇지 않을 수 있다. 메시지는 전화 자동 응답기에 남겨 둔다. 접촉이 이루어지게 되면 그들은 호의적인 태도를 보일 것이다. 한편으로는 놀라면서도 또 다른 한편으로는 기뻐하면서, 여러 기부자들이 이러한 방문이 또 다른 기부금 요청인지를 물을 것이다. 물론 그 대답은 "아니오"이다. 이러한 방문은 최근의 기부금에 대해 감사하기 위한 것이기 때문이다. 기부자가 가벼운 대화를 하고자 하면 방문자에게 몇몇 질문들(기부자가 기관에 대해 아는 사항, 기부금을 내게 된 경위 등)을 준비시켜서 기부자에 대한 정보를 구축할 수 있도록 한다. 지속적으로 감사

방문을 하자 이러한 접촉에 감명 받은 기부자가 요청하지도 않은 기부금을 추가로 낸 경우도 있다. 또한 이러한 감사 마라톤을 통해 잠재적으로 거액의 기부금이나 부동산을 기부할 수 있는 기부자를 초기에 발견한 경우도 있다.

2) 선별 우편(Select Mail)

선별 우편은 기존의 기부자가 제공하는 기부금을 갱신하거나 업그레이드 할 때 사용한다. 기부자 개발에서 갱신과 업그레이드는 장기적인 관계 구축을 위한 핵심적인 단계이다. 이러한 편지는 개별화되어 있고("Dear Friend"라는 인사말이 없다), 갱신 또는 업그레이드 요청을 위해 전년의 기부금 액수를 표시한다. 문서작성 프로그램을 사용하여 편지를 개인화해야 하는데, 모든 프로그램 통계와 기부자 정보가 정확해야 하고 결과에 초점을 맞추어야 한다.

기부자는 전년에 기부한 기부금이 지역사회에 어떠한 영향을 미쳤는지 알고 싶어한다. 얼마나 많은 사람들에게 음식을 제공했고, 얼마나 많은 아이들이 혜택을 받았는지, 비평가들이 콘서트를 어떻게 평가했는지 등을 알고 싶어하는 것이다.

기부자는 또한 기관이 충족해야 하는 욕구의 정도를 알고 싶어한다. 얼마나 더 많은 노인들이 가정에서 음식을 필요로 하는지, 얼마나 많은 수의 가정이 육아 지원을 받아야 하는지, 얼마나 많은 수의 학교가 공연 또는 시각 예술 프로그램을 필요로 하는지 등에 대해 알고 싶어한다.

그러므로 기부자의 투자가 다른 사람들에게 미친 영향과 아울러 수혜자와 프로그램 참가자에 대한 프로필을 예를 들어 설명해야 한다. 함께 해결해야 하는 문제가 여전히 어렵더라도 긍정적인 내용으로 설명해야 한다. 사람들은 발전, 성공, 결과물에 투자하고 싶어한다. 애처롭거나 우울한 편지를 보내면 동정성 기부금을 얻을 수는 있겠지만, 스스로를 문제의 해결자로 정립하고 자신의 결과물을 보여주는 기관에만 진정한 투자가 이루어질 수 있다.

긍정적인 태도로 보낸 편지에 대한 반응은 강력하다. 후원투자자들은 스스로를 기관과 공동의 소명과 기회를 추구하는 파트너로 느끼게 된다. 그들의 투자가 효력을 발휘하는 것이라 생각하는 것이다. 이러한 단계에서 기부금의 갱신 및 업그레이드는 기관을 위한 기초를 형성하게 되는데, 단순한 모금의 단계를 넘어서 진정한 기부자 개발 및 관계 구축의 영역으로 나아가게 된다.

직접 우편과 선별 우편 모두에 있어서, 편지 발송 후에 아무런 기부금도 도착하지 않았다면 후속적인 요청 기술의 일환으로 전화 연락을 할 수 있다. 이것은 감사 마라톤이 아니다. 전화 연락은 전화 마라톤(phonathon)의 형식으로 수행되는데, 그 목적은 편지로 요청했으나 아직 응답하지 않은 기부자에게 기부금을 요청하기 위한 것이다. 기부금이 도착하는 경우, 선별 우편에 뒤따르는 조치는 직접 우편과 마찬가지이다. 적절한 영수증을 동봉한 편지와 감사 방문이다. 후자의 경우는 감사 마라톤을 통해서, 또 어떤 경우에는 이사회 임원이나 직원이 직접 방문할 수도 있다.

3) 개인 우편(Personal Mail)

(1) 개인적인 편지

개인적인 편지는 워드프로세서나 손으로 직접 작성한 것으로 매우 효과적인 요청 수단이다. 이러한 편지는 기존의 기부자에게 다음 단계의 요청 기법으로 보내거나, 어떤 경우에는 잠재적 기부자에 대해 잘 알고 있는 사람이 그러한 기부자에게 처음으로 접근하는 수단으로 사용할 수 있다.

손으로 작성한 편지의 영향력을 과소 평가해서는 안 된다. 워드프로세서로 작성한 편지에 직접 작성한 메모나 감사의 편지 등을 동봉한다면 그 효력은 더욱 상승할 수 있다. 오늘날과 같은 기술적인 시대에서 손으로 쓴 편지는 잊혀진 예술이 되어가고 있지만 워드프로세서로 작성한 편지보다 더욱 가치 있게 읽힌다. 후원투자자 개발 과정에서 손으로 작성한 편지나 메모는 고귀한 위치를 차지한다.

자신의 필체가 그리 좋지 못하다고 생각하는 사람도 워드프로세서로 작성한 편지에 단 몇 문장만 가필하면 훌륭한 것이 될 수 있다. 어떤 기관의 최고경영자(CEO)는 기회만 있으면 손으로 써서 메모를 작성한다. 이러한 메모를 받는 사람들은 그것을 게시판이나 위원회 바인더에 보관한다. 자원봉사자와 직원의 지도자는 기부자 관계를 구축하기 위한 기술에 이러한 아이디어를 포함시켜야 한다.

어느 대학 캠페인에서, 어떤 프로그램의 의장은 뛰어난 아마추어 사진가였다. 그는 개인적으로 사용하기 위해 사진이 담긴 메모 카드를 만들어 두었다. 대학에서는 그녀에게 정기적으로 특별히 주목하고 표창할 만한 자원봉사자와 기부자의 목록을 제공해 주었다. 그녀는 자신의 사진 카드에 손으로 쓴 메모를 작성했는데, 캠페인 기간 중에 200장 이상의 이러한 사진 카드가 자원봉사자와 기부자에게 발송되었다. 이에 대한 반응은 매우 긍정적이었고, 몇몇 자원봉사자와 기부자는 카드에 담긴 4″ x 6″ 사진을 액자에 넣었다고 말했다. 이렇듯 특별히 손으로 작성한 편지가 주는 관계 구축의 영향력은 자원봉사자의 보유와 기부자의 피드백을 통해 평가할 수 있었다. 수신인은 독특한 감사 편지를 받았다고 생각한 것이다.

(2) 권유 전(前) 편지

요청이 절박하지만 직접적으로 기부금을 요구하지 않는 편지를 '권유전 (presolicitation)' 편지라고 한다. 이러한 종류의 편지에는 어떠한 금액도 제시되지 않는다. 그 대신, 편지는 수신인이 동봉한 약식 자료를 읽어볼 것을 요청하고, 편지 작성인 또는 다른 사람으로부터 지정된 시간에 전화가 올 것이라는 것을 알린다.

이러한 유형의 요청에서 보이는 주요 양상은 알려준 기간 내에 후속의 전화연락을 해야한다는 사실이다. 다수의 잠재적/과거의 기부자들은 작성인이 편지에 기재한 전화연락, 기부금 요청 및 캠페인에 대한 논의가 이루어지지 않는 것에 대해 의아해 한다. 이러한 편지는 극도로 개인적이어야 하며, 전화할 사람의 서명이 들어가야 한다. 그렇지 않으면 다른 자원봉사자가 연락할 것임을 작성인이 밝혀야 한다.

개인적인 편지의 발송 결과로 기부금이 도착하면 적절한 편지와 영수증을 발송함과 함께 매우 사적인 전화연락을 해서 후속조치를 취한다. 이것은 관계 구축 과정에 있어서 미묘하고 중요한 단계로서, 직업적·개인적 기준에 따라 실행해야 한다.

4) 대면 요청(Face-to-Face Solicitation)

대면 접촉에 의한 기부금 권유는 투자자와의 관계를 재확인하고, 과거의 기부 행위를 강화할 때, 또는 열의와 성과를 공유하고 기관의 소명 수행에 있어서 기부자와 기관 사이의 협력 관계를 조성하는 데에 가장 성공적이고 그 효과가 입증된 방법이다.

이러한 유형의 권유를 대체할 만한 수단이 없다. 모든 기관은 이러한 방법을 이용하여 잠재적/과거의 기부자의 수를 해마다 늘리도록 해야 한다. 이를 위해서는 이러한 권유 활동에 참여할 의지와 능력이 있는, 훈련된 자원봉사자의 수를 늘려야 한다.

대면 접촉 방식으로 권유하기 위해 만난 잠재적/실제적 기부자의 기부금은 그 규모가 대단하다. 이러한 기부자들은 개인일 수도 있고 기업이나 재단의 대표자일 수도 있다. 요청 기술은 제5장에서 다루고 있다. 본 장에서 초점을 맞추는 것은 연중 모금 주기와 관계 구축에서 이러한 요청이 의미하는 중요성이다. 기부자를 돈독한 후원투자자로 발전시키고자 노력하는 기관에서의 대면 접촉은 주요 기부자, 기업 및 재단의 범위를 넘어서 다음과 같은 개인을 포함하게 되는데, 이들이 제공하는 기부금이 기관의 기부 수준 목록에서 '주요 기부자'에 속하느냐의 여부는 중요하지 않다.

- 모든 이사회 임원들과 이사가 아닌 주요 위원들
- 기부 역량과 관련하여 기관에 대한 중요한 관심과 투자를 보여주는 사람들
- 기관에 계획된 (재산)기부를 하는 사람들

이러한 사람들 모두는 기관의 주요 관련자들이다. 따라서 연중 대면 요청을 정중하게 해야 한다.

(1) 이사회 임원의 권유

다수의 기관들은 편지, 전화연락 또는 이사회를 통해서 이사회 임원 전체를 대상으로 기부금을 요청(group ask)한다. 바로 이러한 임원들이 밖으로 나가 다른 사람들을 직접 만나서 기부금을 권유하리라 기대하면서도, 정작 그 임원들을 직접 만나서 요청하지는 않는 것이다. 다수의 이사회 임원들이 대면 접촉 방식으로 기부 요청하는 것을 주저한다는 사실은 그리 이상한 일

이 아니다. 요청 활동에서 자신이 따라야 할 모델을 갖고 있지 않기 때문이다. 단순한 캠페인을 넘어서는 일은 이사회로부터 시작된다는 것을 잘 알고 있는 기관에서는, 이사회 임원들의 연중 기부 요청이 또 다른 모든 주요 요청 활동을 위한 기준이 된다. 회장과 이사장은 해마다 개별 임원들과 개인적인 만남의 기회를 가져야 한다. 이러한 모임에 대한 상세한 내용은 제9장에서 다룬다.

(2) 비주류 '주요' 기부자의 권유

모든 기관에서는 기부 역량과 관련하여 상당한 정도의 기부금을 내는 후원투자자가 있다. 이러한 사람들은 고정 소득으로 생활하면서 한 달에 25달러 또는 일주일에 5달러를 기부하거나, 자신의 재량에 비해 훨씬 인정 넘치는 거의 모든 소득에 달하는 액수를 연중 기부금으로 제공한다. 종종 이들은 노인들이거나, 과거에 있었던 모종의 서비스 또는 자원봉사 경험에 근거하여 기관에 참여 의식을 갖고 있는 사람들이다. 해마다 그들을 방문하여 감사의 표시를 하고, 기관의 프로그램에 대한 새 소식을 알려주며, 그들이 제공한 기부금이 기관에 얼마나 유용하게 사용되었는지 말해주면 우리 영역을 고귀하게 만드는 관계를 구축할 수 있다.

이따금 이러한 관계는 또 다른 특별 활동을 필요로 할 수 있다. 미국 암협회(ACS; American Cancer Society)의 어떤 지부에서는, 아내와 사별하고 가족 없이 도시 외곽의 농장에서 혼자 살고 있는, 협회에 오랜 기간 기부해 왔던 기부자가 직원에게 매일 아침 자신에게 전화를 걸어서 자기가 아직도 살아있는지 확인해 달라고 요청한 적이 있다. 임직원들은 요청을 받아들었다. 뿐만 아니라 이 노인이 사는 지역에 갈 때에는 자주 방문하곤 했다. 이러한 연락이 있은 지 약 2년이 지난 어느 날 아침, 그 노인은 전화를 받지 않았다. 임직원들은 그 지역의 소방서에 신고를 해서 농장으로 갔다. 확인해 본 결과 지난밤에 그 노인이 죽었던 것이다. 임직원들이 노인과의 약속을 지키지 않았더라면 그가 죽은 사실을 발견하는데 오랜 시간이 걸렸을 것이다. 노인의 재산은 어느 정도 수수한 규모였는데, 노인은 자신의 재산 전부를 ACS 지부에 남기고 죽은 것이었다. 이 유산은 향후 여러 해 동안 ACS 지부의 프로그램에 중요한 영향을 주었다.

(3) 계획된 기부금을 제공하는 사람들에 대한 개인적인 권유

이러한 접근방식은 기관에 장기적으로 공헌했던 사람들과의 관계를 강화하는데 도움이 될 것이다. 이들은 기관의 미래주의자라고 할 수 있다. 그들은 미래를 위해 현재로는 보이지 않는 프로그램과 사람들에게 투자했던 것이다. 계획된 기부는 신뢰의 행위이다. 이러한 기부금은 투자하는 기관이 건전하고 안정적이며 중요하다는 기부자의 믿음을 표시하는 것이다. 또한 이것은 충족해야 하는 필요의 중요성과 이러한 필요가 사라지지 않을 것이라는 사실에 대한 기부자의 믿음을 확인하는 일이다. 자신의 재산 계획에 기관이 포함되어 있음을 밝힌 기부자는, 비록 그들의 연간 지원액이 기관에서 특별하게 주의를 기울이는 목표하는 수준에 미치지 못한다 하더라도 주요한 기부자로 다루어야 한다.

기부금 액수의 규모와 상관없이 해마다 기부하도록 장려함으로써 계획된 기부금을 내는 기부자들을 기관에 관여시킬 수 있다. 이를 통해 관계를 장려하고 강화시킬 수 있으며, 재산 기부를 늘리거나 연중 기부 프로그램에 더욱 활동적인 참여를 유도할 수 있다. 모든 계획된 기부자들에게는 특별한 이유가 없는 한 연중 기부금을 요청해야 한다. 최소한 해마다 이들을 개인적으로 접촉하는 일은 중요하다. 연중 기부금을 제공받지 못했더라도 이러한 방문이 지닌 기부안내는 강력한 힘을 발휘하기 때문이다.

(4) 대면 요청에서 이사회의 역할

이사회 임원들은 대면 접촉 권유 활동을 적극적으로 조직하고 이에 일차적으로 참여해야 한다. 미국의 경우, 잠재적 기부자의 재정 능력을 반영한 기여에 대해 사람들과 직접적이고 편안하게 대화할 수 있으므로, 대면 접촉 권유가 더욱 일반적이고 편안한 수단으로 정착되고 있다. 그러나 서유럽과 같은 기타 지역에서는 재정 능력, 박애정신과 관련하여 여전히 개인의 사생활에 주안점을 두기 때문에 그러한 권유 활동은 그리 흔하지 않다. 정부 지원의 축소로 서유럽 기관들의 개인 기부금에 대한 필요가 증가하고 있으므로, 권유 패턴이 바뀌어야 한다. 박애 정신에 대한 교육과 그 이행에 수반되어야 하는 것은 재정 능력에 대해 언급을 금기시하는 관행을 완화시키는 일이다. 그렇게 해야만 적절하고 개인적인 권유 활동을 할 수 있는 것이다. 오스트레일리아와 뉴질랜드의 경우, 개인의 재산이나 능력에 대한 이해에 있어서 비교적 개방적인 태도를 보이고 있기는 하지만, 이러한 재산이나 능력에 대한 정보를 조사해야 하는 대면 접촉의 권유 활동은 여전히 주저하는 편이다. 기부자를 후원투자자로 발전시키는 과정에서, 기관의 바람보다는 기부자의 민감성에 초점을 두고 접근한다면 개인적인 권유에 대한 장애물을 줄일 수 있다.

5) 특별 이벤트

특별 이벤트를 통해 후원자와 기금을 함께 모집할 수 있다. 현재 진행중인 연중 프로그램 지원 기금을 모으기 위해 특별 이벤트에만 소모적으로 몰두하는 기관은 단순한 모금 이상의 것을 얻을 수 없다. 특별 이벤트는 기부자 확보를 위한 수단 중 하나이며(직접 우편과 더불어), 기부에 대한 안내 서비스를 수행하는 데에도 유용한 전략이 된다.

행사를 통해 상당액의 기부금을 모을 수 있다하더라도 ① 임직원이 소비한 시간과 기타 간접 비용을 포함한 이벤트의 실제 비용, ② 행사에 대한 후속 조치라는 2가지 요소를 신중하게 고려해야 한다.

지역사회의 구성원이 해마다 열리는 웅장한 무도회에서만 기관과 접촉하고, 그 외에는 어떠한 연락이나 정보도 받을 수 없다면 관계를 구축하는 기회는 상실되거나 축소된다. 이벤트가 개발 활동의 연중 주기 내에 위치하고 신중한 후속 조치를 취해야만 가치를 높일 수 있다. 다음과 같은 계획과 후속 절차는 특별 이벤트가 기관에게 제공하는 장기적인 가치를 제고할 수 있게 한다.

- 이벤트 계획에는 체크리스트나 질문표를 작성하여 시간, 금전상의 실제 비용, 이벤트와 기관의 소명과의 일관성, 이벤트에 할당할 수 있는 자원(자원봉사자, 직원 및 금전), 지역사회의 다른 이벤트 스케줄과 관련한 위치 등을 평가한다([표 6.2] 참조).
- 현실적인 예산을 책정하고 이를 고수한다. 예산을 신중하게 관리하지 않으면 이벤트 비용이 급속하게 증가할 것이다.
- 활동 계획을 작성하여 모든 업무와 과제를 신중하게 지정하고, 이벤트에 참여하는 모든 이가 이에 동의할 수 있도록 한다.
- 프로그램과 기관에 대해 설명하는 소책자를 이벤트장에 마련한다. 아울러 기관의 목표와 활동을 설명하는 사진과 기타 매체(비디오)를 마련해야 한다.
- 이벤트가 끝나면 참석자 명단을 검토하고 후속 조치를 강구한다. 최

[표 6.2] 이벤트 계획서 양식

본 양식은 자원봉사자가 (기관)의 이벤트를 계획하는 것을 보조하기 위한 것입니다. 특별 이벤트에 대한 아이디어가 있는 경우, 가능한 본 양식을 빠짐없이 작성하여 사무실에 제출하여 주시기 바랍니다. 감사합니다.

I. 이벤트에 대한 설명 :

II. 이벤트의 목적 - 평가 가능한 용어로 작성:
   II.a. 관 객 :

III. 이벤트의 계획 일자 :
   ____ 나는 (우리는) 다음 일정표에 따라 이벤트 일자를 확인했습니다 :

IV. 이벤트 개최자 : _____

	자원봉사자의 수/ 필요시간	임직원의 수/ 필요시간
V. 위원회 :		

계획/감독
  의장 :

재정 보증/후원
  의장 :

광고 : 프로그램 인쇄본의 광고 판매
  의장 :

인쇄/우편
  의장 :

홍보/미디어
  의장 :

티켓 판매
  의장 :

(계 속)

[표 6.2] 계 속

| | 자원봉사자의 수/
필요시간 | 임직원의 수/
필요시간 |

프로그램/오락
　의장 :

재정/예산/기록
　의장 :

음식/주류
　의장 :

물류보급: 장치, 장식, 청소
　의장 :

Ⅵ : 계획 시간표 – 이벤트 요일 및 날자 : _____

이벤트 3개월 전 : _____
　활　동 : 　　　　　　　　　　(활동 최종 기한)

이벤트 2개월 전 : _____
　활　동 :

이벤트 1개월 전 : _____
　활　동 :

이벤트 3주 전 : _____
　활　동 :

이벤트 2주 전 : _____
　활　동 :

이벤트 1주 전 : _____
　활　동 :

(계 속)

[표 6.2] 계 속

이벤트 전날 : _____
  활 동 :

이벤트 당일 : _____
  활 동 :

후속 조치 : _____

본 이벤트에 대해 최소한 두 개의 잠정적인 '구제조치' 일자를 표시하십시오. '구제조치' 일자란 계획한 대로 이벤트를 진척시키기 위해 반드시 수행해야 하는 업무의 최종 기한을 의미합니다. 이러한 최종 기한을 지킬 수 없는 경우, 손해를 줄이기 위해 이벤트의 변경, 연기 또는 취소를 고려하십시오.

VII : 계획 예산

항목	기획/추정액	실제액
	(회사 입찰에 근거한 추정비용)	
비　　용 :		
시설 비용	$_____	$_____
시설 예비비용	$_____	$_____
장비 임대	$_____	$_____
문구/초청장	$_____	$_____
인쇄	$_____	$_____
우편 요금	$_____	$_____
사진	$_____	$_____
소모품	$_____	$_____
식비	$_____	$_____
간식비	$_____	$_____
주류	$_____	$_____

(계 속)

[표 6.2] 계 속

장식	$_____	$_____
중앙부 장식/화환	$_____	$_____
참가상/상품	$_____	$_____
표창/선물	$_____	$_____
보안	$_____	$_____
교통	$_____	$_____
보험	$_____	$_____
기타	$_____	$_____
임시비용 ___%	$_____	$_____
총비용 :	$_____	$_____

수입:	기획/추정액	실제액
참석/티켓 판매	_____×$_____=_____(#)	
	$_____	

현금 후원/기증
1. $_____
2. $_____
3. $_____
4. $_____
5. $_____

총수입	$_____	$_____
총비용	$_____	$_____
순수입	$_____	$_____

종별 기증
  1.   6.
  2.   7.

(계 속)

[표 6.2] 계 속

3.   8.
4.   9.
5.   10.

다음 사항에 반드시 표시하십시오:
☐ 주류 허가증   ☐ 주차   ☐ 장애인 접근성
☐ 보험   ☐ 아동 보호   ☐ 비상 조치

(개발자: 리사 C. 베네트)

소한 지속적인 감사활동을 하여 개별 참석자들에게 감사를 표시하고 (확실한 경우), 순모금 액수와 이것이 기관과 지역사회에 미칠 영향에 대해 설명한다.

· 모든 참석자에게 메모가 첨부된 기관의 소식지 사본을 발송한다. 여타의 기관 활동에 대해 1년 내내 그들에게 알려야 한다.

· 다음 번 우편물 발송을 위해 참석자의 이름을 잠재적 기부자 명단에 추가한다.

· 처음으로 우편물을 보낼 때에는 특별한 '자원봉사 활동 기회'에 대한 삽입 문서나 별도의 우편물을 보낸다. 캠페인 이외의 기관 프로그램에 관한 소책자를 이벤트장에 배치하지 않은 경우 이를 포함시킨다.

6) 재단 및 기업

일년 단위로 기부금을 요청하고, 많지는 않지만 정기적인 지원이 가능한 한도에서 재단과 기업의 모금을 연중 모금 범주에 포함시킨다. 자본 캠페인

이나 기타 특별한 목적(막대한 금액을 기부하는 개인 기부자와 같이)과 관련이 있는 대기업이나 재단의 기부금은 이러한 범주에 포함되지 않는다. 그렇지만 일년 단위의 연락을 통해 구축한 관계는 더욱 많은 금액을 요청하는 바탕이 된다. 간혹 기업 기부금은 그렇지 않지만 직원 기부금은 일년 단위로 제공되는 경우가 있다. 적절한 기부금을 제공하는 기업은 인정받아야 마땅하며 지속적인 관계를 유지해야 한다.

기업 및 재단의 대표와 년 단위의 관계를 유지하는 일은 후원자 개발에서 중요한 단계이다. 기관에 기부금을 제공하지 않는 해일지라도 과거에 기관의 자본화에 중요한 역할을 했던 제도적 투자자들에게 연락하고 기부 안내를 제공해야 한다. 더 많은 액수의 캠페인을 계획하고 실행하거나, 일반적인 캠페인이나 또는 자본 캠페인을 하기 위해 지역사회 자문단을 조직하는 경우에, 앞에서 언급한 관계는 훌륭한 자원이 될 수 있다. 제도적/개인적 기금 제공자가 기관에 제공하는 금전만이 가치 있는 것이라는 인상을 받게 해서는 안 된다. 그들의 견해와 피드백 역시 중요하다고 생각하게 해야 한다. 또한 그들이 제공하는 기부금의 영향에 대해서도 잘 알고 있어야 한다.

기관은 기금을 제공한 기부자에게 다음과 같은 식의 성과를 알려야 한다. 기아돕기 프로그램에서 음식을 제공받은 사람들의 수, 문제 학생의 퇴학 감소 경위, 새로운 의료 장비의 사용으로 얻게 된 치료상의 획기적 약진 등이 그 예이다. 기부금의 영향과 기부금 관리 방식에 대해 기부자가 만족하는 경우, 그들은 계속해서 기관을 지원할 것이다.

성과보다는 필요에 초점을 맞추는 기관이 지닌 통념은, 최근에 상당액을 기관에 기부한 기부자에게 다시 찾아가는 일은 좋은 생각이 아니라고 간주하는 것이다. 이렇듯 필요에 초점을 맞추게되면 기부금 요청을 위해 기부자를 다시 찾을 때 사과를 하게 된다.

성과에 초점을 맞추면 지역사회에서 큰 효력을 발휘하는 프로그램에 기부자가 다시금 투자할 수 있도록 그들을 끌어들일 수 있다. 모금 활동에 새로운 에너지와 활력을 불어넣을 수 있는 것은 바로 후자의 접근방식이다. 단순한 모금 활동을 넘어서 공고한 개발 관행을 실행하고 있는 기관에 대해서도 마찬가지이다.

(1) 연중 모금 활동의 주기

연중 모금은 기관에 활력을 불어넣을 수 있어야 한다. 신중하게 계획한 모금 일정은 자원, 필요, 잠재적 시장의 평가(제11장 '계획의 효과' 참조)를 반영해야 하고, 현재의 프로그램 지원 요건을 충족시킬 수 있는 현금의 정기적인 유입이 가능하도록 시기를 맞추어야 한다. 이를 위해서는 개발 직원이 연중 모금 목표를 설정해야 하는데, 이것은 비교적 큰 예산 범위 내에서 신중하게 결정된 액수여야 한다.

시즌이나 티켓 수입에 의존하는 예술 기관 또는 정부로부터 정기적으로 보조금을 지원 받는 기관의 경우 현금의 가용성이 감소하는 기간이 있다. 연중 기금이 맡는 중요한 역할은 수입이 부족한 기간에 필요 기금을 모금, 충당한다는 점이다.

기관은 연중 모금 일정을 개발해야 하는데, 여기서는 소득 및 기부된 수입의 현금 흐름이 균형을 맞출 수 있는 방식으로 연중 모금 활동을 적절히 계획해야 한다. 프로그램, 행정, 개발 직원은 이러한 연중 계획을 지침으로 삼아야 한다. [표 6.3]에서는 공연 예술 기관의 모금 일정을 예로 제시하고 있다. 이것은 자원봉사자를 포함하는 모금 관리 도구이며, 또한 현금 흐름을 예상하여 관리할 수 있는 도구이다.

[표 6.3] 연중 모금 주기의 예 : 공연 예술 기관

연중 모금	수입
1월 연말 요청에 뒤따른 후속 전화연락	리사이틀
2월 새로운 모금 활동 없음	입장권 판매
연말 기부금에 대한 감사 마라톤	제3회 연주회
재단의 지원금	
3월 춘계 우편물 발송 3/26	기부서약 갱신 시작
4월 춘계 우편물 응답	기부 갱신
기업 기부 운동	
5월 자원봉사자 춘계 전화연락	텔레마케팅 회사에 의한 갱신 정리
정리	입장권 판매
개발 위원회에 의한 기업 정리	폐막 연주회
춘계 기부금에 대한 감사 마라톤	
6월 연중 주요 기부자 모금 캠페인	없음
이사회 권유 활동	
7월 감사 마라톤	7/4(독립기념일) 야외 음악회
새로운 (수입) 활동 없음	
8월 연구 및 계획된 사업제안서 제출	신규 기부자 모집 전화
9월 추계 우편 발송	신규 기부자 모집 전화
	입장권 판매
10월 추수감사절 무도회 이벤트	입장권 판매
	개막 연주회
11월 추계 우편물에 대한 전화연락 정리	입장권 판매
2차 주요 기부 요청	제2회 연주회
추수감사절 무도회에 대한 감사 마라톤	
12월 진행중인 모든 요청 활동의 정리	휴일 연주회 입장권 판매
자원봉사자로 참여한 젊은 음악가들의	
전화연락을 통한 감사 마라톤	

(2) 지역사회 투자의 자본화를 위한 연중 모금 일정의 활용

기부 또는 캠페인을 실시하여 주요한 금액을 기관에 정기적으로 주입시키는 일이 자본화라고 여겨지지만, 연중 기금 역시 장기적인 자본화의 중요 요소로서의 기능을 담당한다. 연중 모금이 빈약한 기관은 비록 기부금 지원이 강력하다고 할지라도 연중 또는 축적된 적자로 보유자본을 서서히 감소시키게 된다.

미국의 여러 교향악단들은 연간 소득이 치솟는 비용을 감당하기에는 역부족이었기 때문에 그 운영에 실패했다. 기부금에 손해를 입혔고, 결국은 문을 닫게 되었다. 이 중 몇몇은 다시 조직되었지만, 이렇듯 중요한 문화자원은 일시적인 소멸도 지역사회에는 큰 손해를 끼치게 된다. 더구나 정기적인 연중 및 수시 모금 프로그램을 통해 이러한 교향악단을 유지시켰던 후원투자자는 새로운 기관에 기부금을 계속 제공하는 것을 주저하게 된다. 기부금을 제공하더라도 예산, 기부, 일반적인 경영에 대해 모종의 제한을 가한다.

연중 모금에서는 핵심적인 후원투자자가 그들의 투자를 보호한다는 사실을 지침으로 삼아야 한다. 주요한 개인 기부자가 기부 또는 자본 제공에만 참여하고 싶다고 구체적으로 밝히지 않는 한 이들을 연중 모금에 포함시켜야 한다. 기업이나 재단을 포함한 어떤 제도적 기부자들은 자본 모금과 더불어 연중 모금에도 참여할 것이다. 이들이 점진적으로 후원투자자로 발전하면서 기관 내의 다양한 기회에 대한 요청에 응할 것이다.

어느 컴퓨터 회사의 지역 연구 시설은 지역의 아동 기관과 기부자 관계를 맺었다. 이 회사가 제공한 연중 기부금의 액수가 많은 것은 아니었으나 지속적이었고, 아동 기관은 훌륭하게 기부자 안내서비스 역할을 해주었다. 아동 기관은 주간치료학교를 위해 상당량의 도서를 구입하였다. 그러나 서적과 공급물품을 위한 기금은 모두 그 해에 다 사용되었다. 개발 이사가 컴퓨터 연구소에 전화를 걸어 그녀와 친분이 있는 사람과 그에 대한 얘기를 나누었고, 그는 그녀를 노조에 소개시켜 주었다. 노조는 아동 기관의 프로젝트에 관심을 보이게 되었다. 지역사회와 사회 활동을 위해 근로자 기부금으로 모은 액수는 3천 달러였고, 이것으로 아동 기관은 도서를 구입할 수 있었다. 다음 해에는 컴퓨터 데이터베이스가 마련되지 않아 이에 대해 또 다시 개발 이사는 노조 대표와 상의하였는데, 이번에는 데이터베이스의 전산화에 근로자들이 시간을 기부할 수 있는가에 대해서였다. 노조에서는 기꺼이 도와주겠다고 했고, 그 프로젝트에 500여 시간을 제공했다. 그 해가 끝나갈 무렵, 아동 기관은 이들 근로자를 위해 특별 리셉션을 열었고, 이 자리에서 근로자들은 교사들을 만났으며 그들이 과거에 제공한 기부금으로 혜택을 입은 학생들을 접할 수 있게 되었다. 이러한 관계는 15년이 지난 지금까지도 계속되고 있다.

4. 기부자에게 복합적인 기부 기회 제시하기

일년 내에 복합적인 기부금을 얻고자 하는 경우, 이 때에는 접근방식이 중요하다. 성취 결과와 충족시켜야 하는 지속적인 욕구에 대한 정보를 항상 후원투자자에게 알린다면 그들은 기꺼이 이러한 요청에 응할 것이다.

요청 활동은 프로그램의 우선권과 성과를 반영해야 하며 단순히 모금 목표만을 반영해서는 안 된다. "금년에 저희의 연간 모금 목표는 7만 5천 달러입니다. 저희는 이 목표를 달성해야 합니다. 이를 위해서는 귀하께서 도와주셔야 합니다. 100달러의 기부금을 연중 기금으로 저희에게 제공해 주시면 감사하겠습니다"는 식의 권유 편지는 핵심을 벗어난 것이다. 사람들은 연중 모금에 투자하는 것이 아니라 기관에 투자하는 것이기 때문이다. 기관이 지역사회 투자의 수단인 것처럼 연중 모금은 기관 투자의 수단일 따름이다.

'연중 기금'은 내부적인 회계 및 기능상의 명칭으로서, 이것은 실제로 현재의 프로그램 지원을 위한 모금 수단일 뿐이다. 이 말은 기관의 회계연도에 따라 추진되는 모금을 의미하는 것이지, 기관이 충족해야 하는 외부적 필요를 가리키는 것은 아니다. 스탠포드(Stanford) 대학에서는 1980년대에 센테니얼 캠페인(Centennial Campaign)을 성공적으로 마무리한 후에 '연중(Annual)'이라는 단어를 삭제하였다. 현재 기부자들은 스탠포드 기금(Stanford Fund)에 참여하고 있다.

이러한 명칭의 변경은 그것이 아무리 사소하게 보일지라도 강력한 효력을 발휘한다. '연중'이라는 단어를 삭제함으로써 기금에 영구적인 의미를 부여할 수 있고, 대학의 전반적인 자본화 및 안정을 위한 하나의 요소로서 적절한 역할 부여를 할 수 있는 것이다. 또한 '연중'이라는 단어를 삭제함으로써 지속적으로 복합적인 기부 기회에 초점을 맞출 수 있게 된다. 이를 통해 기부자는 자신이 제공한 기부금의 규모와 빈도에 대해 더욱 잘 알 수 있게 된다. 이들은 더 많은 액수를 기부하거나 더욱 자주 기부할 수 있을 것이다.

기관과 관계를 맺게 된 잠재적/실제적 기부자들은 다소 통합적인 관점으로 기관을 바라보게 된다. 연중 기금, 자본 캠페인, 기금 등은 그들이 신뢰하는 프로그램에 기부할 수 있는 수단이다.

기부자들은 고품질의 프로그램을 제공하는 오케스트라, 학교에 대한 헌신적인 교육적 봉사활동, 응급 및 요양 시설로 지역사회에 훌륭히 봉사하는 병원, 음식과 교우관계를 제공하는 노인 급식 프로그램, 부모들이 걱정하지 않고 근무하거나 학교에 다닐 수 있도록 하는 아동보호프로그램을 보고 있는 것이다.

이러한 프로그램의 기반을 이루는 가치를 공유하는 사람들은 프로그램을 제공하는 기관에 투자한다. 기부된 수입을 기록하고 기부자를 분류하기 위해 다양한 종류의 자금에 표시하는 내부적인 분류체계에 그들을 억지로 집어넣으려고 하면 기부자들을 혼란시키는 격이 된다.

기부금의 규모와 빈도에 따라 후원투자자를 찾아내는 일은 중요하지만, 이러한 분류 방식은 내부적인 용도로만 사용하는 것도 역시 중요하다. 다음의 예는 이를 잘 설명해 준다. 200달러를 기부한 어떤 사람이 기부금 접수 여부를 확인하기 위해 비영리 기관에 전화를 걸어서 직원과 얘기하고자 했다. 전화를 걸고 나서 잠시 후에 어떤 여성에게 연결되었는데, 그녀는 자기가 '중급 기부자'를 관리하는 사람이라고 밝혔다. 기부자는 모욕감을 느꼈고 그 기관에 더 이상 기부하지 않게 되었다.

5. 성공적인 연중 캠페인의 요소

1. 이사회의 지도력. 성공적인 모든 자본 캠페인에는 이사회와 지역사회의 지도력이 있어야 한다고 간주되지만, 연중 캠페인은 종종 직원들이 주도해 나간다. 모든 모금 활동이 이사회와 직원간의 협력 관계를 통해 이루어져야 하지만, 지역사회에서의 가시적인 지도력은 이사회에서 보여 주어야 한다. 기관이 단순한 모금 활동을 넘어설 수 있게 하는 장기적 관계의 구축은 연중 기금에 대한 이사회의 지도력에서 출발한다. 연중 기금 이사회 및 기타 지역사회 구성원은 직원과 협력하여 캠페인을 위한 과정을 설계하고 실행해야 하는데, 여기에

포함되는 것은 잠재적 기부자 명단의 검토, 목표의 확인, 권유 팀의 확보, 잠재적 기부자에 대한 전략 개발, 권유 할당에 대한 후속 조치, 캠페인의 성공적인 마무리 등이다.

2. **자원봉사자 팀의 참여.** 이러한 팀에는 이사회 임원뿐만 아니라 기관에 투자한 지역사회의 구성원(과거의 이사회 임원, 헌신적인 기부자)도 포함된다. 권유자에 대한 잠재적 기부자 할당은 자원봉사자 팀의 참여 속에 이루어져야 한다. ① 할당된 잠재적 기부자와의 100% 접촉, ② 특정 모금 활동을 위해 설정된 시간 내에서 100%의 전화연락 완료, ③ 각각의 팀이 모금할 기부금의 최소 액수 등과 같은 3가지 목표는 팀을 고무시킨다. 예를 들면, 추계 연중 요청액의 목표가 10만 달러이고 5개의 팀이 있는 경우, 각 팀의 최소 모금 목표는 2만 달러이다. 접촉 및 완수를 위한 목표가 정립되어 있으므로 할당된 명단에 있는 사람들 모두와 접촉할 수 있으리라고 기관은 확신할 수 있게 된다. 기부금 액수의 목표에만 초점을 두면 팀이나 개인이 그들의 최소액을 확보한 후에는 더 이상 나머지 잠재적 기부자에게 연락하지 않게 된다. 중요한 것은 위의 3가지 목표를 모두 설정해야 한다는 사실이다. 팀끼리의 우호적인 경쟁과 목표 성취에 대한 인식이야말로 각 팀이 모든 접촉을 완수할 수 있도록 박차를 가하는 수단이 된다.

3. **계획.** 전반적인 개발 계획의 일환으로서 연중 모금 활동을 계획하는 일은 매우 중요하다. 이러한 계획은 지난해의 과정과 성과에 대한 분석에 근거해야 한다. 계획에서는 현실적이나 어느 정도 부담스러운

목표를 설정하고, 캠페인과 관련하여 이미 알려진 잠재적 기부자와 목표에 근거한 기부금 범위 도표를 제공해야 한다. 또한 잠재적 기부자의 확보와 기존 기부자의 갱신 및 업그레이드를 위한 전략을 포함해야 하고, 기관의 수입 또는 보조금 주기에 핵심이 되는 연중 캠페인의 다양한 구성 요소에 대한 확고한 시간 범위를 설정해야 한다. 아울러 이러한 시간 범위 내에서 자원봉사자와 직원의 지도자가 성공적으로 소명을 완수할 수 있도록 목표를 제시해야 한다.

4. **현실적이지만 어느 정도 '부담이 되는' 목표.** 연중 캠페인을 기관의 자본화 증진 수단으로 간주하는 경우, 현실적이지만 기관의 기부자와 자원봉사자에게 어느 정도 '부담이 되는' 연간 목표를 설정해야 한다. 기관은 해마다 더 많은 기부자와 기부금을 필요로 한다. 예산 책정 과정에서 연간 기금 목표액은 종종 개발 직원과의 적절한 상의 없이 설정된다. 그 목표는 '플러그(plug)' 역할을 하게된다. 즉, 계획되거나 착수 중인 수입, 기금 또는 자본 기금으로 충당할 수 없는 어떠한 비용도 연간 기부 목표액으로 채우려 하는 것이다. 목표액이 너무 거대한 경우, 기관은 한해 동안 비용을 삭감하거나 기부선을 다시 조정해야 할 운명에 처할 수 있다. 연중 모금를 통해 산출해야 하는 액수를 과장하는 일이 해로운 것과 마찬가지로, 해를 거듭하면서 어떠한 도전적인 증액도 제시하지 않는 지나치게 조심스러운 접근방식도 해롭다. 개발 관리자가 예산 책정 과정에 참여하고, 자원봉사자의 지도자가 인센티브와 격려를 제공하고 연락을 취하여 더욱 야심적인 목표를 달성할 수 있다고 직원들을 확신시킬 때 이러한 문제를 해결할 수 있다.

5. 신중하게 작성한 잠재적 기부자 명단. 해를 거듭하면서 잠재적/실제적 기부자의 명단을 개정, 평가, 확장, 정리하지 않은 상태에서 연중 캠페인을 시도하면 기관의 내부·외부에 문제가 발생하게 된다. 즉, 캠페인을 실행하기 어렵게 되는데, 이것은 명단과 할당 작업에 결함이 있기 때문이다(1회 이상의 요청을 받을 수도 있고, 사망한 배우자에게 편지가 배달되거나, 과거에 제공한 기부금에 대해 감사편지를 받지 못한 경우). 과거 그리고 장래 기부자들은 기관의 시스템이 혼란스럽다는 인상을 받게 된다. 이는 전반적으로 기관의 불명예를 초래하게 된다. 명단 관리는 연중 계속해야 하는 업무이며, 그 가치는 연중 모금 프로그램을 실행할 때 가장 명백하게 드러난다. 캠페인에 성공하기 위해서는 후원투자자 기반을 정확하게 유지해야 한다. 정확한 기록을 유지하고 기부자 개발의 진로를 관찰하기 위해서는 컴퓨터화된 기부자 파일관리 시스템이 필요하다.

6. 투자 기회라는 연속체에 모든 기부자를 포함시키는 전략·기관들은 너무나도 흔히 '연중' 캠페인과 '자본' 캠페인을 따로 구분하려고 한다. 즉, 매우 강력한 방식으로 통합할 수 있는 하나의 연속체로 간주하지 못하는 것이다. 이러한 통합에 의해 돈독한 관계를 구축할 수 있고, 기부자는 특정한 기금 제공이 아닌 기관에의 투자라는 관념을 지니게 된다.

　연중 캠페인을 계획함에 있어서 모든 잠재적 후원투자자들을 나열하고 분석해야 한다. 해를 거듭하면서 동일한 기부자에 대해 상이한 접근방식을 취할 수 있는데, 이것은 지난해의 기부금, 기부자의 관심사, 기관에 대한 기타의 투자(예정 기부금 또는 특별 기부금 등), 개인의 특정 환경 등에 기반을 두어야 한다. 어느 해에는 연중 기부 프로그램을 선도하기 위해 5천 달러의 기부금을 기부자에게 요청할 수 있다. 그 다음 해에는 같은 기부자에게 전반적인 기부금 액수를 늘려 달라고 요청할 수 있는데, 이는 기부금의 일부를 현재의 프로그램 지원을 위한 무제한 기금에 할당하고 다른 일부는 특정 자본 필요에 할당하는 식으로 할 수 있다. 또 그 다음 해에는 동일한 기부자에게 기부 또는 자본 캠페인에 지도자 기부금을 낼 것을 요청하고 현재의 프로그램 지원에는 그리 많지 않은 액수만을 요청할 수도 있다.

기관이 자체의 내부적인 모금 부문에만 갇혀있는 경우, 기관의 활동범위와 영향을 드러내는 다수의 모금 기회에 기부자들을 창조적으로 관여시킬 수 있는 좋은 기회를 놓치는 경우가 있다.

7. **교육훈련과 성과 소식으로 자원봉사자를 격려한다.** 이사회 임원들은 캠페인에 참여하기를 주저하는데, 요청과정(제2장 참조)을 불편하게 여기기 때문이다. 현재의 프로그램 지원을 위한 캠페인이나 자본 캠페인에 성공적으로 참여하기 위해서는 교육훈련이 필요하다.

교육훈련은 모든 이사회 임원들이 전화연락이나 대면 접촉을 보다 편안하게 느낄 수 있도록 돕는다. 여기서는 개발과 모금의 철학과 전략 및 기술을 다루어야 하고, 요청 자체를 연습할 수 있어야 한다. 자격을 갖춘 이사회 임원, 개발 직원 또는 외부 컨설턴트가 교육훈련을 실시한다. 가장 효과적인 교육훈련이 되기 위해서는 자원봉사자가 실제로 새로운 기술을 사용할 때에 즈음하여 실시하는 것이다. 그렇지 않으면 정보 보유력이 떨어지게 된다.

모든 교육훈련 기간은 정보, 동기 부여, 고취의 3가지 목표를 지침으로 삼아야 한다. 고취는 성과 소식을 듣는 데서 온다. 최소한 15분, 가능하다면 30분 정도 기관의 프로그램과 서비스를 통해 혜택을 받는 사람들이 그들의 생활과 지역사회에 끼친 기관의 영향에 대해 이사회와 자원봉사자에게 발표하도록 한다. 이것은 직원이 발표하는 프로그램 보고가 아니다. 사회, 의료, 복지 서비스, 종교, 교육 기관 등의 경우, 한 개인(또는 개인의 가족, 고용주, 동료 직원)의 발표는 마음에서 우러나오는 것이고 매우 설득력이 있다. 이것은 밖으로 나가서 기금 요청을 해야 하는 이사회 임원들에게 영향을 준다. 예술 및 문화 기관의 경우, 학교 내 프로그램 또는 안내원이 동반한 견학을 통해서 이루어지기도 하는데, 자신의 학급이 혜택을 받은 교사들이나, 비영리 기관의 일원이 된다는 일이 무엇을 의미하는지에 대해 열정적으로 설명할 수 있는 공연 예술가 또는 시각 예술가가 이러한 역할을 할 것이다.

기관의 행정, 사업, 프로그램 담당 직원은 정보를 제공할 수 있는 최상의 위치에 있다. 최고경영자와 '기관/오케스트라/학교/병원의 현황'에 대해 논의할 계획을 세우도록 한다. 그 다음 기관에 대해 생생한 통계 자료를 제시하는 재정 및 프로그램 설명회를 가져야 한다. 이사회 임원은 이러한 정보를 자신의 옹호 활동과 모금에 사용할 수 있다. 연말 재정 결과, 서비스 또는 청중 수준, 이미 충족되었거나 앞으로 계속 충족해야 하는 지역사회의 욕구에 관한 현황보고서를 제공해야 한다.

지역사회의 저소득 지역에 사는 아동에게 견학 서비스를 제공하는 기관은 모금 소책자의 제목을 다음과 같이 설정하였다. "대기자 명단에 미국의 희망이 있습니다." 그리고 계속해서 기관이 다루는 문제를 기록해 나갔다. "금년에 저희 기관은 120명의 아동과 함께 하여 독서력을 상당한 정도로 높였습니다. 그러나 여전히 65명의 아동이 대기자 명단에 올라 있습니다. 내년에는 이러한 대기자 명단을 없애고자 합니다." 이러한 종류의 정보는 이사회 임원이 지원 사례를 발표하거나 어려운 질문에 대답할 때 자신감을 고취시킬 수 있다.

자료가 명확하고 문서로 적절히 작성되었는지 확인해야 한다. 정보 부문은 중요하다. 이것은 자원봉사자의 알고자 하는 욕구를 만족시키고, 지역사회에서 기관이 충족시키고자 하는 욕구를 검증하기 위한 견실한 자료를 제공한다. 하루 종일 교육훈련을 실시하는 경우, 참여자가 이러한 정보를 설명회에서 사용할 수 있는 기회를 통합해야 한다. 여기에는 2가지 방법이 있다.

이사회 임원이 기관에 대한 정보를 편안하게 발표할 수 있는 첫 번째 방법은 교육훈련 기간 중에 기관에 대해 '일화(story)'형식으로 서로에게 얘기할 기회를 제공하는 것이다. 효력이 입증된 연습 가운데 하나는 이사회 임원들을 팀으로 분류해서 그들이 지역 서비스 클럽의 초청을 받고 기관에 대해 설명해야 한다고 설정한다. 이를 준비할 때 이사회 임원은 직원으로부터 어떠한 도움도 받지 않는다. 그 대신 직원 및 기타 이사회 팀이 서비스 클럽의 청중 역할을 한다. 팀에게 30분의 준비 시간과 5분간의 발표 시간을 준다. 어떤 팀에서는 한 사람이 발표자 역할을 할 수 있고, 또 어떤 팀에서는 팀 구성원 전체가 발표하거나, 팀원 대부분을 포함하는 패널로 지정할 수도 있다. 이러한 연습의 목적은 관대하고 정직한 청중들이 그 발표를 통해 제공된 정보의 정확성에 대해 피드백을 제시하도록 하기 위한 것이다. 연습을 통해 이사회 임원들은 행정, 사업 및 프로그램 담당 직원들이 제공했던 정보들을 자기의 것으로 만들게 된다. 퍼시픽 노스웨스트(Pacific Northwest) 지역의 주(州) 차원의 어떤 보건 서비스 기관에서는 이러한 과정을 다수의 자원봉사자들을 위한 연중 회의의 전체적인 초점으로 삼았다. 그 결과는 생산적이었다. 이사회 임원들은 지지를 이끌어 내는데 매우 편안해 했고, 직원들은 임원들이 기관에 대한 설명을 정확하게 한다는 확신을 갖게 되었다.

두 번째 방법은 역할 연기로, 여기서는 세 명으로 구성된 팀에게 요청 연습을 할 수 있는 기회를 부여한다. 팀에서 두 명은 권유를 계획하고 나머지 한 명은 잠재적 기부자 역할을 하게 된다. 권유의 구조는 제5장 '투자 유치'에서 설명한 바 있다. 팀 구성원은 각자 잠재적 기부자, 1차 권유자, 1차 권유자의 직원이나 이사회 파트너 등과 같은 모든 역할을 돌아가며 해볼 수 있는 이점이 있다. 촉진자나 개발 중역의 역할은 그룹끼리 돌아가면서 하는데 발표를 경청하고 발표의 스타일과 정확성에 대해 건설적인 피드백을 제시한다.

교육훈련 기간 중에 동기 부여는 세 번째 필수 요소이다. 사람들의 동기화는 기관이나 프로그램에 관여하는 정도와 그들이 맡을 수 있는 역할을 파악하는 정도에 비례하여 증가한다. 전체 교육훈련 기간은 이사회 임원들의 동기 부여를 위한 것이어야 한다. 내/외부 운영 위원이 이를 잘 촉진해야 하고, 소모임의 상호 활동을 위한 발표 및 기회를 균형 있게 정리해야 한다.

지속적인 동기 부여를 위해서는 교육 기간이 끝난 후에 개별적인 후속 조치를 취해야 한다. 교육훈련 기간이 끝날 때 이사회 임원 모두에게 내년에 개발 및 모금 책임을 완수하기 위하여 무슨 일을 할 것인지를 구두로 설명하고 문서로 작성하도록 한다. 교재와 함께 점검 양식을 제공하거나, 간단히 구두로 설명하여 이를 실시한다. 각자가 무슨 일을 하고자 하며 또한 할 수 있는가에 대해 다른 사람들에게 설명하고 나서 목록 또는 진술서를 제출하도록 한다. 개발 이사, 이사장, 개발위원회 의장 또는 회장은 참여자에게 교육훈련 기간에 참여해 줘서 감사하다는 내용의 편지를 보내고, 참여자들이 기여한 바에 대해 거듭 언급한다. 참여자들에게 지속적으로 동기를 부여하고 참여시키는 일은 이제 직원과 이사회 지도자의 몫이다.

8. 지원 담당 직원 및 자료가 자원봉사자의 경험을 강화시킬 수 있도록 한다. 연중 일정 중 어떤 부분을 착수하건 간에 직원-이사회 협력 관계의 일환으로서 직원은 자료를 준비해야 하고 전문적인 지원을 제공해야 한다. 직원이나 자원봉사자 위원회 구성원은 자원봉사자가 자신의 과제를 완수하기 위해 필요한 모든 정보가 담긴 자원봉사 자료집을 마련해야 한다. 이러한 자료에는 다음과 같은 사항이 포함되지만, 이것이 전부는 아니다.

- 기관 및 캠페인에 대한 현황보고서
- 캠페인 또는 기관의 사례보고서
- 프로그램 및 예산에 대한 정보
- 연중 캠페인의 기간
- 성공적인 요청을 위한 조언
- 자원봉사자가 직면할 수 있는 주요 거절 및 이에 대한 적절한 대응책
- 이사회와 캠페인에 관여하고 있는 핵심 인물의 명단

- 기타 자원봉사자의 명단 및 전화번호
- 직원 명단
- 서약서 또는 송금 카드
- 감사 편지를 위한 봉투와 문구류

전문적인 개발 직원이 없는 경우, 전문적인 지원 담당 직원 또는 자원봉사자 지도자 팀이 이사회와 자원봉사자들을 기금요청의 모든 측면에서 지원한다.

- 과제를 검토하여 잠재적 기부자의 능력, 관심사 및 기관과의 관계에 대한 정보를 최대화한다.
- 요청 기술을 지도한다.
- 필요한 경우 만날 약속을 정한다.
- 방문 시 이사회 임원과 동참한다.
- 공식적인 감사 편지와 영수증을 적절히 발송하는 것과 같은 후속 조치를 지원한다.
- 각각의 잠재적 기부자에게 알맞은 기부 안내방법을 개발한다.

이사회와 직원과의 협력 관계는 기부자에 의해 인정받게 되며 투자자 관계를 구축하는데 도움을 준다. 모금요청 과정에 있어서 공유된 자발성과 책임성을 가짐으로써 이사회와 직원은 투자의식과 주인의식을 강화할 수 있다.

6. 요약

연중 캠페인을 통해 기관의 혈액이라고 할 수 있는 기금 수입이 가능해진다. 이러한 소모성 기금도 자본화의 한 형태인데, 기관의 이미지와 안정을 흔들리게 하는 운영 적자를 예방하는 역할을 한다. 강력한 연중 모금 일정을 통해 후원투자자는 수많은 기부 기회에 참여할 수 있으며, 지역사회에 대한 기관의 소명을 가시화 할 수 있도록 도와준다. 연중 기부는 자본 캠페인이라고 하는 더욱 일반적인 형태의 자본화에 의해 정기적으로 보충된다. 다음 장에서는 자본 캠페인의 측면에 대해 설명하게 된다.

제7장
지역사회 투자의 자본화: 자본 캠페인

자본 캠페인은 기관이 후원투자자의 기부금을 자본화하고 재정 지원의 기반을 강력하게 유지할 수 있는 두번째 방법이다. 연중 모금을 성공적으로 수행하는 기관에서 간헐적으로 실시할 경우 이 두 가지 종류의 캠페인을 통해, 비영리 기관은 제공하는 지역사회 프로그램의 안정성을 보장할 수 있다. 이 두 종류의 캠페인이 지닌 유사점과 차이점에 대해서는 제6장에서 요약한 바 있다. 본 장에서는 기관의 장기적 자본화와 관련이 있는 자본 캠페인에 초점을 맞춘다.

특정 기간 내에 구체적인 목적을 위해 모금하도록 설계된 자본 캠페인은 전면적이고, 소진적이며, 흥미진진하고, 집중적인 노력으로서 매우 안정적인 기관이라 할지라도 상당한 지구력과 인적 자원을 요한다. 그 계획과 실행이 올바르면 자본 캠페인은 다음과 같은 세 가지 주요 성과를 낳는다. ① 캠페인의 재정적 목표를 달성하거나 초과한다. ② 지역사회와 그 구성원 사이에 기관의 지명도가 증가한다. ③ 전반적인 기부자 기반이 커진다.

과거 수십 년 동안, 최고로 안정된 교육, 문화 및 보건 기관 즉, 대학, 사립학교, 병원, 박물관, 교향악단 등만이 이렇듯 과감한 노력에 착수했다. 현재는 경향이 바뀌어서 (어떤 이들에게는 지나칠 정도로) 광범위한 소명과 준비를 갖춘 크고 작은 기관들이 지역사회 차원의 캠페인을 벌여서 프로그램이나 기부금을 마련하고 있다.

1. 자본 캠페인의 정당성

캠페인의 착수 여부를 결정할 때 수많은 고려사항이 있다. 이러한 요소들은 가능성 연구를 통해 검토해야 하는데, 이러한 연구에서는 내부 준비(사례, 모금에 관한 전문지식, 직원 및 이사회의 기여도 등)와 외부 지원(잠재적 기부자 및 지도자, 지역사회의 기관에 대한 인식, 기타 상충하는 캠페인 등)을 모두 조사한다. 자본 캠페인의 조사 방법에 대해 논의하기 전에, 여기서는 캠페인의 정당성에 대해 자세히 알아보고자 하는데, 기관이 단순한 모금 차원을 넘어설 수 있도록 하는 후원투자자 관계의 구축이라는 맥락에서 살펴볼 것이다.

자본 캠페인은 근로소득, 연중 모금 또는 자본 및 운영 적립금으로 충당할 수 없는 건물 또는 설비를 제공하기 위해 수행한다. 또한 기부금을 얻거나 그 액수를 증가시키기 위해 착수한다. 예상되는 지역사회의 욕구와 관련하여 현존하는 자원(시설, 직원, 연간 및 기부 소득)을 신중하게 분석함으로써 캠페인을 효과적으로 판단할 수 있다.

이러한 지역사회의 욕구는 시장 및 프로그램 연구를 통해 확인할 수 있는데, 이러한 연구는 기관의 장기 계획과 연계하여 정기적으로 수행하여야 한다. 서비스 수요의 막대한 증가를 예상하지만 이와 동시에 발생할 수 있는 수수료 수입이나 연중 모금액의 상당한 증가를 기대할 수 없을 경우 신중한 기관들은 대체 수단을 고려해야 한다. 임대했거나 부적당한 건물에서 나와야 할 때에도 마찬가지이다. 이들 두 가지 경우에 있어서 대안이 존재한다. 선택 사항은 기관과 환경에 따라 다양하지만 자본 캠페인이야말로 거의 항상 선택되는 수단이다.

자본 캠페인을 문제 해결책으로 간주하기 때문에 기관들은 이를 계획, 조직 및 실행하는 일이 얼마나 복잡하고 어려운가를 알고 놀라게 된다. 특히 기관이 기부자와 투자자 관계를 구축하지 못했을 때 더욱 그렇다. 자본 캠페인에서 나온 기부금은 진정한 의미에서 투자이기 때문에 기부자들은 기관이 새 건물이나 기부금 증가를 통해 그 미래가 강화될 수 있는 핵심적인 지역사회의 자원이라고 믿고 투자한다.

매우 복합적인 기관 특히, 주요 종합대학에서는 매10년 혹은 15년마다 거의 예측할 수 있는 주기로 자본 캠페인을 수행한다. 그 복잡성으로 인해 기관에는 이러한 주기의 노력을 정당화 할 수 있는 광범위한 목적(건물, 장학금, 교수직 등)이 있다. 다른 유형의 비영리 기관은 그 소명과 프로그램의 초점이 더욱 단일하게 집중되어 있으므로, 자본 캠페인이 수행되는 경우는 매우 드물다. 비교적 규모가 작은 기관에서는 10년에 한 번씩 하는 자본 캠페인의 정당성이나 원동력도 개발하기가 어려운 경우가 있다.

이상하게도 기관을 위한 종자(seed) 기금(초기 자본화)은 자본 캠페인을 통해 거의 모금되지 않는다. 종자 기금은 대부분 기관 설립에 관여하고 있는 소수의 제도적, 개인적 후원투자자로부터 얻을 수 있다. 자본 캠페인에는 비전뿐만 아니라 조직도 필요하다.

2. 비영리 기관의 자본화 필요성

기관이 '자본화'에 관심을 갖는 것은 근거가 있다. 기부 성향에 의해 알 수 있는 사실은 어떤 기관이 지역사회에 대한 핵심적인 서비스 제공자로서 존속하려면 기부금을 구축하고 운영 예치금을 모아야 하며, 어떤 환경 또는 지역사회에서는 기관 자체의 건물을 소유하고 있어야 한다는 점이다. 기관을 자본화하여 재정 적자가 발생하지 않고 프로그램을 적절히 수행할 수 있도록 하는 기금과 지출금의 기반을 확고히 하면, 여러 기관들이 해마다 겪을 수 있는 재정 위기를 예방할 수 있다. 이러한 위기들은 쉽게 공개되기 때문에 기관 및 기관이 제공하는 프로그램의 안정성에 대한 지역사회의 인식에 부정적인 영향을 줄 수 있다. 자본화를 통해서 기관은 기부자의 신뢰를 제고할 수 있고 더욱 많은 투자를 유치할 수 있다.

만일 지역사회에서 효력 있는 역할을 담당하는 기관이 서비스와 기부금 이자 또는 기타 수입 원천으로부터 얻은 수익과 결합한 기관의 연중 모금에서 현재의 프로그램 지원, 기부금 증대, 시설 혁신 또는 구축, 운영 예비금 마련 등을 위해 충분한 액수의 기금을 만들지 못한다면, 서비스 감축 아니면 자본 캠페인 이 외에는 다른 대체 수단이 없는 것이다.

3. 기부자를 자본 캠페인에 유인하기

제5장에서 논의한 투자 유치를 통해 후원투자자를 기관으로 모을 수 있다. 확실한 기부 안내가 실행되는 경우(제8장 참조), 이러한 관계는 기부자

의 생애 동안에 계속 지속될 것이고, 예정 기부금이 영구적으로 연장될 것이다. 장기적인 후원투자자 확보의 핵심은 그들이 제공한 기부금이 특정 기관에 대해서 뿐만 아니라 지역사회에 대한 투자도 된다는 것을 인식시키는 일이다.

자본 캠페인을 통해 기부자들은 지역사회 내에서 우선권을 두어야 하는 사항을 평가할 수 있는 중요한 기회를 얻게 된다. 예술, 문화, 교육, 보건, 사회 서비스 등에 대한 경쟁적인 캠페인들이 영향력이 큰 기부금을 낼 능력이 있는 사람들에게 제시된다. 경험 많은 기부자들은 우선 순위에 따라 선택을 하게 되는데, 이 때 다음과 같은 요소를 고려한다.

1. 지역사회의 이득
2. 기관의 이득
3. 자신의 이득 혹은 인정
4. 다른 기부자들의 참여

이러한 고려사항의 순서는 특정 기부자의 동기에 따라 다르겠지만, 대부분의 기부자들은 자본 캠페인에 대하여 기부금을 제공하고자 할 때 이러한 네 가지 주요 사안을 고려한다.

1) 지역사회의 이득

지역사회의 혜택은 여러 사람에게 핵심적인 사항이다. 한 지역의 식량은행(food bank)을 위한 캠페인에서 과거에 그 기관에 기부한 적이 없는 몇몇 재단, 기업 및 개인으로부터 지도적인 기부금을 받게 되었다.

식량은행을 위한 캠페인은 매우 흥미로운 사례였다. 기관에서는 300개

이상의 급식 프로그램이 그 기관의 자원에 의존했다고 발표했고, 시설과 설비를 향상시킬 때 가공하고 분배할 수 있는 음식의 양이 해마다 증가하는 방식에 대해 설명했다. 또한 지역사회에서 음식 낭비를 예방하면서도 음식량을 늘릴 수 있음을 언급했고, 저장소의 설계가 이웃 주민들에게 매력적일 뿐만 아니라 매우 기능적이라는 확신까지도 잠재적 기부자들에게 심어주었다. 이러한 메시지는 매우 분명한 것이었다. 식량은행의 개선은 지역사회의 개선으로 이어진다는 것이다. 기관에 의한 급식 프로그램은 연령, 인종, 그 외의 조건을 불문하고 아동·노인·AIDS 환자·종교 및 비종교 단체·흑인·히스패닉 계·여성 및 가족 등과 같은 여러 계층에 강한 인상을 심어 주었다. 헌신적인 지도력과, 다른 사람들에게 투자자가 될 것을 종용했던 몇몇 고무적인 기부자들 덕택에 이 캠페인은 최종 목표인 5백만 달러를 성공적으로 모금할 수 있었고, 기업과 개인들로부터 지역사회에서의 기관의 존재성을 높일 수 있었으며, 기부자 기반을 2배로 증가시켰다(제12장의 사례 연구 참조).

어느 지역사회에서나 기아 문제는 중요한 사안인 반면, 여러 예술 및 문화 기관들은 예술이 그다지 긴급하거나 중요한 것은 아니라는 말을 자주 듣게 된다. 사회문제들이 너무나 압도적으로 많기 때문에 오케스트라, 발레, 박물관 또는 오페라에 기금을 제공하는 일은 어느 정도 하찮은 것으로 간주된다. 그러나 예술과 문화에 대한 지역사회의 지원을 끌어들이고 사회에서 예술의 필요성을 중요한 위치에 둘 수 있음을 입증한 전략이 있다.

여러 해 전에 명성 있는 어느 무용단이 새롭게 개작한 신데렐라 전편을 공연하기로 계획했다. 이를 위해서는 거의 1백만 달러라는 거대한 기금 규모가 필요했다. 이토록 야심에 찬 작업 착수에 지역사회가 어떠한 반응을 보일지 불확실했기 때문에, 발레단은 자원봉사자와 잠재적 기부자들로 구성된 핵심 그룹을 결성했다. 적절히 구성된 질문을 통해 그들은 지역사회에서 예술과 사회적 서비스와의 균형에 대해 논의했다. 노숙자 문제 및 기타 시(市)가 직면한 고질적인 문제들을 해결해야 한다는 생각이 너무나 강했기 때문에 어떤 참여자는 신데렐라 공연을 아동 학대를 위한 발레로 추진하자고 제안했다. 물론 이러한 제안은 통과되지 않았지만, 그 메시지는 분명한 것이었다. 어쨌든 예술은 기금을 모으기에 적절한 것이어야 했다. 지역사회의 우선권에 대한 전체 논의를 주의 깊게 들은 이사는 다음과 같은 의견을 제시했다. 우리 지역사회에서 인간적이고 사회적인 문제를 모두 해결하기 위해 예술을 무시하고 잃어버린다면 슬프게도 우리 사회는 쇠퇴할 것이다. 그의 메시지는 분명하고 설득력이 있었다. 자원봉사자와 잠재적인 기부자로 구성된 핵심그룹은 무용 공연에 투자하는 일이 그 지역의 예술 프로그램을 보증함으로써 지역사회 미래에 투자하는 일이라는 것을 깨달았다. 매일 직면하는 중요한 사회적, 인간적 필요에 너무 쉽게 압도되는 사회에서 예술에 기금을 제공하는 일이 시급하다는 사실을 그들은 이해할 수 있었다.

2) 기관의 이득

자본 캠페인을 위한 내부적인 계획에 착수할 때, 이사회와 직원 계획자들은 그렇게 기념비적인 캠페인에 착수함으로써 기관이 얻는 잠재적 혜택에 전적으로 초점을 맞추게 된다. 기관과 가장 밀접하게 활동하는 사람들은 더 넓은 공간, 기부 또는 설비 등과 같은 기관의 필요에 관심을 보인다. 그들은 캠페인을 통해 이러한 필요에 따른 부담을 덜려고 한다. 자원봉사자와 전문 캠페인 계획자들은 캠페인이 기관에 미치는 영향에 대해 열정적으로 설명한다. 자원봉사자들은 분명하게 제시된 캠페인의 목표에 몰입된다. 이러한 이득과 함께 사례 자료들이 마련되어야 한다. 캠페인이 강력하고 지속적인 혜택을 가져다 줄 것이라는 것을 자원봉사자와 직원들은 기부자에게 설득한다.

그러나 불행하게도 캠페인이 진행되고 얼마 후부터 직원과 자원봉사자는 의심을 갖게 된다. 또한 가장 헌신적인 지도자들도 이러한 모험이 시간과 노력을 들일만한 가치가 있는가하고 자문하게 된다. 캠페인의 진행이 느리거나 악화될 때에는 열정을 지속적으로 유지하기가 힘들어진다. 내부 자원은 부담을 떠 안게 된다. 직원을 늘리는 것이 필요하다고 할지라도, 이는 캠페인에서 얻는 재정적 순수익을 감소시킬 위험이 있다. 프로그램 담당 직원은 캠페인 과정과 시간 소모에 대해 초조해진다. 캠페인을 위해 상당량을 투자(가능성 연구, 직원, 자료 등)함으로 인해 초기 기부금을 받은 후에는 더 이상의 수익을 낳지 못하는 것처럼 보인다. 그 열의와 규모가 축소됨에 따라 매력적인 우선적인 기부금 쇄도도 줄어들게 된다. 캠페인은 지지부진해지고 자원봉사자와 직원의 지도자들은 기관에 어떤 이득이 있는가에 대해 의구심을 품게 된다. 캠페인의 목표를 달성할 수 있는지 또는 이러한 초기 기부금이 반환되어야 하는지에 대해 우려하게 된다. 이러한 생각들로 인해 캠페인에 있어서 가장 암울한 순간이 도래하고, 잠재적인 기부자를 성공적으로 끌어들이는 일에 큰 위협이 가해진다. 이러한 우려를 기부자에게 전이해서는 안되며, 친목 관계를 유지하고 기부금 요청을 해야 하는 사람들이 열의를 잃게 해서는 안 된다.

(1) 낙심한 캠페인 참여자에 대한 대책

이 시점에서는 끈기가 필요하고, 다른 캠페인과 그 과정에 대해 어느 정도 숙고해 보아야 한다. 어떠한 캠페인도 최초의 기부 쇄도가 이어진 후에는 저점에 도달할 수 있다. 최초 기부금은 기관과 밀접한 관계를 맺은 사람들로부터 제공되기 때문에 나중에 오는 것보다 더욱 편하고 쉽게 얻을 수 있다. 기부금 제공이 약속에 그치지 않고 실제로 기부금으로 확보될 때에만 캠페인이 진척될 수 있는 청신호가 커지게 된다. 가능성 연구를 통해 알 수 있는 바와 같이 적절한 지원 즉, 몇몇 핵심 기부금이 확인되었거나 기부되어서 지도자들이 열정적으로 작업을 진행해 나가고자 한다면 일시 소강상태를 방관해서는 안 된다. 캠페인 초기에 가졌던 행복감이 점점 사라지게 된다. 이러한 일이 발생할 것이라는 사실을 미리 예상한다면, 실제로 발생했을 때 그리 놀라지 않게 될 것이다.

또한 캠페인의 정체기에 기관이 명백한 이득을 입지 못하고, 일차적인 동기를 부여할 수 있는 잠재적 기부자에게 초기의 열정을 전달할 수 없게 되더라도 실망하지 말아야 한다. 기관은 상당한 혜택을 입을 수 있다. 캠페인을 착수하도록 만든 지역사회의 욕구에 대해 숙고할 필요가 있다. 추가적인 직원, 간행물, 자원봉사자 교육훈련 및 기부자와의 친목 도모와 같은 장기적인 투자효과를 고려해야 한다. 효과적으로 관리되며 성공적인 캠페인의 성과에 기뻐하는 후원투자자와, 아울러 보다 발전된 기관이 이러한 투자효과에 포함된다는 사실을 확신해야 한다. 낙관적일 필요가 있는데, 충분한 수의 잠재적 기부자와 친목을 도모하고, 기부자가 되리라고 여겨지는 사람들을 개발하고, 충분한 수의 기부자들이 자신이 투자한 부분에 다른 사람들도 관여시키게 되면 이러한 정체 현상이 사라질 것이기 때문이다.

캠페인과 기관의 특성과 이익에 대해 항상 건실함을 유지하고 의심은 제거해야 한다. 낙관적인 생각을 유지하면 새로운 후원투자자를 끌어들일 수 있고, 이들은 기관이 정체 상태를 벗어나 새로운 성취의 정점으로 나아가는 데 도움을 줄 것이다. 다음은 캠페인의 중간 시기에 발생하는 의욕 저하를 완화할 수 있는 기술이다.

- 개인, 재단 또는 기업 기부자로부터 도전적인 액수의 기부금을 확보하라. 이는 특정 기간 내에서 사람들에게 기부를 위한 인센티브를 제공할 수 있게 된다.
- 양육을 목적으로 한 이벤트를 늘린다.
- 캠페인의 새로운 구성체가 될 수 있는 신규 자원봉사자들을 모집한다.
- 새로운 명단과 사람들을 검토하면서 침묵의 기간을 준비한다.
- 이사회나 캠페인 추진위원회는 수련회를 갖는다. 캠페인에서 "SOS (성공을 공유하자; Share our Success)"에 초점을 맞춘다.
- 기부요청 과정에서 보다 참신한 교육훈련 과정을 제공한다. 여기서는 학습을 지도하기 위해 성공적인 요청 활동과 실패한 사례들을 활용한다.

3) 자신의 이득 혹은 인정

주요 기부금이나 상당한 액수의 기부금을 자본 캠페인에 제공한 기부자는 스스로에 대한 혜택이나 인정이 기부를 하게된 일반적인 동기일 수 있다. 이러한 동기는 건물이나 기부금에 자신의 이름을 공식화시키는 기회를 제공하는 것을 포함한다. 이러한 동기를 이해하는 것은 잠재적/실제적 기부자와 협력함에 있어서 중요한 사항이다. 캠페인의 직원이나 자원봉사 지도자들은 이러한 동기나 필요를 비웃거나 모욕해서는 안 된다. 최근 몇 년 간 기부자의 동기에 대해 상당한 정도의 연구가 진행되어 왔는데, 여기에는 특히 예술에 관대한 기부를 하는 사람들에 대해 연구한 학자들도 있었다. 기부의 결과로 사회적 인정과 위치를 확보하고자 하는 기부자의 명백한 욕구가 확인되었다. 어떤 경우에는 이것이 비판받기도 하는데, 상대적으로는 적은 액수의 기부금을 내지만 더욱 이타적인 사람들보다는 그 동기가 순수하지 못하다는 이유에서이다.

주요 기부금이나 상당한 기부금을 제공함으로써 스스로의 이득이나 인정을 바라는 개인/제도적 기부자들의 동기는 기관의 표준과 가치에 의거하여 검토되어야 한다. 기관에 해를 끼친다거나 무리한 요구를 하는 것이 아닌 경우, 또는 기부금 제공으로 인해 기관이 나아지고 지역사회에 전체적인 이득이 되는 경우, 그러한 동기를 사적으로라도 비웃어서는 안 된다.

전 세계에 걸쳐 박애주의는 기관, 건물, 기부금 등에 기부자의 이름을 부여함으로써 개인과 기관에게 인정과 불멸 의식을 심어주었다. 기부자의 동료와 가족에게는 이러한 행위가 자부심과 고취를 보여주는 것이고 따라서 그들도 지역사회에 혜택을 줄 수 있는 기부금을 제공하고자 할 것이다. 프랑스의 박물관, 영국의 대학, 이스라엘의 병원, 중국의 학교, 미국의 연주회장에는 그 기관의 미래와 서비스를 강화하기 위해 비전과 능력을 결합한 사람들, 의 이름이 내걸려 있으며, 이들의 기부금에 의해 지원을 받는다. 자본 캠페인은 하나의 수단이다. 이 수단을 통해 후원투자자는 기관과 지역사회에 혜택을 줄 수 있으며 또한, 이로 인해 그들 자신이 적절히 인정받게 되는 것이다.

병원이나 대학은 지역사회의 장기적인 혜택을 보장하고자 하는 개인이나 재단으로부터 기금을 제공받는다. 특히 교육, 보건 프로그램은 이러한 기부자 자신과 그 가족에게 직접적인 혜택을 줄 것이다. 의료 프로그램은 종종 가족 중 한사람이 특정 병력이 있는 경우, 그 사람들의 기부금에 의해 지원된다. 지역사회의 병원에서는 기부자들에게 외과 치료실 또는 심장수술 센터를 지역사회에 둠으로써 얻게되는 혜택에 대해 설명함으로써 그들을 끌어들일 수 있다.

　기부자들이 이러한 서비스를 이용해야 할 때, 그 서비스는 바로 그 곳에 있을 것이다. 더욱 직접적인 예를 들자면, 몇몇 사립 중등학교에서는, 현재 학부모들은 상당한 정도로 동기부여가 되어 있기 때문에 자신의 자녀에게 직접적인 혜택을 주는 시설과 프로그램을 제공하는 캠페인에 기부금을 낸다는 사실을 알게 되었다. 이러한 학부모 중 한 명은 생각이 비슷한 다른 학부모와 함께 6주만에 거의 80만 달러에 달하는 기부금을 그들의 자녀가 다니는 학교 캠퍼스의 핵심 건물 시공을 위해 흔쾌히 내놓았다. 그는 학교의 캠페인이 완수될 때까지 기다리기에는 너무 멀다고 느끼고, 자신의 아이들이 학교를 다니고 있을 때 그 시설이 건축되기를 바랬다. 어떠한 동기로 기부를 하게 되었느냐고 질문 받았을 때 그는 박애적인 생각에서라기보다는 자신의 아이들이 대학갈 준비를 더 잘 할 수 있게 하기 위해서였다고 말했다. 이러한 건물이 제공할 수 있는 시설과 프로그램이 없다면 이 영역에서 다른 학교 학생들과의 경쟁에서 뒤질 것이라고 생각한 것이다. 지역사회에서 매우 박애적이고 관대한 구성원인 그 학부모는 보건, 사회복지 서비스 및 예술 분야를 지원하고 있었는데, 기부에 대한 자신의 직접적인 동기를 매우 분명하게 설명한 것이다. 그러나 건물은 학부모의 자녀가 졸업한 후에도 수많은 다음 세대의 학생들에게 혜택을 줄 것이다.

　모금은 기부자가 중심을 이루는 분야이기 때문에, 개발 과정의 이러한 측면을 이해하는 기관들은 단순한 모금의 차원을 넘어서는 후원투자자 관계를 더욱 효과적으로 구축할 수 있다. 재단이나 기업의 잠재적 기부자와 아울러 개인 기부자들은 만족, 혜택, 인정 및 참여와 같은 소중한 보답이 돌아오는 투자를 지역사회에 하고자 한다.

4) 다른 기부자들의 참여

기부자들은 자신 외에 누가 기부하고 있는지 궁금해한다. 자본 캠페인에서 이러한 고려사항은 잠재적 기부자들 사이에 더욱 광범위하게 퍼지고 있다.

아마도 모금 목표나 시기 조절에 실패한 기관의 수가 점차 많아지고 있기 때문에 기부자들은 자신이 가장 먼저 기부하는 것을 주저하게 되는 것인지도 모른다. 다른 사람들이 지원하지 않는 초기 투자를 자신이 먼저 하고 싶지 않은 것이다. 이는 특히 재단에서 기부하는 경우 더욱 그러한데, 대부분의 재단들은 다른 재단이 그 프로그램이나 프로젝트에 먼저 기부하기를 기다린다.

이러한 상황은 개인에게도 적용할 수 있다. 많은 기부자들이 대부분 기부하기 전에 자신 이외의 어떤 사람들이 참여하고 있는지를 알고싶어 한다. 이것은 마치 처음으로 직장을 얻고자 할 때 발생하는 딜레마와 같다. 직장을 얻으려면 경험이 있어야 하지만, 직장을 얻기 전까지는 경험이 있을 수 없다. 어떤 경우에는 누군가 - 직장의 고용주, 캠페인의 기부자 -가 모험을 걸어야 한다. 자본 캠페인도 마찬가지이다. 기관에는 지역사회의 옹호자가 있어서 기부자에게 먼저 기부하도록 확신시킬 수 있어야 한다.

기부자와 후원투자자 관계를 강력하고 장기적으로 구축함으로써 얻을 수 있는 여러 혜택 가운데 하나는, 자본 캠페인에서 그들이 최초의 투자자가 될 모험을 기꺼이 한다는 점이다. 기부자들은 또한 지역사회의 다른 기부자 및 지도자들과 만나서 기꺼이 얘기하려고 한다. 이러한 개인이나 단체야말로 특정 기관으로 하여금 새로운 건물, 설비 또는 기부금에 대한 초기적인 꿈을 꿀 수 있게 한다. 지원 사업 계획과 개발에 있어서 이러한 기부자들과 열정을 공유해야 한다. 캠페인의 성공에 영향을 주는 그들의 역할과 중요성은 아무리 강조해도 지나치지 않다.

어떤 종교 기관의 캠페인에서, 2명의 장기적인 수탁자와 지원자가 여러 해 동안 건축과 프로그램에 대한 비전에 매달리고 있었다. 중간 중간 거의 실패한 캠페인도 있었지만, 이들은 자신의 꿈에 계속 집착했고 나중에는 새로운 직원과 이사회 지도자들이 이에 동참하게 되었다. 마침내 인생의 황혼기에 이르러 수탁자들은 시설 완공을 위한 비전과 계획을 마련했고, 캠페인을 새롭게 시작하기 위해 각각 상당한 액수의 기부금을 제공했다. 그들의 초기 기부금은 자원봉사자와 기관 지도자들을 고무하여 성공적인 자본 캠페인을 시작할 수 있게 하였으며, 수백 명의 기부자들로부터 기부금을 얻을 수 있게 하였다. 그들이 오랫동안 매달렸던 비전이 완성된 캠페인의 성과는, 그들에 대한 찬사로 영원히 남을 것이며, 핵심적인 지역사회의 자원으로서 사용되고 소중하게 여겨질 것이다.

비밀 유지와 그 밖의 제약조건으로 인해 기부자들이 기관에 제공한 기부금의 정확한 액수를 공개하는 것이 불가능할 수 있지만, 대부분의 기부자들은 자신의 기부금이 다른 기부자들을 끌어들이는데 이바지했다는 사실을 알고 있다. 캠페인에서 우선적인 기부금을 확보하게 되면, 다른 사람들을 고무하기 위해 기부금에 대한 정보를 사용하는 방안에 대해 기부자와 상의해야 한다.

캠페인의 초기 또는 정체단계에서는 다른 잠재적 기부자와 일대 일로 만나 이러한 정보를 전달할 수 있다. 캠페인을 대중에게 발표하는 경우 기부자 명단과 기부금 규모를 현재까지 모금된 액수와 함께 제시할 수 있다. 기부자의 허락을 받는 일은 당연히 중요하다. 하지만 캠페인의 초기 기부자들은 다른 사람들도 동참하기를 바라고, 대부분 자신의 기부금을 밝히고자 할 뿐만 아니라 앞으로 있을 권유 활동에 스스로 참여하고자 할 것이다.

4. 자본 캠페인을 하기 전에 고려해야 할 사항

대부분의 기관들은 자본 캠페인을 시작하기 전에 가능성을 연구해 보아야 한다. 생산적인 가능성 연구는 다음과 같은 특징을 지니고 있다.

- 객관적인 외부 컨설턴트가 연구를 수행하기 때문에 지역사회로부터 피드백의 솔직함과 신뢰성을 보증할 수 있다.
- 내적 준비성(시스템, 직원, 열의, 이사회의 참여)과 외적 가능성(잠재적 기부자 및 지도자, 기관에 대한 인식, 프로그램의 효과)을 모두 조사한다.
- 기관들은 결과물을 신뢰하고 이를 지침으로 삼는다.
- 프로젝트 마케팅, 지역사회 구성원과의 인터뷰, 자료 분석 및 설득력 있고 유용한 보고서 작성에 대해 기관이 신뢰할 수 있는 기술을 지닌 자문위원을 고용한다.
- 명단 작성, 인터뷰 계획 수립, 모임 설정 및 기타 연구의 초기 단계에서 설정되고 상호 결정한 연구 영역과 관련하여 기관은 자문위원과 협력한다.
- 필요한 경우에 계약을 종결시킬 수 있는 내용이 포함된 확실한 계약서

5. 캠페인의 진행 여부에 대한 판단

효과적인 가능성 연구는 다음 사항들을 조사한다.

- 가시성(可視性)
- 기부금 범위 도표에 근거한 지원 잠재력. 이 도표는 모든 인터뷰 대상을 검토한다. 이러한 도표를 근거로 인터뷰 대상은 예비적이고 구속력이 없는 잠재적 지원자가 되어줄 것을 요청 받는다.
- 장래 목표
- 캠페인 지도력의 잠재성
- 지역사회에서의 이미지
- 인지된 모금 역량
- 지역사회의 다른 우선 순위와 비교한 소명의 중요성
- 신뢰도
- 잠재적 기부자가 지원을 생각하고 있는 다른 기관들간의 순위
- 잠재적 기부가능자를 파악할 수 있는 능력

1) 연구 수행

일선의 마케팅 향상 팀으로서 기관이 신뢰하는 컨설턴트가 가능성 연구를 수행한다. 이러한 사람들은 잠재적 지도자와 기부자에게 첫인상을 심어주게 된다. 따라서 이들은 지원 내용에 대한 정보를 숨김없이 알고 있어야 하며, 연구를 위한 인터뷰 대상이 지닌 민감성과 특수한 중요성에 대해 지도를 받아야 한다. 또한 컨설턴트는 기관에 대하여 보고서 형식을 제시해야 하며, 과거의 연구에 대한 요약본(기밀 정보는 제외)을 제공해야 한다. 추천인은 필수적이다. 이들을 확인해야 한다.

연구는 최소한 2~3개월이 소요되며, 인터뷰가 많거나 시간과 공간적 제약으로 인해 스케줄을 잡기가 어려운 경우에는 6개월까지 진행되는 경우도 있다. 연구는 대략 40~50명의 인터뷰 대상이 필요하며, 규모가 큰 캠페인

과 기관의 경우에는 100명 이상이 필요할 경우도 있다. 연구비용은 필요한 시간에 비례한다. 인터뷰를 많이 할수록 비용도 증가한다. 인터뷰 대상은 지역사회와 캠페인에 중요한 일부를 구성하는 사람들이어야 하는데, 여기에는 시(市), 사회, 재정, 기업, 재단 및 언론 분야 지도자들과 이사회 임원, 현재 또는 과거의 기부자 및 과거의 이사회 임원 등이 포함된다. 기관들은 예상 인터뷰 대상보다 20~30% 더 많은 사람들을 확보해야 하는데, 이들 가운데 참여할 수 없거나 거부하는 사람들이 있기 때문이다. 잠재적 인터뷰 참여자들에게는 인터뷰가 비밀을 유지한 상태에서 이루어진다는 것을 확신시켜야 한다.

가능성 연구를 통해 잠재적인 기부자 관계를 구축할 수 있다. 기관들은 컨설턴트가 사용하기 전에 편지와 질문표를 준비하고 검토, 승인해야 한다. 또한 모든 자료가 전문적으로 보이도록 해야 한다. 아울러 이것은 중요한 잠재적 기부자가 기관과 처음으로 접촉하는 기회임을 명심해야 한다.

2) 사람들을 연구에 참여시키기

두 페이지를 넘지 않는 분량의 지지 사례를 미리 준비하여 초청 편지와 함께 인터뷰 대상에게 보내야 한다. 이는 현황보고서와 마케팅 설명서를 결합한 것이다. 여기에는 읽을 수 있는 마케팅 전략이 포함되어야 하며, 사람들이 기관에 대해 처음으로 알게 되는 정보이어야 한다. 직원과 컨설턴트가 협력하여 이러한 문서를 준비해야 한다. 여러 경우에 이러한 문서는 약식 취지서 형식을 띤다. 문서를 읽고 인터뷰에 응하는 사람들이 현재 기부자이거나 초기 기부금을 낸 사람들이면 궁극적으로 더 높은 차원의 후원투자자가 될 것을 기관은 희망하게 된다. 또한 중요한 것은 지역사회에서 명망이 높은 사람의 서명이 들어간 편지를 보내야 한다는 점이다. 자원봉사 지도자,

지역사회 지도자 또는 기관에서 지명도가 높은 관리 직원이 이러한 유명인사가 될 수 있다.

시(市)가 후원하는 어떤 문화 센터의 캠페인에 관한 연구에서는 참여를 요청하는 편지를 시장이 직접 작성함으로써 초청된 사람들 중 97%에 달하는 이들이 참여한 것으로 나타났다. 반면 다른 곳에서는 기관장이 편지를 보내기에만 급급한 나머지 자신이 직접 서명을 했다. 직원들은 참여 약속을 얻어내는데 어려움을 겪었고, 40%만이 참가하는데 그쳤다. 이 기관장을 아는 사람들은 그를 문제가 있는 사람으로 간주했고, 대다수는 그 기관장이나 기관에 대해 들어본 적이 없는 사람들이었다.

가능성 연구에서 인터뷰를 수행할 사람이 누구인지 반드시 확인해야 한다. 컨설턴트를 심사하고 선택할 때, 심사한 대상이 실제로 그 연구를 위한 인터뷰를 주도하지 않는 사람일 수도 있다. 기부자 관계의 구축이라는 맥락에서 인터뷰를 수행하는 하는 사람은 중요한 역할을 맡는다는 것을 기억해야 한다.

3) 가능성 연구의 결과를 가지고 해야 할 일

자본 캠페인에 착수하기 위해, 기관의 내부 준비성과 모금 및 캠페인을 이끌기 위한 지역사회의 외적 관심사에 대해 컨설턴트가 평가를 마치고 나면, 컨설턴트는 포괄적인 보고서를 마련할 것이다. "인터뷰 대상 중 대다수가 캠페인이 성공할 것이라고 생각했다"는 내용의 보고서에 만족해서는 안 된다. 기관은 다음과 같은 일을 추진해야 한다.

- 성공적이리라 생각한 사람의 비율을 파악해야 한다.
- 성공 또는 실패할 것이라고 생각하게 된 이유에 대해 통찰력을 제공

하는 의견(이것은 비밀보장의 원칙에 위배될 수 있으므로 신원을 밝히지 않도록 한다)을 읽을 수 있어야 한다.
- 각각의 질문에 대한 응답 수를 알아내서 몇 퍼센트의 표본이 결론을 내리는데 포함되었는지를 파악한다(비중 있는 질문의 경우, 결과를 왜곡할 수 있으므로 인터뷰 대상 중 몇 퍼센트가 응답했는지를 아는 것은 중요하다).

캠페인에서 추구해야 하는 기부금 표를 연구 전에 개발하고, 전반적인 목표 조사를 위해 이 표를 채워나간다. 이 표는 각각의 기부금 수준에서 얼마나 많은 잠정적 기부금이 확인되었는지를 제시해야 한다. 표에서 보여지는 정보는 다음과 같이 가장 중대한 질문에 대한 답변인 것이다. 주도적인 기부금이 있는가? 사업을 계속 진행하기에 충분한 기부금인가? 대부분의 캠페인에 있어서 표본이 유효한 경우, 필요한 기부금의 1/3-1/2 정도만 있어도 계속 진행하기에 충분하다. 그보다 적으면 결과는 의심스러운 것이 된다. 다음의 실례를 고려하도록 한다.

- 2,000만 달러의 기부금 캠페인에서 조사를 통해 870만 달러를 확인했다. 캠페인은 계속해서 진행해도 된다.
- 1,100만 달러를 요청하는 캠페인에서 조사를 통해 400만 달러를 확인했고, 이미 두 개의 중요하고 주도적인 기부금이 성과를 거두었다. 캠페인에서는 1,300만 달러 이상을 모금했다.
- 370만 달러를 목표로 한 캠페인에서 약 100만 달러 이상의 액수가 확인되었다. 결과적으로 420만 달러를 모금했다. 50만 달러 캠페인에서는 거의 30만 달러가 확인되었다. 캠페인이 그 목표를 넘어선 것이다.

- 200만 달러를 요청하는 캠페인에서 30만 달러만이 확인되었다. 캠페인은 계속 진행되지 못했다.

초기의 기부금에 의거하여 캠페인 목표를 정하는 것이 일반적인 관행이다. 그러나 어떤 캠페인에서는 목표를 낮추어서 개정된 액수를 모금하는데 성공했다. 가능성 연구에서 확인한 기부금은 어떠한 경우에도 구속력이 없으며, 인터뷰 대상자에게 이와 같은 사실을 알려야 한다. 컨설턴트는 연구 중에 다음과 같이 또 다른 질문을 제시함으로써 이러한 기부금의 가능성을 조사해야 한다. "귀하가 현재 우선권을 두고 있는 여러 박애 활동 중에서 본 캠페인을 어느 정도 염두에 두고 계십니까?" 응답자들은 '높음', '중간', '낮음' 중 하나를 선택하거나 점수를 매길 수 있다. 이것은 기부금의 궁극적인 가능성을 해석할 수 있는 또 하나의 방법이고, 따라서 확인된 기부금의 정확도를 알 수 있는 방법인 것이다.

가능성 연구의 결과는 명확해야 하며, 포괄적인 연구결과 및 권고사항을 수반해야 한다. 연구결과는 질문표의 질문과 연결되어 캠페인을 실행하기 위해 연구 내용을 이용하는 사람이 참조하기 쉽도록 작성되어야 한다. 권고사항에서는 캠페인 준비를 위한 세부사항과 지침을 제공해야 한다. 이것은 캠페인 계획서가 아니라 기관이 따라야 하는 예비적인 지침서이다. 가능성 연구를 통해 다음과 같은 세 가지 성과 가운데 하나를 발견하게 된다.

- 계속 진행. 그곳에 돈과 지도력이 있다.
- 특별한 조치를 취하기 전에는 진행 중단. 여기에는 내부 직원의 준비 또는 이사회의 준비가 포함되거나, 캠페인에 착수하기 전에 지역사회에서 기관의 가시성을 제고하기 위한 의사소통 및 PR 프로그램을

설정하고 실행하는 일과 같은 외부적 업무가 포함된다.
- 진행 중단. 이토록 실망스러운 결과는 기관에 대한 미미한 대중적 평가, 잠재적 기부자의 시간과 자금을 소비하는 여타의 상충적인 캠페인, 재정 지원의 부재, 경영 및 현재의 모금 관행에 대한 깊은 우려 및 기타 중요한 사안 등에 근거한다.

진행하기 전에 어떤 조치를 취해야 한다는 권고사항을 무시하고 캠페인을 강행하는 기관들이 있다. 이러한 캠페인 가운데 일부는 성공하겠지만 대부분은 실패한다.

4) 캠페인의 비공식 단계

캠페인은 '위에서 아래로'(거액의 기부금이 먼저 들어오고 마지막에는 소액이 모금된다), '안에서 밖으로'(이사회의 '가족'같은 내부 인사로부터 시작했다가 캠페인이 진행되면서 기관과 거의 관계가 없는 사람으로 확장된다) 진행된다.

캠페인의 구조는 종종 원형으로 묘사되는데, 그 중앙에는 이사회가 있다. 규모와 무관하게 이사회 기부금이 먼저 걷힌다. 이사회의 100%가 캠페인에 기여하면, 다음으로 과거의 또는 잠재적 주요 기부자로부터 기부금을 요청하게 되는데, 이러한 사람들은 여전히 기관과 깊은 관계를 맺고 있다.

비공식 단계를 결정하는 것은 시간이 아니라 기부금이다. 목표는 전체 모금액 중 60%~65%이다. 기관이 기간을 설정하고 비공식 단계가 1년 정도 또는 대규모 캠페인의 경우에는 18개월 정도 걸릴 것이라고 예측하기는 하지만, 실제로는 예측하기가 어렵다. 550만 달러의 캠페인에서 '비공식 단계'

는 2년이 걸렸다. 하지만 6개월 이내에 기금의 차액을 모금할 수 있었다.

비공식 단계가 끝날 때 캠페인을 대중에게 알린다. 일반적으로 이러한 캠페인은 기관을 잘 아는 사람들에게는 비밀로 유지되지 않는다. 최소한 총 모금액의 절반에 달하는 액수의 우선적인 기부금을 확보하고 목표를 확인하거나 수정한 후에야 이를 지역사회에 발표해야 한다. 캠페인이 비공식 단계에 들어갔을 때 목표가 너무 높이 또는 낮게 설정되었다고 판단하는 기관들이 있다. 이것이야말로 비공식 단계가 존재해야 하는 주된 목적 중 두 번째 기능으로, 가능성 연구와 같은 역할을 맡는 것이다.

비공식 단계에서 강력한 기부자 관계를 구축할 수 있다. 캠페인의 주창자(founder)들에게 기관은 특별히 최고의 존경과 성실하게 기부자 안내서비스의 역할에 충실하면서 대우해야 한다. 초기의 기부자를 확보하기 위한 기관의 인센티브는 캠페인 전체를 통해서 또한 그 후에도 존중해야 한다. 어떤 대규모 캠페인에서는 비공식 단계에서, 공연예술 센터가 사적인 비정부 기부자(개인, 재단 및 기업)로부터 필요한 모든 기금(7,000만 달러)을 제공받았다.

캠페인을 위한 초기 연구에 기부금을 제공한 것은 주창자라 불리는 사람들이었다. 그들의 재정적 기여는 나중의 기부자들만큼 대단한 것은 아니었지만, 기부금과 건축에 대한 가능성 연구를 위해 종자돈을 기꺼이 제공한 지역사회의 예언자들이었던 것이다. 캠페인이 도약하고 실제적인 건축 캠페인에 거액의 기부자들이 참여하게 되면서 이러한 주창자들은 잊혀지게 되었다. 오늘날 이러한 주창자와 기관의 관계는 단절되었고 대부분이 더 이상 센터를 지원하지 않게 되었다.

주창자-기부자들은 그들이 캠페인에서 최고의 기부자이건 아니건 간에 프로젝트 성사를 위해 그들이 맡았던 중추적인 역할에 합당한 후원자 관리

서비스가 이루어져야 한다.

5) 공식화 단계 : 캠페인을 알리기

60~65% 기준의 캠페인 기금이 확보되고 목표가 확인되거나 수정되면, 캠페인을 공식화한다. 본 장에서는 캠페인 관리에 대한 세부사항을 다루지는 않는다. 공식화 단계에서 자본 캠페인을 운영하는 방법에 대해 이미 다양한 책이 나와 있다. 하지만 공개적인 발표를 함에 있어서 몇 가지 사항은 다시 짚어볼 필요가 있다. 기관이 진정한 후원투자자 관계를 창출하고 유지하도록 돕는다는 맥락에서 다음과 같은 사항을 언급하고자 한다.

- 공개 발표 시 초기 기부자들을 모두 초청한다.
- 모금 요청을 하지 않았더라도 연간 기부자와 회원들을 시사회 및 발표회에 포함시킨다. 그들을 열광시켜야 한다.
- 캠페인과 기관의 규모 및 목적에 적합한 행사를 계획하여 기부자로 하여금 그들의 기부금이 현명하게 사용되고 있다고 생각하도록 한다.
- 시사회를 충분히 보도할 수 있도록 대중매체를 통한 '중계(hook)'를 실시한다. 여기에 캠페인이 충족시켜야 하는 욕구의 중요성을 결부시켜야 한다. 또한 기부자와의 인터뷰를 마련한다.
- 가능하면 시(市)의 유명인사를 참석시켜서 핵심 기부자들에게 소개한다.
- 착공식(건축 프로젝트에서 볼 수 있는), 기관 본부에서의 조용한 기부 발표 또는 여타 유형의 상징적 행사에서는 기부자와 유명인사뿐만 아니라 건물 또는 프로그램의 수혜자가 반드시 참석해야 한다. 기부자, 유명인사, 수혜자를 예우해야 한다.
- 연설과 기념식은 최소한도로 한다. 하지만 기부자로 하여금 거액의

기부금을 제공하게 된 경위를 진심으로 설명할 수 있게 한다.
- 모든 이사회 임원에게 참석할 것을 요청하고, 그들이 이사회 임원으로 소개되도록 해야 한다.
- 건물이 지역사회 안에 있는 경우, 지역 주민들을 초청하고 이사회 임원과 기부자들을 그들에게 소개한다.
- 한 명 이상의 기부자를 포함한 대표적인 지역사회 자원봉사자와 협력하여 행사를 계획하고 실행한다.
- 가능하면 상품과 음식을 기증 받아서 행사 비용을 절감한다. 또한 기부자를 포함하여 참석한 모든 사람들에게 이러한 사실을 알린다.

6) 캠페인 기간 중에 기부자 관계를 유지하기

제 8장에서 기부자 관리서비스를 다루기는 하지만 여기서 기억해야 할 점은 기부자가 기관에 기부금을 제공하면서 관계가 시작된다는 사실이다. 장기간 계획했던 기부금이 확보되고 기부자를 파일에 기록하고 나면 기부자에 대해서는 잊어버리고 다른 잠재적 기부자 파일을 찾아 나서는 경향이 있다. 한편, 기부자는 파일 서랍에 갇혀 서글퍼하면서, 기부금을 내기 전에 받곤 했던 식사 제의에 도대체 무슨 일이 생겼는지 궁금해한다.

기부자들은 캠페인의 동맹자이다. 이미 자신이 투자했기 때문에 타인들도 투자하기를 바란다. 그들은 확신하고 있으며 타인을 확신시킬 수 있다. 기부금을 제공했으니 인정받고 싶어한다. 또한 당연히 그들은 인정과 관리서비스를 받아야 하는 것이다. 캠페인이 끝나갈 무렵에 기부자가 거듭해서 기부금을 내는 경우가 있다. 타인에게 기부금을 내도록 확신시키는 위치에 이러한 기부자를 두게 되면 이들은 스스로를 확신시켜서 기부금을 거듭해서 내게 된다.

후원투자자들은 캠페인이 성공하고 미래의 캠페인이 가능할 수 있는 확고한 기반을 제공한다. 그들이 신뢰하는 기관을 자본화했으므로 이들에게는 소유 의식이 있다. 이러한 소유 의식을 존중해야 하며, 그들이 이해 당사자로서의 역할을 발견할 수 있도록 도와주어야 한다. 다음과 같은 사항을 그들에게 요청할 수 있다.

- 기금요청 활동의 지원
- 잠재적 기부자 명단의 검토
- 친목 도모 및 기부자 관리 행사에 참여(오찬 및 만찬 등)
- 현재의 자료를 적절히 업데이트하기 위한 검토
- 기부자들에게 대중연설 기술이 있고 이를 편안하게 할 수 있는 경우, 서비스 클럽이나 교회 또는 기타 포럼에서 기관 및 캠페인의 공식적인 대변인이 되도록 한다.
- 캠페인 참모 또는 추진위원회에 참여
- 이사회에 참여
- 캠페인 또는 기관의 일부를 위한 지도력 제공
- 잠재적 기부자가 기부금에 대한 만족감에 의심을 갖거나 또는 불확실해 하는 경우, 이러한 어려운 기부자 협상에서 자원 및 참고인으로서의 역할

6. 요약

1) 장기적 자본화

자본 모금과 연중 모금은, 후원투자자가 소중하게 여기고 있는 기관이 장

기적으로 자본화될 수 있도록 보장하는 기회를 바로 후원투자자에게 제공하는 것이다. 효과적으로 운영되는 자본 및 연중 캠페인은 기관이 새로운 차원의 지역사회 서비스로 도약할 수 있게 하며, 사람들을 기관의 장기적 투자자로 끌어들일 수 있는 커다란 기회를 제공한다.

자본 및 연중 캠페인을 장기적인 관계 구축이라는 전보다 확장된 맥락에서 계획하고 실행하는 기관들은, 사람들을 지치게 하고 실망시키는 미봉책 같은 캠페인의 차원을 넘어설 수 있다. 후원투자자에게 초점을 맞추면 기관을 안정시키고 강화하는 장기적 지원과 자본화를 보장할 수 있게 되는 것이다.

제8장
기부자 안내서비스 : 개발 과정의 핵심

개발 과정에서 기부자 안내서비스 즉, 기부자를 지속적으로 개입시키고, 양육하며, 그들을 돌보는 일보다 중요한 실천은 없다.

기부자 안내서비스는 실천이자 태도이다. 단순한 감사의 차원을 넘어서 정보를 지속적으로 전달받고 관여할 수 있는 기회를 제공하는 것이다. 기부자 및 그들의 기부금이 지닌 가치와 중요성에 대한 기관의 철학적 공헌이고, 기부자가 금전 이상의 것을 기부한다는 사실을 믿는 것이며, 기부금이 기관의 가치와 목적 및 중요성에 대해 기부자가 보이는 신뢰감의 상징이라는 사실에 대한 신념인 것이다. 기부금 때문에 소중히 여겨진다고 느끼는 기부자, 또는 기부금을 제공한 후에는 버림받은 느낌을 받은 기부자는 기관에 대해 혹은 심지어 비영리 부문 전체에 대해 금방 환멸을 느끼게 된다.

1. 왜 기부자 안내서비스를 실천해야 하는가?

강력한 기부자 안내서비스 프로그램은 기관이 단순히 모금하는 것을 넘어서는 최고의 수단이다. 효과적인 기부자 안내서비스를 통해 기관과 더욱 밀접한 관계를 맺게 되는 기부자는 기관의 대변인이자 후원자가 된다. 한 설득력 있는 이론에 따르면, 기부자의 자아(自我) 일부는 기부할 때 이미 기부금과 함께 주어진다고 설명한다. 기부자 안내서비스의 중요성을 망각하는 기관은 기부자 확보와 기금 개발에 성공하기가 어렵다. 불만스럽고 실망한 기부자는 지역사회의 다른 사람들에게 그들의 불만을 토로한다. 만족한 기부자는 다른 사람들을 끌어들인다. 확고하게 기부자 안내서비스를 실천하는 데에는 그만한 투자 가치가 있는 것이다.

기부자 안내서비스와 감사를 실천하기 위해서는 우선 안내 철학에 대한 정직한 약속이 뒷받침 되야 한다. 기부자 안내서비스 철학은 그것이 눈에 드러날 때 뿐 만 아니라, 부재할 때에도 감지할 수 있는 존중하는 자세에 근거한 철학이다.

기부자들은 기부 행위에 더욱 노련해지고 있다. 자신의 가치에 따라 수많은 기관에게 박애에 기반한 지원을 제공한다. 기부자는, 기관과 기부자의 다양한 방식의 상호 작용을 직접 경험하고 서로 비교한다. 기관의 실행능력과 감사보고서를 작성하기 위한 비밀이 보장이 보장된 인터뷰에서, 기부자들은 기관이 자신들에게 얼마나 성실한지 그 수준을 간파할 수 있다고 솔직히 밝혔다.

안내서비스 프로그램이 단지 거액의 기부자에게만 초점을 맞추는 경우 현재 거액을 기부하지는 않지만 앞으로 그럴 가능성이 있는 잠재적 기부자는 참여할 기회가 없다고 실망할 것이다. 모금의 주기에서 (초기 또는 갱신된 기부금과 함께), 안내서비스 프로그램이 충분히 일찍 시작되어야 할 것이다. 그렇지 않으면 거액을 기부할 수 있는 잠재적 기부자 또는 전략적 자원봉사자는 잃게 될 것이다.

기부자 안내서비스 프로그램이 산발적이고, 직원 또는 자원봉사 지도자들이 바뀌게 되면 경험 있는 기부자들은 안내서비스에 대한 철학이 부재함을 이내 간파하게 된다. 비록 기부자에 대한 다른 감사의 표현은 계속 있더라도 안내서비스가 없음을 감지한다.

2. 기부자 안내서비스의 의미

기관들이 효과적인 개발 과정의 연속적이고 지속적인 특성을 더욱 잘 이해하게 되면서 안내서비스 개념이 확장되었다. 비영리 부문이 발전하면서 '기부자 안내서비스'라는 말은 다양한 의미와 해석을 갖게 되었다. 그 중 일부가 남아서 오늘날까지 사용되고 있다.

기부자 안내서비스는 흔히 미국의 일부 기독교 교회가 주도하는 연중 대중집회 서약 운동을 가리킨다. 그러나 이러한 특별한 적용은 개발 및 모금에서 일반적으로 사용하는 의미를 설명해 주지는 못한다. 어떤 사람들은 이것을 전반적인 경영, 또는 기부금의 사용을 설명하는데 이용한다. 또한 어떤 사람들은 'steward'라는 고대 영어에서의 단어의 정의인 'keeper of the hall'을 광범위하게 해석하여, 비영리 기관의 모든 자원에 대한 윤리적 운용 및 관리를 의미하는 말로 사용한다.

기부자 안내서비스는 기관이 기부자와 지속적인 관계를 구축할 수 있는 필수적 기능을 의미하게 되었다. 여기에는 모든 인간적, 재정적 자원에 대한 윤리적 운용 및 관리를 포함한다. 기부자 안내서비스를 통해 기부금의 자원과 영향을 상호 존중하고 이에 근거한 기부자-기관의 관계를 증진시킬 수 있다. 이를 훌륭히 실행하면 단순 모금의 차원을 넘어서 프로그램을 구축하는 기반을 얻게 된다.

　이러한 중요성에도 불구하고 이토록 핵심적인 기능은 대부분 간과된다. 모금이라고 하는 긴급한 필요 때문에, 또한 기부금을 확보하게 되어 안심하고 기쁜 나머지 기관들은 기부금이 제공된 후에 진정한 관계가 시작된다는 사실을 망각하는 것이다. 재정 긴축정책을 실시하는 경우, 모금과 직접 관련되는 직원과 그 활동에 대한 예산은 유지되지만, 평가하기 힘든 안내서비스를 실천하기 위한 예산은 삭감된다.

　대규모 기관의 개발을 책임지는 어떤 사람은 동료 직원에게 다음과 같은 편지를 보냄으로써 이러한 사안에 대한 자신의 좌절감을 표현했다. "성실함과 관대함을 고취하는 지속적인 관계를 구축할 수 있는 기회를 창출하기에 알맞은 자원을 확보할 수 있기만을 바랄 뿐입니다." 이는 기관의 모금 활동 우선 순위에 대한 착잡함을 드러내고 있다. 투자에 대한 장기적인 수익을 고려할 때, 효과적으로 설계된 기부자 안내서비스 프로그램을 실행하는 것만큼 적은 노력을 들여서 높은 혜택을 가져다주는 것도 없다.

3. 기부와 기부자 안내서비스

　기부가 함축하고 있는 본질상, 기부자 안내서비스는 중요할 수밖에 없다. 사람들은 자신의 가치에 근거하여 기부한다. 모종의 헌신이 기부 결정과 결부되는데, 이는 수혜 기관이 이러한 사실을 알지 못하더라도 그러하다. 특별한 요청의 편지에 대한 응답으로 우편을 통해 기부금을 제공하거나, 신문 기사 또는 특별 행사를 계기로 제공하는 기부금에 대해서는 단순한 감사편지 이상의 것이 필요하다. 기관들은 기부자에 대해 잘 알아야 한다. 그들의 가치가 무엇이며 왜 기부를 했는지 알아야 하는 것이다.

대부분의 기관들은 화가 나거나 환멸을 느낀 기부자들을 만난 경험을 가지고 있다. 기부와 연관된 감정이 긍정적인 충족감과 만족감에서 격앙, 좌절 또는 실망으로 변한 사람들이다. 캠페인이 거듭되면서, 최고의 기부자로 대우받았던 과거의 기부자들이 처음의 만남 이후 분개하는 경우가 있는데, 이는 그들이 과거에 제공했던 기부금의 결과를 기관이 알려주지 않았기 때문이다.

아무도 장학금 수혜자와 기부자와의 만남을 주선하지 않았다. 취학 전 아동 프로그램으로 혜택을 받은 그 부모들을 만날 기회가 주어지지 않은 것이다. 그들은 기부에 대해 감사의 인사를 받았다는 느낌을 가질 수 없고, 따라서 추가로 기부를 하지 않으려 한다. 대학 동창회 기부자, 혹은 지역사회 인사들은 '기관에 돈이 필요할 때에만' 연락을 하는 것에 분개한다.

기관이 이러한 사람들을 보살피면 그들은 화낼 이유가 없다. 기부자가 부정적인 반응을 보이는 것을 최소화하는 일은 비영리 기관에게 달려있다. 이러한 관계를 긍정적이고 정력적으로 유지하는 일이 기부자 안내서비스의 핵심적인 기능이다.

4. 기부자 안내서비스와 소속감

기부 행위는 끊임없이 변화시키는 활동이다. 잠재적인 기부자와 현재의 기부자를, 더욱 큰 잠재력을 지닌 기부자와 이해 당사자로 바꾸는 것이다. 기부자는 후원투자자가 되어, 자신의 기부금이 사용되는 방식과 그들이 기관 및 지역사회에 미치는 영향에 대해 첨예한 관심을 보인다. 그들은 소유의식과 연대을 원한다. 기부자를 효과적으로 관리하는 안내서비스 프로그램은 이러한 기부자의 관심과 가치를 심화할 수 있는 기회를 제공한다.

중요한 기부 동기 중 하나는 소속되고 싶어하는 마음 때문이라는 사실이 입증되었다. 사람들은 기관의 성공을 함께 하고 싶어한다. 자신이 기관의 발전에 참여했다고 느끼기를 원한다. 자신이 투자한 기관의 미래를 공유하고 싶어한다. 기부금과 더불어 자신의 의견과 아이디어를 통해 기관의 미래를 만들어 나갈 수 있다고 생각하는 것이다. 기관에서 적극적인 역할을 추구하지 않는 사람이라 할지라도 기관의 소명과 목표를 달성하는데 도움을 준 후원투자자 집단에 속하는 것만으로도 만족을 느낀다.

수 년 전 일류 예술기관의 이사장이 회의 도중 한 이야기가 있다. 그는 부유하고 영향력 있는, 보통은 다른 사람들과 잘 어울리지 않는 사람으로 항상 지루한 회의를 좋아하지 않는 편이었는데, 그 날은 자문이사위원들이 사람들은 왜 기부하는지 그 이유에 대해 토의하는 모습을 진지하게 참관하고 있었다. 토론이 진행되고 있는 회의석상과는 뚜렷이 구분된 회의실의 뒤편에 서서 거의 주목을 받지 못한 채 이야기들을 듣고 있었다. 그리고 그는 다른 이사회 임원들이 기부행위의 이유에 대해 얘기한 것을 듣고 나서 자신도 한 가지 이유를 추가하고 싶다고 말했다. 놀랍게도 그는 사람들이 소속하고 싶어하기 때문에 기부한다고 말했다. 사람들과 잘 어울리지 않는 이 사람, 해마다 기관에 백만 달러를 기부하는 이 영향력 있는 이 기부자의 이렇듯 놀랄만한 견해는 회의실을 일순간 어색한 침묵이 감돌게 했다. 이는 기부자 자신을 강하게 반영한 의견이었기 때문이었다. 해마다 기부자와 이사장으로서 지도적인 역할을 계속 맡아온 이러한 박애주의자의 동기에 핵심적인 통찰력을 부여하는 사건이었다.

5. 기부자와 잠재적 기부자를 주방으로 데려오기

오레건 셰익스피어 축제(Oregon Shakespeare Festival)에서는 한때 『정신, 소속의 예술(The Spirit, the Art of Belonging)』이라는 회원용 책자에서 소속의 중요성에 대해 요약했다. 예술 국장인 제리 터너는 프로그램에서 버트홀드 브레히트(Berthold Brecht)를 인용하면서 결론을 내렸다.

버트홀드가 언젠가 두 개의 식당 중 두 번째 식당을 선택하였는데, 첫 번째 식당에 맛있는 메뉴가 없어서가 아니라 두 번째 식당에서 그를 주방으로 초청했기 때문이라고 설명했다. 두 번째 식당에서 버트홀드는 그 식당의 '관계자'였다. 그는 소속되었던 것이다.

기부자 안내서비스는 기부자가 기관과 더욱 밀접한 관계를 맺도록 하는 과정이다. 기부자들을 '주방으로' 초청하는 방식인 것이다. 기관과 가장 밀접한 관계를 맺고 있는 후원투자자들—이사회 임원과 그 외 자원봉사자—은 최고의 기부자 안내서비스 대상이 되야 마땅하다. 존중하고 인정받을 때에만 그들은 주방에 남아있을 것이다.

'주방'이라는 개념이 상징적이라면, 어떤 기관에서는 이 개념을 양육과 안내서비스라는 독자적이고 차별화된 실천으로 해석한다. 어떤 주(州)의 기부를 받는 대학에서는 예술건물 신축을 위한 캠페인에 착수하였다. 다행스럽게도 학장의 모금 접근방식과 후원투자자에 대한 안내서비스 기능은 혁신적이고 주의를 끌었다. 화려한 신축 건물 착공식을 할 수 있었을 뿐만 아니라 캠페인 기간 중에 매우 독특한 사무실을 마련했다. 헛간 같은 캠퍼스 건물을 선택하여 그 열린 공간에 미술 및 연극 스튜디오가 가득 차도록 했다. 그 건물은 예술 프로그램을 수용한 구조물 중에서 가장 허름한 것 가운데 하나였다. 건축 계획에서는 캠퍼스에 산재해 있던 예술 프로그램을 모두 새 건물에 하나로 모아야 했다. 건물의 한 쪽 끝에는 에스프레소(espresso) 커피 메이커와 소파, 안락의자가 있는 식당 크기 만한 대화실을 만들었다. 다른 한 쪽 끝에는 대학 아침 TV 쇼에서 사용하는 그림으로 그려진 주방의 배경막을 두었다.

그 결과는 역동적이었다. 교수회, 대학 후원자, 기부자, 관리 직원, 잠재적 기부자 및 방문객들은 말 그대로 '주방으로' 초청되었다. 실내 배경은 학장의 고급스런 매력과 설득력을 보충해 주는 것이었다. 그는 머지 않아 최신 시설로 교체될 건물의 주방에서 후원투자자와 커피를 마시면서 미래에 대해 함께 숙고하는 일을 즐거워했다. 주(州)립 대학에 지원한 적이 없는 새로운 후원투자자 기반을 구축하는데 성공한 것이다. 그는 또한 뜻밖에도 주 기금과 맞먹는 막대한 지원을 대학 본부로부터 얻을 수 있었다.

어떤 지역주민 예술가 프로그램에서는, 낡은 군대 막사를 개조한 내부에 자리잡은 각 방들이 바로 한 예술가의 사업계획서였다. 주방이라고 예외는 아니었다. 작업실의 전기제품은 실용적이고 대량의 음식을 요리하기 위한 것이었지만, 주방에 연결된 식당은 예술가가 창조한 것이었다. 무엇보다도 눈길을 끄는 것은 식탁 의자였다. 예술가가 제작한 의자의 형태는 각기 달랐다. 목재나 기타 단단한 재료로 작업하는 예술가는 의자를 제작했고, 기타 자재를 다루는 사람들은 골동품 가게나 벼룩시장에서 얻은 의자를 장식했다. 모양이 서로 같은 의자는 하나도 없었다. 예술가들은 자기의 서명을 의자에 남겼다. 그 방들은 강의, 식사, 기부자 모임, 개발 위원회 모임 및 기타 관련 행사를 할 때마다 예술가들의 독특한 감각으로 충만했다. 이러한 방에서 전달된 메시지는 즉각적으로 반응이 있었다. 여기는 예술가를 위한 작업 센터였고, 이러한 예술가의 표현력과 창조력은 지역사회의 기부와 자원봉사로 고무되었다.

위의 두 가지 예 모두 주방이 있는 예술 기관에서 취한 것이지만, 다른 기관들도 효과적으로 기부자들을 '주방으로' 데려올 수 있다. 이는 기관의 사람들, 아이디어, 자료, 비전 및 미래의 계획과 기부자를 밀접하게 연결함으로써 가능하다.

6. 기부자 안내서비스에 우선권 부여

모금의 차원을 성공적으로 넘어서고 후원투자자 개발 프로그램을 실행하는 기관은 예산과 인원을 할당하여 기부자들 스스로가 인정받고 정보를 제공받는다고 생각할 수 있도록 해야 한다. 대부분의 기관에서는 기부자 안내서비스 기능에 개별 직원을 배치하기 어렵기 때문에, 모든 직원과 이사회 임원들이 그 업무의 책임자가 되어야 한다.

자원이 있을 경우, 기부자 안내서비스를 위한 별도의 담당 직원을 둘 수 있다. 두 개의 주요 대학에서는 최근의 자본 캠페인을 완료하여 전문 직원과 보조 직원을 추가할 수 있었으며, 캠페인이 끝나자 개발 사무실의 규모를 적절히 축소했다. 한 가지만 제외하고는 모든 프로그램의 직원을 줄였다. 양 대학 모두 직접적인 안내서비스 프로그램에 전문 및 보조 직원을 추가했다. 캠페인이 끝난 이후의 기간에 이러한 기관에서는 강력한 안내서비스 프로그램을 실행해야 한다는 사실을 인식하고 있었던 것이다.

어떤 사립학교에서는 자본 캠페인을 마치면서 거액의 기부금을 거둬들였는데, 소액 기부자들의 기부자 안내서비스에 주의를 기울이게 되었다. 기부자들을 무작위로 선정하여 그들에게 감사편지를 보내는 프로그램이 수행되었다([표 8. 1] 참조). 이러한 적극적인 후속 프로그램은 훌륭한 것으로써, 강력한 효과를 발휘했다.

7. 기부자 안내서비스 프로그램 구축 원칙

효과적인 기부자 안내서비스는 후원투자자의 관심과 필요의 중요성에 대한 기관의 철학적 기여에서 출발하여 기관에 대한 후원투자자의 장기적 기여로 이어진다. 다음은 강력한 안내서비스 프로그램을 창출하는데 지침이 되는 기본원칙이다.

1. 최초의 기부금을 낸 기부자들을 기부자 안내서비스 프로그램에 참여시킴으로써 시작한다. 최초의 기부금을 제공한 이후에는 제6장에서 설명한 지속적인 감사를 통해 관계를 계속할 수 있다. 기부금에 대해 감사하고 있으며 현명하게 사용되고 있다는 점을 기부자에게 개인적으로 알릴 수 있는 기회를 마련해야 한다. 이것은 기부자와 기관에게 소중한 관계를 구축할 수 있는 중요한 출발점이다.

주요 기부자와 지역사회의 자료를 검토하는 일에 관심을 보이고 이를 잘 알고 있는 새로운 주요 기부자를 끌어들인다. 초안을 작성하기 위해, 우표 (3~5 달러 짜리)를 구입하여 제안 자료와 동봉한다. 제안된 모금 편지, 프로그램 및 개발 모금운동 소책자 또는 모금 요청서를 기관 및 지역사회와 관련 있는 사람들에게 발송한다.

여기서 작성자로서 직원의 자부심은 중요한 문제가 아니다. 기부자

[표 8.1] 기부자 안내서비스 편지 예 : 로렌스빌 스쿨(Lawrenceville School)

1996년 10월 17일

존 J. 도너(John J. Donor)
77 Main Street. Pittsburgh, PA

도너씨 귀하

   저희는 최근에 귀하께서 보내주신 50 달러의 기부금을 받았습니다. 저희에게 매우 친숙한 분께서 호의적인 역할을 해주신 것이라고 생각합니다. 사실, 저희 기록에 의하면 귀하께서는 로렌스빌 스쿨을 위해 18년 동안 계속해서 기부금을 납부해 주셨습니다. 이것은 참으로 인상적이었습니다. 현재 귀하의 전체 기부금 액수는 880 달러입니다.
   연중 기부를 통해 매년 가장 필요한 영역, 다시 말하면 최고의 기회에 로렌스빌 스쿨의 교장과 이사회가 기금을 사용할 수 있는 유연성을 갖고 있었기에 본교가 타 학교와는 차별화 된 지위를 가질 수 있었습니다. 연중 기부에서 귀하께서 지속적으로 기여, 지원해주신 것에 대단히 감사 드립니다.
   저희 학교 관계자 일동은 진심으로 감사 드립니다.

                      Sincerely,

                       찰스 D. 브라운 2세(Charles D. Brown, Jr)
                       개발 국장

CDB/cms

로렌스빌 스쿨
뉴저지주 로렌스빌 08648, 사서함 6125, 전화 (609) 896-1208, 팩스 (609) 895-2148

와 자원봉사자의 주인 의식이 중요하다. 몇몇 사람들로부터 제안이 담긴 응답이 올 것이지만, 그 모두가 적절하거나 적용할 수 있는 것은 아닐 것이다. 제안에 대한 응답 전화가 오면, 기관이 자신이 권장한 사항을 따를지 안 따를지 그 이유를 설명할 것이다. 마음의 변화를 보이든 그렇지 않건 간에 그들은 여전히 기관의 활동에 대해 고양된 소유 의식을 보유하게 될 것이다.

사람들이 관심을 갖고 제안된 프로그램이나 지침에 대하여 논의할 수 있게 하는 데에도 같은 전략을 사용할 수 있다. 새로운 핵심 후원 투자자와 이사회 임원을 연결시켜야 한다. 이들은 신선한 전망을 가져다 줄 것이며, 프로그램을 지원하는 일에 관심을 갖고 계속 개발해 나갈 것이다.

2. **기부자가 선택할 여지가 있는 메시지를 전달하라.** 믿을 만한 관례에 따르면 누군가에게 금전 요청을 할 때마다 그 사람을 두 번 정도 더 만나되 금전 요청은 하지 말아야 한다. 이것은 확고한 원칙이다. 모금과 상관없는 만남의 예로는, 지속적인 감사인사, 강의 또는 발표회 초청, 방문자로서의 기부자와 기관의 상주하는 사람으로 직원이 함께 만날 수 있는 무료 찻집이나 리셉션이 있다. 또 지역사회의 특정 욕구를 충족시키는 프로그램에 대한 설명회, 기부자의 지원에 감사하는 내용이 담긴 메모를 첨부한 기부 내용에 대한 공식적인 보고서, 기관의 프로그램에 더욱 친숙해질 수 있는 견학이나 모임 등을 들 수 있다.

3. **기부자 안내서비스에 예산을 할당하라.** 안내서비스 활동―기부자

리셉션, 거액 기부자를 위한 특별 기념식, 지속적인 감사활동을 위한 만찬 또는 다과회―을 개발 프로그램에서 없어서는 안 될 부분으로 만든다. 특별한 모금 활동을 위한 예산은 일반적으로 개발 예산보다 정당화하기 쉽다. 모금 결과는 즉각적이고 측정할 수 있다. 반면 개발 결과는 여러 해 동안 뚜렷하지 않을 수 있기 때문이다.

그러나 개발과 일차적인 기능으로서의 기부자 안내서비스는 모금을 성공으로 이끈다. 재정적 수익을 정확히 측정할 수는 없지만 기부자 안내서비스는 전체적인 핵심사항에 영향을 준다. 즉, 기부금의 전반적인 증가나, 기부자 보유력의 향상 등이 뒤따르게 될 것이다.

4. 안내서비스를 실천하는 것은 기부금의 액수와 기관의 예산 그리고 이미지에 적합해야 한다. 기념식이나 행사가 기관의 이미지(예 : 사회적 책임이 있고 재정적으로 보수적인 기관)와는 어울리지 않게 너무 사치스럽거나 일관되지 못한 경우에 기부자들은 불편해 한다. 그리고 감사 전하는 활동에 기부금을 모두 다 써버리는 것은 아닌가 하고 의아해 한다.

미 국세청은 기부자의 상품이나 서비스에 근거한 기부금의 공제액에 대하여 엄격한 표준을 부과하고 있다. 이러한 규칙을 제정함으로써 기부자에게 제공할 수 있는 유형의 이익을 조정하고, 실제적인 이익을 전달할 수 있게 되었다. 여기에서 실제적인 이익이란, 지역사회에 대한 소명을 달성하는데 기부금이 미친 영향을 말한다.

5. 주요 기부금 및 예정 기부금 기부자들이 어떠한 종류의 참여를 원하는지 판단하라(이러한 기부자들 중 어떤 사람들은 본업과 다른 기관

활동에 참여하느라 바쁠 수도 있다). 그들은 특정 기부 '클럽'에 가입하지 않고 기관과 다른 종류의 관계를 맺고 싶어할 수도 있다. 소속감을 얻기 위해 반드시 기부 '클럽'에 가입할 필요는 없다. 기부금이 들어올 때 이러한 점을 알아내야 하고, 관계를 맺음에 있어서 기부자의 이러한 바람을 존중해야 한다. 사람들이 기관에 참여하는 방식에 관해서 기부자의 데이터베이스를 구축한다. 새로운 자원봉사자나 직원이 관계를 효과적으로 지속하기 위해 이러한 정보가 필요하기 때문이다.

6. **기부자 안내서비스와 양육 활동을 함께 수행하라.** 그래서 현재의 기부자가 그들의 열의와 헌신을 잠재적 기부자에게 전달할 수 있게 하라. 기부요청 활동에 대한 이러한 '버팀목'들은 서로 매우 유사하다. 즉, 가치를 발견하고 강화하는 일에 가장 효과적인 방식으로 개인을 참여시킨다는 동일한 원칙에 모두 근거하고 있다. 어떤 유명한 만화에서는 아름답게 장식한 공식적인 식탁 주위를 어떤 자원봉사자가 걸어다니면서 좌석표를 나눠주고 있다. 그녀는 다음과 같이 말한다. "기부자, 비 기부자, 기부자, 비 기부자......" 물론 그녀의 행동은 옳았다. 기부한 사람과 아직 기부에 대해 생각하는 사람을 섞어놓아야 한다. 그 결과는 기관과 개인에게 모두 이로운 것이었다.

7. **기관의 소명에 부합하는 기부자 안내서비스.** 유능한 이사회 회의라면, 이사회 임원을 소명에 지속적으로 묶어둘 수 있는 '제품 시연'이 있어야 한다. 이는 안내서비스를 수행하기 위한 행사나 기념식에도 마찬가지이다. 액자나 머그컵, 기타 물건들이 이러한 목적을 어느 정

도 달성할 수 있겠지만, 가능하다면 더욱 의미 있는 아이템을 찾아야 한다.

발달 장애를 겪는 아이가 그린 그림을 액자에 넣어서 기부자에게 제공한다면 그 결과는 확실할 것이다. 어떤 지방 극단의 모형 무대장치는 후원업체의 복도의 눈에 띄는 장소에 전시되어 있다. 어떤 대학의 훌륭한 건축물 보존 프로젝트의 유물이라 할 수 있는 사암(沙岩) 조각이 런던의 미국 지사장 사무실 책상 위에 놓여있다. 자신이 기부한 공연의 무용가를 찍은 사진이 로스앤젤레스에 살고 있는 박애주의자의 거실에 전시되어 있다. 어떤 서유럽 국가의 미술관을 위한 캠페인에서 한 비전 있는 지도자에게 그 나라의 문화부장관이 국가표창을 수여했다.

상상력을 활용하면 자원봉사자와 기부자에게 적절한 감사표시를 할 수 있는 저렴한 방법을 찾을 수 있다. 이것은 기관의 소명과 기부자의 가치를 강화하는 방식으로 이루어진다.

8. **유형의 이익보다는 무형적 이익에 초점을 맞춘다.** 이러한 원칙은 위의 제 7항을 뒷받침하는 것으로, 기부자의 인지도가 저하될 수 있는 즉, 기부자들이 현재의 혜택에 만족한 나머지 기부액을 늘리지 않게 되는 위험을 막는데 도움을 준다.

수 년 전에 있었던 어떤 대학의 캠페인에서는 설립 기부자가 특정 기부자들에게 연간 기부금 액수를 늘려달라는 요청을 하게 되었다. 거액의 연간 기부금을 제공한 기부자들에게는—이들은 기부로 인한 많은 '혜택'을 누렸는데, 여기에는 우선 주차권, 행사 입장권, 대통령과의 특별 만찬 등이 포함되었다—이러한 시도들은 전혀 인센티브가

되지 않았다. 그들은 즉각적으로 기부금 액수를 늘리지 않았다. 왜냐하면 기부금의 '하한선(1000 달러+)'이 그들에게는 '상한선'이었기 때문이었다. 개발 직원과 교수회의 활발한 연락이 있은 후에야 그 기부자들은 기부금의 진정한 혜택은 받는 것이 아니라 주는 것에서 있다는 사실을 이해하게 되었다. 기부금을 늘림으로써 얻을 수 있는 효과는, 단지 주차권이나 만찬의 참석이 더 주어지는 것이 아니라, 바로 학생들을 보다 효과적으로 교육시킬 수 있는 대학이 되는 것을 의미함을 깨닫게 된 것이다. 이러한 깨달음 즉, 기부자에서 후원투자자로 사고방식을 전환하는 일은 이 대학의 기부자 개발에서 뚜렷한 이정표를 제시해 주었다.

9. **장기적이고 관대한 기부자들이 기부를 보류하는 동안에도 안내서비스를 지속하라.** 기관들은 기부자 안내서비스 전략의 근거를 기부금의 규모와 빈도를 내부적으로 측정한 것에 둔다. 대부분의 경우, 이는 적절하다. 그러나 이사회와 직원은 다음 사항도 기억해야 한다. 기부자의 상황은 일시적으로 바뀔 수도 있다. 자산이 묶여있거나 이윤 또는 소득의 저하로 수입이 일시적으로 줄어드는 기간을 겪어야 하는 기부자와의 관계를 끊어버리는 것은 어리석은 일이다. 기부금이 제공되지 않거나 예상보다 적은 액수가 기부되는 경우에 그러한 기부자를 후속 활동에 포함하는 것을 일반적으로 꺼리게 된다. 기부자 안내서비스를 통해 기부자가 기관에 참여하게 되면 그 기관은 이미 구축된 관계를 존중해야 하고, 기부금이 감소했거나 아예 제공되지 않게 된 상황을 파악해야 한다.

어떤 기부자는 대학의 연간 기금에 기부액을 늘리고 있었는데, 중

년기에 접어들면서 새로운 사업을 시작하고 자녀들을 대학에 보내게 되었다. 이 기부자에게 배치된 자원봉사자는 여러 해 동안 정기적으로 연락을 하며 지냈는데, 그 기부자의 상황이 바뀌어서 이전과 같은 수준의 기부금을 제공하지 못할 것이라고 대학 측에 알렸다. 자원봉사자는 이 기부자의 기부금이 개인적으로 요청할 수 있는 수준 이하로 떨어졌음에도 불구하고 개인적인 권유 관계를 지속해야 하는지를 대학 직원에게 물어보았다. 관계는 6, 7년 간 동일한 기반에서 지속되었고, 기부자의 기부금은 점점 증가하기 시작했다. 기부자의 사업은 크게 성공했고 자녀들은 대학을 졸업했다. 몇 년 후, 어떤 자본 캠페인에서 지속적인 기부자 안내서비스를 제공받았던 그 기부자는 대학에 백만 달러가 넘는 기부금을 쾌히 내놓게 되었다.

공연 또는 창작 예술 기관은 기업의 후원자들이 해마다 그들에게 기금을 제공할 수 없으리라고 생각할 수 있다. 그러나 기업이 재정상 어려운 기간에도 그들을 존중하고 리셉션이나 공연에 참가시켜야 한다. 기관이 자리잡을 수 있도록 담당한 그들의 역할과 지역사회 예술 발전에 끼친 그들의 공로가 있기 때문이다. 이러한 지속적인 참여는 후원 또는 기부의 규모를 바꾸게 되는 미래의 결정에 영향을 미친다.

청기기 기능을 실행하는 행사에 초대하는 것을 계획할 때, 어떤 기준에 비교하여 많은 액수는 아니지만 스스로에게는 '부담'이 되는 기부금을 제공한 기부자들을 잊어서는 안 된다. 이들의 기부금은 그 기부자의 마음과 가치에서 우러나온 주요 투자이기 때문이다. 그들 역시 존중받아야 한다.

10. 과거에 상당액을 기부한 사람들에게 기관에 대한 소식을 지속적으로

알리고, 그들을 기관 데이터베이스의 일부로 포함시켜라('1회성 기부금'으로 보이는 기부금만을 제공한 사람일지라도 더 이상 기관의 소식을 보내지 말아달라고 할 때까지는 계속해야 한다). 과거의 기부 경력이 없는 사람이 거액의 기부금을 제공할 때에는 극도로 존경심을 표하지만, 이후에는 기부자를 소홀히 대하는 경향이 있다. 기관이 기부자(개인, 가족, 재단 또는 기업)에게 부적절한 정보를 제공할 때 문제는 더욱 악화된다.

미국의 어떤 사립고등학교에서 조부의 재산으로 장학금 제도를 마련한 학생과 그 어머니가 학교와의 개인적인 관계를 더 이상 유지하지 않게 된 일이 있었다. 이 두 명의 기부자들이 불만을 토로한 후에야 이러한 상황이 시정되었다. 장학금 기부 후에 자본 캠페인이 연속적으로 진행되었을 때 이들 모자(母子) 기부자에게 학교는 연락하지 않았는데, 이것은 이들이 거액의 기부금 캠페인에 참여할 만큼 지속적인 재원이 없을 것이라고 짐작했기 때문이었다. 캠페인이 끝나자 학생의 어머니는 캠페인의 자원봉사 지도자였던 자기의 친구에게, 학교에서 자신에게 연락하지 않아서 화가 났다고 말했다. 학교에 대한 그들의 기존 투자가 존재하고 있기 때문에, 그들은 최소한 또 하나의 기부 기회를 제공받았어야 한다고 생각한 것이다.

11. **항상 기부자와 프로그램 담당 직원간의 관계를 유지한다.** 사람들은 기관의 소명을 신뢰하거나 이와 관련되어 있기 때문에 기관에 투자한다. 기부자들의 소속 욕구는 관리나 개발 직원의 일원이 되고자 하는 것이 아니라, 실제적으로 지역사회 서비스를 제공하는 사람들과 파트너가 되기를 바라는 염원에 기인한 것이다. 이러한 파트너 활동

을 통해서만 그들은 자신의 가치가 어떻게 실현되는지 이해할 수 있는 것이다. 어떤 기부자가 장애인 교육 프로그램을 지원하는 경우, 그 기부자에게 프로그램 지도자를 소개시켜야 한다.

좌담이나 특정 프로그램에 대한 토의 모임에 기부자를 참여토록 해서, 투자 의식과 지식 및 관심을 높일 수 있게 해야 한다. 공공 도서관에 기부하는 어떤 후원투자자는 가족과 함께 서적 기부 기금을 마련했는데, 기금 사용 내역에 대해 제목별로 정리한 연간 세부보고서를 제공받았다. 또한 그녀는 캠페인 지도자를 만나고, 가족 장서의 스탬프가 찍힌 책들을 구경할 수 있었으며, 책들이 어떻게 이용되는지를 견학할 수 있었다. 도서관장이 보낸 개인적인 엽서와 기타 캠페인 및 활동에 관한 편지는 기부자 안내 역할을 수행하는 서비스의 일환이라고 할 수 있다. 그 결과 기부자의 투자 의식이 향상되었다. 기부자와 그녀의 가족은 해마다 계속해서 기부금을 내고 있다.

8. 기부자 안내서비스 프로그램의 실행

위의 원칙들을 지침으로 삼고 다음의 단계를 준수하면 기부자 안내서비스 프로그램을 창출, 실행할 수 있다.

1. 이사회에서 기부자 안내서비스에 관한 정책을 한 번도 채택한 적이 없는 경우, 이에 대한 정책을 만들고 이를 승인함으로써 시작한다. 이사회에서는 기관의 시스템에 기부자 안내서비스의 중요성을 확고하게 심어줄 수 있는 정책이 있어야 한다. 이것은 기부자 안내서비스

에 대한 세부 정책이라기 보다는 철학과 실천에 대한 공약의 성격을 지닌다. 이사회의 정책이 제대로 자리잡고 있음을 보여줌으로써 산발적인 안내 활동이 아닌 지속적인 실천이 가능한 것이다. 정책의 설정과 승인이 이루어지면(직원, 이사회 임원 또는 외부 운영위원 등이 기부자 안내서비스에 대해 교육할 수도 있다) 이제 진행할 준비가 된 것이다.

2. 이사회 임원, 자원봉사자, 개발 또는 관리 직원 및 몇몇 기부자들로 구성된 기부자 안내서비스 기획위원회를 구성한다. 기부자 안내서비스 프로그램 계획 과정에 기부자들을 참여시키는 일은 특히 중요하다. 기부자 관계 유지를 위한 프로그램을 설정하는데 있어서 기부자는 훌륭한 자원이라고 할 수 있는데, 기부자에게는 경험과 전망이 있기 때문이다. 기부자에게 지도자 역할을 부여하고, 그들로 하여금 이사회에 기부자 안내서비스 프로그램을 제시하는 팀의 일원이 되게 한다. 기획위원회가 결성되면 다음 단계의 실천을 위한 이사회 정책의 지침에 따라 작업을 시작한다.

3. 기부금이 모이는 방식에 따라 기부자 기반을 분석하고, 4~5개의 사전(실험) 감사표시 기준을 설정한다. 감사표시가 안내서비스의 유일한 측면은 아니라고 할지라도 지역사회와 실제적/잠재적 기부자에게 가장 가시적인 것이다. 지역사회에 기반을 둔 새로운 사회복지 서비스 기관의 경우, 기부금 범위를 (예를 들어) 5~100달러, 100~249달러, 250~499달러, 500달러 이상으로 구분할 수 있다면 이러한 기준을 통해 초기 감사표시와 안내 프로그램의 틀을 마련할 수 있을 것

이다.

  기부자 안내서비스를 체계화하기 시작한 기존 기관의 경우, 이러한 기준은 더욱 높을 수 있다. 감사표시 기준이 100달러 또는 250달러 이상부터 시작하여 10,000 달러 또는 25,000 달러에까지 이를 수 있다. 초기 기부금, 반복적인 기부금 및 그 수준을 높힌 기부금에 대한 감사표시를 해마다 할 수 있다.

  자본 캠페인 중에 이러한 기부금에만 적용되는 기준들을 설정한다. 어떤 기관에서는 또한 기부자의 기부금이 특정 총액에 도달했을 때 누적된 기부금에 대해 감사표시하기도 한다. 감사표시 기준은 모두 이사회 또는 개발위원회에 제출하여 최종안이 확정되기 전에 검토 받도록 한다.

4. 기부 수준에 명칭을 정하여 기억하고 관리하기 편하게 한다. 그러나 너무 영악하게 또는 복잡하게 정하는 것은 피한다. 가능하다면 그 명칭은 소명과 연관시킨다. 그렇지 않으면 포괄적인 명칭을 사용한다 (예 : 기부자, 후원자, 기증자). 어떤 무용단에서는 1급 기부수준에 명작협회라는 명칭을 부여했다. 이는 이러한 기부자의 기부금이 매년 모금되어 새로운 작품을 창작하거나 기존의 작품을 부활시키는데 사용하기 때문이었다. 명작협회에는 실버(Silver), 골드(Gold) 및 플래티넘(Platinum) 등과 같은 수준이 있다. 세계적으로 교회와 성당에서는 거액 기부자에게는 천사, 그보다 많은 액수를 제공하는 기부자에게는 대천사라는 명칭을 부여한다. 사립고등학교와 대학에서는 기부금수준에 Quad, Inner Quad 및 Tower Society 등과 같이 유명한 건축물의 이름을 사용한다. 일부 기관에서는 지도자 지위에 따라

Dean's Culb, President's Club, Director's Club, Founder's Club 등과 같은 명칭을 사용한다. 어떤 기관에서는 구체적인 기부자의 이름을 사용하기도 한다(창시자, 기증자, 초대 회장, 해당 분야에서의 유명한 지도자).

5. **각 수준에 맞는 기부의 '혜택'을 결정한다.** 앞에서 언급한 바와 같이 미국의 조세 규정은, 기관이 기부자의 기부금 가치를 크게 침식하지 않는 혜택을 설정하고 유지하도록 자극한다. 현재 영수증에서 기부금의 공제 가능한 부분을 반영해야 하기 때문에 (수취한 상품 및 서비스의 가치보다 적은 총 기부금), 공제 가능한 부분을 최대한 높게 유지해야 한다. 기관에서는 기부자에게 기본혜택(예 : 소식지, 무료 입장권 등)을 제외한 모든 혜택을 사절하는 선택권을 제공할 수도 있다. 많은 기부자들이 이것을 선택하고 있다.

혜택은 기부금의 규모와 비례하여 증가한다. 혜택을 제공함에 있어서 대부분의 기관들은 기본 혜택과 여기에 대한 증가분을 제시하는 단순한 일정표를 갖고 있다. 이것은 도표로 제시하거나([표 8.2]) 또는 서술방식으로 설명할 수 있다. 다음의 도표는 유명 예술기관에 기부한 기업의 혜택에 관한 것이다.

위의 제8원칙을 준수하여 지나친 유형의 혜택은 피하고, 기관의 소명에 기부자를 보다 확고하게 연결시키는 혜택에 초점을 맞추어야 한다. 기업의 혜택은 개인 기부자보다 더욱 유형적인 경향이 있다. 이렇듯 '되돌려 주는 행위'를 통해 기업은 박애주의와 마케팅이라는 두 가지 측면에서 기부금을 제공할 수 있다. 기업에 대한 혜택을 마련하는 것이 지닌 긍정적인 면은, 기관의 개인적 기부자가 될 수 있

[표 8.2] 예: 기업의 연간 기부 혜택에 대한 도표

기업 연간 기금 특권(Charter) 기업 파트너 수준 및 혜택

샌프란시스코 아시아 박물관

	Porcelain Partner	Jade Partner	Bronze Partner	Silver Partner	Gold Partner
	$2,500	$5,000	$10,000	$25,000	$50,000
기업의 혜택					
클라이언트/고객의 사적인 견학을 위한 초청 가능			◆	◆	◆
회원지에서의 기업에 대한 감사표시		◆	◆	◆	◆
기업 파트너 소책자에서의 특권 파트너 감사표시	◆	◆	◆	◆	◆
기부자의 기념패에 새긴 기업에 대한 감사표시		◆	◆	◆	◆
전시회 및 프로그램에서의 감사표시				◆	◆
기업 행사의 이용	◆	◆	20% 할인	대여료 기권(waiver)*	대여료 기권(waiver)
기업 자재의 사용				◆	◆
직원에 대한 혜택					
무료 입장	50회	75회	100회	125회	150회
기업 구성원을 위한 리셉션	◆	◆	◆	◆	◆
개별 미술관 회원권 할인	10%	10%	10%	20%	20%
개인 화랑 견학		◆	◆	◆	◆
사무실에서의 예술에 관한 대담			◆	◆	◆
임원에 대한 혜택					
임원 멤버십	4	6	8	10	15
13개의 서양 미술관의 교환 멤버십	◆	◆	◆	◆	◆
전시회 개막식 초청	◆	◆	◆	◆	◆
기업 파트너 오찬 초청		◆	◆	◆	◆
전시회 사전 견학			◆	◆	◆

※ 미술관 보안을 포함한 모든 비용은 기업 기부자가 지불한다.

는 핵심 간부와 직원들을 참여시킬 수 있다는 점이다.

기부자들이 프로그램에 참여하고 프로그램 진행자들과 친목을 도모할 수 있는 기회를 마련해 주는 것은, 궁극적으로 비용은 적게 들면서 더욱 잊혀지지 않는 계획이 될 것이다. 전 세계의 기관들은 기부금에 대한 공제 혜택이나 공제 가능한 사항에 대한 규정이 있든 없든 간에, 상품이나 행사 등의 '되돌려 주는 행위' 보다는 가치의 수익에 근거한 혜택 프로그램을 마련해야 한다. 세계의 다른 곳과 마찬가지로 미국의 여러 지역에서는 유형의 혜택은 기부자의 동기, 익명성, 그다지 알려지고 싶지 않다는 요구 등 때문에 문화적으로 알맞지 않게 여긴다. 반면에 무형의 혜택 —소속감, 감사표시, 투자의식—은 문화적 장벽을 넘어 어느 곳에서나 적절한 것으로 간주된다.

6. 승인을 위해 개발위원회나 이사회에 감사표시의 수준과 혜택에 관해 설명한다. 구체적인 감사표시 프로그램이 기부자 안내서비스에서 가장 가시적인 측면에 해당하며, 이는 사전 승인이 필요하다. 따라서 안내서비스 프로그램에 관한 전반적인 철학과 전략이라는 맥락에서 이에 대해 설명해야 한다. 감사표시는 기부자 안내서비스를 실행하는 과정의 일부이다. 그리고 혜택은 기부자 안내서비스의 전략적 측면에 해당한다. 그러므로 철학과 장기적인 전략으로 감사표시 프로그램을 만들고 지도해야 한다. 기부자에게 감사표시하는 것만으로는 부족하다. 참여의 기회도 제공해야 한다.

7. 우편, 전화 권유와 지속적인 감사표현, 개인적인 권유 및 기업 또는 재단의 요청과 같은 모든 기부자에 대한 감사표시 수준을 향상시킬

수 있는 기부자 안내서비스 계획을 창출한다. 표에 나타난 항목들이 감사표현 수준에 해당하며, 기부자가 원하는 경우 기관에 참여할 수 있는 방식을 제공하는 수단임을 강조한다. 어떤 사람들은 감사표현 대상이 되는 것을 원치 않을 수 있고, 또 다른 사람들은 명단에 이름이 실리는 것에 반대하지는 않지만 솔직히 관여하고 싶지 않을 수 있다. 성공적인 감사표현을 포함한 진정한 의미에서의 기부자 안내서비스는 기관이 아닌 기부자의 필요와 바람에 근거한다.

8. 기부자 안내서비스와 감사표현, 기부의 변화/기부 수준의 향상과의 관계를 추적함으로써 프로그램을 모니터한다. 적절한 감사표시를 받고 안내서비스 대상이 되었던 사람들의 기부 행위는 그렇지 않은 사람들의 행위와는 다르다. 새로운 기부자에 대한 기본 자료를 설정하고, 이들의 기부 행위를 장기적으로 추적한다.

반복 또는 갱신된 기부금의 액수가 급격히 상승한 많은 기관을 살펴보면, 이는 지속적인 감사활동 덕택이었다. 어떤 병원에서는 지속적인 감사활동을 시작한 이래 기부자 보유 현황을 추적해 보니 40%의 증가율을 보였다.

모든 기부 수준에서, 또한 기부자가 투자의 연속선상에 있는지의 여부를 불문하고 기부자 안내서비스는 기부자의 보유력을 증가시킨다. 관리상의 문제나 재정적 어려움을 겪었던 기관에서 발견한 사실은, 기관과 지역사회에서 기관의 프로그램이 미치는 영향과 관련하여 기부자들을 참여시키고 정보를 제공하면 기부자들이 계속 기관에 충실하게 된다는 점이었다.

9. 프로그램, 혜택 및 영향을 해마다 검토한다. 또한 기부자 피드백, 기부자 확보 및 기부금 수준의 변화를 근거로 하여 이를 조정한다. 500달러 또는 그 이상을 기부하는 기부자에 대한 감사표현 수준과 기부자 안내서비스 프로그램에서는, 상한선 또는 하한선을 변경하면서 점증적으로 많은 액수를 기부하는 후원투자자에게 감사를 표현하고 그들에게 인센티브를 제공할 필요가 있다. 기부자가 기부금 제공으로 인해 돌려받는 혜택보다는 프로그램의 결과에 관심을 보일 경우, 모금액이 많아져서 기관이 보다 큰 욕구를 충족시킬 수 있음을 보여준다면 기부 수준을 높이는데 도움을 준다. 이러한 수준들은 적절하게 정해져야 할 것이다.

9. 요약

비영리 부문에서의 자원개발 경쟁은 전통적인 재원이 감소하면서 점점 늘어날 것이다. 성공적인 기관은 기부자의 성실성을 기본적인 요소로 지니고 있다. 이러한 성실함을 유지할 수 있도록 하는 일이 기부자 안내서비스의 기본 목표이며, 동시에 가장 영향력 있는 결과이다.

기부자 안내서비스는 개발과정에서 가장 중요한 실천사항이다. 현재의 기부자에 대한 영향이 결국 미래의 기부자 확보에 영향을 미친다. 기부자 안내서비스는 기부자의 생각, 견해 및 참여가 그들의 기부금과 나아가 그 이상을 포함하는 참여과정의 일부라는 사실을 기부자에게 보여준다.

기부자 안내서비스를 실천하기 위한 예산 할당은 단기적으로 정당화하기에 어려울 수 있지만 전반적인 모금 비용에 장기적이고 중요한 영향을 미친다. 기부자 안내서비스가 효과적으로 적용되는 경우, 기부자 보유력과 기부금 수준은 높아질 것이다. 새로운 기부자의 확보와 기존 기부자의 유지가 서로 균형을 이루게 되며, 건전하고 활동적인 피드백을 얻을 수 있을 뿐만 아니라 궁극적으로 갱신된 또는 증가된 기부자 수의 원천이 되는 것이다.

지역사회의 욕구를 잘 알고 그 가치를 공유하는 기부자들이 이러한 필요를 인식함으로써 기부금을 전달하기 때문에, 초기의 기부금이 소액이라 할지라도 이는 기관의 소명과 목표를 성공적으로 완수하는 일에 참여하고자 하는 바람을 드러내는 것이다. 또한 현재의 후원투자자가 더욱 적극적으로 참여하기를 원한다는 것을 나타내는 신호이기도 하다.

모든 개발 과정을 계획함에 있어서 이러한 사고방식을 가장 중요한 것으로 생각해야 한다. 더불어, 기관에서 기부자 안내서비스야말로 가장 핵심적인 실천사항임을 명심해야 한다.

제9장
이사회의 개발 및 참여의 극대화

모든 비영리 기관에서는 다음과 같은 역할을 수행할 수 있는 이사를 모집, 가입시켜 지속적으로 함께 하기를 원한다. 현명한 의사결정자, 비전 있는 기획가, 유능한 대변인, 관대한 투자자, 자발적인 요청자, 정보가 풍부한 파트너 및 열정적인 실용주의자 등이 그 예이다. 기관의 직접적인 관리 구조 외부에 있는 사람들로 이사를 지명하는 기관은, 이러한 기준에 맞는 사람들을 찾을 수 있다는 희망한다. 이러한 이사회를 조직하는 일은 불가능하지 않다. 이사 모집, 가입, 보존 및 유지에 관한 몇 가지 기본원칙에 충실한다면, 기관은 자체 이사회 개발과정에 영향을 줄 수 있고 이러한 이상을 향해 나아갈 수 있다.

1. 이사회 개발 : 기금 개발의 열쇠

역동적인 이사회 개발은 성공적인 기금 개발의 핵심 요소임이 증명되었다. 모집 매트릭스에서는 이렇듯 연줄, 관심, 역량 및 영향력이 있는 사람들에 초점을 맞춘다. 모든 기관에서는 영향력 있고 부유한 사람들을 원하므로, '준다, 얻는다, 혹은 보낸다(give, get or get off)'와 같은 가혹한 주의사항과 3개의 'W', 즉 부(wealth), 일(work), 지혜(wisdom)(4번째 'W'를 추가한다면 강력함(wallop))를 바란다.

어떤 기관에서는 한 사람이라도 모집하기 위해 애를 쓰는 반면, 어떤 기관은 이러한 영향력 있는 사람들의 공헌도 이상으로 매력적으로 보이기까지 한다. 예술기관, 교육기관 및 병원의 경우는 이사회가 지니는 위신과 명성으로 지명도가 있는 지역인사를 자연스럽게 끌어들일 수 있다. 하지만 이런 것들 때문에 사회복지기관이 영향력 있는 사람들을 끌어들지 못해서는 안 된다.

희망으로 이루어진 이사회를 구축하기 위해서는 모집 등식의 균형을 다시 맞추어야 한다. 전통적인 모집 관행에는 전통적인 모금 관행과 동일한 결함을 지니고 있다. 이들은 기관의 욕구를 지역사회나 전망 있는 이사회 임원의 필요보다 우선시 한다. 하지만 기금과 기부자 개발이 투자를 위한 과정이라고 이해하는 것처럼 이사회 개발 역시 투자의 과정임을 이해하고 이사를 모집해야 한다. 그러므로 등식을 재조정하기 위해서는 이사회 모집과 서비스에 대한 투자자로서의 태도를 취해야 하는데, 이것은 공유하는 가치를 상호 개발하는 것에 근거해야 한다. 그렇지 않으면, '실제로는 아무도 이사회 활동을 원하지 않는다'는 식의 우물쭈물한 태도로 모집에 임하게 된다.

마지막 순간까지 임명 과정을 연기하는 부주의한 모집 관행과 변명조의 태도들은 잘못된 메시지를 듣고 합류하거나 잘못된 태도를 지닌 사람들, 즉 이사들을 얻게 될 것이다. 자칫하면 이사회 임원의 친구라는 사실이 중요한 자격 요건이 되어 버리는 이사회를 구성하게될 따름이다. 그들이 선량한 의도를 지닌 사람들일 수는 있겠지만, 기관의 발전을 위한 최대한의 잠재력을 시닌 사람은 아닐 것이다.

가까스로 모집된 이사회 임원들은 이러한 사실을 알고 있다. 마지막 순간에 연락되고 ("금요일까지는 최종 지명자들을 마련해야 합니다") 이사회에 대한 참여에 자주 '애걸 받는' ("바쁘신 줄은 알겠지만, 이사회 임원이 되어 주십시오. 저를 봐서라도 이사회 신임 임원이 정말로 필요합니다") 사람들은 자신들이 이사회에 호의를 베푼다고 생각하게 된다.

첫 번째 이사회 회의 또는 이사회 오리엔테이션에서 극적으로 상이한 안건이 나오지 않는 경우, 이러한 방식으로 모집한 이사회 임원들은 헌신을 유도하는 기관을 존중하게 되지는 않을 것이다. 모집과정에서 이들에게 주어진 당면 과제는 이사회를 확장하는 것일 뿐, 이사회 기능으로 충족시켜야 할 지역사회의 욕구가 아닌 것이다.

"이사회에 봉사할 만한 일이 별로 없으니 걱정 마십시오. 시간을 그렇게 많이 빼앗길 일이 없을 것입니다"고 이들을 확신시키면 문제는 더욱 커진다. 이러한 말이 사실이라면 그 기관은 정말로 문제가 있는 것이다. 그 말이 거짓이라면 새로운 이사회 임원들이 사실을 알게 될 때 기관에 문제가 발생할 것이다. 자신이 할 일이 별로 없을 것이라는 말을 들었을 때 모집된 이사회 임원은 공식적으로 등록하는 과정에서 최소한 한 번은 거절의 의사를 표한다. 그는 기관과 이사회, 그리고 자신의 참여가 그다지 중요하지 않게 보였다고 말한다. 이사회에 참여한 그 때, 이미 사람들은 일하기를 바란다.

2. 이사회 개발 과정의 관리

이사회 개발 업무를 훌륭하게 하고 싶다면 지명 위원회를 해산하고 이사회 개발 위원회를 조직해야 한다. '지명' 위원회라는 명칭 자체에는 결함이 있다. 위원회의 역할을 너무 협소하게 만들고, 1년에 한 번 정도 매우 뜸하게 만나서 이사회 공석을 채우는 것을 의미할 수 있기 때문이다. 또한 이러한 명칭은 지명 과정이 완료되면 위원회의 기능이 끝나는 것을 의미할 수 있다. 이사회 임원의 가입, 오리엔테이션, 평가 그리고 보존이 단지 또 다른 유명무실한 집단으로 옮겨지거나 혹은 전혀 그렇게 조치되지 않음을 뜻하기 때문이다. 위원회와 그 기능을 다시 조직함으로써 이사회 개발의 중요성을 전달할 수 있다.

이사회의 모집, 가입 및 보존을 책임지는 이사회 위원회야말로 가장 중요한 이사회 위원회이다. 그 역량이 기관의 미래를 대부분 결정짓는 것이다.

규모가 매우 작은 기관에서는 개발 위원회의 업무가 이사회의 의장단에 주어지는 경우가 있다. 더 많은 수의 이사회 임원들이 모집될 때까지 한시적인 조치로서 이러한 경우는 아마도 최상의 방식일 것이다. 개발위원회의 지도 아래 이사진의 개발 기능과 모금 개발 기능을 결합하는 것은 약간 어려운 일이다. 두 가지 과제가 상당히 관련되어 있기는 하지만, 또한 상당한 노력을 필요로 한다. 일반적으로 둘 중 하나의 기능에 문제가 생긴다. 따라서 의장단은 한시적으로만 이러한 책임을 할당받아야 할 것이다.

3. 개발 위원회 : 책임감

이사진 개발 위원회는 새로운 이사회 임원의 지명뿐만 아니라 모집, 가입 및 보존을 책임진다. 모집(recruitment)이란 잠재적인 이사회 임원을 확인하고 인터뷰하는 과정이며, 새로운 임원들이 제대로 봉사할 준비가 될 때까지 그들을 개발하는 과정이다. 모집과 가입은 동일한 기능이 아니다.

가입(enlistment)이란 서비스를 시작하기에 알맞은 때에 모집을 공식화하는 과정이다. 여기에는 신임 임원과의 만남, 직무 내용, 할애해야 하는 재정 및 시간의 예상치, 위원회 직무, 장기 계획 및 기타 이사가 책임지는 사항이 포함된다. 가입은 포괄적인 이사회 오리엔테이션을 통해 완성된다.

보존(retention)이란 안정적이고 생산적이며 만족스러운 이사회의 유지 관리를 의미한다. 강력한 이사회를 만들기 위한 요소들은 복합적이지만, 임원들의 역동적인 참여가 가장 중요한 것 중 하나다. 이사진 개발을 관리하는 데에는 가입 이후에 이사회 임원의 참여에 주의를 기울이는 일이 포함된다.

개발 위원회의 책임은 다음과 같다.

- 최소한 분기별로 회합하여 잠재적인 이사들을 지속적으로 확인하고 평가해야 한다. 지원 역할뿐만 아니라 신임 임원들을 위한 자원 및 평가 이사로서 봉사하는 개발 이사나 회장이 이러한 회합을 보조해야 한다.
- 잠재적인 이사 후보 명단을 이사회에 정기적으로 제공하도록 이사와 임원들을 고무하고 요청한다.
- 이사회 오리엔테이션을 조직한다.
- 다른 이사회 임원을 초청하여 모집과 가입을 보조하도록 한다.
- 이사회 임원들과 함께 회합에 불참한 사람들을 정기적으로 확인한다.
- CEO 및 이사장과 각각의 이사회 임원과의 연례 모임을 준비한다.
- 요약된 이사회 프로파일과 모집 매트릭스를 개발하고 관리한다.
- 최고로 모집을 할 수 있는 가능한 시간에 지명 기능을 수행한다.

이렇듯 이사회와 관련된 모든 기능을 하나의 위원회로 모음으로써 개발의 통합과 결속이 가능하며, 이를 통해 더 많은 수의 이사회 임원들이 참여하고 만족하게 된다. 이렇듯 고도로 전문적인 방식으로 모집, 가입 및 보존의 과정을 거친 임원들은 보다 확고한 책임감과 기여 의식을 지니고 자신의 역할을 수행할 것이다.

4. 모집

이사회 드림팀을 체계적으로 개발한다. 효과적인 모집은 모집 매트릭스를 작성함으로써 시작한다. 이러한 매트릭스에 두 가지 기본 정보가 필요하다. 이는 현재의 이사회와 그리고 기관의 장기적이고 전략적인 계획이다. 다음과 같은 여러 가지 기준으로 현재의 이사회 임원을 분석한다.

- 성별
- 연령
- 인종/민족
- 지역(중요한 경우)
- 직업
- 전문지식(직업과 동일하거나 그렇지 않을 수 있다)
- 현재의 이사회 계약 기간의 만기일 및 갱신 여부
- 기부금을 요청하고자 하는 의지
- 기부할 수 있는 역량
- 지역사회에서의 연고

・다른 이사와의 관계

기관의 사정에 적합한 여타의 기준을 적용할 수도 있다. 예를 들어, 어떤 오케스트라에서는 '음악 애호도'를 추가할 수 있다.

1) 매트릭스의 사용

대부분의 기관들은 이러한 정보를 도표나 눈금지도에 표시한다([표 9.1] 참조). 어떤 기관에서는 다른 기준으로 측정하기도 한다. 그 형식은 이사회 임원이 읽어서 이해하기에 쉬운 것이어야 한다. 이는 모집 및 가입 과정을 위한 예비 관리도구이다. 매트릭스가 완성되면 현재의 이사회에 대한 요약된 프로필을 작성한다. 예를 들어,

- 성별 : 여성 55%, 남성 45%
- 인종/민족 : 백인 65%, 아프리카 계 미국인 15%, 아시아인 15%, 히스패닉 계 5%
- 직업 : 지역사회 자원봉사자 5명, 기업 중역 4명, 교사 1명, 변호사 3명, 마케팅 이사 1명, 대학 행정가 1명, 클라이언트 대표 3명, 은행가 1명, 의사 1명
- 전문지식 : 모금(6) 마케팅(2), 교육(2), 클라이언트 서비스(3), 재정관리(2), 인사 행정(1), 병원 관리(1), 법률(3)
- 지역: 시내(8), 교외(6), 시외(4), 기타 도시(2)

매트릭스의 모든 영역에서 이러한 유형의 요약 내용을 정리한다. 이것이 완성되면 이사회 계약 기간의 만기일을 도표에 표시한다.

[표 9.1] 이사회 매트릭스 샘플

기호 의미

1 = 성별
2 = 인종/민족(W = 백인, AA = 아프리카 계 미국인, AS = 아시아인, H = 히스패닉 계, N = 아메리칸 인디언, O = 기타)
3 = 연령대 : 20~30세는 3a, 31~45세는 3b, 46~60세는 3c, 61세 이상은 3d
4 = 전문지식(p = 프로그램, o = 기관, d = 모금·마케팅·PR을 포함한 개발)
5 = 직업(c = 기업 중역, v = 지역사회 자원봉사자, m = 마케팅 또는 PR, fr = 모금, l = 변호사, fi = 재무, r = 소매, e = 교육, ss = 사회복지 서비스)
6 = 계약 만료 일자(00 = 2000), R = 재계약 가능, N = 재계약 불가
7 = 프로그램 및 소명 관련 경험(1·2·3/ 1 = 매우 풍부한 경험)
8 = 이사회 업무가 가능한 시간(1·2·3/ 1 = 항상)
9 = 위원회 관계(t = 이사 개발 위원회, d = 개발, m = 마케팅, f = 재무, e = 회장단, p = 프로그램)

이름	1	2	3	4	5	6	7	8	9
이사회 A	F	W	b	O	C	00R	3	3	m
이사회 B	M	AA	c	P	L	99N	1	2	t, e
이사회 C	F	AS	c	D	FR	98N	2	3	d, m

이 분석은 모든 이사회 구성원에게 반복 적용된다.

이것이 완성되면 전문직 '프로파일', 인종/민족 및 성별 균형, 직업 분포 등을 기관의 계획에 반영된 기관 욕구에 따라 배치한다. 만료 일자는 특정 전문지식을 제공하는 참여자들이 계약기간 만료로 교체된다는 것을 확실히 해주는 기능을 한다.

모집의 평가는 빈칸을 채운 내용과 그 내용이 뜻하는 강점에 따라 달라진다.

매트릭스는 위원회나 개발위원들에 의해 끊임없이 갱신되어 최신정보를 유지하여야 한다.

이렇게 함으로써 임원들은 교대로 이사회를 구성할 때 중요한 법적, 재정적 또는 교육적 전문지식을 잃지 않을 수 있다. 최소한 현재의 이사회 임원이 임기를 마치기 1년 전에는 동일한 전문지식을 소유한 사람들을 확인하고 모집해야 한다.

분석의 다음 단계는 현재의 이사회 프로필과 임원 교체로 인해 예상되는 변동사항과 기관의 장기적 또는 전략적 계획에서 필요한 전문지식을 일치시키는 것이다. 이러한 분석활동을 통해 모집의 '공백기간'이 드러나게 된다. 그리고 이제 전략을 설계하기 시작한다.

필요 영역	모집 대상
연중 모금	행사, 우편물 발송, 전화 요청에 앞장서고 대면 접촉을 통한 권유활동을 기꺼이 할 수 있는 지역사회 자원봉사자와 그 외 사람들
마케팅 및 기획 활동의 개선	마케팅 컨설턴트 또는 이사
직원 확장 또는 재조직화	노동법률가, 인적자원 전문가
기관의 지명도 제고	대중매체의 대표 또는 대중매체와 관련이 있는 사람
자본 모금 운동의 계획	잠재적인 거액의 기부자 또는 이들과 관계가 있는 사람들, 건축 프로젝트를 계획하는 경우에 시(市) 또는 군(郡)정책에 대해 잘 아는 사람들, 기금 모금 운동을 계획하는 경우에는 재산 계획자
시설 확장	토건업자, 환경법률가, 건축가

이사 개발위원회는 이러한 계획을 CEO 및 이사장과 함께 신중히 검토해야 하며, 이사회 모집에 지침이 되는 단기 및 장기 목표에 주안점을 두어

야 한다.

2) 주의 사항: 열정적인 실용주의의 도입

전문가를 모집하는 것은 필수적이다. 하지만 여기에는 몇 가지 주의사항을 요한다. 열정적인 실용주의(Grace, 1995)라는 개념에서는, 이사회 임원들을 기관에 필요한 직업적 전문지식을 중심으로 모집하는 경우 발생할 수 있는 위험에 대해 제시하고 있다(제3장 참조). 이들은 자신의 전문지식을 발휘하기 위해 기관에 더욱 광범위하게 참여하고자 할 것이다. 그러나 이들은 기관의 소명과 가치를 신뢰해야 한다.

모집 기준은 효과적으로 정해야 하며 잠재적 이사회 임원들에게 확실히 전달함으로써 모든 기대치가 분명히 드러날 수 있도록 해야 한다. 너무나 많은 이사회 임원들이 단순히 그들의 전문지식만을 제공함으로써 이사회가 실용주의로 기울게 하는데, 이러한 실용주의는 기관의 소명과 중요성에 대한 열정과 이해가 부족하게 된다. 열정이 없으면 지지도는 거의 바닥에 가까울 것이다.

3) 가입 과정에서 매트릭스 사용하기

개발 위원회가 모집 매트릭스를 완성하고 나면 이를 이사회에 배포해야 한다. 이러한 매트릭스는 명백히 비밀스러운 것으로서 신중히 취급해야 한다. 매트릭스의 정확성을 보증하기 위하여 매트릭스에 대한 적절한 논의 시간을 마련해야 하는데, 이는 특히 몇몇 임원들에게 대단히 사적인 것으로 여겨지는 민감한 영역(연령대, 인종/민족)에 대해 논의해야 한다. 이러한 기준 중 너무나 까다로운 것은 매트릭스에서 제외한다.

그러나 몇몇 정부와 재단 기부자들은 이사회 구성이 지역사회 또는 클라이언트를 얼마나 효과적으로 반영하는가에 대해 관심을 갖고 있다. 어떤 지역사회 재단은 인종 및 민족 간의 균형에 대한 엄중한 권고사항을 갖고 있다. 이들은 당연히 기금을 제공하는 기관의 이사회가 지역사회의 인종적 또는 민족적 구성을 반영해야 한다고 생각한다. 다른 기부자들에게도 유사한 지침이 있을 수 있다.

특정한 기부자 지침을 준수하는 일을 중요하게 여기는 이사회에 매트릭스를 사용하면서 해명을 해야하는 경우가 있다. 이는 과거에 균형 잡힌 이사회를 구성하는 일을 간과했거나 이것이 어려웠던 경우에는 특히 그러하다.

매트릭스는 이사회 구성에 필요한 여타의 변경사항을 반영할 수 있다. 많은 기관들은 내부 프로그램을 구축하기 위한 초기의 소비적인 욕구에서 출발하여 지명도와 지원을 확보하기 위해 지역사회로 나아가야 할 성숙한 욕구로 발전한다.

프로그램에 대한 전문지식이 있고 이를 충분히 설명할 수 있는 이사회 임원들은, 기업의 부사장, 대중매체 관련자, 영향력 있고 부유한 사람들의 수와 비교할 때 훨씬 적은 수의 프로그램을 제시하는 매트릭스에 반대할 것이다. 이러한 상황은 특히 최초 몇 년간 이사회 활동이 매우 적극적으로 이루어졌고 프로그램과 관련이 없는 사람들을 모집하면서 이사회 문화를 변화시켰던 사회적 대인 서비스 기관에 적용할 수 있다.

사립학교가 대다수 학부모로 구성된 이사회에서 벗어나 동창이나 지역사회의 대표들을 포함하는 이사회로 바뀌게 될 때에도 이러한 이해는 있어야 한다. 이러한 방어적인 태도와 우려는 바람직하다. 개발 위원회는 이사회와 기관의 계획을 검토하고, 이사회의 새로운 매트릭스 작성하는 데 사용될 지침을 제시해야 한다. 이때 이사회원들이 변화에 대해 가능한 한 최대의 편안함을 느낄 수 있도록 하는 것이 중요하다.

매트릭스를 지침서로 사용해야 한다. 100% 실천에 옮겨진 매트릭스는 거의 드물지만, 이러한 매트릭스가 고도로 전문적인 방법으로 모집, 가입 과정을 가능하게 한다는 것이 경험에 의해 밝혀진 바 있다.

향후 몇 년간에 대한 가입 목표(수치)를 포함하여, 모집이나 가입 과정에 관한 서면으로 된 개요를 이사회에 배포한다. 가입 과정에 포함되는 여러 단계가 있다는 것을 분명히 해야 한다([표 9.2] 참조).

개발 위원회의 인식이나 참여가 동반되지 않은 인물을 모집하려는 열광적인 이사회 임원은 반기지 않는다. 위신을 세우기 위해 이사회의 빈 자리를 채우거나, 신규 회원을 선출하고 이사회를 재조직하려는 압력이 있을 때 특히 이것이 위험 요인이 된다. 신속하게 그러나 서두르지 않으면서 단계들을 추진해야 함을 이사회에 주지시켜야 한다.

모든 결정사항은 기관의 미래에 대단히 중요하며, 따라서 여기에는 신중한 고려가 요구된다. 대부분의 이사회 임원은 이러한 과정이 중대하다는 것을 쉽게 인식할 수 있다. 그리고 개발 위원회가 주최하는 오찬이나 기타 이사회 후보를 양성하는 모임에 기꺼이 참여한다.

모든 과정에서와 마찬가지로 이 과정에서도, 기회를 잃게 될 수도 있는 단계들에 너무 집착해서는 안 된다. 절차에 몰두하면서 시스템의 제 궤도를 유지시켜 나가려는 사람들과, 모집 오찬에서 훌륭한 후보자를 찾아내고 가입에서도 조화와 타이밍이 완벽하여 다소 대담한 사람들 사이에서 균형을 이루는 것이 현명하다. 가능하다면 이렇듯 서로 다르지만 균형 잡힌 기술을 갖춘 사람들을 개발 위원회에 가입시키도록 한다.

4) 다양한 후보자 물색하기

이러한 관점에서 목적하는 바는, 다양한 이사회 후보자들을 물색하고, 이

[표 9.2] 이사회 모집 과정

1. 현재의 이사회 임원이 임기를 마칠 때 생기는 '공백기간'에 기초하여 모집 매트릭스를 작성한다.
2. 이사회와 직원 및 핵심적인 자원봉사자에게 이러한 '공백기간'에 적합한 사람들의 명단을 제출할 것을 요청한다.
3. 명단을 편집하고 개발 위원회는 이를 검토한다.
4. 자문 이사회나 직원, 자원봉사자와 협력하여 잠재적인 이사회 임원이 CEO 및 자문 이사/직원/자원봉사자와 만날 수 있도록 일정을 계획한다.
5. 이러한 모임에서는 기관의 소명과 열정 등에 초점을 맞추고 개인에 대한 정보를 제공한다. 이 자리에서 바로 가입시켜서는 안 된다. 각 개인이 기관에 관해 알 수 있도록 (비록 1주일이라도) 시간 여유를 주어야 한다. 과정을 잠시 중단하고 특정인물을 현재 이사회에 초빙할 것으로 의견이 일치되었는지 확인한다. 처음부터 특정인물이 위원회에 적합한 인물일 수도 있고, 미래에 필요한 인물(또는 전혀 적합하지 않는 인물)일 수도 있다.
6. 가입하기로 결정했으면 잠재적 이사회 임원과의 두 번째 만남을 계획하는데, 이 자리에서 이사회의 직무 내용을 검토하고 기대치를 분명히 확인해야 한다. 이러한 자리를 변화를 만들어 낼 수 있는 기회로 보는 재능 있는 외부 인사가 있음을 기억해야 한다. 그러나 이들은 시작부터 모든 조건과 내용을 알고 있어야 한다.
7. 개발 위원회의 승인 하에 이사장은 새로운 이사를 가입시킨다.
8. 가입 절차가 끝나면 이사회 임원은 임원기록카드에 기본 사항들을 기입하고, 오리엔테이션에 참석하게 된다. 그리고 최신의 이사회 우편물을 받게 될 것이고, 위원회에 배치될 것이다.
9. 각 이사진들이 자신의 공약에 맞게 활동하는지를 감독하는 것은 개발 위원회의 책임이다.
10. 회장과 이사장 (또는 개발 위원회 의장)은 1년 단위로 이사회 임원들과 개별 만남을 가져야 하는데, 이는 이사회 활동의 만족도를 평가하고, 최적의 위원회 배치에 대해 논의하며, 연간 기부금 요청을 다루기 위해서이다.
11. 개발 위원회는 지속적으로 매트릭스를 갱신하여 이사회 구성의 변경사항

을 반영토록 해야 한다.
12. 최초의 이사회 조직과정이 끝난 후 이사회원의 지명이 그다지 자주 있지는 않더라도 모집 과정을 멈추어서는 안 된다. 이사회에 가입되기를 기다리는 사람들의 대기자 명단을 갖는 것이 성숙한 기관의 목표이다. 대기 기간 중에 이들은 위원회에 관여하거나 자원봉사자로 기여할 수 있다.

들을 평가하고 기관에 소개하고 양육하면서, 적합한 인물을 발견하여 적절한 시기에 이사회에 참여할 것을 요청하는 것이다. 잠재적인 이사회 임원의 명단은 모든 이사회 모임에서 주요 사안으로 다루어야 한다. 이사회 임원들이 이러한 과정의 성실함을 인식하게 되면, 이들은 자신의 이름을 기꺼이 제공할 것이다. 참여할 수 있는 범위를 최대한으로 넓혀서 직원, 전직 이사회 임원, 자문 이사회 임원, 기타 자원봉사자와 기부자 등을 신분 조회과정에 포함한다. 우수하지만 자주 제외되는 잠재적 이사회 임원들로는 기부자, 임원, 기증자 등이 있다. 이들은 이미 기관에 투자한 경험이 있는 인물들이다.

개발 위원회에서는 정기적으로 이러한 명단을 검토하고 선정한 명단을 이사회에 제출하여 이를 비공개적으로 평가해야 한다(제4장). 비공개적인 평가는 기부자를 평가하는 데 자주 사용되는 것으로, 잠재적인 이사회 임원을 평가하는 데에도 효과적인 도구가 된다.

잠재적 이사회 임원의 명단을 작성하는데 어려움이 있는 경우에는 몇몇 대체 수단이 있다. 미국의 몇몇 도시의 비영리 지원 기관에서는 해마다 이사회 행사를 개최하여, 이사회 봉사에 관심이 있는 시민들이 이사회 임원을 모집하는 기관 대표자와 만나 이야기를 나눌 기회가 주어진다. 지역사회 자원봉사국(Community volunteer Bureau)에서도 이사회 활동에 관심 있는 사람들의 명단을 보유하고 있다. 몇몇 미국 및 다국적 기업에서는 자사의 인력자원 부서를 통해 직원들이 비영리 기관에 참여하도록 권장하고 있다. 지역사회 재단, 공동 모금회(United Way), 서비스 클럽(예를 들어 로터리(Rotary), 국제직업여성회(Soroptimist) 클럽) 등도 훌륭한 출처이다. 명단의 출처가 어디이든 동일한 평가 절차를 채택해야 한다.

5) 평가 과정

개발 위원회에서는 명단을 평가하기 위해 다음과 같은 절차를 밟아야 한다.

- 정기 모임에서 제공받은 명단을 검토한다.
- 명단을 제출한 사람들에게 전화하여 추천된 사람의 자격에 관해 더욱 자세한 정보를 수집한다.
- 모집 매트릭스를 참조하여 각각의 추천 후보에 일치하는 사항이 있는지를 확인한다.
- 요약 문서를 작성하여 이를 모집 파일에 보관한다. 근거가 없거나 경솔한 표현(이혼 임박, 실패 직전의 사업 등)은 하지 말아야 하는데, 누가 그 파일을 보게 될지 모르기 때문이다.
- 모임에서는 요약 문서를 검토하고 모집에 관한 우선 순위를 결정한다.
- 우선 순위가 결정된 명단에 근거하여 할당하고, 각각의 임원에게 이들 후보에게 어떻게 접근하고 또 이들을 어떠한 기준에서 평가할 수 있을 지에 관한 지침을 제공한다.
- 모집 활동에 대한 정기적인 보고서를 개발 위원회에 제출하고, 적절한 후보의 가입을 위한 전략을 고안한다.

이러한 사항이 개발/투자 과정과 상당히 유사하다고 생각한다면, 그 생각은 옳은 것이다. 이 두 가지 기능에는 시너지 효과가 있기 때문에 하나의 기능이 향상되면 다른 하나도 역시 향상된다. 이러한 두 가지 중요한 사항을 실천함으로써 궁극적으로는 기관은 큰 노력을 들이지 않고도 투자 태도를 확산시킬 수 있다.

6) 모집 전화 연락

위원회 위원이 후보에게 연락할 때에는 적절한 말을 사용해야 한다. 다음과 같이 접근할 수 있다. "저는 마가렛 마이클슨이라고 합니다. 우리가 전에 만난 적은 없지만, 로저 수아레즈씨는 아실 것이라 생각합니다. 수아레즈씨는 저와 함께 시(市) 청소년 오케스트라의 이사회 임원입니다." (여기서 로저 수아레즈에 대한 덕담을 나눌 수 있다. 그리고 다음과 같이 나아간다.)

"로저씨는 (그의 이름을 사용하는 것에 대하여 본인의 허락을 반드시 받아야 한다) 귀하께서 저희 이사회에 참여하는 것에 관심이 있는 것으로 생각하고 있습니다. 아시는 바와 같이 저희 학교에서는 음악에 대한 공공 기금이 줄어들고 있기 때문에 청소년 오케스트라를 점점 더 중요하게 여기고 있습니다. 저희 이사회에서는 미래의 음악가들과 아울러 미래의 청중들을 구축하고자 합니다.

당장에 결정을 하시기는 어려우리라 생각합니다. 지금 가부 결정을 요청 드리는 것은 아닙니다. 저희 이사회가 어떻게 운영되고 임원들의 책임이 무엇인지에 대해 더욱 자세히 알려드리고자 초청하려는 것입니다. 또한 저희로서도 귀하에 대해 아는 것이 중요하고, 귀하의 관심과 열의에 대해 듣고 싶습니다.

로저씨는 귀하 자녀들이 예전에 청소년 오케스트라에서 활동한 것 같다고 말했습니다. 저와 개발 위원회 의장인 마크 나카미치씨와 함께 다음 주에 오찬에 초청하고 싶습니다. 복요일이나 금요일이 좋을 듯한데, 괜찮겠습니까?"

대화 도중에 기관의 중요성, 기관이 충족하는 지역사회의 욕구, 이사회 활동이 중요한 이유, 가입 과정에서 필요한 절차가 무엇인지에 대해 초점을 맞출 것이다.

모집 회합이 이루어지면 위원회 위원이나 기타 후보 모임에 배정된 이사회 임원은 보고서 파일을 작성해야 한다. 여기서 매트릭스가 활용되는 것이다. 후원투자자에 대해 일정한 단계를 설정(제4장)하는 것이 이사회 후보에게도 동일하게 적용될 수 있다.

어떤 후보들은 즉시 가입할 것이고, 어떤 후보들은 기관이나 후보 자신의 시기적인 이유로 정보를 제공받고 관여는 하겠지만 당분간은 가입하지 않겠다는 의사를 표시할 것이다. 또 어떤 후보들은 자신 또는 기관의 사정상, 전혀 가입하지 않을 수도 있다. 이 중 기관의 입장에서 가입이 불가능 한 경우는 민감한 사안이지만, 정직하게 설명해 주어야 한다.

"조지씨, 저희는 현재 이사회 참여에 대한 조지씨 관심에 대해 감사하게 생각하고 있습니다만, 다른 네 개의 기관의 이사회에 이미 참여하고 계시기 때문에 그것으로도 충분하리라 생각합니다. 저희 기관의 활동에 계속 관여 하시길 바라며 이따금 저희가 방문하여 조지씨와 함께 마케팅 아이디어에 대한 얘기를 나누고 싶습니다. 이미 조지씨는 저희 기관에 상당한 도움을 주셨습니다. 당분간은 임시적인 상태로 연락을 드리고 싶습니다. 하지만 조지씨가 다른 기관의 이사회 임기를 마치시면 저희에게 연락 주시기 바랍니다. 저희는 정말로 조지씨와 가까이 지내고 싶기 때문입니다. 저희는 지금 저희 이사회에 더 많은 시간을 할애할 수 있는 분이 필요합니다."

5. 가입

 체계적인 모집 과정은 가입을 촉진한다. 서투른 전화 연락이나 첫 만남은 하지 않도록 한다. 예상치 못한 변경사항이 없는 한, 요청 받은 후보는 기꺼이 이사회에 봉사할 것이다. 이사 후보들과 1년 이상의 기간 동안 정보를 제공하고 친목을 도모할 수 있었다면 그들을 이사회로 불러모으는 일은 후보와 기관 모두에게 편안한 과정이 될 것이다. 어떤 위원회에서는 이러한 작업을 너무나 효과적으로 진행했기 때문에 후보들을 위원으로 가입할 때에 이르러서는 서로 서로에 대해 잘 알게 되었고, 기관은 후보들에게 중요한 프로그램과 예산 문제에 대한 정보를 제공하였다. 이렇듯 후보들의 참여를 촉진시키는 지식을 기반으로 이사회 활동을 시작하게 된 것은 이사회 임원들에게는 특권이자 기쁨이다.

1) 가입 과정에서 사용하는 자료

 실제로 가입을 할 때, 개발 위원회에서는 후보와 만나서 이사회 임원의 기대치에 대해 검토해야 한다. 다음과 같이 적절한 관련 정보가 담긴 책자를 신임 임원에게 제공해야 한다.

- 현직 이사들의 이름, 전화번호, 자택 및 직장 주소, 비서 및 배우자나 파트너의 이름, 위원회 직위, 임기 만료일에 따른 임원 명단
- 한 해 동안의 모든 이사회 및 위원회 회의 일정이 담긴 일정표
- 이사회 임원의 직무내용
- 의장과 직원들을 포함한 위원회 명단과 책임에 대한 간략한 설명

- 이사회 오리엔테이션 전에 기입해야 하는 이사회원등록카드, 개입 정도에 따라 순위를 매긴 위원회의 목록
- 알파벳 순서로 나열한 임원들의 이름, 전화번호/구내전화, 자택 전화번호 및 주소(기밀을 유지해야 할 필요가 없는 경우)
- 기관의 다양한 부서에 대한 설명, 각 부서장의 이름, 부서 직원들의 명단
- 관리 직원 및 부사장에 대한 간략한 프로필
- 법인 정관의 사본
- 기관의 연혁
- 가장 최근에 감사한 재정 보고서, 당해 년도의 예산, 재정 보고서, 대차대조표가 포함된 재정 정보
- 수년간의 모금활동, 기부금 관리 정보 및 기타 개발활동에 대한 보고서가 포함된 모금 정보
- 기관의 장기적, 전략적인 계획서의 사본
- 비전 및 소명 헌장 사본
- 현재의 이사회 정책 사본
- 기관의 휴일 목록
- 기타 관련 자료

가입 모임에서 신규 이사에게 이러한 자료를 단순히 넘겨주기만 해서는 안 된다. 신임 이사에게 자료의 다양한 측면을 제시하고, 이러한 자료를 통독하는 것이 이사회 오리엔테이션을 준비하기 위해 매우 중요한 일임을 설명해야 한다(또한 오리엔테이션 일정을 설명한다). 직무내용을 검토하고, 신임 이사가 아직 만나지 못한 이사회 임원들에 대해 구두로 설명한다. 실

제적인 가입 과정에서 신임 이사가 이사회 회원등록카드에 기입을 하고 자신이 원하는 이사회 직위를 선택하도록 한다.

이 시섬에서 자료 선체를 제공하는 목적은 이사회 오리엔테이션이 있기 전에 신임 이사가 그 자료를 검토할 수 있도록 하기 위함이다. 자료를 통독할 수 있는 시간을 제한하지 않으면 그 자료를 제대로 검토하지 않게 된다.

2) 이사회 오리엔테이션

오리엔테이션은 실제로 가입 과정의 마지막 단계에 해당한다. 오리엔테이션을 시작해야 하는 시기에 대한 질문이 항상 제기된다. 가입이 끝나자마자 최대한 빨리 시작하는 것이 가장 좋다. 오리엔테이션에는 서너 명(또는 그 이상)의 신임 이사가 참가하는 것이 최상이지만, 신임 이사가 한 명이라 할지라도 오리엔테이션을 연기해서는 안 된다.

이사회의 규모가 상당히 큰 어느 기관의 신임 이사 오리엔테이션은 그 계획과 실행에 있어서 항상 교과서적인 역할을 담당해 왔다. 우리는 이 오리엔테이션에서 훌륭한 모델을 발견할 수 있다.

6명의 신임 이사가 있었는데, 그 중 다섯 명이 오리엔테이션에 참석할 수 있었다. 신임 이사들은 이사회의 상근 임원들과 인사를 나누었는데, 이들은 그 날 아침 신임 이사의 '동료'로 배정된 임원들이었다. 오리엔테이션은 오전 9시 30분에 시작하여 점심때가 지나서 끝났다. 커피를 함께 나누는 자리에서 기관의 CEO와 이사회 의장은 신임 이사들을 환영했고 기관의 비전을 제시했다. 또한 그들은 이사회와 이사회 임원의 중요성에 대해 얘기했다. 기관에 대해서 설명하는 짧은(8분 짜리) 비디오가 상영되었고, 이후 시설을 견학했다. 다음 1시간 20분 동안, 신임 이사들은 재정 상태, 기관의 계획, 시설 필요 및 모금 계획에 대한 브리핑을 받았다. 그들은 부서장들과 만났는데, 개별 부서장들은 자기 부서의 목표에 대해서 브리핑을 했고, 기관의 프로그램을 발전시키기 위해 부서들이 하나의 팀으로서 작업하고 있다는 설명했다. 그리고 나서 전체 그룹(신임 이사, 상근 이사회 임원, CEO, 임원)은 비공식적인 샌드위치 오찬을 함께 했다. 신임 이사들과 함께 근무할 위원회 의장들이 오찬에 참석했다(그들 중 몇몇은 이미 '동료' 그룹에 동참하고 있었다). 모임 구성원의 수가 적었기 때문에(15명), 건물의 레크리에이션 센터에 있는 U 자형 식탁 하나로 이들을 모두 수용할 수 있었다. 이 자리에서 활발한 '주고받기' 토론이 진행되었는데, 상근하는 '동료' 임원이 질문과 대답에 대해 미리 준비했기에 가능했다. 전체 모임은 오후 12시 45분이 되어 종료되었다. 사람들은 시간을 현명하게 사용했다고 생각했다. 그들은 모임의 효율성과 구성에 대해 감명 받았고, 이사의 중요성을 이해하게 되었다.

오리엔테이션 당일에 사업상의 이유로 출장 중이었던 여섯 번째 임원에게도 이러한 기회를 놓치지 않고 제공했다. 그녀가 도착하자마자 개별적인 오리엔테이션이 마련되었다. 그녀는 CEO와 재정국장을 만났고, 비디오를 시청했으며, 건물을 견학했고 부서장 모임에 참석하여 그 자리에서 소개를 받았고, 공식적인 절차가 끝나자 자유로이 질문할 수 있었다. 이후 CEO, 부서장, 개발 위원회 의장 및 이사회 의장은 그녀와 함께 오찬을 나누었다.

계속해서 봉사해 온 이사회 임원과 신임 이사를 짝을 지어서 오리엔테이션에 참석하게 함으로써 다음과 같이 세 가지의 긍정적인 성과를 거둘 수 있다. ① 신임 이사는 계속해서 봉사해온 임원 중 어떤 한 명은 보다 더 잘 알게 된다. ② 신임 이사는 여러 사람 앞에서 질문하기를 주저하는 사안에 대해 귓속말로 물어볼 수 있고, 어떤 사람의 신원이나 그가 한 말의 내용에 대해 명확히 알고 싶을 때에도 기존 임원에게 개인적으로 물어볼 수 있다.

③ 계속해서 봉사해 온 임원들에게는 자신의 지식, 열의 및 헌신이라는 관점에서 '두 번째 예방주사'를 맞는 효과를 갖게 된다.

모든 신임 이사에게는 오리엔테이션이 필요하다. 이는 그들이 기관에 대해 이미 잘 알고 있다고 생각하거나, 다른 이사회에 봉사한 경험이 많다고 하더라도 역시 마찬가지이다. 오리엔테이션을 통해 이사회의 헌신이 얼마나 중요한 것인지를 그들에게 알릴 수 있기 때문이다. 신임 이사가 오리엔테이션에 참석할 필요가 없다고 스스로 생각한다면, 이는 기관이 생각하는 것만큼 대단치 않은 사람이 이사회에 참여하게 될 것이라는 징후가 된다.

가장 엄격한 요건(모임과 행사에의 참여, 기부 및 요청, 오리엔테이션에 대한 참여, 위원회에 대한 봉사)이 있는 이사회를 찾는 사람들은 대부분 공동체 마인드를 갖춘 시민들이다. 어떤 군(郡) 병원은 매우 봉사하고 싶어하는 공동체 이사회를 갖춘 재단을 설립했다. 이러한 이사회 요건의 목록은 다른 기관에게는 매우 놀랄만한 것이었다. 다른 기관에서는 보통은 병원 재단에 서명한 기업가와 사회적 지도자와 동등한 사람들을 모집하기 위해 너무 부드러운 어조를 사용해왔던 것이다.

임원 자격에 대해 높은 기준을 설정하는 이사회 오리엔테이션과, 프로그램의 성과를 향상시킴으로써 후원투자자 기반을 성공적으로 구축하는 기관 사이에는 강력한 상관 관계가 있다. 성공만큼 유혹적인 것은 없다(성공 비결에 대해서는 [표 9.3] 참조).

6. 이사회 보유 및 참여

이사 개발의 책임은 가입에서 끝나는 것이 아니다. 효과적으로 모집하고

[표 9.3] 성공적인 이사 오리엔테이션을 위한 요리방법

재 료 :
- 신선하고 열의에 찬 입안자들
- 관심을 보이는 이사 한 명
- 지원 직원 한 명
- 기타 자원봉사자들(맛을 보기 위한)
- 기관의 단기적, 장기적 성공과 관련이 있는 안건 하나
- 같은 분량의 영감, 정보 및 동기 부여
- 교육훈련 기법과 활동의 혼합물

신선하고 열의에 찬 입안자들을 마련하고 이들을 호흡하고 성장할 수 있는 환경에 놓아둔다. 이들이 성장하고 번성하면, 여기에 관심을 보이는 이사와 지원 임원을 첨가한다. 이것을 철저하게 혼합한다. 맛을 보기 위한 자원봉사자를 추가하고, 전체 혼합물이 잘 섞이도록 한다. 안건을 덮어서 혼합물의 구석구석에 잘 퍼지도록 한다. 음식을 낼 때에는 같은 양의 영감, 정보 및 동기 부여와 교육훈련 기법 및 활동을 결합한다. 이를 혼합물에 넣고 열심히 젓는다. 따뜻하고 호의적인 분위기에서 음식을 대접하는데, 이 때 기관의 비전, 소명, 목표에서 추출한 충분한 양의 대화, 웃음, 호의 및 열정을 곁들여서 대접한다.

이것은 일년 내내 보관할 수 있다. 1년 단위 또는 필요할 때마다 새 음식을 장만한다.

가입한 이사진이라고 할지라도, 이사회 자체의 역동성을 정기적으로 평가하지 않음으로 인해, 이사회가 정체하거나 소요를 일으키면 제 기능을 발휘하지 못하게 되는 것이다.

지루해 하고 회의적이며 열의가 없는 기존의 임원들과 직면하게 되면 능력 있고 활발하며 비전 있고 열성적인 신임 이사들은 실망하고 무기력하게

된다. 이사회 임원들의 침체상태로 인해 신임 이사의 열의를 가라앉히거나 사직을 조장하게 되면 돼지에게 진주를 던져준 꼴이 된다.

탄탄한 이사회를 위해 주의를 기울일 필요는 다음과 같은 이유로 인해 중요하다.

- 무제한 지속되거나 정체된 이사회는 궁극적으로 기관을 유연하지 못하게 한다.
- 만족하지 못하거나 정보가 없는 이사회는 무능한 옹호자이다.
- 회전문과 같은 이사회는 비전, 계획, 관리 및 모금의 지속성을 침식시키고, 지역사회에서 나쁜 평판을 얻게 한다.
- 모반을 꾀하는 이사회는 프로그램과 서비스에 영구적인 손상을 입힐 수 있다.

단순한 모금 운동의 차원을 넘어서기 위해서는 최소한 이사회 임원의 1/3이 기관을 자신들이 최고로 박애를 실현할 수 있는 우선권을 부여하는 기관으로 여겨야 한다. 또 다른 1/3은 기관을 박애를 실현하는 상위 3위 안의 곳으로 우선권을 부여해야 한다. 나머지 1/3은 전문지식만 제공하고 참여는 적게 할 수 있지만, 첫 번째 또는 두 번째 집단으로 나아갈 수 있도록 해야 한다.

이렇게 이사회를 구성하는 것이 불가능한 목표는 아니다. 수백 개의 기관에 이러한 이사회가 존재하고 있는데, 이러한 기관들은 이사회 임원과 기부자들과 함께 성공적인 투자자 관계를 창출하고 있다. 이들 임원과 기부자들은 기관이 소명을 완수하고자 하는 장기적인 능력을 보증해 줄 것이다.

이사회의 관리와 양육을 일차적으로 책임지는 것은 이사회 자체인데, 소장/CEO 및 개발국장과 협력하여 개발 위원회와 이사회 의장이 지도력을 발휘한다. 이사회 임원의 투자 의식과 기관의 소속감을 결정하는 데에는 다음과 같은 여러 가지 요소가 있다.

- 상호 존중 - 기관에 의한, 기관을 위한
- 기관과 그 기관의 박애 부분의 중요성에 대한 이해
- 가치 - 소중히 여겨짐, 기관을 소중히 여김, 기관의 가치를 공유하고 지역사회에서 활동하면서 이러한 가치를 발견함
- 이사회와 기관 내의 소속감
- 모임과 활동에 할애한 시간이 가치 있다는 믿음
- 정보를 제공하고 가치 있을 뿐만 아니라 유쾌하기도 한 이사회 및 기관에 대한 경험
- 미래의 기관 발전과 이러한 발전을 위해 역할을 맡아야 하는 방식에 대한 인식
- 자신이 기부한 시간, 재능 및 재산에 대해 기관과 동료 이사회 임원이 감사해 한다는 사실을 아는 것

정기적으로 이사회 자체를 평가하는 것은, 이사회의 책임 의식을 유지하고 잠재적인 전략을 바꾸기 위한 효과적인 도구가 된다. 기관이 이에 대한 질문지를 개발하고, 이사회 임원, CEO 및 이사장과의 연간 개별 모임 중에 이를 관리할 수 있다([표 9.4] 참조).

더욱 공식적인 도구를 원한다면, 워싱턴에 위치한 전국비영리기관이사회센터(National Center for Nonprofit Boards)에서 효과적으로 조사한 자료를 찾아볼 수 있다. 평가 결과는 개발 위원회가 검토하고 이사회 수련

[표 9.4] 이사회 임원에 대한 질문지

- 이사회 임원에 대한 기대치가 실현되었습니까?
- 어떠한 변경사항을 제안하고자 합니까?
- 알맞은 위원회에서 일하고 있다고 생각합니까?
- 적절한 오리엔테이션을 받았다고 생각합니까?
- 당 기관의 이사회 임원 직무내용에 대해 논평해 주십시오.
- 모든 임원들이 모금 활동에 참여할 것입니다. 귀하가 이를 준비하는데 있어서 이사회 개발위원회는 무엇을 도와줄 수 있습니까?
- 다음 회기에도 계속 참여할 의향이 있습니까?
- 이사회 임원이 되어서 행복합니까?
- 당 기관의 장기적인 계획을 검토해 보았습니까? 목표 및 목적에 대해 어떻게 생각합니까? 어떠한 내용이 귀하를 흥분시키고 최소한 귀하의 흥미를 끕니까?
- 금년의 이사회 회의에 대한 제안사항이 있습니까? 주제나 형식에 대한 의견이 있습니까?
- 장래 이사로 추천할만한 사람이 있습니까?

회 및 기타 계획을 위한 근거로 사용할 수 있다.

직원 및 이사회 지도자와 협력하는 이사 개발 위원회에게 이사회 관리를 명백하게 할당할 경우, 이러한 요소들은 상호작용과 피드백을 형성하는데 지침이 될 것이다. 위원회는 이사회의 긍정적인 역동성을 유지하는 것이 얼마나 중요한지 전체 이사회에 전달한다. 이를 통해 전체 이사회는 새로운 이사회 임원을 맞이하는 일과 이들과 함께 적극적인 상호작용을 해야 하는 중요성을 상기하게 된다.

여기에 지도력을 한발 앞서게 하는 그 무언가가 있다. "위에서부터 시작해야 한다"고 말하는 사람이 있다면 그것이 옳다. 이사장과 CEO는 각각

기준 뿐 아니라 스타일과 색채를 결정할 기회가 있다. 이사회, 행사, 자원봉사자 업무 및 모금 활동을 통해 이사회와 협력하는 직원에게 CEO는 이 같은 내용을 전달할 수 있다. 이사장은 자신의 행동이나 참여로 이를 이사회에게 분명히 전달한다.

제3장과 제12장에서는 지도력에 대해 더욱 상세하게 설명하고 있지만, 그 중요성은 여기서도 명백하다. 효과적으로 봉사할 잠재력이 있는 이사회 임원을 일단 가입하면, 지속적으로 그 사람의 말을 경청해야 하고, 그를 양육하고 장려해야 한다.

유능한 이사회 임원은 저절로 태어나는 것이 아니라 만들어지는 것이다. 개인 업무가 있고 어린 자녀를 셋 둔 변호사가 지루한 내용들을 위해 이사회에 오지는 않을 것이다. 일과가 항상 빠듯하고 로터리클럽의 회장이기도 한 은행가가 잘못된 정보를 얻으려고 모임에 나오지는 않을 것이다. 다른 이사회에 참석하고 해결해야 하는 지역사회의 문제를 광범위하게 관찰하는 자원봉사자가 단지 무시당하려고 모임에 참석하지는 않을 것이다. 이사회 모임이야말로 이사회의 상호 작용을 위한 일차적인 장소이기 때문에 이러한 모임의 정체가 무엇이며 무엇이 될 수 있는가를 파악하는 일은 중요하다.

7. 이사(Board)인가 지루함(Bored)인가? – 모임을 최대한 활용하기

여러 기관의 이사회 모임에 참석해 본 사람은 누구나 이러한 모임에 공통적인 요소가 있음을 이내 간파한다. 활동하는 사람과 목적은 서로 다르겠지만, 여러 가지 요소들이 상당한 정도로 유사하다.

어떤 요소들은 항상 존재하는 것이고(회계원의 보고서, 이전 모임의 의사록, 위원회 보고서), 또 다른 요소들은 가변적이다(특별 행사 업데이트, 자본 캠페인 진척 보고서). 안건과 진행 절차가 상당정도 예측 가능한 이러한 모임이 어떻게 해서 이사회의 열의를 유지하는데 핵심적인 역할을 할 수 있는가? 이는 이사회 임원들이 모여있는 이유가 지역사회의 긴급한 임무를 달성하기 위함이라는 사실을 항상 기억함으로써 가능하다.

모든 모임마다 이들에게 성과 보고서를 제공하여 왜 그들이 참여했는지에 대한 새로운 정보를 갖고 모임을 떠날 수 있게 해야 한다. 그들은 학습장애 프로그램으로부터 혜택을 입은 자녀를 둔 부모의 증언, 장학금을 받은 학생의 감사, 환경정화 운동에 대한 간단한 비디오 또는 슬라이드 상영, 음악교육 프로그램을 자신의 교과과정에 넣은 교사의 짧은 이야기 등을 듣게 된다. 이러한 설명회는 파벌적이거나 사교적인 이사회의 태도를 바꿀 수 있다. 이사회가 파벌적이 되는 동기는 사회적 연결고리를 완성하거나 추구하는 것보다는 자신의 임무 완수에 주안점을 두고 있다.

설명회, 실연 또는 비디오 상영 등을 통해 이사회 임원들은 공통적인 것을 보고 듣고 논의하게 된다. 어떤 무용단에서는 이사회로 하여금 시내 학교에 대한 기금 마련에 초점을 맞추도록 하였는데, 이는 교사와 학생들이 이사회 모임에서 현재의 프로그램과 잠재적 성장성이 미치는 영향에 대해 설명함으로써 이루어졌다. 이러한 프로그램을 위해 기금을 모금하도록 요청 받았을 때 이사회 임원들은 새로운 차원의 이해와 열의를 지니게 되었고, 그리하여 이들은 기관의 중요한 대변인이 되었다. 이사회 모임에서는 실제적인 참가자가 나오기 어려운 민감한 사안에 대해 열정적인 대변인들은 효과적으로 설명할 수 있는 것이다.

전체적인 이사회 모임 의식은 매우 실망스러운 것이 될 수 있다. 이사회 임원들이 소명에 대한 정열을 느끼지 못하는 상태에서 자리를 뜨게 되는 경우가 많다. 재정, 시설, 직원 및 이사회 모집 상황에 대해 만족하지 못하고 자리를 뜨게 되는데, 이는 더 많은 기금을 모금하거나 현재의 빈약한 예산마저 삭감하지 않고는 어떠한 해결책도 제공되지 않기 때문이다. 너무 늦기 전에 밖으로 나가서 기금을 모으라고 종용받게 되면 그들은 단지 구걸깡통이나 들이대는 자세를 유지할 수밖에 없다.

기관은 기금이 필사적으로 필요하다. 재정 상태가 아무리 암울하다고 할지라도, 또한 이사회에 계속해서 충실하고 투자하는 경우에 전적인 공개가 필수적이라고 할지라도 재정 상황의 긴급한 이유는 충족시켜야 할 지역사회의 욕구가 긴급하기 때문이라는 태도를 지녀야 한다. 그렇지 않으면-재정문제의 원인이 잘못된 관리에 있다면-이것이 임무를 방해하기 전에 관리 평가를 통해 이를 다루어야 한다(제3장).

이사회의 초점을 지역사회의 욕구에 맞추어야 한다. 비디오를 상영하고, 클라이언트 또는 과거의 클라이언트를 초청한다. 그들을 고무시켜야 한다. 자금의 흐름이 간신히 지탱해 나가고, 취소될 수도 있는 특별 행사에 대해 실망스러운 보고를 들으며, 주차장이 허름해져 가는 모습이 찍힌 사진을 보고, 임대를 갱신할 수 없다는 소식을 듣는 상황에서 용감한 개발국장이나 위원회 의장이 연례 개인 모금요청 할당표를 나눠주고 모두 밖으로 나가서 열정적이고 활발하게 활동하여 사람들로 하여금 기관에 투자하도록 요청하는 것만큼 역설적인 경우는 없다.

이러한 기관에서 사람들에게 투자 요청을 할 수 있겠는가? 도대체 투자하려는 사람이 있겠는가? 매우 힘든 사업이 될 것이다. 그러므로 기관이 성과를 산출하지 않는다면 재정적 필요도 없을 것이라는 사실을 각각의 이사회 임원들은 직관적으로 이해하고 있더라도, 임원들과 기관의 존재 이유를 지속적으로 관련시켜야 한다. 그렇지 않으면 열정은 사라질 것이다.

기관이 소명을 위해 나아가게 하는데 이사회 모임은 가장 가시적인 장소이다(제3장). 불행하게도 어떤 이사회 임원은 기관과의 활동에 너무나 소극적으로 관여하고 있어서 이사회 모임에만 유일하게 모습을 드러낸다. 모임의 초점이 불분명하고 어조가 부정적이기 때문에 이러한 이사들이 별로 관심을 보이지 않을 수 있다.

활발하고, 소명에 초점을 두며, 대화적이고, 시간에 민감하며, 해결 지향적이고, 생산적인 이사회 모임을 수행하는 기관들은 정보를 전달하고, 동기를 부여하며, 고무하는 모임들을 결합하는 방식을 잘 알고 있다. 이러한 기관은 다음과 같은 사항을 제공할 수 있다.

- 좋은 안건 : 이것은 CEO와 이사장이 개발 위원회와 기타 위원회 및 임원들로부터 얻은 정보를 가지고 개발하는데, 보고서와 아울러 사안에 대해 초점을 맞춘다.
- '성과 보고회'를 통한 기관의 활력적인 창구 : 무언가에 대한 보고서가 아니라 정보를 제공하고 흡인력을 지닌 직접적인 설명으로써, 이것은 기관으로부터 혜택을 입은 사람이나 이러한 수혜자와 함께 활동했던 사람이 설명한다. 이는 논의해야 할 사안과 결부시킬 수 있다.
- 모임 시간의 설정 : 이는 사안의 긴급성으로 인해 더 많은 시간이 필요한 경우에만 변경할 수 있다(시간의 관점으로만 긴급 사안을 상정하는 일은 기관을 최대로 위하는 일이 아니며, 이러한 긴급 사안을 다루도록 요청한 사람들의 마음에서 사안의 우선권이 사라지게 한다).
- 높은 참석률 : 이는 개발 위원회가 이전의 모임에 참석하지 못한 사

람들에게 연락함으로써 보증된다. 정족수를 채우지 못하여 참석한 사람들을 헛되게 하는 것만큼 좋지 않은 일도 없다.
- 상대방의 생각에 대한 신뢰, 존중 및 고려가 조성된 분위기
- 의견 표시가 활발한 동료 이사에게 말할 기회를 억제시키고 자신이 기여하고 소중히 여겨질 기회를 잃는 이사들의 입은 일부러 열게 하는 방향으로 모임을 주도하는 이사회 지도자

1) 이사회 수련회(retreat)

이사회 수련회는 특이한 종류의 이사회 모임으로, 이사회의 기여를 더욱 높일 수 있는 잠재력을 보유하고 있다. 이것을 효과적으로 활용하면 이를 '이사회 진군'이라 부를 수 있는데, 기관을 앞으로 나아가게 할 수 있는 높은 잠재력을 지니고 있기 때문이다.

1년 단위 또는 모금운동 계획 및 평가에 기반을 두고, 기관이 통상적으로 모이는 시설과 떨어진 곳에서 수행되는 회의를 통해, 미래의 중요한 사안을 다루면서 서로를 잘 알 수 있는 기회를 가지도록 독특한 기회를 마련한다. 핵심적인 관리, 개발 및 프로그램 임원을 이사회 수련회에 포함시켜서 수련 계획을 완성하는데 투명성과 지속성을 보증할 수 있다. 이사회와 임원 사이에 많은 책임을 공유하게 되는 소규모 기관에서는 종종 전체 직원을 모임에 포함시킨다. 회장을 제외한 다른 직원을 포함시키는데 실패하면 '우리 대 그들' 의식이 생기게 된다.

물론 여기에도 예외는 있다. 어떤 이사회 수련회는 직원과 관련된 중요 사안을 다루기 위한 명백한 목적을 지니고 소집되는 경우가 있는데, 여기에는 회장만이 참여한다. 이러한 경우, 회의는 이사회 임원만이 참가하는 중역회의로 시작된다. 이사회 임원들의 토의가 끝나면 회장 그리고/또는 기타

관련 직원이 초청되어 이사회의 토의 결과에 대해 함께 논의하고, 변경 사항의 실행에 착수하게 된다. 물론 후자의 모임의 경우에는 긴장이 감돈다.

다행스럽게도 대다수의 이사회 수련회는 민감한 인사 문제를 해결해야 하는 식의 우울한 모임은 아니다. 회의는 비교적 편안한 환경에서 사안과 아이디어를 검토하고 서로를 잘 이해할 수 있는 시간을 가질 수 있는 좋은 기회인 것이다.

2) 이사회 수련회의 계획

기관에서 이사회 수련회를 처음으로 계획할 때에는 상당한 반대 의견이 있을 것이다. 이사회의 기여가 한결같지 않고 지도자들이 회기 연장의 중요성에 대해 확신하지 못할 때 특히 그러하다. 4시간('회의'를 위한 최소한의 시간)에서 사흘 정도(최대한의 시간)의 시간을 할애하는 것이 중요하다고 이사회를 확신시키는 일은 어려울 것이다. 헌신적이지만 매우 바쁜 사람들을 끌어들이기 위해서는 성과에 초점을 맞춘 확실한 안건을 마련해야 한다([표 9.5] 참조). 정기적인 이사회 모임에서 회의에 대한 의견을 소개한 후에 발송하는 통지문에는 다음과 같은 내용이 있어야 한다.

"이사회 수련회의 목적은 향후 2년 간을 위해 재정 및 직원 계획을 설정하여 자선재단으로부터의 기부금이 제때에 갱신되도록 하기 위함입니다. 이를 위해서는 프로그램 전달, 비용 센터, 수입 변동, 잠재적 정부 보조금 감소 및 기타 모금 활동의 필요에 입각하여 잠재적인 성장 또는 하락 여부를 평가해야 할 것입니다. 직원들이 함께 참여하여 평가할 수 있는 기본 자료를 제공할 것입니다. 회의가 끝나면 확실한 제안사항에 대한 1차 자료를 마련하게 됩니다. 이 제안서의 초안은 직원이 작성하고, 11월의 이사회 모임에서의 검토를 위해 제출할 것이며, 12월 31일까지 자선재단에 전달할 것

[표 9.5] 이사회 수련회 계획 형식

1. 회의의 목적 – 어떠한 성과를 원하는가?

2. 초청 대상 – 이사회 단독, 이사회 및 핵심 직원, 자원봉사자 등
   계획자 –직원, 이사회, 이들의 연합 등

3. 마케팅 및 기금 모금 방법 – 이사회 임원들이 참석하도록 하기 위해 그들에게 무엇이라고 말할 것인가? 회의를 위해 어떻게 기금을 제공할 것인가?

4. 안건 – 내용과 형식: 전문가(외부인)가 다룰 것인가 아니면 직원이 처리할 것인가?

5. 회의 시기 – 연중 일정, 회계 년도 및 기타 활동과의 관계

6. 회의 기간 – 하루의 절반, 하루, 이틀, 더 오랜 기간

7. 회의 장소 – 기관 내부, 기관 외부, 일상적이고 편안한 장소 또는 업무와 관련된 장소

회의를 적절하게 진행하기 위한 잠재적 주제:
- 연간 계획
- 장기 계획
- 소명의 명확화
- 비전 및 목표의 설정
- 프로그램 검토 및 개발
- 자본 캠페인 계획
- 더욱 강한 이사회의 구축(모집, 가입 등)
- 모금 교육훈련
- 관리 및 조직 문제

(계속)

[표 9.5] 계 속

회의를 활기 있게 유지하기 위한 다양한 기법:

- 역할 연기
- 사례 연구
- 문제 해결
- 게임 시뮬레이션
- 시청각 매체(OHP, 비디오 등)
- 2인1조, 3인1조, 소규모 그룹 토의
- 질문지
- 외부 진행자 또는 훈련전문가
- 옥외활동
- 도화지를 이용한 '집단 작업(group memory)'

회의를 즐겁게 유지하기 필수품:

- 안락한 세팅
- 평상복
- 매력적인 주위 환경
- 일정한 체계가 없고 자유로운 대화의 시간
- 서두를 필요가 없는 식사
- 충분한 소개 시간, 서로 친숙해지기
- 회장 또는 비슷한 직급의 사람에 의한 '기관 현황(State of the Organization)' 보고

입니다.

모임 안건을 동봉했으며, 계획위원회는 최대한으로 생산적인 회의가 되기 위해 귀하의 논평과 의견을 기쁘게 받아들일 것입니다."

이러한 성과가 설정되고 알맞은 일정과 장소가 확보되면, 회의 계획자들은 회의 과정과 형식에 대한 업무에 들어가게 된다. 팀 구축은 회의 발표에서 명확히 언급되지는 않지만, 이사회 수련회를 갖기 위한 일차적인 이유 중 하나다. 그렇지 않으면 자선재단을 위한 자료는 일련의 위원회 모임(재정, 개발, 프로그램, 인사, 관리)을 통해 수집하여 이를 제안서로 편집할 수 있는 것이다. 하지만 이사회의 공헌과 결속력은 항상 효과적인 이사회 수련회를 통해 증진되며, 특정 사안이나 프로젝트에 대해 의견을 나눔으로써 팀웍을 향상시킬 수 있다.

소규모 그룹끼리 대화할 수 있는 기회가 많고 확실하고 흥미 있는 안건이 있다면, 일반적으로 운영위원회가 종용하는 구체적인 팀 구축 활동은 필요하지 않을 것이다. 사람들은 제공되는 업무를 중심으로 팀을 구축할 것이다.

모종의 휴지(休止) 시간을 허용하는 안건은 (사람들이 자기 시간을 낭비한다고 여기지는 않을 정도로) 정기적인 이사회 모임의 엄격한 시간틀 내에서, 심지어는 회의에서 할당된 소규모 그룹 내에서는 불가능한 비공식적인 대화를 이끌어 낼 수 있다.

그러나 대부분의 경우 소규모 그룹 모임에서 사안에 근거한 실제 시나리오를 해결하려고 분투하는 와중에 터져 나오는 웃음이야말로 사람들이 소명에 대한 명확한 이해와 목적을 지니고 모일 때 어떠한 일이 생기는가를 보여주는 증거물이다. 그들은 재미있어하고 더욱 많은 것을 성취할 수 있게 된다.

3) 효과적인 이사회 수련회

효과적인 이사회 수련회의 면면은 효과적인 이사회 모임과 동일하다. 아울러 다음과 같은 단계와 고려사항을 따르는 것이 바람직하다.

1. 일정 수립 3, 4개월 전에 회의를 계획하기 시작한다. 이사회 수련회는 연간 일정표에 속해야 한다. 여러 기관들은 해마다 같은 달을 선택하여 수련회가 정기적인 이사회 모임을 대체하도록 한다. 수련회 계획위원회에는 이사회 및 직원(회의에 포함되어 있는 경우)을 참여시킨다.

2. 선택한 날짜와 장소가 대다수의 이사회 임원과 직원에게 편리한 것인지 확인한다. 100%의 참석을 추구하도록 한다. 85%가 참석하면 만족해야 한다. 70%만이 서명하면 회의를 취소한다. 필요한 경우 진행자는 수련장을 방문해서 적절한 장소인지, 그리고 예정된 활동을 지원하기에 충분한 공간과 자원이 있는지를 확인해야 한다.

3. 계획의 초기단계에서는 원하는 성과(결과 또는 과정)를 미리 설정한다. 예상 시기보다 최소한 3개월 전에 회의를 이사회 모임의 안건으로 채택해야 한다. 바라는 목표와 성과물에 대해 모두 적극적으로 의견을 내놓는다. 피드백을 위해 잠정적인 안건을 이사회에 제출한다. 이사회의 의견과 응답을 모은다.

4. 상당히 장기적인 이사회 수련회에 대해 의안을 회부하기 전에, 이사회 임원들이 허용하는 기간에 대해 평가한다. 짧고 효과적인 회의로 시작하여 해를 거듭할수록 필요에 따라 점진적으로 기간을 늘리는 것이 최선의 정책이다.

   어떤 해에는 많은 시간을 요하는 회의가 바람직하거나 필요하지 않을 수도 있다. 허용할 수 있는 시간과 욕구에 시기를 맞추어야 한다. 어떤 유럽의 기관에서는 최초로 있었던 이틀 간의 장거리 회의를 성공적으로 마친 다음 해에는 보다 가까운 장소에서 하루의 절반 동안만 회의를 진행했다. 이는 상당히 많은 사람들(88%)이 참석한 매우 생산적인 자리였다.

5. 모임과 예상되는 성과의 중요성을 전달함에 있어서 분명하고 일관되어야 한다. 지도자들은 뚜렷한 열의를 보여야 하고 다른 사람들도 그렇게 느끼도록 해야 한다.

6. 계획 초기 단계에서 내부 또는 외부 진행자를 초빙할 것인가를 결정한다. 내부 진행자를 초빙하는데는 비용이 들지는 않지만 객관성이 결여될 수 있다. 외부 진행자를 초빙함으로써 얻을 수 있는 이점은 모임을 이끌어 나갈 수 있는 전문 기술과 객관성이며, 정치 또는 난해한 인간관계에 얽매이지 않는다는 점이다. 가장 큰 단점은 비용이다. 어떤 지역사회에서는 수련회의 목적이 지역의 장기적인 계획과 (예를 들어) 밀접히 관련되어 있으면 지역 재단이 진행자 초빙비용을 제공한다. 이러한 성격의 기금을 신청할 시간이 있어야 한다.

7. 외부 진행자를 초빙하기로 결정했다면 날짜를 확정하기 전에 그가 시간을 낼 수 있는지 확인해야 한다. 만일의 경우를 대비해서 예비 진행자을 염두에 둔다.

8. 가능한 한도까지 계획 모임에 진행자를 참석시킨다. 진행자는 역동

성과 사안을 이해해야 한다. 진행자에게 이사회가 바라는 성과에 대한 목록을 제공한다. 그는 안건 초안을 마련할 것이고 이사회에서는 이를 개정하고 함께 완성할 수 있다. 진행자를 수련회에 초청할 때 냉정하게 대해서는 안 된다.

9. 모임에서 발생할 수 있는 폭발성의 사안에 대해 진행자에게 미리 알려준다. 이러한 사안은 준비가 잘 된 수련회에서 안건을 파괴시킬 수 있다. 진행자가 위험한 부분을 알고 있다면 사안이나 개인에 대해서 더욱 민감하게 대처할 수 있을 것이다. 유능한 진행자는 이따금 보다 광범위한 토의의 맥락에서 이러한 사안과 접하게 되며 이를 객관적으로 다룰 수 있다. 이를 통해 긴장을 완화할 수 있고 사안을 보다 허심탄회하게 다룰 수 있는 것이다.

10. 수련회를 시작하기 약 2주에서 열흘 전에 모든 이사회 임원과 직원들의 참석을 거듭 확인한다. 불참하는 사람의 수가 급격히 증가하면 회장이나 이사장은 각 임원에게 연락하도록 한다. 이것이 효과적이지 않으면 수련회 취소를 고려한다. 모든 일이 제 궤도에 오르면 수련회와 관련된 배경 자료를 우송하여 수련회 이전에 이를 읽을 수 있도록 한다(계획, 안건, 참가자 명단 등).

11. 수련회 시작하기 1주일 전에 수련장 위치(지도와 설명 및 예상 도착 시간에 대한 정보), 추천 복장(예를 들어 금요일 만찬을 제외하고는 평상복), 시설에 대한 정보(수영복이나 테니스 라켓을 가져오라는 식의), 최종 안건/스케줄(예 : 오후 5시 체크인, 오후 6시 등록, 오후 6

시 30분 개회 리셉션) 및 안건 등에 표시할 수 있는 최종 자료를 발송하여 마지막으로 조정할 수 있도록 한다.

12. 수련회 중에는 가능한 한 시간과 장소를 지켜야 한다. 사람들이 소규모 그룹 활동을 즐기고 있더라도 안건을 다루는 일을 잊어서는 안 된다. 사람들이 정시에 도착하고 휴식 시간 이후에 즉시 돌아올 수 있도록 한다. 누가 참석했던 간에 정시에 출발한다. 각각의 보고에 15분이 할당되었다면 타이머를 사용한다. 설명하는 사람이나 참석자가 시간을 통제하지 못하는 것은 좋지 않다. 사람들은 전문적으로 운영되는 모임을 금세 알아차린다. 이사회와 핵심 직원들은 기관의 주요 투자자이다. 따라서 효과적으로 운영되는 생산적인 수련회는 투자에 대해 존중할 수 있도록 하는 하나의 방법이 된다.

13. 모임 중에 해결하지 않으면 안건을 방해할 수 있는 문제를 해결해야 한다. 어떤 사회복지서비스 기관은 이틀기간의 수련회을 가졌는데, 회장의 발표로 거의 중단될 뻔했다. 회장은 자신의 개회 연설에서 기관에 중요한 프로그램 영역을 추가할 수 있는 정부 기금을 신청했다고 말했다. 이사회는 분개했다. 이들에게 컨설팅을 요청하지 않았기 때문이었다. 더욱이 그 프로그램은 흥미롭기는 하지만 너무 지나친 것이었다. 회장의 비전에 가득 찬 듯한 성향과 독자적인 행동에 익숙해 있었으므로 이사회 임원들은 최소한 그가 설명하는 것을 듣기는 했다. 3시간 동안의 팽팽하고 중요한 토의 끝에 설정된 안건을 변경하게 되었다. 그러나 이러한 사안을 발표하지 않았더라면 어떠한 수련회 성과도 거둘 수 없었을 것이다. 그 수련회는 훌륭하게 끝난 것

이다. 이사회는 그 프로그램에 대해 열의를 보이게 되었으며, 프로그램은 마침내 정부 기금을 받았고 크게 성공했다.

14. 수련회의 끝맺음을 확실히 해야 한다. 4시간이건 사흘이건 간에 수련회 기간 중에는 여러 가지 일이 발생한다. 우의를 다질 수 있다. 긴장이 조성되거나 해결된다. 계획을 만들거나 수정한다. 정보가 제공되거나 집약된다. 성찰하고 논의하는 시간이기도 하다. 이사회가 수련회를 아무렇게나 끝내는 경우, 그리고 사람들이 참가의 다음 단계 또는 목적을 제대로 이해하지 못하고 헤매는 경우, 기관은 이사회 임원의 투자가 지닌 강렬함을 더욱 증강할 기회를 상실하게 된다. 수련회가 끝날 무렵에는 충분한 시간을 할애하여 다음과 같은 몇 가지 사항을 다루어야 한다 a) 스케줄을 포함하여 계획에 대한 다음 단계를 확인한다. b) 참가자 자신이 계획을 지원하는 방식에 대해 개인적인 약속을 구두로 하도록 한다. 개발이사 또는 회장은 이러한 서약을 기록한다. c) 진행자는 자신이 관찰한 최종 결과를 제시한다. d) 이사회 임원, 직원의 지도자 또는 진행자가 짤막한 회고담(고무적인 이야기)을 아야기하고 수련회를 마친다.

15. 각각의 이사회 임원에게 편지를 보내서 참석한 것에 대해 감사한다. 또한 수련회의 성과를 요약하고, 몇몇 재미있었고 기억할 만한 '과정'의 순간들에 대해 이야기하고, 다음 단계를 개괄하며, 이사회 임원의 약속을 거듭 언급하고, 수련회에서 기록한 내용을 모두 포함시킴으로써 수련회를 마무리한다. 이러한 정보는 또한 수련회 불참자에게도 보내는데, 주요 내용은 수련회 성과의 중요성과 결정된 사항의 실

행에서 그들이 참여할 수 있는 방법에 대한 설명이다.

철저한 계획과 마무리가 결여된 수련회는 의미없고 시간만 낭비하는 경험으로 간주될 것이다. 이러한 반응은 투자 태도를 약화시키고, 이사회 임원들을 불안하거나 무관심한 상태로 만든다.

4) 이사회 권유 활동의 품질과 성과 향상

이사회 모든 임원들이 자신이 소속되어 있는 기관에 재정적으로 기여해야 한다는 것은 기본이다. 이것은 선택사항이 아니다.

여타의 후원투자자 기부와 마찬가지로 기부금의 규모는 개인의 역량과 자산이나 수입 및 기준 수요에 적절한 것이어야 한다. 여러 지역사회 기부자들은 기부금 요청을 받기 전에 100%의 이사회 임원들이 기부하기를 바란다는 사실을 알고 있다. 이것은 이사회로부터 충분한 재정 지원을 받기 위한 외적 동기이다. 아래에 열거한 내적 이유도 역시 중요하다.

- 박애주의는 복합적인 선택사항이 아니다. 참여하고 봉사하는 사람들도 역시 기부를 해야 한다.
- 이사회 임원 스스로가 후원투자자가 되지 않으면 다른 사람들에게 똑같은 것을 요청할 수 없다.
- 이사회의 기부는 직원을 포함하여 다른 사람들이 기부하는 원동력이 된다.
- 이사회의 재정 지원이 지역사회의 중요한 임무를 달성하는데 도움을 준다는 사실을 앎으로써 기쁨을 얻을 수 있다.

이사회 임원과 기부에 대해 얘기할 때에는 '의무' 또는 '책임'과 같은 설득적인 단어를 자주 사용한다. 어떤 임원들에게는 이 말이 효과적일 수도 있지만, 기관과의 관계를 통한 열정과 만족에 근거하여 임원이 투자하고 싶어할 때 보다 많은 기부금을 얻을 수 있는 것이다. 무엇보다도 투자자의 태도를 길러야 한다.

기부금을 요청하는 방식이 투자 정신을 손상시킬 수 있다. 다수의 기관들은 여전히 편지나 전화연락(최악임)을 통해, 또는 이사회 모임에서 봉투를 나눠주면서 떠나기 전에 기부금을 내라고 한다. 모든 모금 활동을 전화연락이나 편지로 하는 기관에서 이러한 방식으로 이사회 기부금을 요청할 수는 있겠지만, 거액의 기부자를 직접 만나서 요청하는 기관에서도 이러한 방식을 사용하는 경우가 있다. 자신은 개인적으로 요청 받지 못한 이사회 임원에게 다른 사람을 직접 만나서 기부금을 요청하라고 하면 문제가 발생한다. 개인적으로 요청 받지 못한 이사회 임원은 그렇게 요청 받은 임원만큼 효과적으로 일을 처리하지 못한다.

하지만 또 다른 이유도 있다. 이사회 임원에 대한 기부금 요청은 CEO 또는 이사장에게는 흔하지 않은 1년 단위의 기회로, 이 자리에서 CEO나 이사장은 이사회 임원과 직접 만나 기부금을 요청할 뿐만 아니라 이사들의 의견을 경청하게 된다. 개발 위원회는 개별 이사와 회장 및 이사장(또는 이사장이 수많은 모임에 참석하기 어려운 경우에는 이사회 지도자)이 개별적으로 만날 수 있는 주기를 마련해야 한다. 이러한 만남은 수개월의 기간에 걸쳐 마련될 수 있다. 연말까지 기다릴 필요가 없는 것이다. 이러한 모임에서는 다음과 같은 세 가지 필수영역을 다루게 된다.

1. 이사의 봉사에 대해 감사하고, 자신의 경험, 불만사항, 우려 및 열의

에 대해 언급하도록 한다.
2. 미래의 참여에 대해 토의하는데, 여기에는 현재 이사회 직책의 적합성, 시간이나 자원의 변경, 기관이 인지해야 하는 제약조건 등이 포함된다.
3. 연중 기부금을 요청하는데, 적절한 요청 기법을 사용해야 하고(제5장 참조), 기부 경력, 역량 및 제약조건에 적합한 구체적인 금액을 요청하도록 한다. 일반적으로 연말에 제공하는 기부금은 서약을 통해 몇 개월 앞당겨 확보할 수 있다. 자본 캠페인이 시작되는 경우(제7장 참조), 이 자리에서 자본 캠페인에 대해 토의하고, 캠페인이 진행될 때 이사회 임원이 고려했으면 하는 기관이 바라는 재정적인 기여에 대해 얘기한다.

모임 후에 이사장은 이사들에게, 모임에 대해 다시 언급하고 대화 내용을 요약한, 그리고 내년에 위원회가 우선적으로 해야할 사항을 포함하여 편지를 발송한다. 이사들이 제공한 기부금이나 서약에 대해서도 감사해야 한다. 개발 위원회는 편지의 사본을 이사의 파일에 보관하고 관리한다.

이것은 매우 간단한 과정이며, 이사들은 이러한 과정을 좋아한다. 처음에는 이러한 모임이 필요하지 않다고 주장하는 이사들도 있을 것이다. 그들은 자신이 매우 만족하고 있으며 연말에 '여느 때처럼' 기부금을 낼 것이라고 확신시킬 것이다. 그러나 가능한 한 명도 빠짐없이 모든 이사들이 개별 모임에 참석하도록 종용해야 한다. 그들은 시간과 관심을 기울인 것에 대해 감사해 하며 모임을 마칠 것이다.

어떤 아동복지서비스 기관의 이사장은 자신과 회장이 이사회 임원들과 함께 가진 모임에 대해 다음과 같이 보고서를 요약했다. "전반적으로 모임에서는 소속의식, 자신이 소중히 여겨진다는 느낌, 센터에 계속해서 봉사하고자 하는 의지를 가질 수 있었다. 이는 인터뷰를 받았던 이사와 본 이사장 모두에게 해당된다. 산출된 정보는 이사회의 업무수행 수준을 제고하고 지속적인 건전성과 성장을 보증하는데 있어서 당연히 소중한 것이었다. 이것은 해마다 거듭할 만한 가치가 있는 과정이다." 이러한 결과를 얻은 기관에서는 대화의 말문을 열 수 있는 질문들이 담긴 간략한 목록을 가지고 인터뷰를 수행한 것이다([표 9.4] 참조).

이러한 인터뷰를 솔직하고 비밀스럽게 수행한다면 이것은 이사회 관리, 리더십 및 보유를 위한 필수적인 요소가 될 수 있다. 또 다른 장점으로는 이사들의 소속의식이 커지면서 그들이 제공하는 기부금의 규모가 증가한다는 점이다. 또한 당연하게도 이사들이 다른 사람에게 개인적으로 기부금을 요청하는 기술과 편안함이 극적으로 향상될 것이다. 이사들은 일차적이고 가장 밀접한 구성요소이다. 이러한 인터뷰 과정을 통해 이사들의 지도력과 지지를 보장받을 수 있다.

8. 이사회의 유지 및 교체

이사들이 기관에 보다 많이 투자할 수록 이사를 유지하는 것은 쉬워진다. 사임은 최소한으로 발생하고, 공석은 친분을 유지한 이사 후보들로부터 비교적 간편하고 신속하게 채울 수 있다. 앞에서 설명한 이사회 관리 기법을 통해 이사회의 안정성을 유지할 수 있고, 이사의 건강에 관심을 기울임으로써 이사회 사임을 초래하는 불행한 일이나 침체를 예방할 수 있다.

이사들끼리, 또는 이사회 임원과 임원 사이에 잠재적 또는 점증적으로 갈

등이 생길 수 있는 영역을 주의 깊게 지켜봄으로써 지도자들은 신중하게 표면에 나서서 긴장을 완화할 수 있다. 이사회 개발을 체계적으로 접근하면 이사의 보유력을 향상시키고 동기부여를 계속할 수 있다.

교체에 대해 성실한 관심을 기울이는 것은 매우 중요하다. 이사가 헌신적이고 재정적인 지원을 제공하고 있음에도 불구하고 이들을 정기적으로 이사회에서 교체시켜야 한다. 정관에서는 이사회 임기와 교체 절차에 대해 지정하고 있다. 이사회 모집 및 가입 절차를 통해 이러한 정보를 이사 후보에게 전달해야 한다. 여러 이사회에서는 갱신할 수 있는 임기를 제시하는데, 최종 교체는 2, 3년 간의 연속적인 임기가 만료된 이후에 이루어진다. 일반적으로 정관에서는 특정 기간(1, 2년)이 지나면 과거의 이사를 재선임할 수 있도록 지정하고 있다.

한편, 탁월한 지식을 보유하고 헌신적인 창립 이사로부터 은혜를 입은 어느 기관은 그 이사가 이사회 활동을 쉬는 해에도 여전히 그녀를 재정 위원회 명단에 포함시킴으로써 기금 개발에 관여토록 하고 있다. 대부분의 사람들은 그녀가 이사회에 여전히 적을 두고 있는지 아니면 임기를 마쳤는지에 대해 모르고 있었지만, 그녀는 90세에 이르러 사망할 때까지 40여 년간 그 기관에 봉사했다. 마지막까지 신중한 태도를 보임으로써 그녀는 이사회에서 막강한 존재였고 지역사회의 강력한 대변인이었던 것이다.

또 다른 기관에서는 장기적으로 근무했거나 저명한 이사회 임원들 - 특히 건강상의 문제나 직업과 관련하여 더 이상 이사회에 활동적으로 참여하지 못하는 사람들 -을 전적인 투표권이 있는 명예이사 또는 종신이사의 직책에 임명했다. 정관에 어떤 내용이 있던 간에 정관을 따르거나 또는 그것을 개정해야 한다. 기관들은 너무나 자주 스스로의 규칙을 위반하곤 한다.

이사의 원활한 유지를 위해 기관이 마련하는 최초의 이사회 매트릭스를 통해 통찰력을 얻는 경우가 있다. 어떤 기관의 정관에서는 3년 임기를 두 번 연임할 수 있고 이후에 재선임되기 위해서는 1년 간 쉬어야 한다고 규정하고 있는데, 이사회 임원 중 네 명이 10년 이상 근무하고 있었다. 그런데 새로운 개발 위원회가 일을 맡게 되었다. 이들은 선임 이사들의 봉사에 대해 아낌없는 감사를 표시했고, 마지막 이사회 모임에서 기념패를 전달하고 조그마한 파티를 열었다. 그리고 그들은 정중하게 이임식에 참여하였다. 그들의 자리는 이제 새로운 이사들이 대신하게 되었다. 선임이사 네 명 중 세 명은 여전히 다른 방식으로 이사회 활동에 적극적으로 관여하고 있고 그들 중 한 명은 후년에 다시 임원으로 재선임되었다. 네 번째 사람은 여러 해 동안 이사회 모임에 나타나지 않았다.

이사회에 새로운 아이디어와 새로운 인물을 주입함으로써 희미해져 가는 이사회의 사기를 놀랍도록 진작시킬 수 있다. 이는 특히 똑같은 말, 똑같은 사람이 너무나 오랫동안 해왔기 때문에 아무도 그 말을 들으려 하지 않는 자본 캠페인이나 건축 프로젝트에 적용할 수 있다. 새로운 목소리, 새로운 질문, 그리고 새로운 열의를 통해 역동성에 변화를 주고 전체 이사회에 활기를 불어넣을 수 있다. 변화에 대한 두려움은 실제보다 과장된 것이다. 심지어는 교체를 반대했던 이사회 임원조차도 새로운 사람들의 리더십으로 그들 자신의 경험을 풍부하게 할 수 있다는 사실을 깨닫게 된다.

1) 이사의 사직

대부분의 기관이 힘들게 여기는 교체와 관련된 사안 중 하나가 바로 임기를 연장할 수 있는 이사를 사직하는 경우이다. 모임에 참석하지 않고, 위원회에 참가하지 않고, 모금하기를 주저하며, 말은 해놓고 기부금을 제공하지 않는 이사들을 재가입시키는 경우가 있다. 이것이 자발적인 기어이기 때문에 자체 이사에게 어떤 기준을 부과하기를 주저하게 된다. 사려 깊은 모집과 가입, 그리고 이사 임원자격에 대해 설정된 기준에 따른 신중한 임원 관리가 이루어지는 체계적 프로그램이 효과적으로 운영된다면 이러한 문제는 해결될 것이다.

이사회 임원과 이사장 및 CEO와의 연간 모임에서는 불참 또는 지지하지 않는 이유에 대해 비밀을 유지한 상태에서 다루어야 한다. 정당한 이유가 있는 경우, 기관은 문제가 있는 조건과 행동을 수정해야 한다.

이따금 이사회 모임이나 수련회에서 이유가 밝혀지는 경우가 있다. 예를 들어, 작지만 성장하고 있는 도시에서 아침과 저녁 뉴스 프로그램을 맡은 어떤 앵커는 그 지역 공립학교 재단에서 이사로 봉사할 것에 대해 요청 받았다. 그는 수요일 아침에 열리는 이사회 모임에 한 번도 참석하지 않았다.

그가 선임된 지 1년이 가까워오는 어느 토요일 이사회 수련회에 그는 놀랍게도 모습을 드러냈다. 모임 도중에 진행자는 자원봉사자에 대한 해럴드 시무어(Harold Seymour)의 '모금 설계 프로파일'을 사용했는데, 이 파일에서는 5%는 창조적으로, 30%는 책임감이 있는 것으로, 35%는 반응을 보이는 것으로, 그리고 30%의 사람들에 대해서는 '활발하지 않은' 것으로 평가했다. 모임이 끝날 무렵에 이사회 임원들이 스스로의 다짐과 서약에 대해 발표를 하게 되었다.

이 앵커가 자신은 더 이상 '활발하지 않은' 사람이 되지 않겠다고 약속했을 때 모두가 놀라워했다. 그러나 그는 다음과 같이 말했다. "제가 참석할 수 있는 시간에 모임을 가질 수 없습니까?" 사람들이 자기를 이사회에서 근무하도록 하는 이유는 자신이 미디어에 노출되어 있기 때문인데, 이러한 미디어 노출 시간의 대부분이 주중 오전 5시와 정오라는 점을 정확히 지적한 것이었다. 매주 수요일 아침으로 일정히 잡힌 이사회 모임에 그가 참석하기는 불가능했던 것이다. 그의 잠재력을 너무나 소중히 여겼고 그의 성실한 응답이 너무 잘 받아들여졌기 때문에 이사회 모임은 오후 늦게 열리기로 조정되었고 방송국에 있는 훌륭한 수련회 시설에서 열리게 되었다.

이사의 가입을 취소하려면 이를 신중하게 처리해야 한다. 화가 난 과거의 이사가 지역사회 주민들에게 자기가 부당한 처우를 받았다고 말하는 것을 바라지는 않을 것이다. 다른 면직과 마찬가지로 이것은 접근하기 어려운 문제이다. 이러한 사람들은 자신의 책임을 다하지 못했다는 사실을 알고 있지만 더 많은 시간과 에너지 또는 기부금을 제공할 수 있기를 영구적으로 바랄 것이다. 다음은 객관적이고 공정한 가입 취소절차를 유지하는데 도움이 될 수 있는 기준이다.

- 임원들이 업무, 재산 또는 지혜를 수년간 기여한 방식을 파악하여 그들에게 감사를 표시해야 한다.
- 그들이 더 이상 이사회 활동을 해서는 안 되는 이유를 파악하고, 그들과 논의할 준비를 한다.
- 그들이 계속해서 관여하고 싶어하면 기관 내의 고문 또는 자문이사의 역할을 제의한다.
- 가입 탈퇴를 개인적으로 하기 위해 최고의 사절(이사장, 위원장 또는 기타 적절한 이사회 지도자)을 파견한다.
- 이러한 업무를 직원에게 위임해서는 안 된다. 관련된 사람이 나중에 더욱 많은 기부금을 낼 수 있는 잠재적 기부자로 확인되는 경우에 직원을 곤경에 빠뜨릴 수 있다.
- 긴장을 풀도록 한다. 대부분 '나쁜 소식'을 전달받는 사람은 앞서 사임하거나, 의무가 끝남으로 인해 명백히 긴장을 풀게 된다. 이후의

참여를 위해 문호를 항상 열어두도록 한다.
- 대화 내용을 기록하여 파일에 보관한다.

보유와 교체는 우연에 맡길 수 없다. 이 두 가지 사항은 효과적인 이사회 개발을 위한 필수 요소이며, 이사회 내부 및 지역사회 차원에서 기관의 높은 전문적 지명도를 드러내는데 도움을 준다.

2) 주차장 : 또 다른 이사회 회의장?

이사회의 건전성을 유지하는 것에 관해 마지막으로 언급할 사항이 있다. 이사회의 중요한 업무가 이사회 회의장에서 발생하는가 아니면 이사회 모임이 끝난 후에 주차장에서 발생하는가? 너무나 많은 임원들이 이사회 모임에서 거리낌없이 말할 수 있는 능력과 자발성이 없거나 그렇게 하도록 장려받지 못하기 때문에 모임이 끝난 후에 동료 이사에게만 살짝 이야기한다. 복도에 서서, 주차장에 남아 있으면서, 또는 근처 찻집에서 전체 이사회에서 토의했을만한 가치가 있는 사안들을 몇 시간이고 분석한다. 어떤 대화는 사교적인 것일 수 있지만 상당수가 그렇지 않다. 하루가 저물어가면서 이사회 임원이 사무실이나 집으로 돌아오면 이러한 논의는 전화를 통해 계속되곤 한다. 밤새동안 이러한 사안들이 부풀어져서 이사장, CEO 또는 개발 이사회 위원장에게 분노에 차고, 격앙되어, 적절치 않은 시간에 사려가 깊지 않은 전화를 하게 되는 것이다.

이러한 '잔류' 모임을 시작하고 중요한 직책에 있다고 여기는 사람들에게 전화를 계속하는 사람들에게는 명백하게 자신을 이끌어 가는 어떤 관심과 사안이 있는 것이다. 그것이 무엇인지를 파악해야 하며, 이러한 에너지를 건설적인 활동이나 모임으로 전환시켜야 한다. 사안에 직면하여 그 사람으로 하여금 기관 내의 의사소통 구조를 통해 그의 불만, 우려 또는 아이디어를 수용할 수 있다고 설득해야 한다.

이사회 임원이 민감해하는 사안마저도 이사회 모임이나 이사장이 참석하는 특별 모임에 제기할 수 있도록 공개적인 의사소통 정책을 마련한다면, 주차장 모임은 더 이상 필요하지 않게 될 것이다. 물론 사람들은 그들이 원하는 어떤 장소에서건 회합할 권리가 있다. 주차장 대화를 감시하자는 얘기가 아니고 단지 경험에 근거한 경고일 따름이다. 이러한 종류의 모임은 이사회가 병들어 가고 있음을 보여주는 초기의 경고 신호가 될 수 있다. 본 장에서 다룬 정보를 통해 주차장 모임이 사교적일 수 있는 환경을 기관이 조성할 수 있을 것이다.

9. 요약

이사회 임원들은 그들이 제공하는 기부금의 규모와 상관없이 기관의 주요 투자자이다. 그들이 제공하는 시간, 노력 및 후원은 기부금과 아울러 기관의 건전성과 지역사회의 인지도에 막대한 영향을 미친다. 이사들을 적절히 모집·가입시키고, 이들을 업무 협력관계로 이끌어서 생산적이고, 만족스러우며 재미있는 활동에 자신의 전문지식과 에너지를 사용하도록 권장한다면 이러한 이사회는 번창할 것이고, 그들이 봉사하는 기관 역시 번창할 것이다.

마지막으로, 기관의 이사회 임원과 자원봉사자를 끌어들이고 유지하기 위한 '5×5 위대한 아이디어(GREAT IDEAS)'를 제시한다.

[표 9.6] 자원봉사자의 참여를 위한 위대한 아이디어

다음을 보여줌으로써 자원봉사자를 끌어들여라.

Gratitude(감사) : 자원봉사자 및 기타 관계자들에게 얼마나 감사해 하는지를 보여줌.
Recognition(인정) : 과업, 소명 및 동기 부여에 얼마나 적합한지를 인정
Enthusiasm(열정) : 자원봉사자를 위한 열의, 기관을 위한 열의
Acknowledgment(답례) : 시간과 일이 얼마나 가치있는 지를 보여줌.
Time-Sensitivity(시간에 대한 배려) : 회의를 가치 있게 운영함(지도자는 다른 사람의 시간을 낭비하지 말아야 한다).

다음을 실천함으로써 자원봉사자를 보유한다.

Inspiration(고취) : 자원봉사자들이 성과에 근접할 수 있도록 한다.
Dedication(헌신) : 기관의 헌신은 자원봉사자의 헌신을 이끈다.
Energy(에너지) : 과업과 상호관계에 적용한다.
Appropriate tasks(적절한 과업) : 자원봉사자의 동기와 과업을 일치시킨다.
Special thanks(특별한 감사) : 고마움의 감정이 진실하다는 것을 보여주고, 자주 감사표시를 한다.

제10장
이사회 및 직원 운영의 세 가지 수준

성공적인 기관은 철학, 전략, 전술이라는 세 가지 차원에서 운영된다. 대부분의 기관들이 이러한 개념을 직관적으로는 이해하고 있지만, 각각의 수준이 지닌 중요성과 더욱 강력하고 탄력적인 기관을 만들기 위해 이러한 세 가지 차원을 서로 연결하는 방식을 뚜렷이 제시하거나 이를 내면화하는 기관은 드물다. 이러한 세 가지 수준의 접근방식은 기관의 관리를 복잡하게 하기 위한 것이 아니다. 오히려 업무의 목적과 파생 요소를 이해하고, 관리를 다루기 쉬운 업무로 이해함으로써 기관 관리를 단순화시킬 수 있게 한다.

제4장에서는 이러한 운영의 세 가지 수준과 개발·투자 과정과의 관계를 다루었다. 본 장에서는 세 가지 수준의 접근방식을 더욱 광범위하게 적용할 것이다.

1. 각 수준의 중요성

　기관이 세 가지 수준 모두에서 계획, 개발, 모금 및 이사 개발을 이해하고 실행한다면 그 기관은 단순한 모금 운동의 차원을 넘어설 수 있다. 이 책에서 다루고 있는 투자자를 끌어들이고 기관의 소명을 지탱하는 것과 관련된 문제 외에 본 책에서 다루지 않는 프로그램 관리 역시 이러한 세 가지 수준의 접근방식을 통해 효과를 얻을 수 있다.

　각 수준 사이의 균형을 유지함으로써 기관의 목표를 전체적으로 향상시킬 수 있다. 철학적 소명이나 전략적 목표가 없이 일련의 전술적인 작전에만 기관이 몰두하게 되면 추진력과 자원봉사자, 그리고 영향력을 잃게 된다. 혼란스러운 상황이 만연하게 되고, 초기에 아무리 열정적으로 착수했다 할지라도 잘못 정의되거나, 고려된 문제를 해결하지 못하게 된다.

　목표가 없으면 영향을 측정할 수 없고 의미 있는 평가가 불가능하다. 소명이 없으면 업무에 에너지를 불어넣어 고무시킬 수 있는 환경이 형성되지 않는다.

　철학적 수준 - 가치와 지역사회 욕구의 기본구조- 은 종종 무시된다. 가장 많이 실행하는 것이 전술적 수준이다. 열망하기는 하지만 실천이 미흡한 것은 전략적 수준이다. 이러한 각 수준에서의 상호 작용은 필수적이다.

　철학적 수준이 없으면 전략적 수준을 구사하기가 어려워지고 전술적 수준은 의미가 없어진다. 전략적 수준이 없으면 철학적 수준을 구현하기가 어렵고 전술적 수준은 방향을 잃게 된다. 전술적 수준이 없으면 실행이 없는 비전만 있는 것이다. 전략적 계획은 수행되지 못할 것이고, 철학적 기본구조의 유효성을 확인할 수 있는 결과를 얻지 못하게 된다.

각각의 수준을 검토하는 일은 그 상관관계를 이해하기 위해 필수적인 것이다.

2. 철학적 수준

기관의 행위에 대한 철학적 수준을 가장 명백히 드러내는 것은 비영리 기관이 충족시켜 야 하는 욕구와 이러한 욕구충족에 내재하는 가치에 대해 설명하는 소명 헌장이다.

제1장과 제3장에서 이미 다루었던 소명 헌장은, 그 개념을 정립하고 수정하고 검토하는 과정을 통해 이사회와 직원을 고취시키고 새롭게 할 수 있다. 소명은 단순히 기관을 이끄는 철학적 개념만은 아니고 그 이상의 것을 의미한다. 소명 헌장에는 다른 철학적 이해가 뒷받침되어야 하는데, 여기에는 다음 사항이 포함된다.

1. 기관과 지역사회의 공유 영역으로서 자원봉사 정신의 중요성

   이러한 철학적 토대는 기관이 자원봉사자를 모집하고 대우하는 방식(전술적)에서 가장 흔하게 드러나며, 또한 자원봉사자의 의견과 전문지식이 계획 및 예산책정과 같은 중요한 영역에서 발휘되는지(전략적)의 여부에서도 나타난다.

   어떤 기관들은 자원봉사자의 참여를 환영한다. 어떤 기관은 그것을 불쾌하게 생각하기도 한다. 행위의 근본은 자원봉사자의 가치에 대한 직원 및 이사회 지도자의 태도에 있다. 이것은 철학적 이슈라고 할 수 있다.

비영리 부문에서는 대부분의 기관들이 자원봉사자의 가치 발굴에 전념해야 한다. 자원봉사자는 핵심적인 세력이기 때문이다. 이들은 보다 적은 재정적 자원을 가지고도 기관이 업무를 성공적으로 처리할 수 있도록 도와준다. 매우 전문적인 개발 직원이 있고 주요 기부금을 확보할 수 있는 능력이 월등한 대학에서도 여전히 자원봉사자를 전략적 기부요청 활동에 투입한다. 왜냐하면 동료 대 동료의 관계를 대체할 만한 수단이 없음을 잘 알기 때문이다.

하나의 부문으로서 자원봉사자는 지역사회가 부여한 소명이 지닌 특성을 그대로 보여주기 때문에 비영리 부문을 '자원봉사 부문'이라고 부르는 것이다. CEO나 프로그램 직원이 생색을 내는 태도를 보이거나, 자원봉사자가 사회 활동이나 모금 이외의 활동에서 제외되는 경우 자원봉사자의 장점은 줄어들 것이다. 자원봉사자를 끌어들이기 위해 달콤한 말을 하고 나서는 정작 그들의 전문적이거나 개인적인 지원을 무시한다면 기관의 생존력은 심각한 손상을 입게 된다.

어느 젊고 명석한 변호사가 소속한 이사장과 CEO는, 여타의 직원과 자원봉사자들을 전략적으로 파견하거나 끌어들이는데 어려움을 겪고 있었다. 이 변호사는 시급히 필요한 새 정책의 초안을 작성하고 낡은 정관을 개정하기 위해 자신의 법적인 전문지식을 거듭 제공하고자 했지만 번번이 무시되었다. 결국 그는 기관에 무관심하게 되었다. 그가 제공하려 했던 일은 이루어지지 않았고, 지역사회에서 기관의 이미지는 20세기 후반의 비영리 부문이 요구하는 현실을 충족할 수 없는 진부하고 활기 없는 것으로 남게 되었다.

이만큼 낙담을 가져오는 일화도 없을 것이다. 그러나 직원과 이사회 지도자들이 자원봉사에게 진정한 가치를 부여한 경우, 고무된 자원봉사자들은 스스로 후원투자자 관계를 구축하거나 이전에는 불가능하다고 여겼던 지역사회에 대한 지원을 가능하도록 했다. 1980년대에 많이 쓰인 '역량강화(empowerment)'라는 말은 자원봉사자와 협력함에 있어서 여전히 유효한 목표이다.

2. 비영리 부문의 가치, 그리고 극적으로 변화하는 경제, 문화, 사회적 욕구에 부응하기 위해 전 세계에서 이러한 가치가 변화해 가는 방식. 수십 년 전에는 비영리 부문에 대한 이해가 거의 없을 당시, 이 분야에서 일하는 사람들은 자신의 업무에 대해 거의 해명하듯이 설명을 했다. 오히려 컴퓨터, 은행, 금융 분야에서 일하는 사람들이 자신의 업무에 대해 설명하는 것이 더 쉬웠다. 비영리 부문에 대한 지식이 결여되어, 자원봉사자가 아닌 전문 직원이 급여를 받아야 하는 이유에 대해 설명해야 하는 경우도 있었다. 심지어는 모금 활동이 필요한 이유조차 해명해야할 경우도 많았다(자원의 부족, 서비스에 대해 적절히 요금을 부과할 수 없는 것 등).

비영리 부문을 '자선(charitable)'으로 간주하는 것도 부적당한 사고방식을 초래했다. 비영리 기관은 자선의 목적으로 기여하는 기관보다는 '자선'이 필요한 기관으로 간주되었다. 이사를 포함한 자원봉사자가 오늘날처럼 비영리 기관의 전략적 수준에 참여하는 것은 생각할 수조차 없었고, 기관을 지원활동을 했던 여성들은 더 광범위한 지역사회에서는 대부분 과소평가 되었다.

이제 비영리 부문이 '선량한 일을 하는 사람들'이나 '붕대를 감아주는 사람들'로 구성되어 있다는 생각과, 전문적인 직원들이 영리를 추구하는 세계에서는 성공할 수 없기 때문에 비영리 부문에 참여한다는 생각으로부터 벗어나게 되었다.

지적이고 적극적이며 헌신적이고 일관적인 시민 지도자들이 광범위한 비영리 기관에 참여함으로써 이러한 이미지를 추방할 수 있었다. 양쪽 모두를 발전시킬 수 있는 기술과 전망을 갖추고 있는 유능한 직원들이 비영리 부문과 영리를 추구하는 부문을 편안하게 왕래하게 되었다.

남성과 여성이 이사회 회의석상에 나란히 앉게 되었고, 자원봉사활동은 더 이상 직장의 대체 수단이 아닌 것으로 여겨지게 되었다. 바쁘고 헌신적인 사람들은 일하면서 자원봉사활동을 한다. 날로 더 많은 회사와 기업들이 직원들에게 자원봉사 활동을 권장하는데, 어떤 경우에는 업무로부터 벗어날 수 있는 '유급의 시간'을 허가하기도 한다. 이러한 회사는 직원이 자원봉사 활동을 하는 기관에 재정적인 지원을 함으로써 직원들의 참여를 강화한다.

이렇듯 놀랄만한 성과의 대부분은 1980년대에 시작되었다. 비영리 부문의 세력과 중요성에 대한 이해가 폭발적으로 증가했다. 전 세계의 시민들은, 문화, 사회, 인간, 교육, 환경, 종교 및 의료 서비스의 안정성을 유지하기 위해 비영리 기관이 맡은 중요한 역할을 실감하고 있다. 비영리 부문에서 근무하는 사람들은 기관의 성과와 역할에 대해 자부심을 느끼고 있다.

1995년, 비영리 부문은 후원투자자를 고무하여 종교, 교육, 예술, 문화, 보건, 사회복지 서비스, 환경 및 기타 지역사회의 구축을 위해 1,430억 달러를 기부하도록 했다. 이 액수는 해마다 증가하여 서비스와 프로그램, 직업을 창출하고 있다.

세계 곳곳에서 이와 비슷한 유형이 등장하고 있는데, 자선 부문의 고용과 비정부 기관의 서비스 증가로 인해 비영리 기관의 인지도가 높아지고 있다. 이렇듯 변화하는 환경에서 활동하는 기관의 지도자들은 비영리 부문의 사안과 동향에 대해, 그리고 전반적인 지역사회의 박애 활동성과에 대해 이사회와 직원에게 지속적으로 알려야 한다.

미국 모금운동협회(American Association of Fund Raising Counsel)에서 해마다 발간하는 Giving USA 지(誌)의 통계는 미국인의 박애주의에 대한 지원과 참여의 정도에 대해 엄청난 분량의 정보를 제공한다. NSFRE와 CASE에서도 박애주의에 대한 신중한 분석과 보고가 담긴 자료를 보유하고 있다. 기타 전문적인 기관들 특히, 영국과 서유럽 대륙(EU Consult) 및 호주(호주 모금연구소 FIA ; Fundraising Institute Austrailia)가 이러한 자료를 수집하고 있다. 1985년에 창설된 세계모금운동협회(WFC: World Fundraising Council)는 전 세계에서 모금 활동의 효율성을 향상시키기 위한 정보와 전문지식을 제공하고 있다. 이러한 기본적인 자료들은 잠재적 투자자가 기관에 대한 지원의 범위를 확신하게 하며(혼자서 기부하려고 하지는 않을 것이므로!), 비영리 기관의 직원들과 자원봉사자들은 그들의 참여를 확인할 수 있는 넓은 시야를 얻게 된다.

3. 사람들이 자선 기관에 기부하는 이유와 이러한 이유가 기관 및 지역사회에 모범을 보여주는 방식. 투자자의 기부 동기를 이해하기 위해서는 중요한 철학적 인식이 있어야 한다. 이는 기부자 안내서비스와 그에 따른 기부의 요청에 지침이 된다. 이러한 인식은 투자자마다 다르며, 동일한 기부자라 할지라도 기관과 관계를 맺는 시기에 따라 다르게 나타날 수 있다.

'사람들이 기부하는 이유'에 대해 여러 해 동안 활발하고 다양한 집단의 의견을 모은 끝에 미국에서뿐만 아니라 여러 나라와 문화권에서도 일관된 대답을 도출해 낼 수 있었다. '정답'은 '기부금을 요청 받았기 때문에'이기는 하지만, 이러한 대답은 기부자가 이미 기부를 하도록 동기부여가 되어 있음을 가정한다. 기부 행위를 요청 받았기 때문으로 단순히 치부하기 이전에 누군가로 하여금 요청 받을 때 바로 투자하고 싶도록 이끄는 동기와 연결시켜야 한다.

개인(기업과 재단도 역시 상이한 기부 동기를 지니고 있다)이 기부를 하는 이유에 대해 가장 여러 차례 제시되는 동기는 다음과 같다.

- 인정
- 선의
- 동료의 압력
- 차별화
- 죄책감
- 지역사회에 공헌하고 싶은 욕구
- 기관이 자신과 다른 사람들에게 해 준 것에 대한 감사

열거된 동기들 가운데 동료의 압력과 죄책감은 나머지와는 동떨어진 것처럼 보일 것이다. 그러나 기부와 관련하여 동료의 압력은 실제적인 힘을 발휘한다. 고상한 동기처럼 보이지는 않겠지만 이것이야말로 효과적으로 운영되는 자원봉사 요청 팀과 정기적으로 간행되는 기부자 명부가 있는 기관이 그렇지 않은 기관보다 더욱 성공하는 이유이다. 연주회나 자선 만찬에서 주위를 둘러보면 사람들이 명부를

읽는 모습을 발견하게 될 것이다. 사람들은 압력이나 아첨보다는 동료들의 기부행위에 영향을 받는다. 동료와의 접촉을 통해 기부자가 모이게 되면 가치에 기반을 둔 투자 관계를 구축하는 일은 기관의 몫이다.

기관은 기부자가 장기적인 투자 관계로 나아갈 수 있는 철학적 관계를 깨우쳐야 한다. 후원투자자의 동기를 판단하는 일은 지속적인 관계 구축에서 매우 철학적이고 중요한 국면이다. '왜'에 대해서 알아야만 기관의 '무엇'과 '어떻게'에 있어서 최고 수준의 참여를 확보할 수 있는 것이다('무엇'은 전략적이고, '어떻게'는 전술적이다.).

죄책감은 동기를 부여한다는 밝은 측면이 있기 때문에 다른 명칭으로 불러야 할 것이다. '죄책감'의 의미를 정의할 때, 대부분은 지역사회의 다른 사람들(비영리 기관이 봉사하는 사람들)에 비해 너무 많이 (돈을)가지고 있다고 느끼는 사람들이 자신의 부와 성공에 대한 죄책감의 발로에서 기부를 하는 것이라고 대답할 것이다. 이러한 죄책감은 위에서 열거한 다른 동기와 더욱 가깝다고 할 수 있는데, 다시 말하면 지역사회나 기관에 되돌려주고 싶은 욕망과 관련이 있다.

일반적으로 사람들이 죄책감을 느끼게 하거나 도덕적 의무라고 생각하게 함으로써 그들로 하여금 기부하도록 설득하는 것은 어렵고 위험한 일이다. 그들이 기부를 한다면 투자 의식에 의해 기부하는 것이 아닐 것이고 따라서 그다지 많은 액수를 기부하지는 않을 것이다. 도덕적 의무감과 내적 또는 외적으로 관련된 초기 기부금이 제공된 후에 투자자 관계를 구축하려면 심한 난관에 부닥칠 수 있다. 기부행위의 이유를 다시 정의해야 하고, 압력에 대한 의식을 만족과 해방감으로 전환하기 위한 새로운 전략이 필요한 것이다.

이런 잠재하고 있는 각각의 영향력들이 바로 하나의 강력한 동기가 된다. 이것은 잠재적인 또는 현재의 기부자에 대해, 그리고 그들에게 어떻게 요청하고 또 그들을 어떻게 양육할 것인지 그 접근방식에 관한 매우 중요한 점을 시사한다. 모든 사람들이 동일한 철학적 직관으로 동기를 갖는 것은 아니다. 우편물을 통해 요청할 때에는 가능한 가장 광범위한 메시지를 유지하기 위해 접근방법을 달리한다. 후원투자자와 개인적인 관계를 맺게 되면 그들을 투자자로 개발하기 위한 전략을 형성할 수 있도록, 그들의 동기를 경청해야 한다.

기관의 어떠한 성과가 그들에게 가장 흥미를 끄는지를 발견해야 한다. 어떠한 행사와 활동에 그들이 참여하는지를 기록해야 한다. 어떠한 방식이 그들에게 가장 편안하고 만족스러운지를 결정해야 한다.

우리는 프로그램이 투자자가 선호하는 방식을 따를 때, 그리고 그들의 가치를 반영할 때 얼마나 강력하게 영향을 미칠 수 있는 지를 깨닫는다. 또 기관을 운영하는 방식과 그들을 투자자로서 대우하는 방식에 사람들이 얼마나 영향을 받는지를 안다. 기관은 투자자의 거울이며, 투자자는 기관의 거울이다.

4. 유사한 기관(예 : 오케스트라, 병원, 대학, 학교, 시민 단체)들로 이루어진 보다 큰 영역에서 아이디어와 교훈을 얻는 공통적인 실천과 비전의 중요성. 전문적인 연합이나 비공식적인 단체를 통해 직원과 자원봉사자는 지역사회의 다른 기관들과 네트워크를 이룸으로써 혜택을 입는다. 유사한 서비스를 제공하는 다른 전문가 또는 자원봉사자와 협력하면, 가족 상담, 레크리에이션, 환경, 종교 또는 지역사회 보건소에 대한 의견들을 적극적으로 다질 수 있다. 서로에게 자극을 받

기 때문에 이러한 공식적 또는 비공식적 연합은 지역사회에서 서비스를 마련하는 것과 관련된 정책을 서로 알려주고 구축할 수 있으며, 프로그램의 중복을 없앨 수 있고, 지역사회에서 총체적으로 서비스의 수준을 향상시킬 수 있다.

서로 유사하지 않은 기관의 직원과 자원봉사자들이 이따금 모여서 의견을 교환하는 것도 보다 깊은 철학적 연결고리 즉, 그들이 봉사하는 지역사회의 욕구를 발견하는데 도움을 준다. 어떤 지역사회에서는 공동 모금회 또는 기타 산하 기관이 다양한 범위의 기관에서 온 사람들을 위해 경영지원 세미나를 개최했다. 이를 통해 참가자들은 자신의 기관과의 유사점과 차이점을 발견할 수 있다.

캘리포니아 산호세(San Jose)의 비영리 기관에서 마련한 우수성 센터(Center for Excellence)는 탁월하고 새로운 시도이다. 예술, 교육, 사회복지 서비스, 환경, 종교 기관들이 선정되어 해마다 워크숍과 회의를 연다. 지역사회의 기업, 재단 및 개인 기부자들이 거액의 기부금을 이 센터에 제공하기 때문에 등록비는 알맞은 수준으로 책정된다. 각 기관이 보낸 이사회와 직원 팀(각 기관마다 네 개의 팀을 보낼 수 있다)은 다양한 주제에 대한 세미나에 참석하는데, 이러한 주제들을 가지고 지역사회에서 이들의 목적과 역할에 대해 매우 철학적인 토의를 하게 된다. 기관의 성장, 이사회 및 기금 개발과 모금 활동을 위한 전략적 계획에 대해 더 많은 것을 배우려는 관점에서 기관들은 자기 기관과 지역사회에 적용되는 주요 부문의 이슈와 씨름하게 된다. 이러한 프로그램은 모델이 된다.

다른 지역사회의 기관들은 상이한 유형의 시너지를 통해 혜택을 입는다. 전 기관에 걸친 의사소통을 위한 철학적 공헌을 증명할 수 있는 전략적 영역 중 하나는 지역사회 차원의 행사 달력을 개발하는 일이다. 이 달력에는 그 해에 지역사회에서 계획된 모든 주요 행사와 활동이 기록되어 있다. 따라서 오케스트라와 병원이 비싼 연중 축제를 열기 위해 9월의 같은 날을 선택하는 난감한 상황 등을 피할 수 있다.

하나의 지역사회를 넘어서 비영리 부문 전체의 결속의식을 강화할 수 있는 기회도 있다. 기관들은 자신과 비슷한 다른 기관의 협의회에 참석함으로서 혜택을 얻을 수 있다. 연례 회의를 여는 몇몇 기관들은 다음과 같다. 미국관현악단동맹(ASOL: American Symphony Orchestra League), 댄스 유에스에이(Dance USA), 가족서비스협회(Family Service Association), 미국 도서관협회(ALA: American Library Association) 등이 이에 해당한다.

자원봉사자들을 이러한 회의에 참가시키는 것은 훌륭한 생각이다. 직원과 자원봉사자는 지도력, 경영 및 시장에 대한 최신 동향을 함께 듣게 된다. 그들은 다른 사람들과 함께 계획하고 이사회 및 기금 개발과 모금 활동에 대한 의견을 나눌 수 있다. 또한 공통 이슈를 발견할 수 있다. 이러한 경험은 전략적 또는 전술적 문제를 해결해야 하는 기관의 욕구에 공통된 맥락을 제공한다. 전략을 구축하거나 새로운 활동을 고무하는데 도움이 되는 아이디어들은, 하나의 장(場)을 통해, 그 이슈에 대해 더욱 광범위한 이해 갖고 있는 발표자들과 이를 조성하는 사람들에게 얻을 수 있을 것이다.

5. 일반적으로 비영리 부문을 지배하는 윤리에 대한 이해, 그리고 기관에서 윤리적인 실천을 유지하는 것. 비영리 부문을 지배하는 것은 가치이고 이러한 가치는 철학적 기반의 핵심이기 때문에, 비영리 기관은

윤리적인 감독에 개방적이다. 여기에는 몇 가지 타당한 이유가 있다.

- 후원자들은 지역사회를 위해 기관을 '신뢰'하고 있다.
- 비영리 기관은 지역사회에 봉사한다라는 법인의 정관에 명시된 소명과 목적을 공약으로 삼고 있다.
- 자원봉사자들은 기관의 프로그램이 보다 잘 전달될 수 있도록 시간을 제공하고 다른 사람과 함께 기부행위에 참여한다.
- 비영리 기관은 서비스에 대한 요금을 부과한다는 사실이 이해되기는 하지만 보다 넓은 의미에서 교육적이거나 접근하기 쉬운 서비스를 유지하기 위해 적정 수준의 요금 또는 티켓 가격을 유지하도록 기대된다.
- 비영리 기관이 '제3부문(기업 및 정부와 함께)'으로서 독특한 경제적 역할을 맡게되면서 탁월한 재정관리 기법을 구사할 것으로 기대된다.
- 개발 직원들은 NSFRE, CASE 또는 AHP 윤리 강령에 동의한다.
- 지역사회에서 비영리 기관은 특별히 존경받는 위치에 놓여 있는데, 서비스를 충분히 받지 못하거나 곤궁한 사람들 및 노약자 등과 협력하고 그들에게(여러 경우에 있어서) 서비스를 제공하기 때문이다.
- 비영리 기관에서 활동하는 사람들의 급여나 전반적인 보수는 기관의 재정 자원과 관련하여 적절한 수준을 유지할 것으로 기대되는데, 지역사회에서는 자신이 기부하는 돈이 일반 경비로 사용되기보다는 사람들을 직접 돕는데 사용되는지를 확인하고 싶어하기 때문이다. 하지만 공정한 보수는 매우 중요한 전문적인 문제

이다. 비영리 기관에 봉사하는 사람들은 중요한 업무를 담당하기 때문에 그에 맞게 적절히 보상받아야 하는 것이다.

비영리 기관에서 근무하는 사람들은 이러한 내용을 잘 이해하고 있다. 이러한 내용은 기관의 구성과 완전성을 위한 기본 요소인 것이다.

윤리적 기준 및 실천사항과 관련하여 사람들은 비영리 기관이 영리를 추구하는 기관과 같아지는 것을 바라지 않는다. 따라서 비영리 기관이 재정의 초과사용이나 남용, 비윤리적 인사나 운영 관행, 지나친 급여 수준이나 보상, 지나치게 모금과 관리비용에 지출하는 것, 문제 있는 프로그램의 실행이나 그 결과, 개인 또는 기관의 스캔들로 인해 지역사회의 기대치를 벗어나는 행위 등은 대중의 비판을 모면하기 어렵게 된다.

미국의 TV 폭로물 프로그램이나 전 세계에서 보도하는 몇몇 신문에서는 이러한 사건이 어디에서 발생하건 재빨리 포착하여 보도한다. 전체 비영리 부문에 대한 문제를 제기하기 위해 하나의 기관을 예로 든다. 이로 인한 영향은 분명히 드러난다. 기부자들은 주저하게 되고, 모든 기관들은 혐의자가 되는 것이다. 모금 활동에 손상을 주고, 결과적으로 지역사회에 손상을 입히는 것이다.

유감스럽게도 비영리 부문에서는 항상 윤리적 위반이 일어날 소지를 안고 있다. 탐욕에 굴복하고 이기주의와 다양한 유혹에 빠지며, 자신이 하는 일이 결코 탄로 나지 않을 것이라 생각하기도 하는 인간이 이러한 부문을 이끌고 관리하기 때문이다.

지난 몇 년간 극히 소수의 기관에서 횡령, 공공연한 절도, 기금의 남용, 기금 사용과 관련하여 후원투자자에 대한 허위보고 및 기타 비윤리적 관행 등과 같은 일이 발생했다. 하지만 이렇듯 극소수의 기관들이 미국의 백만여 개 비영리 기관이나 전 세계에서 그 수가 증가하고 있는 기관들을 대표하지 않는다.

개별 기관들은 자체 및 비영리 부문의 윤리기준을 준수할 책임이 있다. 이사나 직원으로 기관에 참여하는 사람들은 기관이 어떠한 비윤리적 관행도 허용하지 않을 것임을 처음부터 명심해야 한다. 어떠한 탈선도 즉시 확인되고, 지역사회의 특별한 신뢰를 사람들이 이해할 수 있는 기관의 환경을 유지해야 한다. 고용 인터뷰나 자원봉사자 모집에서 잠재적인 비윤리적 행위를 감시하는 것은 어렵다.

윤리사항을 위반하는 사람들은 아주 영리한 사람이거나 매우 어리석은 위반자이다. 기관의 모든 관행과 프로그램에서 입증되는 윤리적 행위에 대한 철학적 약속을 통해 예방하는 것이야말로 윤리적 문제를 피하는데 있어서 최상의 전략이라 할 수 있다.

3. 전략적 수준

가장 명백한 전략적 활동은 계획이다. 계획과정 자체에는 다양한 측면이 있는데, 사람들을 대화에 참여하도록 하여 기관 차원의 의사소통을 향상시키고, 기관의 전술적 행위가 지침으로 삼을 수 있는 문서를 만들어내기도 한다. 계획과정, 그리고 기관이 단순한 모금 운동의 차원을 넘어서게 하는 계획과정의 역할은 제11장에서 더욱 자세하게 다룰 것이다.

비영리 기관들은 이전보다 더 많은 액수의 기부금을 모금하고 추가적인 지역사회의 프로그램과 서비스를 책임지도록 압력을 받기 때문에 전략적 수준을 통한 혜택을 망각하고 전술적 수준에 초점을 맞추는 경우가 있다. 이로 인해 사안과 기회를 전략적인 방식으로 접근할 수 있는 시간을 마련하기 어렵게 된다. 긴급한 사안에 대단한 주의를 기울이기 때문에 중요한 사안에 대해 주의를 기울일 시간이 모자란다. 이것이 예외사항이 아니고 기관의 일반적인 관행이 되어버린다면 위기 관리의 영역으로 하강하게 되어 궁극적으로는 외부의 신뢰와 내부의 사기가 좀먹게 된다.

지역사회에서 항상 기부금을 요청하기만 하면 외부의 신뢰는 감소하게 된다. 직원과 이사회가 그들의 활동이 결코 성공적이지 않다고 생각하면 내부의 사기가 떨어진다.

날마다 중요한 사안이 긴급한 사항과 충돌하여 이를 제대로 처리하지 못하는 어려운 한 해를 보내게 되었을 때, 어떤 공연예술 기관의 소장은 기관의 명칭을 '시지푸스(Sisyphus)'로 바꾸고 싶은 생각이 들었다고 토로하였다. 기관이 항상 재앙에 직면해 있다는 인상을 심어주면 효과적으로 투자 유치를 하지 못하게 된다. 지역사회의 사람들이 기부하기를 주저할 뿐만 아니라, 기관의 활동에 참여하는 것조차도 주저하게 될 것이다. 전략적으로 운영되지 않는 기관의 이사회에 봉사했던 어느 기업의 부사장은 좌절하다가 결국 사임하고 말았다.

중요한 사안과 긴급한 사안을 식별하기 위한 경영상의 분투는 개미와 코끼리의 이미지와 비슷하다. 가차없이 전진하는 개미떼로부터 사무실을 보호하려고 하면 코끼리를 간과하게 되는데, 이 코끼리는 이미 사무실에 들어와서 몸집이 더욱 커졌고, (시간을) 더 많이 먹어치우는데, 이 코끼리를 쫓아내는 일이 점점 더 어려워지는 것이다.

시스템은 자유로워진다. 전략적 계획에 반대하는 사람들은 일반적으로 그 가치를 이해하지 못한다. 그들은 필요한 과정을 불신하고, 심지어는 결과를 두려워하는 것이다.

이따금 계획에 대한 반대가 책임지지 않으려는 생각에서 비롯된 경우가 있다. 다른 사람들은 계획을 방해꾼으로서, 변화하는 욕구에 기관이 대응하지 못하게 하는 것이라고 간주할 수 있다. 또한 어떤 사람들은 계획이 너무 규범적이라 생각하여 그 안에 내재된 통제를 싫어한다. '상의하달 방식'의 경영 학교에서 훈련받은 사람들은 전략적 계획이 필요로 하는 직원과 이사회의 참여를 원하지 않을 것이다. 전략적인 수준에서 운영하여 모금 운동의 차원을 넘어서고 기관이 필요로 하는 재정 및 자원봉사 투자자를 끌어들이기 위한 기반을 창출하기 위해서는 이러한 공포감과 우려를 극복해야 한다.

소명이 표류할 때 닻이 될 수 있는 시스템은(제3장) 기관에게 전략적인 안전장치를 제공한다. 시스템은 기관이 명확히 지정되고 이해되는 구조 내에서 운영할 수 있게 하기 때문에 기관을 보다 자유롭게 한다. 즉, 시스템은 기관의 일상적인 활동을 표준화하고 또한 창의적인 활동에 더 많은 시간을 쏟을 수 있도록 허락한다.

시스템은 수정될 수 있다. 전략적 계획 과정에서 필수적인 요소 중 하나는 평가와 변경을 포함시키는 일이다. 효과적인 기관은 운영상의 모든 영역에서 효과적인 전략적 사고와 계획을 반영한다. 이는 변화에 얼마나 잘 대처하며 장기적인 투자자들을 보유할 수 있는가와 관련된다.

4. 전술적 수준

운영의 전술적 수준은 나이키(Nike) 사(社)의 철학인 "일단 해보자(Just do it)"에서 잘 요약하고 있다. 전술적인 작전은 다음과 같은 활동을 보장한다.

- 시기 적절한 모금 운동의 완료
- 모든 이사회 및 위원회 할당 과제에 대한 탁월한 뒷 마무리
- 구체적이고 시간이 정해진 업무에 직원의 에너지와 참여
- 계획된 스케줄의 준수
- 정기적인 모임 및 활동 스케줄에 전념
- 문제해결을 위한 탁월한 절차

지금까지 이 장의 관심사는 기관의 철학적, 전략적 구조를 강화하기 위한 시간과 지원을 직원 및 이사회가 찾는 일이 어렵다는 내용이었다. 전술적 문제에 대해서도 이와 비슷한 얘기를 할 수 있다. 어떤 기관은 고무적인 소명 현장, 매혹적인 비전 및 설득력 있는 계획을 만들어 낼 수는 있지만, 이들 중 하나라도 제대로 실행할 능력은 없다. 그 이유 가운데 하나는 이사회와 개발 과정에 관한 장에서 다루고 있다. 전술적인 무능함은 기관을 타성에 젖게 하고 그 정도는 더욱 심화된다.

지속적인 투자는 결과에 초점을 맞출 때 획득할 수 있다. 기관이 소명과 비전에 대한 철학적 원칙에 의해 고무되고, 이러한 원칙에 입각하여 전략적으로 실행할 수 있는 구조가 마련되며, 아울러 전술적 수준에서 운영될 때, 투자자를 매혹하는 결과를 얻을 수 있다. 전술적 수준에서 제대로 실행하지 못하면 이미 설정되어 있을 철학적, 전략적 기반은 무력화된다.

1) 기관이 전술적이기 어려운 이유

계획을 마련한 후에 전술적인 수준에서 실행하지 못하는 가장 일반적인 이유는 실행 과정을 관리하지 못하기 때문이다. 비영리 기관의 CEO는 보통 프로그램이나 서비스 분야 출신이기 때문에 기관이 서비스를 제공하는

영역에 대해서는 전문인이라 할지라도, 사업 경영 훈련은 받지 못했을 수 있다. 이사회는 CEO를 고용할 때 이렇듯 전문적인 재능이 있고 기민한 사람들이 계획, 인사 및 예산 등을 다루는 수업, 과정 또는 세미나를 통해 자신의 기술을 보완할 수 있는 기회를 제공해야 한다.

경영 경험의 부족을 악화시키는 다른 요소가 있을 수 있다. 권한을 위임하지 않으려 하거나 할 수 없는 경우는 기관의 목표를 달성하는데 가장 큰 장애물 중 하나다. 어떤 CEO와 개발국장은(이사장도 물론) 사람들을 관리할 수 있는 가장 좋은 방법이 그들을 내버려두는 것이라는 점을 배우지 못했다. 모든 부서나 위원회를 통제하려고 하며, 시간과 에너지와 호의를 지나치게 확장하는 것이다. 직원과 이사들의 사기는 줄어들고, 에너지와 공헌도는 시들해지며, 사람들은 아무 것도 성취할 수 없다고 불평하게 된다. 자원봉사 업무나 급여를 받는 직책에서 성장할 기회를 얻지 못한 재능 있는 사람들은, 그들의 기술을 사용하고 업무 시간을 인정해주는 다른 기관을 찾아서 떠나게 된다.

갈등은 실행의 또 다른 장애물이다. 공개적이고 단계적으로 커지는 것이건 은밀하고 표면 바로 아래에서 폭발하기 직전의 것이건 간에 갈등의 존재는 전략적 수준에서 사람들이 기능을 발휘할 수 있는 능력에 심각한 손상을 준다. 어떤 기관은 계획 회의 시간이라고 여겨지는 시간(전략적) 중 대부분을 선동적이거나 갈등을 억누르는 데 소모한다. 그러므로 다음과 같이 분명한 원칙을 기억해야 한다. 사람들에게는 주어진 양의 한정된 에너지가 있다. 이러한 에너지를 갈등을 무마하고 직원이나 이사회 관계의 균형을 유지하는데 계속 사용하면 당장 처리해야 할 업무에 사용할 에너지는 남지 않게 된다.

효과적이지 못한 의사소통도 기관의 활동이 의기소침해지는 원인이 된다.

자신에게 무엇이 기대되는지를 알지 못하는 사람들은 아무 것도 하지 못하게 된다. 일을 하는 사람일지라도 건설적인 피드백이 없이 비판당하거나 또는 어떠한 피드백도 제공받지 못하는 경우에는 궁극적으로 동기를 잃어버리게 된다. 명확한 기대치가 결여되어 있으며 문호가 닫혀 있고 의사소통은 숙덕거림, 메모, 빈정거리는 말 또는 대립으로만 이루어지는 환경에서는 기관이 타성에 젖을 수밖에 없다.

초점이 결과에만 맞추어져 있고, 기관에 대해 긴장과 불신에 대한 이슈로 지나치게 혼란스럽지 않는다면 계속해서 정력적인 상태를 유지할 수 있을 것이다. 프로그램 전달을 희생해가면서까지 기관의 문제를 지나치게 분석하려는 기관은, 거울을 내려놓고 그 자리에 창문을 만들어야 한다. 내부적인 사안에 대한 소모적인 관심은 주된 초점을 시장경쟁에서 벗어나게 한다. 기관은 소명 실현에 걸림돌이 되고, 비전은 퇴색한다.

어떤 현자가 말하기를 비전을 소유한 사람은 몽상가이지만, 비전을 공유하는 사람은 지도자라고 했다. 이와 관련된 진리의 명제가 있다. 비전과 망상 사이에는 분명한 선이 있다. 비전은 공유할 수 있지만, 망상은 대부분 그렇지 못하다.

기관은 지역사회에서 성취하는 것을 통해 활력을 얻을 수 있다. 자원봉사자와 직원은 그들의 성취에 대해 자부심을 느낄 것이다.

2) 더욱 전술적일 수 있는 방법

성공은 타성에 대한 놀라운 특효약이다. 진정한 성공은 전술적 측면에 초점을 맞추어서 소명과 비전을 달성하는데 있다.

어떤 기관에 생기가 없고, 긴급한 상황이 아니면 전술적 수준에서 운영할 수 없는 경우 다음과 같은 조치를 취해야 한다.

- 공개적인 모임에서 기대치를 전달한다.
- 초기 단계에서 갈등을 가라앉힌다. 이는 명령에 의해서가 아니라 경청과 그러한 분위기를 조성함으로서 이루어져야 한다.
- 권한과 책임 사이의 균형을 존중함으로써 권한위임을 장려한다.
- 지도력에 서투른 (또는 원기를 회복시키기 위하여) CEO와 개발국장에게 경영 훈련을 시킨다. 경영에 대한 경험이 많은 사람들, 즉 이사나 노련한 부장들이 다른 사람들을 지도할 수 있다. 공유된 목표의 달성이라는 맥락에서 지도할 때, 이러한 지도가 벌칙이나 위협적인 것이 아니라 팀을 구축하기 위한 수단임을 인식해야 한다.
- 창조적이고 접근하기 쉬우며 일반적으로 용인된 문제해결 과정(잘 알려지고 높이 평가되는)을 전달한다.
- 적절히 완수된 업무에 대해서는 표창하고, 업무를 할당할 때에는 평가 기준을 설정하여 업무 진행을 고무하고 강화할 수 있도록 한다.
- 과거에 할당한 업무를 통해 달성된 결과를 요약함과 더불어 직원·이사회 모임을 시작한다. 장황하고 소모적인 이사회 모임은, 결정된 전략의 성과를 제대로 전달하지 못하는 경우가 종종 있다.
- 직원과 자원봉사자에게 가장 시시하고 평범하게 보이는 업무라도 이를 고무할 수 있는 피드백을 제공한다. 보다 큰 목표나 목적을 달성하기 위한 필수적인 단계라는 맥락에서 이러한 피드백을 설정한다.

5. 세 가지 수준의 통합을 가로막는 장애물

이러한 세 가지 수준의 기관 운영을 통합하는 일은 시도해 볼만한 도전

과제이다. 아래에 요약한 장애물들은 균형을 깨뜨린다.

1. 재정상의 우려, 프로그램의 욕구 및 직원 변경으로 인해 내부 압력이 눈앞의 업무를 제외하고는 어느 것도 해낼 수 없게 만드는 경우. 전술적 수준이 갖추어졌지만 위기가 지나갈 때까지 철학적이고 전략적인 수준은 유보되는 것이다.
2. 이사회, 직원이 철학적 맥락에서의 소명이나 모금 또는 시장의 필요성에 대해 중요하게 여기지 않을 뿐 아니라 이를 무시한다. 단지 '일을 해내는' 것에만 우선권이 부여된다. 철학적 측면은 다루어지지 않거나 이해되지 않으며 심지어는 전략적 계획조차도 고무적인 구조를 갖추지 못한다.
3. 충분한 동기부여가 없고, 경영 기술이 부족하며, 소명, 비전 및 계획을 전략적 수준에서 실행하기 위한 에너지 또는 인력이 결여되어 있다. 또한 이러한 사안을 효과적으로 해결할 수 있는 환경이 조성되지 않은 경우.
4. 이러한 세 가지 수준에서 운영해야 하는 이유와 운영 방식에 대해서 이해하지 못하는 이사회 및 직원 지도자의 무능함.

6. 세 가지 수준의 접근방식을 기획 영역에 적용하기

기관의 장기적 또는 전략적 기획과정은 세 가지 수준의 접근방식의 가치를 도입하는데 훌륭한 수단이 될 수 있다. 이를 도입하는 일은 교훈적이고 교육적인 과정이다. 궁극적인 기획이 세 가지 수준을 신중한 목표와 목적으로 반영하는가, 또는 이러한 수준들이 최종 계획에서 통합되는가의 여부를 불문하고, 계획과정에서 이러한 개념을 도입해야 한다.

다음은 샌프란시스코 그레이스 성당(Grace Cathedral)의 이사회 위원장이 마련한 실제 기획의 기본 골격이다. 여기서는 세 가지 수준의 활동이 기관의 기획으로 모두 통합되는 방식을 보여주고 있다. 이것은 자본모금운동 이후 초석을 마련하기 위하여 전략적인 특별 대책 위원회가 시도한 노력의 일환으로 작성된 것이다. 각각의 업무에 대한 책임은 다른 곳에서 언급하지 않는 한 개발 위원회에게 있다. 내용을 이해하는 것과는 무관하므로 날짜는 삭제했다. 그레이스 성당 중역위원회의 허락으로 인용하게 되었다.

1) 과제 영역 : 이사 개발 - 개발 위원회

그레이스 성당의 재정 및 지역사회 연계의 목표를 달성하기 위하여 이사의 ① 모집/가입, ② 교육, ③ 참여 ④ 보유/교체에 대한 다음과 같은 일반 전략을 제안하였다. 이러한 네 개의 전략적 영역 내에는 다루어야 할 다음의 세 가지 활동 즉, 철학적, 전략적 및 전술적 활동이 포함된다. 이 세 가지 활동은 모두 장기적인 이사회 개발을 위해 필수적이다.

I. 모집/가입

  A. 철학

    1. 성당의 목적 및 지역사회의 영향과, 특정한 이사가 필요함을 이해한다.

  B. 전략

    1. 임기 만료일을 포함한 정확한 이사회 매트릭스를 작성하고 유지한다.

    2. 이사회 모집 정책을 작성하고 이사회에 배포하여 이를 실행한

다. 1년 단위로 또는 적절한 시기에 이를 검토하고 수정한다.
3. 이사회 모집 및 재직기간에 대하여 성당의 정관을 검토한다.
   (a) 성당의 주요한 장기적인 필요를 지속으로 평가하고 이를 장기적인 모집을 전략적으로 계획한다.
   (b) 계승 계획을 위한 정책/프로그램을 개발하고 실행하여 이사회 중역들을 시기 적절하고 효과적으로 모집하고 이들의 리더십 성장을 보장한다.

C. 전술
1. 이사회 모임을 격월제로 실시한다.
2. 핵심적인 성당 직원과 이사와의 만남, 시설 견학 및 행사 참여 등을 포함하는 잠재적 이사 모집과정을 지속적으로 실행한다.
3. 각각의 개발 위원회 위원에게 연중 계속되는 구체적인 모집/가입 업무를 할당한다.
4. 잠재적인 이사를 확인함에 있어서 이사회를 적극적으로 참여시킨다.
5. 요구사항의 기준을 충족하고 관심과 자격이 있는 이사회 후보들을 확보해 둔다.

II. 교육

A. 철학
1. 잠재적인 이사들에게 성당의 영적인(정신적인) 부분과 지역사회의 프로그램을 이해하고 설명할 수 있도록 이사회원들을 지도한다.

2. 이사회 모임에서 성당 프로그램이 지역사회에 미치는 영향과 성당의 비전에 대해 이사들을 교육할 수 있는 기회를 마련한다.

B. 전략

1. 이사회 편람을 해마다 검토하고 개정한다.
2. 이사회 오리엔테이션 프로그램을 해마다 검토하고 개정한다.
3. 이사회 의사소통의 효율성을 지속적으로 평가한다(직원에서 이사회로, 위원회에서 전체 이사회로, 이사회에서 직원으로).

C. 전술

1. 이사자격에 대한 요구사항을 모집 과정 중에 잠재적 이사들에게 전달하며, 모금활동과 개발에 대한 내용을 전달해야 한다.
2. 새로운 이사 오리엔테이션을 실시하고 모든 이사들과의 연락을 계속 유지한다.
3. 이사회 편람을 신임 직원들에게 배부하고 새로운 자료를 모든 직원들에게 배부한다.
4. 성당의 사안과 활동에 대해 이사회에 계속해서 통보한다.

III. 참여

A. 철학

1. 적절한 기회가 있을 때마다 성당의 장기적인 미래뿐만 아니라 성당의 활동을 통한 이사들이 지역사회에 공헌하는 바에 대해 지도자들이 강조하도록 장려한다.

B. 전략

   1. 이사회 매트릭스를 사용하여 위원회 구조, 지도자 및 직원의 현황에 대한 지침를 만들고, 이를 계속 갱신한다.

   2. 잠재적인 갈등이나 연계관계를 파악하기 위해 이사들이 봉사하는 기타의 이사회에 대하여 기록한다.

C. 전술

   1. 이사회 의장과 협력하여 잠재적, 신규 및 현재 이사들의 전문지식과 관심사를 바탕으로 위원회에 적절하게 업무를 할당한다.

   2. 분기별로 전체 이사회 및 위원회 모임을 감독하고, 참석이 불규칙적인 직원들에게는 필요한 조치를 취한다.

   3. 이사회 서비스에 대한 환멸과 같은 초기 경고 신호가 보이는지 주의하고, 우려사항을 공개적이고 시기 적절한 방법으로 발표한다.

   4. 1년 단위로, 수석 사제와 이사회 의장은 각각의 회원과 개별적으로 만나서 그들의 서비스, 우려사항, 열의, 제약조건에 대해 검토하고 연간 기부금을 요청한다.

IV 보유/교체

A. 철학

   1. 이사에게 서비스의 지속에 대해 이해시켜야 하지만, 또한 새로운 직원을 참여시켜야 할 필요성에 대해서도 설명한다.

B. 전략

   1. 이사회 사례 프로그램을 마련하고 실행하여 연간 모임에서 주

교와 수석 사제가 성당에 기여한 우수한 서비스에 대해 표창하도록 한다.
2. 시간, 열의 및 성당에의 관심이 부족한 이사의 '탈퇴'에 대한 정책을 개발하고 실행한다.
3. 성당의 지속적인 프로그램에 과거의 이사와 중역을 참여시킬 수 있는 '수석대표(Ambassadors)' 프로그램을 개발하고 실행한다.

C. 전술
1. 지명 과정을 준비함에 있어서 위원회는 모임이 있을 때마다 각 이사회의 참여를 검토한다.
2. 이사회 임기가 만료되기 6개월 전에 위원은 이사와 만나서 갱신(선택 사항인 경우), 면직(임기가 만료되거나 재가입이 불가능한 경우) 또는 다른 범주의 서비스로의 전직*에 관해 논의한다
3. 향후 몇 년 동안 현행 이사의 임기 만료일을 유지하여 매트릭스에서 제시하는 것과 관련하여 매끄러운 교체가 이루어질 수 있도록 한다.

* 주 : 그레이스 성당에는 주교가 임명한 이사, 이사회에서 선출한 이사, 사목회 중에서 임명한 이사와 같이 세 가지 범주의 이사가 있다. 처음 두 개의 범주는 동일한 모집/가입 절차를 밟는다. 서비스를 연장하기 위해 때로 범주를 변경하기도 한다.

관리 영역에 체계적으로 접근하기 위한 필요성을 기관이 인식하게 될 때, 이러한 세 가지 수준에 대한 설명은 이사회 개발과정을 위한 훌륭한 틀이 될 것이다. 앞서 제시한 개발 위원회의 업무계획은 이러한 필요에서 개발된

것이다. 이러한 단계들 가운데 다수를 표준화하고 받아들이면 더 이상 세 가지 수준을 굳이 준비할 필요가 없어질 것이다. 그러나 위의 설명에 내재한 교육적 영향력은 강력하다.

7. 요약

 사물들을 각 부분으로 나눔으로써 비로소 이들을 얼마나 효과적으로 결합할 수 있는지 알 수 있는 경우가 많다. 세 가지 수준의 분석과 철학적, 전략적, 전술적인 적용을 통해 비영리 기관의 관리와 리더십이 보다 효과적일 수 있는 틀을 마련할 수 있다.

 모든 비영리 활동에서 긴급한 사안이 중요한 사안을 압도하는 경우가 있기 때문에 어느 정도 반대를 피할 수는 없겠지만, 분석을 추진해야 한다. 이렇게 함으로써 궁극적으로 접근방식을 단순화 할 수 있는 것이다.

제11장
계획의 위력

개발과 모금에서 성공하기 위해서는 설득력 있는 기관 계획이 수립되어 있어야 한다. 모금 및 개발 계획만으로는 부족하다. 사람들을 기부하도록 고무하는 것은 기관 계획이다. 이 계획을 통해 투자를 장려하는 비전, 소명 그리고 프로그램 목표를 통합할 수 있다. 모금 계획은 내부 과정의 지침이 된다. 기관 계획은 내부적임과 동시에 외부적이다. 기부자와 함께 이러한 계획을 공유할 수 있고 또 기부와 요청의 동기로서도 사용될 수 있다.

오늘날은 비영리 기관을 흥분되게 그러면서 혼란스럽게 한다. 지역사회에 지속적인 영향을 미칠 수 있는 기회가 매우 많아졌지만, 이를 위해서는 관리와 모금에 대해 새로운 체계적 패러다임이 필요하다. 미국 및 세계 각지에서 필수적인 서비스에 대한 정부의 지원이 줄어들고 있으므로 갈수록 늘어나는 지역사회의 욕구를 충족할 수 있는 제도적 그리고 개인적 기부 원천에 부담을 주고 있다.

이러한 재정립의 시대에 기관들은 프로그램과 서비스에 대한 지역사회의 욕구를 신중하게 고려해야 한다. 기관 자체의 지속적인 생존력과 지명도를 보증할 수 있도록 기관을 효율적으로 조직해야 한다. 후원투자자들은 미래를 함께 할 기관을 찾고 있다. 이러한 미래를 내다볼 수 있으려면 계획이 있어야 한다. 계획 과정과 그 결과로 생기는 문서는 급속한 변화의 시대에 안정을 유지할 수 있는 내부적 도구이며, 기부자와 자원봉사자를 끌어들일 수 있는 중요한 외적 도구이기도 하다.

제10장에서는 직원과 이사회 참여에 대한 세 가지 수준에 대해 검토하면서 계획의 일반 원칙에 대해 어느 정도 다루었다. 이 장에서는 기관 계획에 초점을 맞추면서 그 주요 구성 요소와 개발 및 모금에 초점을 맞출 것이다.

1. 기관에 계획이 필요한 이유

후원투자자를 유치하여 기관의 장기적 지지자가 되게 하려면 기관 계획이 있어야 한다. 영리 부문의 투자자가 사업계획을 보고싶어 하듯이, 후원투자자들은 기관이 어디로 가고 있는지, 투자금을 어떻게 사용할 것인지를 알고 싶어한다.

현명한 후원투자자라면 기관의 장기적 계획을 보고, 기관의 비전을 이해하여, 기관이 목표와 목적을 실행하고 평가하는 방식에 대해 알고 싶어할 것이다.

계획의 기본 틀은 시장이어야 한다. 기관의 프로그램은 지역사회에 봉사하기 위해 존재한다. 기관의 조직적인 개발·모금 구조는 효과적으로 프로그램을 지원하기 위해 있는 것이다. 기관의 서비스에 대한 지역사회의 욕구, 그리고 재정 및 자원봉사 지원에 대한 잠재력은 기관 계획에서 두 가지 외적 핵심요소이다. 내적 요소들 즉 직원개발, 프로그램 성장, 이사 및 자원봉사자의 확장 등은 외적요소들에 의해 발전한다.

여러 기관의 개발 계획은 외부 세계와 별다른 관계를 맺지 못하고 있는 실정이다. 그것은 기관이 원하고 필요로 하는 것에만 초점을 맞추지 지역사회의 욕구과 필요에 소홀히 대처하기 때문에 발생한다.

계획을 해야 하는 두 가지 이유는 다음과 같다.

1. 이사회와 직원에게 내적인 관리 도구를 제공하여 그들이 기관의 일반적인 활동, 구체적 프로그램이나 캠페인 및 재정 업무를 평가하고 지도할 수 있도록 도와 준다.
2. 외부에 문서- 일반적으로 포괄적인 계획에 대한 요약 -를 제공하여 잠재적 후원투자자를 만나거나 이사를 모집할 때 이를 사용한다.

두 가지 경우 모두 생산물의 품질을 결정하는 것은 과정의 성실성이다. 계획을 준비하기 위한 과정에 설정된 직원과 이사회가 세운 계획에 대한 주인의식의 정도는 계획의 성공 여부를 좌우한다. 성공을 측정할 수 있는 수단은 내부적으로 계획을 실행하고 평가하는 노력과, 기부자 개발과 이사회 모집 도구로서 계획이 발휘하는 영향력이다.

1) 기관이 계획을 거부하는 이유

기관들은 다음과 같은 이유로 기관 계획과 개발 계획을 반대한다.

1. 해결해야 할 긴급 사안이 너무 많아서 계획 과정에 투자할 시간이 없다.
2. 지도자들이 책임져야 한다는 것에 우려를 표시할 수 있다.

3. 이사회 지도자들이 계획 과정과 관련하여 인내력이 부족하다.
4. 과거의 계획들은 선반에서 먼지만 쌓이고 있고, 기관은 이것이 낭비적인 노력이었다고 생각한다.
5. 계획이 없이도 기관의 기능이 원활하게 작동하고 있다고 느낀다.
6. 기관이 너무 빈약하기 때문에 계획은 무의미할 것이라는 잠재의식을 이사회가 지니고 있다.
7. 과업에 접근하는 방식을 기관이 모르고 있다.

다음 사례에서는 앞서 설명한 처음 다섯 가지 요소의 오류와 여섯 번째 요소에 대한 힌트를 제시하고 있다. 일곱 번째 요소는 이 장 전반에서 다룰 것이다.

2) 사례

몇 년 전 지역사회의 큰 투자 잠재력을 보유한 어떤 교육·문화 기관은 문을 닫아야 했다. 이유는 소장이 기관 계획을 신뢰하지 않았기 때문이었다.

그가 소장으로 채용되었을 때 초기에 진행중인 계획을 무시했다. 그는 이사회와 직원이 계획을 다시 수립하거나 수정·보완하려는 노력을 짓밟은 것이다. 모두들 기관의 최고경영자가 비전과 카리스마를 지닌 사람이어서 초창기에는 모금 활동과 프로그램에서 성공을 거두었기 때문에 새로운 계획을 긴급히 마련해야 한다는 의식이 없었다.

할 일이 많았던 이사회에서는 일부 예외를 제외하고는 계획을 추진하지 않았는데 이러한 과정에 시간을 소비하고 싶지 않았기 때문이었다. 새로운 개발 이사가 계획이 결여되어 있다고 CEO에게 질문했을 때, 이 CEO는 계획이 기관의 유연성과 반응성에 장애가 될 것이라고 피력했다.

개발 이사는 개발위원회와 협력하여 개발 및 모금을 위한 2개년 계획을 마련했다. 그 계획은 전략적이라기보다는 전술적인 것이었다. 기관의 모든 요소를 포함할 수 있는 설계가 없었기 때문이었다.

모금 계획이 있었음에도 불구하고 기관 계획이 결여되어 있었기 때문에 전체 프로그램 지원을 위해 기부자들에게 접근하는 것이 어려워졌다. 지역사회의 발전과 모금이 근거할 수 있는 원인과 결과가 기관에는 없었던 것이다. 그 기관은 여러 해 전에 설립된 것이었지만, 직원 및 이사회 지도자 문제, 형편없는 모금활동과 재정관리 및 활기 없는 마케팅 등 장기적이고 혼란스러운 문제들을 안고 있었다.

대부분의 지원은 기관의 서비스에 대한 시장의 필요라는, 현실에 근거하기보다, 기관을 계속 운영하기 위한 절박한 필요에 바탕을 두고 있었다. 또 어떠한 교육 및 문화 프로그램이 필요한가에 대한 시장 분석이 형편없었기 때문에 프로그램에 대한 지역사회의 관심은 감소되어 갔다. CEO는 프로젝트 모금에 뛰어난 능력을 보였지만, 프로젝트 기금은 제한되어 있었기 때문에 이를 일반적인 지원에 사용할 수도 없었다.

반복되는 모금 위기는 기관을 관리 및 재정 위기로 빠뜨렸다. 직원 삭감을 하게 되었고 프로그램 수를 줄이게 되었다. 회원과 지역주민을 위한 주요 서비스의 개방 시간도 과감하게 축소되었다. 일반 모금은 점점 감소하기 시작했고 이와 더불어 기관의 재정 안정성도 흔들리기 시작했다. 이사회는 소장에게 계획을 요청하는데 실패했고, 관리 기부금이 없는 상황에서 새로운 계획을 개발하지 못했다.

몇 년이 지난 후에, 이사회는 문제를 깨닫게 되었고 CEO의 임기를 갱신하지 않았다. 하지만 이러한 조치는 너무 늦게 온 것이었다. 이미 손상을 입어버린 것이다. 기관은 내부적으로 산산이 흩어지게 되었고 기관에 대한 지역사회의 이미지는 더욱 악화되었다. 기관이 이렇게 쇠퇴하게 된 것은, 기관 계획이 부재했기 때문만은 아니지만 기관의 회복을 불가능하게 만드는데 커다란 영향을 미친 것만은 분명하다. 기관의 재정과 프로그램 안정성을 회복시킬 수도 있었던 외부 모금 원천에도 악영향을 주었다.

거액을 기부할 수 있는 잠재력을 보유한 어떤 기부자는 한 이사회 임원과 친분을 맺고 그를 존경하게 되면서 기관과의 관계를 더욱 강화하게 되었다. 기관의 문제와 약속을 모두 알게 된 그는 상당한 액수의 기부금을 내려고 했는데- 실제로 긴급 융자에 해당했다 -이는 기관의 소명에 대해 열의를 지녔고 매우 존경받는 이사회 임원(이 인물도 기관에 주요 기부금을 제공하는 인물이었다)을 배려해서였다. 개발 이사와 몇몇 이사회 임원들과 여러 번 만나서 친목을 도모했지만 그 잠재적 기부자는 결국 기부금을 제공하지 않기로 결정했다. 이유는 기관이 계획을 보유하고 있지 않기 때문이었다. 다국적 기업의 전직 사장으로서 그는 비록 급속하게 변화하는 세상일지라도 계획을 소중히 여겼다. 마침내 그는 다른 기관에 수백만 달러를 유산으로 남겨두고 사망했다.

계획이 없었던 이 기관은 실패하고 마침내 그 존재가 거의 사라지게 되었다. 이후 새롭고 비전 있는 지도력과 재정상의 필요가 결합하여 계획 과정을 추진하게 되었는데, 이것은 기관을 완전히 다른 위치로 옮겨놓았다.

이러한 사례에서 얻을 수 있는 교훈은 대단한 것이다. 기관들은 강한 계획의 필요성을 무시해서는 안 된다. 하나의 계획은 선미(**船尾**)의 외륜기선(**外輪汽船**)이자 돛의 역할을 하여 기관이 항해하면서 항로를 유지할 수 있도록 하고 올바른 방향으로 나아가게 하는 것이다.

2. 기관 계획과 개발 계획

　기관 계획, 개발계획, 모금 계획은 여러 가지 유형이 있는데, 포괄적이거나 구체적일 수 있고 다양한 과정을 통해 만들어진다. 기관의 재정 계획인 예산은 계획에 대한 개관에서 간략하게 다룰 것이다. 최초 1년에 대한 완벽한 예산과 뒤따르는 해의 예산 견적이 없는 계획은 관리 또는 모금에 있어서 가치가 별로 없으며, 기부자의 필요를 충족시키지 못할 것이다. (포괄적인 예산책정 과정에 대해 더욱 자세한 정보를 원한다면 다음 문헌을 참고하도록 한다. Wiley publications, Jody Blazek, Financial Planning for Nonprofit Organizations (1996); Jody, Blazek, Tax Planning and Compliance for Tax-Exempt Organizations, Second Ed. (1993); Thomas A. McLaughlin, Street Smart Financial Basics for Nonprofit Managers (1995))

　다음의 논의는 기관 계획의 준비에 적용할 수 있는 것으로 여기서 핵심적인 부분은 개발 및 모금에 관한 것이다.

1) 계획의 유형

- 장기 계획 - 비전과 목표가 3년에서 5년에 걸쳐있다. 구체적이고 측정이 가능한 목표를 1년에서 2년 사이로 한정할 수 있다. 다른 목표들도 포함할 수 있지만 덜 정확하거나 동일한 목표를 1년간 연장한 것이다. 5개년 장기 계획에는 '회전판(rolling base)'이 있어야 한다. 해마다 계획을 새롭게 해야 하고, 완료된 해는 평가하여 계획에서 삭

제하고 새로운 다섯 번째 해를 추가한다. 5개년 계획은 계속해서 이어져야 한다.

- **전략적 계획** : 연례 계획으로 그 목적은 장기적일 수 있지만 이것이 기관의 전략을 포함하는 일련의 목표들에 초점을 맞춘 틀이어야 한다. 전략적인 연례 계획은 장기 계획의 일부일 수 있다.
- **구체적 계획** : 구체적인 부서나 활동을 위한 계획(예: 연중 기금, 멤버십, 이사 개발, 자본 캠페인, 특별 이벤트)

2) 계획의 범위

- **기관** : 이 계획은 전체 기관을 다루며, 기관의 비전에 의해 형성된다. 모든 관리 및 프로그램 부서를 포함하고 기관의 예산 지원을 받는다.
- **부서** : 기관 계획의 범위 내에서 각각의 관리 및 서비스 영역에 대한 신중한 계획이 있는데, 이것은 구체적인 활동의 지침이 된다. 이에 따른 예산은 계획의 범위에 의해 제한된다.
- **재정** : 모든 계획에는 예산이라는 구성요소가 있어야 한다. 1년 이상의 기간에 대해 정확한 예산을 책정하는 것은 어려운 일이겠지만, 5개년 장기 계획에 대한 경험적 예측을 통해 기본 정보와 평가를 위한 벤치마크를 제공받을 수 있다. 프로그램 예산이 권장된다. 이러한 형식에서 품목에 대한 예산(직원, 혜택 및 기타 경비)은 개별 부서나 프로젝트에 할당하는 비용으로 세분화된다. 이렇게 함으로써 모금 요청 준비를 보다 용이하게 할 수 있는데, 각각의 프로그램에 대한 비용 및 수익원의 할당이 이미 결정되었기 때문이다.

영기준 예산(zero-based budgeting)은 최소한 2년마다 책정할 것을 권장하는데, 매력적인 투자 대상으로서 자리 매김할 수 있는데 도움을 준다. 기관 내의 부서에서 일종의 위협으로 인식되기는 하지만, 영기준에서 예산을 결정하고(따라서 프로그램을 결정하고), 시장의 필요를 관찰하며, 프로그램을 평가하고 수입과 비용 예산을 책정하는 과정은 단순한 증액 예산을 마련하는 것보다 훨씬 정확한데, 이러한 증액 예산에서는 예를 들어 5% 증가된 수입과 지출이 예산에 할당된다. 이러한 방식의 예산책정은 기관의 성장을 촉진하고 기관이 충족하는 시장의 필요에 초점을 맞추게 한다. 본 장의 후반부에서 예산 책정 과정을 보다 상세하게 다룰 것이다.

3) 계획 과정의 유형

- **상의하달식(Top Down) 과정** - CEO와 기타 관리자는 몇몇 핵심적인 이사회 임원들과 협력하여 계획 과정에 주요 에너지를 제공하고 과정을 관리한다. 이들은 계획과 예산을 개발하며, 이를 나머지 직원들과 이사회에 제출하여 검토와 승인을 받도록 한다. 집중적인 시간을 할당하면 전체 과정은 수 주 이내에 마칠 수 있다. CEO는 계획과 예산에 대해 혼자서 작업할 수 있고, 이후에 다른 사람들을 참여시켜서 예비적 초안을 검토하고 의견을 제시하도록 할 수 있다. 어떤 CEO들은 일주일 동안 몇몇 핵심적인 인사들을 데리고 다음 해의 예산과 계획에 대한 문제를 해결한다. 규모가 매우 작은 기관에서 후자의 방식을 택하면 이사회 지도자들뿐만 아니라 모든 직원들을 포함시킬 수 있다.
- **참여 과정** - 계획의 마련에는 광범위한 인원이 참여하게 되는데, 여

기서 직원과 이사회는 수개월 동안 업무 분석, 욕구 사정, 시장 평가, 자원 요구사항 및 직책 평가의 작업에 참여하고, 이후 수련회나 그 밖의 자리에서 전체 집단 또는 대표 집단으로 함께 모이게 된다. 전반적인 계획 및 예산은 이러한 기본 정보를 통해 개발하는데, 일반적으로 규모가 작은 특별 대책 위원회가 일을 맡는다. 자료가 초안 형식으로 완성되면, 검토와 수정을 위해 이사회 및 직원 회의에 제출된다. 연례 개정을 위해서는 과정이 수개월 정도 걸리는데, 처음으로 이러한 과정을 완성하려면 1년 정도 걸릴 수도 있다.

계획에 대한 주인의식은 실행에 필수적인 요소이며, 위의 두 가지 절차 중 어느 하나라도 이러한 의식을 생성할 수 있지만 두 번째 절차가 더욱 확실하다. 그러나 첫 번째 과정의 성과를 널리 공유할 수 있고 피드백을 성실하게 추구하고 존중한다면 역시 마찬가지의 결과를 얻을 수 있을 것이다.

이러한 두 개의 과정에는 변수와 절충이 있을 수 있다. 선택한 방식에 영향을 주는 것은 전통, 기관의 문화, 시간적인 제약조건, 계획에 대한 태도, 계획을 개발해야 하는 외적인 급박함(예 : 잠재적 기부자가 이를 요구한 경우) 및 과정에 대한 지식이다.

과정 및 그 결과로 생긴 문서를 마련하는데 필요한 시간은 사용하는 과정에 따라 다양할 것이다. 어떤 기관은 2, 3년마다 거의 1년에 가까운 기간을 할당하여 철저한 백지상태 과정에 착수하기도 하는데, 이는 매우 건전한 접근방식이라 할 수 있다. 그러나 계획이 회전판(rolling base) 방식으로 유지되어 해마다 평가하고 수정하여 전년도의 내용을 제거하고 새로운 1년을 추가한다면, 영기준 과정이라 할지라도 수개월 이상 걸리지는 않을 것이다. 시장의 동향과 내부 자원 및 환경의 변동을 해마다 관찰함으로써 계획은 적절함과 활력을 계속 유지하게 될 것이다.

4) 계획 과정에 대한 지지 획득

비영리 기관이 기대하는 변화를 위한 계획은 매우 도전적인 문제이다. 모금의 원천이 불확실하기 때문이다. 개발 및 모금 환경은 변동할 수 있다. 유사한 서비스 기관이 나타나거나 소멸함에 따라 지역사회에서 기관의 위치가 변화할 수 있다. 단 하나의 모금 원천을 잃더라도 기관이 소명을 완수할 수 있는 능력이 극적으로 줄어들 수 있다.

따라서 기관은 계획해야 한다. 환경이 신속하고 극적으로 바뀌기 때문에 급속도로 변화하는 시대에 계획을 한다는 것은 의미가 없다고 생각하는 사람들이 있다. 계획의 과정이 참여적이고 그 구조가 변화를 수용할 수 있도록 개발되었다면 이러한 계획은 유동적이고 활동적이며 유기체적이다. 계획은 평가하고 변경하며 수정하기 위한 것이다. 계획의 유용성은 대부분 이러한 계획이 사용되고 변경되며 수정되는 방식에 의해 결정된다.

5) 이사 및 직원을 계획에 참여시키기

계획에 이사와 직원을 참여시키기 위해서는 그들이 제기할 수 있는 반대에 민감해야 한다. 반대는 다른 기관에 대한 경험이나 계획에 대한 다른 사람들의 의견을 듣는데서 나올 수 있다. 기관의 규모, 자원 및 과정에 대한 기여에 가장 적합한 과정을 사용해야 한다. 기관이 처음으로 기획하는 계획은 실행위원장 혼자 세울 수도 있으며, 또는 전체가 참여하여 추진할 수도 있다.

계획의 중요성을 강조하려면 계획이 내부 관리와 외부 지원에 미치는 영향을 확신해야 한다. 가장 중요한 점은 계획을 일단 개발했으면 이것을 사용해야 한다는 것이다. 한 명, 다섯 명 또는 열 다섯 명의 사람들이 상당한 노력을 들여 개발한 계획이 선반에 방치되어 내년을 위한 수정작업을 하기 전 까지 전혀 사용되지 않는다면, 반대하는 사람들의 화염에 기름을 끼얹는 격이 될 것이다.

6) 효과적인 계획의 개발

계획 과정은 기존의 계획과 예산을 평가하고 현재 기관의 위치 및 자원을 철저히 분석함으로써 시작된다. 또한 시장, 서비스 수요, 이러한 수요에 영향을 미칠 수 있는 변동사항 및 기회에 대해 날카롭게 분석해야 한다.

이러한 작업은 핵심적인 자원봉사자와 직원이 관여하여, 검토하고 의견을 교환하는 것 등을 통해 강화되는 것이다. 이러한 과정의 목표는 다수의 구성원들이 계획에 대한 주인의식을 지니게 하는 것이다. 계획에 대한 주인의식이 확보되는 정도는 계획에 대한 공헌의 정도를 반영하게 된다. 계획의 구조가 과정의 초기부터 효과적으로 제시되고 성과와 목적이 명확할 때에 주인의식이 강화될 수 있다.

계획의 핵심 요소는 다음과 같다.

- 비전(Vision)
- 소명(Mission)
- 목표(Goals)
- 세부목표(Objectives)
- 각각의 세부목표에 대해 취하는 행동(Actions)의 단계

이러한 요소들은 구별하기 어려울 수도 있고, 용어에 대한 정의가 다양할 수 있다.

소명과 비전 사이에는 차이가 있고, 목표와 세부목표 사이에도 차이가 있다. 행동의 단계는 다른 요소들에 비해 혼란스러운 개념은 아닌데, 컴퓨터 프로그램에서 산출되는 분기별 스케줄로 통합되는 경우가 많다.

다양한 계획과 계획을 작성하는 업무 경험에서 얻은 다음 사항은, 비영리 기관의 계획을 적절하고 효과적으로 정의한 것이다.

1. **비전.** 비전은 기관과 미래에 미칠 수 있는 기관의 영향에 대한 것이다. 기간은 5년이나 10년 후일 수 있다. 비전의 지침이 되는 것은 제약조건이 아니라 꿈이다. 꿈이 실현된다면 기관이 바라는 무엇이 발생할 것인가 하는 문제이다.

   아들을 기념하여 캘리포니아에 스탠포드(Stanford) 대학을 설립한 제인 래드롭 스탠포드(Jane Lathrop Stanford)와 그녀의 남편인 리랜드(Leland)는, 대학 설립초기에 재정 곤란이나 지역주의를 넘어서는 장기적인 비전을 갖고 있었다. "저는 100년 후의 미래를 볼 수 있습니다. 현재의 모든 시련은 잊혀질 겁니다....... 동서남북 사방에서 온 자녀들의 자녀들, 또 그 자녀들을 볼 수 있을 겁니다..." 그녀의 생각은 옳았다. 그녀의 영감에 찬 비전은 대학의 지침이 되었으며, 대학의 100주년 기념식에서 이러한 말이 기념판에 새겨졌다.

   애플 컴퓨터(Apple Computer)사의 공동 창업자인 스티브 잡스(Steve Jobs)에게는 '미래 재창출'의 비전이 있었다. 그의 비전은 실현되었다.

   시간과 환경에 따라 비전은 바뀔 수 있다. 일반적으로 계획 또는 정책 문서를 변경하거나 업그레이드하는데 사용하는 개정(revision)이라는 단어가 새로운 비전이 필요하다는 의미에서의 재비전

(revision)을 의미한다는 것을 아는 사람들은 많지 않다.

비전은 모금 활동과 개발을 고무하고 그 방향을 제시한다. 장기적으로 후원투자자를 참여시킬 수 있는 힘인 것이다.

2. **소명.** 소명에는 두 가지 요소가 있다. 지역사회에서 기관이 충족하는 가치에 근거한 필요의 철학적 표현(왜 기관이 존재하는가)과, 이러한 필요를 충족하기 위해 기관이 무엇을 하는가에 대한 간략한 요약이 그것이다. 첫 번째 요소는 기관의 존재 이유와 후원투자자가 반응을 보이는 핵심적인 가치를 표현할 때 중요하다. 두 번째 요소는 지역사회의 필요를 충족하기 위해 기관이 무슨 일을 하는가에 대한 간결한 진술로서 중요하다. 소명은 거의 수정하지 않고, 상세하게 다루어지지 않는다. 제1장에서는 소명에 대해 더욱 자세히 다루었고 두 가지 사례를 제시한 바 있다.

3. **목표.** 목표는 주요 프로그램, 개발, 관리 및 기타 비전을 실현하고 소명을 달성하고자 하는 기관의 희망을 성취한 중요한 요소들을 요약한 것이다. 목표는 비전으로부터 파생되는 것이며 비전에 의해 그 유효성이 평가된다. 목표는 매우 일반적인 것으로 반드시 계량화될 필요는 없다. 장기적이거나 단기적일 수 있으며 1년 단위로 평가를 받는다. 대부분의 계획 목표는 수년 동안 다루어지는데, 개정은 매우 신중하게 이루어진다. 노약자에게 음식을 제공하는 기관의 전형적인 목표는 다음과 같을 것이다. "가정 방문하여 음식을 제공받는 클라이언트들에게 올바른 영양섭취에 관해 교육하고 지도한다."

4. **세부목표.** 세부목표는 목표를 뒷받침하고 보다 상세한 내용을 제공한다. 세부목표는 SMART해야 한다는 의미에서 smart의 머릿글자를 따서 다음과 같은 원칙을 제시한다.

- **구체적(Specific)이어야 한다** : 특정한 과업이나 프로그램에 관한 것이어야 한다.
- **측정가능(Measurable)해야 한다** : 일반성을 지니는 목표와는 달리 세부목표는 계량화되어 있어야 한다.(완료일, 성과, 책임자 등)
- **달성가능(Attainable)해야 한다** : 기존 제약조건 내에서 혹은 사용가능한 인력 및 재정 자원 한도 내에서 실행할 수 있어야 한다.
- **결과 지향적(Result-Oriented)이어야 한다** : 장기적인 목표를 달성하기 위한 단기 활동에 초점을 맞춘다.
- **시간한도(Time-Determinate)가 정해져 있어야 한다** : 업무가 완수되어야 하는(또는 수정되어야 하는) 일자를 포함한다.

세부목표는 다음과 같은 질문에 답할 수 있어야 한다. 누가 무엇을 언제 할 것인가? 노약자에 대해 앞서 설명한 목표에 대한 세부목표는 다음과 같을 것이다. "(몇 년) (몇 월)까지 워싱턴가(街) 노인센터(Street Senior Center)에서 시범적으로 시행할, 시청각 교재와 강의 형식을 사용한 30분 짜리 영양 교육 프로그램 개발을 위한 교육 직원" 등이 그 예이다.

5. **행동 단계.** 행동 단계에서는 어떠한 일을 해야 할 것인가를 개괄하여 30분 짜리 시청각 및 강의 프로그램이 몇 월까지 마련되도록 한

[표 11. 1] 행동 계획

행동 계획

일 자 _____		프로젝트 _____			
페이지 _____					
책임/과업	책임자	예정일	완성일	의견	

다. 이는 컴퓨터상의 업무 스프레드시트나 스케줄로 작성하거나, 소프트웨어 제품 판매점을 통해 특별한 스케줄 프로그램 소프트웨어를 이용하여 작성할 수 있다. 또한 업무, 책임자, 일자 및 의견과 같은 내용이 담긴 워드프로세서 문서의 형식일 수도 있다([표 11.1] 참조). 어떠한 형식을 선택하든 중요한 것은 세부목표의 달성과 관련된 모든 사람들은 다른 사람들이 관여하는 업무와 프로젝트를 스케줄에 맞게 진행하기 위해 일자를 알아야 한다는 점이다. 행동에 대한 계획이 완료되면 이를 복사하여 명단에 포함된 모든 사람들에게 배부해야 한다. 배부 받은 사람들의 이름에 강조 표시를 하여 전체 프로젝트에서 자기가 어디에 속하는지를 쉽게 알 수 있도록 하는 것이 좋다.

3. 사전계획 분석

　계획 과정과 그 결과로 산출되는 기관과 개발 계획의 장기적인 유효성을 결정하는 것은, 사전계획 분석의 포괄성이다. 영기준 예산책정을 통해 기관이 비용 할당과 프로그램 및 서비스를 통한 수익을 다시 고려할 수 있는 것처럼 전반적인 기관을 분석하는 일은 매우 가치 있는 일이다.

　[표 11.2]에 있는 질문은 아래에 설명한 계획 모임의 일부로써 검토하거나, 최초의 계획 모임의 발표를 위한 분석을 위해 이사회와 직원으로 구성된 특별위원회를 배치함으로써 철저하게 접근할 수 있다. 이것은 일반적인 기관 및 개발·모금 계획에 동등하게 적용할 수 있다.

　[표 11.2]의 분석 결과를 계획 모임 이전에 수행한다면, 이것을 서면으로 작성하여 계획 과정 및 궁극적인 계획의 실행과 관련이 있는 사람들에게 배부할 수 있다. 이렇게 하면 분석이 계획 모임의 기초를 이룰 수 있는 것이다. 계획 모임 이전에 분석작업을 할 수 없으면, 모임 자체에서 이러한 질문에 관해 소규모 그룹 토론을 할 수 있다. 각각의 소규모 그룹은 파악한 내용을 보고한다. 이러한 내용은 목표 및 세부목표의 설정에 관한 지침과 평가의 원천이 된다. 계획 모임 후기에 지정되어 모임의 자료를 1차 초안 계획으로 작성하는 계획 특별위원회는 작업을 하면서 이러한 질문들을 다시 참조함으로써 도움을 얻을 수 있다.

4. 구성 요소들의 결합 : 삼각형(TRI-POD) 기관 계획 과정

　다음은 수많은 기관들의 성공적인 과정으로, 프로그램(Program), 조직

[표 11.2] - 사전계획 분석 - 질문 및 고려사항

1. 입지 분석

기존 기관의 효과성을 평가한다. 고려해야 할 사항은 다음과 같다.
- 가장 효과적인 프로그램과 활동은 무엇인가?
- 효과성이 변한다는 증거가 있는가?
- 가장 최신의 지역사회 욕구와 프로그램 잠재력에 초점을 맞추고 있는가?
- 우리 기관의 주요 장점과 단점은 무엇인가?
- 현재의 자원, 특히 이사회와 자원봉사자 및 직원을 얼마나 잘 활용하고 있는가?
- 가장 구속적인 제약조건은 무엇인가?
- 다른 유사한 비영리 기관과 비교하여 전반적인 업무수행 상황은 어떠한가?
- 다른 비영리 기관과 비교하여 우리의 입지는 어떠한가?
- 새로운 자원봉사자들을 적절히 참여시키고 있는가?

2. 시장 분석

시장에서 예상할 수 있는 중요한 변동사항을 확인하고, 그것이 기관에 미칠 수 있는 잠재적 영향을 평가한다. 고려해야 할 사항은 다음과 같다.

- 향후 수년 간 클라이언트(또는 지지자)의 규모가 어떻게 바뀔 것인가?
- 인구통계 변화가 클라이언트(또는 지지자)의 구성에 어떠한 영향을 줄 것인가?
- 경제 동향과 변화가 우리의 노력에 어떠한 영향을 줄 것인가?
- 우리의 접근방식에 있어서 정치적 사회적 태도를 수정해야 하는가?
- 어떠한 새로운 기회를 확인할 수 있는가?
- 기타 유사 기관으로부터 무엇을 배울 수 있는가? 그들과 함께 어떻게 하면 더욱 효과적으로 일할 수 있는가?
- 주요 클라이언트·지지자의 변화를 예상할 수 있는가?
- 근로 수익 또는 기부 수익원에서 주된 변화가 예상되는가?

(계속)

[표 11.2] 계 속

3. 조직 개발

예상되는 환경에서 현재 활동의 적합성을 평가한다. 그리고 새로운 활동과 서비스 및 프로그램을 개발해야 하는 필요성도 평가한다. 고려해야 할 사안은 다음과 같다.

- 우리 기관 구성원의 현재 성장률은 어떠한가? 이러한 성장률이 지속적이라 예상되는가? (주 : 구성원에는 기존 자원봉사자, 참여자, 기부자, 클라이언트 등으로 참여하거나 참여할 잠재력이 있는 모든 사람들이 포함된다)
- 프로그램과 활동에 대한 구성원들의 참여를 어떻게 증가시킬 수 있는가?
- 현재의 구성원들로부터 최대한의 장기적인 공헌을 보증하려면 어떻게 해야 하는가?
- 새로운 구성원과 효과적으로 접촉할 수 있는 과정이 있는가?
- 과거에 확인된 단점을 극복하기 위해 어떠한 행동을 취하고 있는가?
- 새로운 프로그램의 잠재력을 평가하기 위해 어떠한 정보가 필요한가?
- 완벽하게 실행하기 전에 프로그램의 어떤 요소들을 테스트할 필요가 있는가?
- 조정과 의사소통을 위한 어떠한 새로운 시스템이 이러한 새로운 프로그램을 위해 필요한가?

4. 자원의 분배

현재 및 예상되는 프로그램과 활동을 개발하고 실행하기 위해 필요한 자원(직원, 자원봉사자, 기금)에 대해 설명한다. 고려해야 할 사항은 다음과 같다.

- 현재의 자원 중 무엇을 충분히 사용하지 못하고 있는가? 이사회 임원과 참여를 이끄는 그들의 전문지식을 효과적으로 활용하고 있는가?
- 초과 자원이 있는가(예 : 특정 프로그램에서 현재 필요한 수보다 많은 자원봉사자들, 기금이 제한된 또는 할당된 영역의 초과 기금)?

(계속)

[표 11.2] 계 속

- 프로그램 및 자원봉사자와 직원의 참여와 만족을 높이기 위해 어떠한 자원을 교체해야 하는가?
- 필요한 경우에 기관을 어떻게 변화시켜야 하는가? 자원을 가장 알맞게 관리하려면 어떤 새롭고 상이한 전략이 필요한가?
- 새로운 기술과 전문지식이 필요한가? 이사회가 장기적인 목표를 충족할 수 있도록 구성되어 있는가?
- 특별한 프로그램을 다루기 위해 특정 특별위원회를 조직해야 하는가?
- 우리 기관의 자원 요구사항을 다른 유사한 기관들과 비교할 수 있는가?

(Organization) 및 개발(Development)의 세 가지(TRI) 요소에서 그 명칭을 따온 것이다. 모든 비영리 기관의 목표와 세부목표는 이러한 머릿글자에 속한다.

- 프로그램에는 프로그램에 필요한 모든 프로그램과 시설이 포함된다.
- 조직에는 이사회 및 직원 개발을 위한 모든 목표가 포함된다.
- 개발에는 개발, 기금, PR 및 마케팅이 포함된다.

이러한 계획 구성 요소는 목표, 세부목표 및 행동 계획을 필요로 한다. 이 세 가지 요소 모두는 기관의 비전과 소명에 의해 추진된다. 비전을 창출하고 그 유효성을 확인하는 연습 혹은 토의로 과정이 시작하고, 목표는 이러한 비전으로부터 도출된다. 이러한 과정을 통해 보다 큰 기관 계획의 범위에서 설득력 있는 개발 계획을 창출할 수 있다.

1) 계획 회의

이러한 과정에는 소규모 기관의 모든 직원과 이사회의 회의가 포함된다.

또는 규모가 큰 기관의 경우에는 이사회 계획위원회와 핵심적인 직원 지도자가 포함된다. 예를 들면, 어떤 도서관에서는 모든 개발 직원과 부서장을 참여시켰다. 지역사회에 근거한 소규모 기관은 이사회 및 직원뿐만 아니라 클라이언트, 보조 자원봉사자 및 과거의 이사회 임원도 포함시킬 수 있다. 어떤 사립학교에서는 학부, 행정 및 이사회가 참여했다. 이러한 형식을 기관에 적용할 수 없는 경우, 해당 기관의 필요와 자원에 알맞도록 수정해야 한다.

자원이 허용되는 한 경험 많은 외부 운영위원을 초빙하여 계획을 지도하게 할 수 있다. 이를 통해 기관이 어렵고 문제가 있는 부분을 보다 쉽게 해결할 수 있는 객관적인 접근방식을 얻을 수 있다. 이러한 운영위원은 또한 전체 계획 과정에서 기관과 협력할 수 있다.

2) 회의 시기

계획 과정에서 최적의 임무를 다할 수 있도록 회의 시기를 정해야 한다. 다음과 같은 사항을 선택할 수 있다.

1. 특히 이사회·직원이 계획에 생소한 경우 기관과 함께 계획 과정을 시작한다. 회의 이후에는 특별위원회를 배정하여 회의에서 완성한 비전 및 목표 설정 작업에 기반을 두어 질문 분석이나 목표 및 세부 목표 수정의 업무를 담당하게 한다.
2. 내부 및 시장 분석(질문지 참조)을 완수하는 전반적인 과정의 어느 지점에서 그룹 과정을 가질 수 있는 기회를 만든다. 회의 후에는 비전과 목표에 근거하여 계획을 다듬는다.
3. 조직의 문화와 긴급성으로 인해 장기적인 과정이 불가능한 기관의

경우 계획 일자가 계획 사체를 고려할 수 있는 유일한 기회일 수 있다. 계획 마련의 책임은 실행위원장, 운영위원 그리고 그 외 지정된 개인이 맡게 된다. 일반적으로 매우 짧은 시기에 계획이 완성되면 이사회에 초안 형식으로 제출하여 검토와 승인을 받게 된다.

3) 기관 및 개발 계획을 고무하는 비전의 창출

모든 계획은 비전을 공유하면서 출발해야 한다. 사람들로 하여금 비전에 관해 토의하게 하는 것은 어려운 일이다. 이는 특히 매우 바쁘고, 업무 지향적이며 운영의 전술적 측면에 초점을 맞추는 이사회나 직원에게 더욱 그렇다.

그러나 이것은 전략적 의미를 지닌 철학적 실행이기 때문에 잠재적인 반대 세력과 창조적으로 작업한다면 이러한 장애물을 극복할 수 있을 것이다. 더욱이 이러한 기회는 그들로 하여금 비전에 대해 다시 생각할 수 있도록 한다.

계획을 개발하거나 수정하는 기관은 비전을 표현하거나 다시 언급해야 한다. 일상적인 기관의 운영에 전념하는 그룹에게 5년 이상의 미래에 대해서 생각해보라고 갑자기 권유하려면 혁신적인 접근방식이 필요하다.

가장 쉬운 방법 중 하나는 약 1시간 반정도 걸리는 다음과 같은 실습으로, 이 실습은 모든 사람들에게 재미있고 생산적이다. 가장 회의적인 참여자라 할지라도 이러한 경험을 통해 참여를 이끌 수 있다.

참여자들에게 간단한 시나리오를 제공한다. 소규모 그룹으로 작업하도록 요청하고, 같은 날 같은 달이지만 5년 후(또는 더 멀리)를 상상하도록 한다. 지역 신문(또는 전국지나 국제지 또는 전문지)에서 기관의 성과에 대한 기사를 냈는데, 여기에는 지역사회의 영향, 우수한 결과, 현재와 선택한 미래 사이에 달성한 주요 업적, 이사회 참여에 대한 정보, 직원 지도자 등에 대한 세부 내용이 담겨 있다.

[표 11.3]에서 보여주는 바와 같이 이러한 지침은 개방형이거나 서술적일 수도 있다. 그러나 너무 규정적이면 상상력이 억압된다. 개방형의 경우 어떤 참여자들은 어떻게 시작해야 할 지 막막할 것이다. 참여자의 기질과 재능에 알맞은 것을 적용해야 한다.

소규모 그룹은 무작위로 정하거나 미리 설정할 수 있다. 바람직한 방식 가운데 하나는 각각의 그룹에 최소한 한 명의 직원을 두어서 이사회에 프로그램 정보를 제공토록 하는 것이다. 기관에 대한 몇몇 사실내용도 그룹에 제공할 수 있다. 현재의 지식을 활용하여 그룹에서는 의견을 자유롭게 나눈다.

각각의 소규모 그룹에 최소한 세 장의 도화지와 두 가지 색으로 된 펜을 제공한다. 그룹은 진행요원을 선정하는데, 이러한 진행요원은 서기의 역할을 하거나 서기를 선정할 수 있다. 그룹에게는 창조적이고, 팀으로서 작업하며, 1시간 동안의 활발한 토의 이후에 그들의 '신문 기사'를 더욱 큰 그룹에 제시하도록 지시한다.

분명히 몇몇 기사는 공상적이거나 매우 평범할 것이다. 어떤 기사는 과시할 정도까지는 아니지만 삽화가 들어 있을 수 있다. 그러나 무엇보다도 반복적 성과, 이슈, 시장 관측 및 헤드라인이 있어야 한다. 기관의 강력한 미래 시나리오를 개발함에 있어서 모든 참여자들이 참여해야 하는데, 이러한 시나리오는 나중에 개발 및 모금 계획의 기초가 되는 것이다.

4) 주요 성과

각각의 그룹은 자신의 비전을 발표한다. 기사들 사이의 공통적인 연결고리가 분명하기 때문에, 기관들은 오랜 동안 표현되지 않았거나 발표되지 않은, 공유된 비전을 발견하게 된다. 그룹의 기사 발표가 끝나면 진행자는 비

[표 11.3] 비전 창출 연습 – 지침

기관의 비전

비전 헌장에서는 기관이 목표를 성취할 때 상상할 수 있는 미래에 대해 요약한다. 기관이 다음 단계로 넘어가려면 비전을 제시하고 공유해야 한다.

비전이 효과적이려면 이를 공유해야 한다. 비전만 있는 사람은 몽상가이며 관념에 그칠 수 있다. 그러나 비전을 공유하는 사람은 지도자이다. 비전의 공유는 자기 자신, 자원봉사자, 직원에 대한 일상적인 약속이다. 기관의 소명과 마찬가지로 비전은 당신을 대신하여 근무하는 사람들을 고무하고 이들에게 동기를 부여할 수 있다. 사람들이 당신과 보다 밀접한 관계를 맺는데 있어서도 중요한 것이다. 사람들은 당신 미래의 일부가 되고 싶어할 것이다. 비전은 기관과 성취하고자 하는 것에 초점을 맞춘다.

비전과 관련된 예는 1904년, 스탠포드 대학의 제인 스탠포드가 작성한 것으로, 그녀와 대학은 당시 재정적 위기상태에 직면해 있었다. 이 글귀는 대학 100주년 기념비에 상세하게 적혀있다.

"저는 100년 후의 미래를 볼 수 있습니다. 현재의 모든 시련이 잊혀질 것입니다…… 동서남북 사방에서 온 자녀들의 자녀들, 또 그 자녀들을 볼 수 있을 것입니다…"

미래에 대한 상상

지금은 20xx년 2월 24일이다. 오늘 자 뉴욕 타임즈에 (기관의 명칭)과/와 (해당 기관)의 지난 5년 간의 업적에 관한 기사가 실렸다. 그 기사는 생활문화 섹션에서 시작하는데 사진과 보조 기사를 포함하여 두 번째 페이지까지 연장되고 있다.

(계속)

[표 11.3] 계속

헤드라인이 무엇인가? 기사가 중요하게 다루는 내용이 무엇인가?

기사가 보고하는 업적은 무엇인가? 어떤 사진이 실렸는가?

기사에서는 (기관의) 영향, 중요성, 예술적 성취, 강조되는 프로그램, 지도력, 재정 상태, 직원, 지역사회의 인식 및 참여, 모금 활동 및 업적, 전국적 인지도에 대해 무엇이라 보도하는가?

(기관의) 성장, 중요성 또는 활동에 있어서 기사거리가 될 만한 것은 무엇인가?

(기관은) 지역사회로부터 어떠한 인정을 받을 것인가? 어떠한 새로운 구성원들이 (기관에) 참여할 것인가?

이러한 질문들은 소규모 그룹 토의의 시작을 위한 것으로 단지 조언을 하기 위한 것이다 …… 창조적이고 상상력이 있고 혁신적이어야 한다. 또한 집중해야 한다.

병참술

발표회를 준비할 시간은 45분이다. 그 시간에 헤드라인, 주요 기사, 기사에서 다루는 주요 내용의 목록 및 보조 기사에 대해 준비해야 한다. 할당된 시간에서 업무 성취를 보증하기 위해서는 다음을 확인해야 한다.

1. 진행자 선정
2. 기록자 선정
3. 신뢰할 만한 시간관리자

45분이 지나면 각각의 그룹은 5분 동안 기사를 발표한다 …… .

좋은 시간이 되기를!

전에 대한 공통적인 아이디어가 있는지를 검토하게 된다. 공상적인 내용은 재미있기는 하지만 한 편에 보류해 두고, 확고하게 적용할 수 있는 공통 주제와 아이디를 진행자가 도표로 작성한다.

가장 강력한 성과는 개발과 모금에 내포된 비전이다. 몇 가지 예외사항을 제외한 모든 프로그램 비전에는 추가적인 기금이 필요할 것이다.

이러한 작은 모임을 통해서도 비전이 성장할 수 있다. 이러한 과정에서는 '비전 헌장'을 작성하지 않는다. 그 대신 프로그램, 기관 및 개발 목표를 도출할 수 있는 필수적인 기초 정보를 제공한다. 기관이 비전 헌장을 원한다면 계획 과정이 끝날 때까지 기다려서 CEO로 하여금 꿈과 현실에 대한 호소력 있는 헌장을 작성하게 한다. '집단 사고'를 통해 하나를 창출하는 것보다는 한 명이 작성하는 것이 더욱 타당성이 있을 것이다.

(1) 계획의 시작

비전 과정에서 목표의 기반을 마련했으면, 또한 소명 헌장을 검토하는 것도 필요할 것이다. 소명 헌장을 개정함으로써 계획 회의를 시작하는 것은 위험한 일일 수 있지만, 헌장을 확정함으로써 이를 계획 과정의 지침으로 삼을 수 있다.

광범위한 개정이 필요하다고 참가자들이 생각하는 경우, 문제가 되는 영역을 확인하고 특별위원회를 정하여 소명 헌장을 가지고 작업하도록 하고, 미래의 이사회나 계획 회의에서 일종의 초안의 성격을 띤 헌장으로서 제출되도록 한다.

소명 헌장의 유효성, 구문 및 의미에 대해 장기간 토론함으로써 전체 계획 회의가 탈선하는 경우도 있다. 그러므로 일정한 시점에서 소명 헌장을 개정하고 이것이 비전 아이디어와 관련을 맺도록 해야 한다.

비전 실습(또는 비전 창출이 계획과는 별도로 진행되는 경우에 후속적인 회의)에서는 세 가지 계획 범주, 즉 프로그램, 기관, 개발에 대해 그룹에게 개괄한다. 비전 아이디어를 가지고 작업함에 있어서 진행요원은 비전에 제시된 기관의 주요 영역을 그룹이 확인하도록 한다(프로그램, 기관 또는 개발).

일반적으로 이러한 작업은 매우 평탄하게 이루어진다. 대부분의 개발 및 모금 비전은 보다 큰 비전(새로운 본부, 장학금 프로그램, 기부 능력)에 내재되어 있다. 프로그램 비전은 파악하기 쉽다. 또한 이사회와 임원 구성에 대해서는 함축적이거나 직접적으로 언급할 수 있다.

(2) 비전을 개발 및 모금 목표로 전환하기

연습의 다음 단계는 비전을 더욱 구체적인 형태로 전환하는 것이다. 시간적 제약조건과 참여자의 수에 따라 각 영역에 대해 가능한 목표를 전체 그룹이나 소규모 그룹에서 다룬다. 또는 개발과 모금활동에만 초점을 맞출 수 있다.

비전 아이디어를 기반으로 삼아야 하지만 이러한 자료가 기타 잠재적인 성장 또는 성취 영역을 포함하도록 확장하여 가능한 목표를 창출해야 한다. 이러한 연습의 목적은 가능한 한 많은 목표를 창출하기 위함이다. 우선순위를 결정하고 압축하는 작업은 이후에 한다. 세 가지 영역(프로그램, 조직, 개발)에 대해 토의된 경우, 또한 세 가지 개별 그룹에 할당된 경우, 중복되는 부분이 많이 생길 수 있다. 하나의 영역으로 결합하거나 할당하는 경우, 잠재적 목표의 최종 개수는 줄어든다.

여기에 다음과 같은 지침이 필수적이다. 참여자들은 목표를 완벽한 문장으로 만들기 위해 혼란을 일으켜서는 안 된다. 계획 작성은 나중에 할 일이다. 더욱 중요한 것은 아이디어를 종이에 적는 일이다.

그룹이 전체로서 작업을 한다면 진행요원이 목표를 기록한다. 그러나 소규모 그룹으로 활동하는 경우, 각각의 그룹이 제안된 목표를 기록해야 한다. 이후 기록된 내용을 전체 그룹에게 제시한다. 중복되는 부분을 확인하여 이를 통합한다(예: 프로그램과 개발 모두에서 마케팅 계획을 요구할 수 있다).

가능한 목표들이 결합되고 논의되며 우선권을 부여받을 준비가 된 경우 그 다음 과정은 비교적 단순하다. 개인에게 다섯 개의 (열거된 잠재적 목표의 개수에 따라 다를 수 있다) '투표권'을 부여한다(목표가 많을수록 투표권도 많아진다). 사람들에게 투표를 시킬 수 있는 가장 빠른 방법은 색깔이 있는 적절한 개수의 스티커를 제공하는 것이다. 가장 중요하다고 생각하는 목표의 번호가 적혀진 곳에 스티커를 붙이는 것이다. 스티커를 다 사용하면 모든 투표권을 다 사용한 것이 된다. 스티커가 없거나 이러한 방식을 좋아하지 않는다면 매직펜을 제공하여 동일한 방식으로 투표하게 하되 원하는 목표에 펜으로 표시를 하게 된다. 목표 당 하나의 스티커로 투표를 제한 할 수 있다. 과정을 다양하게 변형함으로써 사람들이 원하는 경우 하나의 목표에 스티커를 전부 붙일 수도 있고, 계획의 우선 순위를 반영할 수 있도록 스티커를 배분할 수도 있다.

투표가 끝나면 투표 결과를 계산하여 목표들을 우선 순위에 따라 분류한다. 목표가 계속해서 계획 영역에 속하도록 하여(예: 프로그램, 기관, 개발) 목표의 개수에 대한 균형을 평가할 수 있도록 한다. 하나의 영역이 너무 협소한 것 같으면 - 또는 중요한 목표에 보다 낮은 순위가 매겨진 경우, 다른 영역을 추가하거나 순위를 올리는 것에 관하여 토의한다. 여러 기관에서는 목표의 수를 제한하여 계획을 관리할 수 있고 목표으로부터 도출되는 세부 목표를 확보할 수 있도록 하고 있다.

(3) 목표로부터 세부목표 설정하기

우선권이 부여되고 동의된 목표를 활용하기 위해서는 세부목표가 필요하다. 목표가 무엇을 가리킨다면, 세부목표는 어떻게를 가리킨다. 강력한 기관 및 개발 계획에서 사용하는 세부목표의 언어는 복잡할 수 있는데, 전체 그룹이 알맞은 표현을 사용하려고 애쓸 필요는 없다. 그 대신 SMART와 '누가 무엇을 언제까지 할 것인가'의 틀을 사용하여 목표를 달성하기 위해 필요한 것들에 대한 목록을 작성한다. 참여자들은 전체 또는 소규모 그룹으로 작업을 한다. 목표를 위해 조직했던 그룹이 세부목표에 대해서도 작업할 수 있다.

활동이나 세부목표에 대한 목록이 마련되면 이를 전체 그룹이 검토한다. 목표에 우선 순위를 부여했던 것과 동일한 방식을 세부목표에도 적용할 수 있다. 또는 그룹이 자신의 업무가 충분히 이루어졌으므로 나머지 일은 비교적 작은 특별위원회가 처리할 수 있다고 생각할 수 있다.

(4) 예산 및 계획 과정의 조율

예산과 계획 과정을 분리하는 것은 어렵고 현명하지 못한 일이다. 강력한 계획을 만드는 분석과 그 과정은 건전한 예산책정 과정에도 힘을 불어 넣는다.

흔히 예산은 CEO가 프로그램이나 관리 직원의 도움을 거의 받지 않고 최종 시기에 결정하는 경우가 있다. 이러한 방식으로 마련한 예산은 효과적인 관리 도구가 아닌 위협이나 제약조건으로 간주되는 경우가 많다.

광범위한 계획 과정이나 연례 계획 검토 및 업데이트를 통해 마련되는 예산은 계획의 달성에서 필수적인 동반자 역할을 하게 된다. 보다 큰 기관 계획 과정에서 다루지 않는 경우, 예산 분석, 준비 및 승인 절차는 최소한

3, 4개월이 걸려야 하고, 이사회와 직원 모두가 참여해야 하며, 검토하고 조정할 수 있는 기회가 충분히 있어야 한다. 이사회와 직원은 적절한 준비나 검토를 할 시간이 없이 마감일정에 맞추어 마련된 예산에 대해 불쾌하게 생각한다.

비영리 부문의 예산 책정에서 불행하게도 여전히 발생하는 문제는 개발 및 모금 직원을 과정에 충분히 참여시키지 못한다는 점이다. 이렇게 되면 예산을 확정한 후에야 예산을 감당하기 위한 모금 액수에 대해 개발 사무실에 통보한다.

어느 전국적인 기관의 지부에서 근무하는 어떤 개발이사는 예산이 승인된 뒤에야 금년에 모금해야 할 액수에 관한 통보를 받았다. 그 액수는 과거에 비해 20% 증가된 것이었다. 또한 그녀에게 상당한 지원을 했던 한 주요 기부자가 전국적인 기부 모금운동을 위해 그녀에게 지원할 수 없다고 연락을 했다. 그녀는 의기소침했고 관리를 위한 의사소통 통로에서 제외되었다고 생각했다. 여러 달 동안 주요 기부자에 대한 그녀의 목표나 정책을 수정해보려고 애를 썼으나 이러한 노력은 수포로 돌아갔고, 결국 그녀는 사임했다.

(5) 개발 직원을 예산 계획에 참여시키기

신중한 개발 노력의 일환으로 모금 역량에 대한 실제적 평가는 예산 과정에서 핵심적인 역할을 해야 한다. 직원 및 이사회 자원봉사자는 개발 이사 및 기타 모금에 대한 책임자를 전반적인 예산 분석과 계획 활동에 참여시켜야 한다. 모금 및 개발 노력은 프로그램 비전 및 목표와 관련을 맺어야 하고 이에 의해 추진되어야 한다.

단순한 모금의 차원을 넘어서야 한다는 전제와 그 중요성을 계획 과정에서 분명히 해야 한다. 개발 사무실은 부단히 노력하고 혁신하여 계획된 프로그램이 시장의 필요(예산과정에서 참고해야 할 개발직원의 의견 또는 시장의 욕구)를 충족하는지 검토해야 한다.

그러나 사무실이나 개인에게 비현실적인 요구사항을 부과하면 기관이 실패할 수 있다. 따라서 개발 직원이 계획 및 예산 과정에 참여해야 하는 것이다.

어떤 개발 이사는 지칠 대로 지쳐서 비영리 분야에서 1년 이상 모습을 감추게 되었는데, 그 이유는 다음과 같았다. 그녀는 홀로 자기 자신과 직원, 그리고 모금 활동을 하고자하는 소수의 이사회 임원들을 동원하여 모금액을 전년도에 비해 73% 증가시키고자 했다. 왜냐하면 예산위원회가 이러한 과중한 목표를 그녀에게 부과했기 때문이다. 이 모금액은 기존 프로그램 지원 기금뿐 아니라 적자를 줄이기 위해 30만 달러 이상을 포함한 총액이었다. 그녀는 임원이나 자원봉사자로부터 이러한 과제를 감당할 수 있을지 어떠한 질문도 듣지 못했다. 하지만 새로운 업무에 대해 그녀는 최선을 다해 목표를 달성하려고 노력했다. 결국 목표는 달성했지만 엄청난 개인적 희생이 뒤따랐다.

(6) 성공적인 예산 과정의 설정

최선의 예산 과정은 직원 및 자원봉사자가 광범위하게 참여하고 프로그램, 자원 및 시장 분석을 위해 충분한 시간이 할애되는 과정이다. 보다 큰 계획 사안에 적용되는 사전계획 분석 질문은 예산책정에도 효과적으로 적용될 수 있다.

(7) 예산 준비에 대한 접근방식

1. 영기준 예산(Zero-Based Budgeting). 가장 철저한 과정은 영기준 예

산책정방식이다. 이 과정은 전체 예산에 대한 정기적인 개정을 통해 시장 필요와 이러한 필요를 충족하기 위한 기관의 현재 및 잠재적 기부자원의 상세한 분석을 반영한다.

여기서는 기관의 어떠한 기금도 프로그램이나 서비스에 할당되지 않았다고 가정한다. 예산이 백지상태인 것이다. 프로그램 이사 및 직원은 비용, 필요 및 영향을 세심히 검토하고, 과거의 관행이 아닌 미래의 시장 요구사항에 근거한 예산을 요청해야 한다.

프로그램 담당직원은 이러한 과정을 처음 도입할 때 방어적인 반응을 보일 수 있다. 과정을 지원하고 보다 확실한 이해를 위해서는 외부 컨설턴트를 초빙하는 것도 도움이 된다.

어떤 기관에서는 초기의 반대의견이 있은 후에 어떤 지방 대학의 경영대학원생들로 이루어진 자원봉사 팀을 초빙하여 영기준 과정을 성공적으로 실행했다. 자원봉사 팀은 프로그램 직원과 유능하고 적절하게 협력하여 이러한 과정이 나무나 장미의 가지치기와 동일한 혜택을 가져다준다는 것을 확신시켰다. 동일한 뿌리줄기에서 성장하는 결과는 이전보다 훨씬 건강할 것이다. 이러한 과정이 성공적이 되면 널리 적용되고 이후에도 반복된다.

각각의 프로그램에 대한 광범위한 분석이 완료되면 회의를 소집하여 다양한 부서 및 프로그램의 욕구를 비교, 결합 및 조정해야 한다. 그리고 나서 보조금 및 기부 수입 계획에 근거하여 예산이 형성되는 것이다. 수입과 지출은 철저히 사정하여 계획 과정에서 명확히 평가된 프로그램 및 관리 영역에 할당해야 한다.

이렇게 해서 마련된 예산은 장기적 또는 전략적 계획에 정확하고 효과적인 동반자가 된다. 이러한 과정을 매년 전체적으로 반복할 필요는 없다. 신중한 연례 평가가 있는 경우 2년에 한 번씩 수행하면 된다.

이러한 예산 접근방식은 증액(또는 감소액)이 예산 전체에 동일하게 적용되는 방식보다 선호된다. 예를 들어, 모든 프로그램의 지출을 5% 줄이는 것은 클라이언트나 고객에 봉사하기 위해 성장해야 하는 프로그램에는 문제가 된다. 영기준 예산책정은 계획 및 계획 평가 과정과 연계하여 시장 필요가 가장 큰 영역에 기관이 자원을 할당할 수 있게 해 준다. 비록 영기준 예산책정이 초기에는 위협적이겠지만, 궁극적으로는 가장 공정한 접근방식으로 인정받고 있다.

2. 프로그램 예산.   비용 할당의 효율성에서 영기준의 예산책정과 동등한 효과를 발휘하는 것이 바로 프로그램 예산책정방식이다. 항목별 예산은 프로그램 예산책정의 틀이 된다. 그러나 급여, 수당, 인쇄비, 모금비용 등을 한 무더기로 다루는 것보다는 이러한 경비들을 프로그램 별로 각각 구분하여 기관의 다양한 비용 센터에 배부하는 것이 낫다.

따라서([표 11.4] 참조), 어떤 아동복지 서비스기관에서는 다양한 비용 항목을 아동 심리, 사회사업, 작업 치료, 발표 및 언어 치료 등으로 구분하고 있다. 이에 따라 영기준에서 접근했거나 영기준의 과정으로 수정한 예산은 비용을 적절한 프로그램에 명확히 할당할 수 있다.

이렇게 함으로써 기관은 두 가지 혜택을 얻는다. ① 비용을 감독할 수 있는 더욱 효과적인 관리 도구를 얻게 된다. ② 기부자, 직원, 자원봉사자에 대한 요청과 기타 프로그램에 관한 정보를 마련하기가

[표 11.4] 프로그램 예산 비용의 예

	관리 및 개발	아동심리	상담	육아 (parenting)	발표치료 (speech therapy)	작업치료 (occupational therapy)
1. 급여						
2. 수당						
3. 여비						
4. 사무비 전화 우편 기타						
5. 프로그램 등						
각 프로그램에 대한 총 예산						
기관의 총예산						

더욱 쉽다. 프로그램 예산책정을 통해 특정 관리비용을 프로그램 영역에 할당함으로써, 기관은 특정 프로그램을 위한 필수 지원비용의 액수가 포함된 요청서를 가지고 자발적인 기부자에게 접근할 수 있는 것이다.

예산책정 과정은 계획 과정과 통합된다. 두 과정 모두 유동적이고, 접근 가능해야 하며, 참여적이어야 한다. 이러한 과정의 결과로 완성되는 예산은 계획에 적합하고 이를 지원할 수 있어야 하며, 계획에 대해 뛰어난 재정적인 해석자로서 역할을 해야 한다. 개발을 위한 기금 마련을 지원하고 포괄하는 것은 예산이어야지 단순한 모금이어서는 안 된다.

(8) 계획의 실현

계획위원회는 시간 제한이 있는 업무를 완수하거나 지속적인 계획 감독을 위해 이사회 의장이 임명한 임시 위원회이다. 어떤 기관에서는 계획이 완수되면 계획위원회를 해체하고, 감독 기능을 중역 또는 재정 위원회에 할당할 수 있다. 계획의 지속성과 유용성을 위해 필요한 것은 지속적인 평가이므로 기관 내에서 이러한 책임을 맡을 수 있는 기존 또는 특별히 지정된 그룹이 있는지 확인해야 한다.

서면으로 작성된 계획에는 계획과 예산책정 과정을 기록한다. 최종 계획은 매우 다양한 모습을 지닐 수 있다. 어떤 기관에서는 매우 광범위하고 복합적인 계획을 작성하여 분량이 100페이지 이상에 달하고 도표, 행동 계획 및 기타 보조 자료를 포함시킬 수 있다. 다른 기관에서는 보다 간략한 양식을 선호하여 스케줄이나 심지어는 목표 및 세부목표도 도표로 제시할 수 있다. 계획의 유형은 기관의 문화와 욕구를 반영해야 한다. 외부 컨설턴트가 과정을 지도하고 문서 작성에 지속적으로 관여하는 경우 문서의 형식은 컨설턴트의 표준에 맞춘 것일 수 있다.

5) 완성된 계획에 필요한 요소

문서의 길이나 복잡성이 어떠하던 간에 효과적인 계획이 되려면 다음과 같은 요소가 포함되어야 한다.

1. 문서를 소개하고 잠재적 후원투자자나 자원봉사자가 공유할 수 있는 요약문
2. 세부 예산 뿐 아니라 예산의 내용을 요약한 것
3. 프로그램(시설을 포함), 조직(이사회, 직원), 개발(모금, 마케팅, PR)에 따라 조직된 계획의 목표 목록
4. 각각의 목표에 핵심이 되는 측정 가능한 세부목표 - 여기서는 과업, 책임자 및 업무 완료 일이 포함된다.
5. 각각의 세부목표에 핵심이 되는 행동 계획 - 여기서는 특정 세부목표를 어떻게 달성할 것인가에 대한 세부사항이 있어야 한다.
6. 사용하게 될 계획 평가 과정에 대한 설명(예: 분기별 검토, 참여자, 책임자)
7. 모든 세부목표에 대한 스케줄의 요약

5. 요약

지역사회의 지지를 유치하는 이유를 정당화하고 이를 고취하기 위한 기

관 계획이 없이는 효과적인 개발 및 모금이 불가능하다. 분석, 준비, 정당성 평가와 더불어 개발된 예산을 수반하는 계획은 기관을 안정시키고 또한 지속시킨다. 본 장에서 설명한 바와 같이 TRI-POD 방식을 사용하여 개발하는 계획은 프로그램, 기관 및 개발 목표와 세부목표를 포함하는데, 이 모든 것은 시장의 필요와 기관의 역량에 대한 신중한 평가에 기반을 두고 있다.

궁극적으로 이러한 과정의 결과로 얻게되는 문서는 바로 그 기관을 반영해야 한다. 이렇게 될 때 주인의식과 헌신의 수준은 최고가 된다. 개발과 모금의 성공은 기관의 장기적 계획 달성을 보장할 것이다. 이와 마찬가지로 장기적 계획이 지닌 비전과 지혜는 개발과 모금의 성공을 보장할 것이다.

제12장
원리의 실현

단순한 모금의 차원을 넘어서 성공한다는 것은 흥미를 돋우는 명제일 수 있다. 조직의 개혁에 성공한 사람들은 강제적이고 고립된 모금 활동에서 탈피하여, 하나의 개발 과정으로서의 모금활동, 즉 상호 혜택적인 생산물로 통합되는 모금활동으로 나아가는 요건과 이에 따른 혜택을 잘 알고 있다.

기관의 자원봉사자와 직원들은 모금 활동을 훨씬 쉽게, 그리고 보다 보람 있는 일로 새롭게 발견하게 하는 이 책을 통해 보다 발전된 이론과 전략을 완전히 습득했다. 이들은 박애행위, 개발 및 모금(제1장)의 상호관계를 잘 이해해야 한다. 이러한 기관의 자원봉사자나 직원의 지도자는, 사람들이 자신의 가치를 추구하는 과정으로 모금 활동을 이해한다. 따라서 투자를 요청하는 것은 그들이 하고싶은 것을 하게 해주는 것이다. 왜냐하면 이것이 바로 후원투자자와 기관과의 확고한 관계를 확인하는 가장 적절한 방법이라고 생각하기 때문이다.

또한 지도자는 개발 프로그램을 구현하는 기본적인 단계가 있다고 말하는데, 각 단계는 이 책에서 다루고 있는 기관의 행위와 자원에 상당부분 의존한다.

이 장에서는 여기에 필요한 행위와 자원에 대해 설명하고, 기관이 단순 모금의 차원을 넘어서기 위한 10가지 단계를 제시할 것이다. 또한 모금 일정을 시작한 두 개의 기관에 대한 예를 제공함과 동시에 개발 및 모금에 영향을 미칠 비영리 부문의 동향을 검토함으로써 결론을 내리고자 한다.

1. 본 책의 원리를 기관에서 실현하기

기관이 단순 모금의 차원을 넘으려면 어떠한 행위와 자원은 필수적으로 요구된다. 이 책 초반부에서, 박애주의/개발/모금의 관계, 투자자 태도의 개발(구걸식 모금 태도의 타파), 개발을 위한 제도적인 계획, 기부자 안내서비스의 전략적 역할 및 소명에 집착해야 하는 긴급성을 다루면서, 기관이 활기 있는 개발 관행을 이룩하기 위해 따라야 하는 주요 경로들을 추적했다.

또한 관계 구축의 노력 및 유지, 이사회의 자체 평가와 교체를 포함하는 건전한 지도 관행, 시스템과 인원에 대한 정직한 평가, 이사회와 직원 및 전체 기관의 협력 관계, 예산 준비 및 재정 관리를 위한 견실한 모금 접근방식, 연중 및 자본 모금을 위한 통합적인 접근 방식 등과 같은 부차적인 요건도 다루었다.

이 장의 목적은 이러한 전략이나 요건에 대해 더욱 상세히 설명하는 것이 아니라, 그 중요성을 거듭 언급하고 강조하는 것이며, 일을 추진하는데 도움이 되는 몇 가지 추가 정보를 제공하는 일이다. 이 책이 의도하는 바는, 기관이 단순 모금의 차원을 넘어서기 위해 행동과 자원을 부지런히 개발하면 그들의 소명을 완수하고 지역사회를 끌어들일 수 있는 역량을 확보할 수 있다는 사실을 기관에게 확신시키기 것이다.

2. 모금 이상의 성공을 위한 5가지 행동

개발을 실행하기로 결정한 기관은 이사회, 직원 및 위원회원들 사이에서, 그리고 기부자 및 기부금 개발에 대한 모든 교육훈련에서 다음과 같은 원칙을 강화해야 한다.

1. **박애행위, 개발 및 모금의 가치 기반 수용.** 건전한 비영리 기관의 모든 활동을 이어주는 것은 기관의 핵심 가치에 대한 신념이다. 소명-비전-가치 선언문으로 간행되기도 하는 가슴 뭉클한 헌장들은 직원과 자원봉사자에게 내부적인 영향을 미치고, 잠재적 기부자, 기부자 및 기타 지역사회 파트너에게 외향적인 영향을 준다. 이러한 헌장은 기관의 자부심과 지역사회의 관계구축을 위한 환경을 구성하여, 투자의 유치 및 보유 활동에 자극을 준다.

   성공적인 개발 과정에 있는 파트너 자원봉사자와 직원은 이러한 헌장에서 영향을 받으며 이를 진일보한 상태로 발전시킨다. 그들은 기관과 기관의 영향력에 관한 '이야기'를 할 수 있는 능력을 완전히 갖추게 되며, 이러한 이야기들을 기관의 핵심 가치로 다시 결합시킬 수 있다.

   정서불안 청소년을 위한 주간보호 프로그램을 통해 혜택을 입은 어떤 아동에 관한 이야기를 함으로써, 그들은 이러한 혜택이 기관이 서비스를 제공하는 전체 600명의 아이들과 그 부모들에게 미치는 영향을 알릴 수 있다. 또한 아이들과 그들의 성장 잠재력에 대한 기관의 신념을 전달할 수도 있는 것이다. 인생의 항로가 바뀌게 된 어느 학생을 위한 장학금 프로그램의 장기적 영향을 설명하면, 사립학교의 핵심적이고 교육적인 가치는 장학금을 받는 모든 학생들에 대한 더욱 큰 암묵적 인상 속에서 이해될 것이다. 핵심 가치를 실질적인 프로그램 혜택으로 변환하는 것이 행동의 핵심이다. 기관은 다음과 같은 활동을 통해 이러한 가치를 지속적으로 표현하고 강화해야 한다.

- 해마다 이사회 회의를 열어 자유로운 의견 제시와 토의를 통해 기관의 핵심 가치를 재확인한다.
- 이러한 가치를 서면 자료에 최대한 반영시킨다.
- 기관이 서비스를 제공하는 사람들에게 미치는 영향에 관해 '이야기하는 방법'을 이사회 위원 및 기타 자원봉사자에게 가르친다.
- 모든 실천사항의 기초로서 이러한 가치를 삽입한다.
- 실천에 의해 강화되지 않는 공허한 진술로써 가치에 손상을 주어서는 안 된다.
- 가치는 후원투자자의 동기를 강화한다는 맥락에서 기관의 성과에 대해 성찰한다.

후원투자자의 동기부여에서 핵심 가치의 중요성을 신뢰하면 각각의 기부자를 더욱 존중하게 된다. 후원투자자들은 기부행위를 할 때 자신의 가치에 의거하여 행동하는 것으로 이해된다. 기부금, 기부자 및 투자 유치의 과정은 더욱 존중받게 된다. '강요', '재촉' 및 기타 공격적인 기관임을 암시하는 말은 개발의 사전에서 사라지게 된다. 그 대신 각각의 기부금이 기부자의 가치를 반영하는 것이고 기부자 자아의 일부라는 사실을 기억하게 될 것이다. 이러한 깨달음은 높은 수준의 존중을 창출하고 유지하게 된다. 이러한 존중이 후원투자자와 기관의 상호적인 것이 된다면 자연히 관계는 보다 강화될 것이다.

2. **투자자/투자 태도의 채택 및 구걸식 모금 태도 타파.** 가치에 기반을 둔 개발과 모금의 성과로서 투자자/투자 태도(제2장)는 후원투자자와의 모든 상호 작용에 영향을 미친다. 또한 이러한 태도는 프로그램 및 개발 활동에 참여하는 자원봉사자에게까지 확장된다. 기부자와 자원봉사자를 투자자로서 존중하고 대우하면 이들은 기관이 제공하고 수행하는 장기적인 역량을 함께 나누는 중요한 파트너로서 스스로를 간주할 것이다.

투자 또는 참여 요청이 변명이나 자포자기가 없이 확장된다면 기금, 기부자 및 자원봉사자 개발은 가장 효과적일 수 있다. 불행하게도 개발 및 박애행위라고 하는 큰 개념 없이 개별적인 모금 활동을 여전히 수행하는 기관의 자세는 '절실함'이다. 충족해야 할 필요의 절실함(아동 서비스, 학교 장학금)이 아니라 금전 또는 자원봉사자에 대한 기관의 필요가 지니는 절실함이다.

이러한 후자의 사고방식은 구걸식 접근방식을 취하게 하고, 금전이나 자원봉사자가 '필요한' 변명을 하게 만든다. 비영리 기관은 금전과 자원봉사자가 모두 필요하지만, 오직 기관이 충족하려는 지역사회의 욕구 때문이어야 한다.

비영리 기관은 후원투자자에게 지역사회 프로그램에 투자할 수 있는 수단을 제공한다. 구걸식 모금 방식을 버리려면 모금 및 자원봉사자 참여에 대한 전통적인 태도를 바꾸어야 한다.

'구걸깡통으로부터 자유로운 모금'을 위해 자원봉사자와 기부자를 지도하는 것은 기관의 몫이다. 여전히 여러 이사회 및 직원들에게는 기부금을 요청할 때 구걸하는 듯한 느낌이 들지만, 투자라는 태도로 향하는 움직임이 있다.

개인과 기관 기부자 사이의 태도 변화와 유사한 방식을 통해 자원봉사자와 직원은 구걸식 모금 방식을 타파할 수 있다. 잠재적 기부자들은 기금을 추구하는 사람들을 더 이상 '가난한 사람'으로 간주하지 않는다. 그 대신 사회적 욕구를 충족하는 파트너로서, 또한 사려 깊은 시민을 위한 훌륭한 투자 기회로서 간주하는 것이다.

3. 세 가지 수준―철학, 전략, 전술― 에서 운영하고자 하는 의지.

이러한 행위(제10장)를 통해 기관은 단순 모금의 차원을 넘어설 수 있는 역량을 강화할 수 있게 된다. 이는 자원봉사자와 직원이 비영리 기관의 계획, 관리 및 개발을 복합적인 과정으로 검토하기 때문이다.

돈을 모금하기 위해 서두르는 기관이 흔히 간과하게 되는 철학적 수준은 기금 개발, 지원을 위한 호소력 있는 구체적 사례와 일반 계획의 바탕이 되는 가치 분석이다.

기관의 신념에 대한 신중한 평가는 핵심적인 가치들을 구분하고 기관이 잠재적 기부자들에게 구체적 사례를 제시하는 것을 도와 준다. 자원봉사 정신과 기부자 안내서비스에 대한 철학적 공약은 전략적 목표와 전술적 계획으로 변형되는데, 이들은 강력한 개발 실천을 위한 기관의 역량을 강화시킨다.

철학적 이슈를 명확히 한 상태에서 마련하는 전략적 계획은 더욱 생산적이다. 전략들은 공유된 신념에 기반을 둔다. 자원봉사자와 직원의 공통적인 이해는 바로 주인의식과 전략의 실현으로 이어진다. 최종적으로 전술적 수준에서는 업무를 완수하기 위한 에너지와 노력이 있다. 철학적 합의에 근거한 전략에서 도출되는 행동 계획은 상호 목표를 향한 헌신성에 의해 고취되며 추진된다.

이러한 세 가지 수준의 틀을 기관의 핵심적인 관리 영역에 적용하는 것은, 기부자들이 투자할 때 추구하게 되는 기관의 전반적인 안정에 기여하게 된다.

4. **기부자 중심의 개발 및 모금에 대한 신념.** 구걸식 모금 태도를 버리는 것과 함께 중요한 것은 기관이 아닌 기부자가 모든 개발 업무의 중심이라고 깨닫는 일이다.

개발 및 모금 활동, 특히 양육, 기부 요청 및 기부자 안내서비스는 바로 이러한 점을 염두에 두고 개발해야 한다. 이러한 신념은 초기의 개인적 접촉으로 시작하는 잠재적 기부자와, 기부자와의 모든 업무에 반영된다. 심지어 우편(DM)이라 할지라도 이것이 기부금, 모금 또는 갱신을 위해 구체적인 기부자 각자를 목표로 삼을 수 있도록 적절히 분할된다면, 이는 기부자 중심이 될 수 있다.

기부자에 대한 이 같은 강조가 가장 중요해지는 경우는 기부자와 자원봉사자가 개인적인 관계를 구축할 때이다. '기부자'의 정의는 자원봉사자에게도 적용된다. 자원봉사자의 기부금이 주요 기부금 수준보다 낮다고 할지라도 이들은 시간을 기부하는 주요 기부자인 것이다. 기관의 철학으로서 기부자를 모든 개발 업무의 중심으로 간주하는 것은 가장 중요한 일이다. 기관의 전략으로서 이러한 일은 핵심적인 것이다. 또한 전술적 수준에서는 최선의 시험 장인 기부자 스스로가 이를 지속적으로 평가한다. 기부자가 협력 관계와 중요성에 대한 의식이 자라면서 그들의 열의와 기여도 증가하는 것이다. 기부자의 양육, 기부 요청 및 안내서비스는 기부자에게 호의적인 상황일 경우에 가장 효과적일 수 있다.

5. **소명에의 충실**. 이 행위는 위의 네 가지 행위에 영향을 준다. 비영리 부문에서 소명에 충실하는 일은 당연한 것이다. 비영리 부문은 흔히 소명에 기반을 둔 부문으로 일컬어진다. 소명과의 일관성이라는 맥락에서 프로그램에 대해 논의하며, 자신들의 소명을 다하기 위해 기금을 모금할 수 있는 기관에 대해서 높이 평가하게 된다.

소명 헌장에서는 기관의 소명을 표현하는데, 이러한 헌장을 처음에 수립하고 때때로 개정하는 일은 이사회 및 직원의 지도자들이 우선적으로 수행해야 할 역할이다. 소명 헌장에 대해 동의와 논쟁이 있을 수 있고, 합의가 안되거나 감정이 악화되어 미완성 상태로 유지될 수 있다. 헌장 자체보다 궁극적으로 중요한 것은 기관이 이해하는 소명에 이사회와 직원들이 전념해야 하며 이를 실천에 통합시켜야 한다는 점이다. 개발이 성공하려면 기관의 소명은 기관의 핵심 가치를 반영해야 하고 지역사회에서 기관이 충족하는 욕구가 무엇인지에 대해 명확히 설명할 수 있어야 한다.

지속적으로 소명에 충실하는 일은 단순 모금의 차원을 넘어서기 위한 중요한 도전과제이다. 다음 사항을 실천함으로써 이러한 과제를 해결해야 한다.

- 모든 이사회 회의에서 서비스 수혜자들이 이러한 서비스가 그들의 생활이나 지역사회에 미친 영향에 대하여 10분간 발표할 수 있는 시간을 마련한다.
- 명확하고 신선하며 호소력 있는 소명 헌장에 대한 동의를 이끌어 낸다.
- 일반 인쇄물 또는 모금을 위해 인쇄된 모든 자료에 기관의 핵심 가치와 소명이 반영되도록 한다.
- 최소한 연례적으로 이사회 및 직원 지도자들을 전략 회의에 참여시킨다. 이 회의는 소명과 프로그램의 일관성 및 이 두 가지 요소를 효과적으로 결합시키는 방법에 관한 것을 논의하는 자리이다.
- 이해하고 있는 또는 문서화된 소명 헌장을 핵심적이고 새로운 프로그램 결정의 기반으로 사용한다.
- 소명과 핵심 가치에 대해 간행물과 개인적 만남을 통해 구성원들에게 알린다. 또한 그들의 지원을 통해 기관이 어떻게 소명을 발전시키는가에 대해 알린다.
- 시민 지도자 및 기부자를 포함한 지역사회의 핵심적인 의사 결정자들에게 지역사회에 대한 소명의 중요성을 알리고, 기관에 대한 투자가 곧 보다 나은 지역사회를 위한 투자라는 것을 인식시킨다.

이러한 다섯 가지 핵심적인 행위는 강력한 개발 프로그램의 초석이 된다. 다음에 제시하는 자원으로 이를 보완하면 기관은 모금의 차원을 넘어설 수 있다.

3. 효과적인 모금에 필요한 3가지 자원

성공적인 개발 프로그램에 필요한 자원은 인력(내부 및 외부), 적절한 예산 및 기관의 계획이다.

이러한 자원들은 단순해 보이기는 하지만 광범위한 요소를 포함하고 있다.

1. **인력.** 비영리 부문의 사업은 인력지향적이다. 개발 등식에서 필수 구성요소로는 이사회, 자원봉사자, 각 수준을 반영하는 부서의 직원, 잠재적 기부자, 기부자, 지역사회 구성원, 기관 및 기관의 소명에 이해관계가 있는 모든 사람들이 포함된다. 제4장에서 개발 협력 관계 및 그 포함 범위에 대해 다룬 바 있다.

    개발 프로그램이 효과적이려면 사람들을 개입시켜야 한다. 그들의 참여를 유도하고 유지하는 일, 그리고 그들의 헌신성을 높이는 일은 대부분 앞서 논의한 행위들이 기관에서 얼마나 명백하게 나타나느냐에 달려있다. 사람들이 다음과 같은 사항을 인식하면 기관에 대한 내적 기여와 지역사회에 대한 기여가 증가하게 될 것이다.

    - 기관의 핵심 가치 및 이러한 가치가 의사 결정에서의 역할
    - 기부자, 자원봉사자에 대한 투자자/투자 태도와 이러한 태도가 내포하는 협력 관계
    - 계획과 이슈의 분석, 해결에 대한 세 가지 수준의 포괄적인 접근 방식
    - 모든 개발 업무에 있어서 기부자 또는 자원봉사자에게 진정한 초

점을 맞추는 일
- 모든 프로그램과 개발 결정에 영향을 주는 소명에의 충실

2. **적절한 예산.** 잠재적 기부자, 기부자 및 자원봉사자 관계를 장기적으로 유지하기 위한 적절한 자원이 없으면 기관은 진정한 개발 프로그램을 실행할 수 없다. 제1장과 제11장에서 관찰한 바와 같이, 개발을 위한 예산 책정은 모금을 위한 것보다 훨씬 어렵다. 모금 활동(연중 및 주요 기부금, 자본 캠페인, 모금 캠페인)을 쉽게 추적할 수 있는 것은 수입, 비용 및 순수익(또는 손해) 분석이다.

그러나 개발 활동(양육, 기부자 안내서비스, 사례 및 증명)을 정량적으로 측정하기는 어렵다. 원인과 결과의 관계를 확인하는 일이 더욱 어렵기 때문이다. 예산을 삭감하는 경우, 즉각적이고 측정 가능한 영향이 없는 활동에 할당된 금액이 일차적인 삭감 대상이 된다.

가장 성공적인 모금을 보증하려면 기관이 개발에 투자해야 한다. 시간이 흐를수록 기관의 영향력을 넓힐 수 있는 기능이기 때문이다. 가장 중요한 점은 개발이 사람들과의 지속적인 관계 구축의 기능이라는 사실인데, 이러한 사람들에게 할애하는 시간과 재정 자원은 기관의 미래를 보장하는 것이다.

3. **기관 차원의 계획.** 개발 계획은 보다 큰 기관 차원의 계획이 적소에 있을 때 효과적일 수 있다. 제11장에서는 기관 차원의 계획에 초점을 맞추었다. 확고한 계획이 적소에 있어야하는 것의 중요성은 아무리 강조해도 지나치지 않다. 기부자들은 기관의 비전, 목표 및 세부목표에 대해 관심을 갖는 것만큼 기관의 개발 계획에 관심을 보이지는

않는다. 모금이나 개발이 프로그램을 추진하는 것이 아니라, 프로그램이 모금과 개발을 추진하는 것이다.

우선 순위에 대한 지침을 제시하는 기관 계획이 결여된 개발 계획에는 전술적 가치가 있을지는 몰라도 전략적이고 철학적인 구조는 부실하게 된다. 기부자들은 문제를 해결하거나 지역사회의 개선과 서비스 제공을 위한 파트너의 역할을 기대하기 때문에 기관에 투자하는 것이다. 기관 차원의 계획만이 이렇듯 원대한 모습을 제시할 수 있는 것이다.

기관에서 개발 기능을 담당하는 자원봉사자와 직원들은 마지못해 하는 행정가 또는 이사회 지도자들에게 기관 계획의 중요성을 설득해야 하고, 주인의식을 창출할 수 있는 문서를 확보해야 한다.

가끔 초기에 발생하거나 지속적으로 제기되는 반대 의견이 존재하는 상황에서 계획을 달성하기 위해서는 상당한 용기가 필요할 수 있다(제3장).

이렇듯 곤혹스러운 상황은 다음과 같이 까다롭지만 계몽적인 질문에서 나타난다. 업무를 유지하는 것이 중요한가 아니면 과업을 수행하는 것이 중요한가? 우리의 행위가 소명지향적인가 아니면 과업지향적인가?

이와 같은 물음에서 나타난 바와 같이 핵심을 정확히 깨닫지 못한 채 일을 하다보면 회장이나 이사회 지도자가 단지 계획을 거부했다는 이유만으로 기관을 그만 두게 되는 개발직원과 자원봉사의 사례를 종종 볼 수 있다.

계획 과정은 기관이 우선 순위와 목적에 관한 문제를 해결함에 있어서 건전한 촉진제 역할을 할 수 있다. 그러나 직원, 자원봉사자, 기부자에게, 어떻게 시간과 금전적인 투자로 기관의 소명을 발전시키고 지역사회의 필요를 충족할 수 있을 지에 대해 구체적인 지침을 제공해 주는 것이 바로 계획 그 자체인 것이다.

이러한 행위와 자원들은 영향력이 높은 개발 프로그램을 창출하기 위한 도구로서 기관이 모금의 차원을 넘어서기 위해 밟아야 하는 10가지 단계를 성공적으로 실행할 수 있는 초석이 된다.

4. 효과적인 모금을 위한 준비

기관이 효과적인 모금을 성공적으로 실행함에 있어서 핵심적인 것은 교육이다. 내부적으로 직원과 이사회에게 개발 기능을 홍보할 필요가 있고, 지역사회 구성원 가운데 비영리 기관의 영향력을 홍보할 필요가 있다.

개발 기능의 내부적인 마케팅은 모든 개발 전문가와 이사회 지도자에게 일차적인 업무가 되어야 한다. 회의에서의 발표, 직원에게 회부되는 '소식지(good newsletter)' 이사회 임원과 자원봉사자에게 보내는 특별 우편물, 그리고 진척상황과 결과에 대한 부지런한 보고를 통해서 이루어지는 내부적인 교육이 다음과 같은 수준에서 개발에 대한 이해와 옹호로 나아가게 되면 기관은 커다란 혜택을 입게 된다.

- 개발과 모금의 영향력 및 그 역할을 이해하는 프로그램 직원
- 대면접촉에 의한 요청을 주저하더라도 개발에 있어서 자신이 맡을 역할이 있음을 인식하는 이사회 임원

- 예산을 집행하고 한참이 지난 후에야 그 영향력을 측정할 수밖에 없는 양육과 기부자 안내서비스 활동에도 예산 할당을 보장함으로써 개발의 기능을 존중하고, 기관이 우선권을 부여하는 것은 개발임을 모든 직원에게 알리는 비영리 기관의 집행부와 행정가
- 여러 가지 지원의 역할을 맡을 수 있는, 매우 가치 있는 활동으로 개발을 간주하는 이사 이 외의 자원봉사자
- 스스로를 참여자와 투자자로 생각하고, '투자의 수익'을 쉽게 발견하고 설명할 수 있는 주요 기부자

지역사회에서 비영리 기관의 영향에 대한 외부적인 마케팅 역시 효과적인 모금을 위한 필수적인 단계이다. 잠재적/실제적 후원투자자들이 필요가 아닌 결과에 투자를 하는 것이고 기관에 대한 투자가 실제로는 지역사회에 대한 투자임을 그들이 깨닫게 될 때에만 공통적인 가치에 근거한 기관과의 협력 관계가 지닌 힘을 완전히 알게 될 것이다.

비영리 기관은 일관적인 메시지를 지니고 있어야 한다. 사람들로 하여금 기관이 하는 일, 그들이 제공한 시간과 기부금이 이러한 성취를 가능하도록 하는 방법, 그리고 후원투자자로서의 지속적인 역할이 참여의 지속적인 가치를 보장하는 확실한 수단임을 분명히 알게 해야 한다.

내부적, 외부적 구성원의 교육이라고 하는 확고한 기반을 바탕으로 하지 않고는 비영리 기관이 효과적인 모금을 할 수 없다.

5. 효과적인 모금을 위한 10단계

앞에서 언급한 행위와 자원들이 분명히 존재해야 한다는 점을 이해한 것

으로 간주하고 다음의 10가지 단계를 제공하고자 한다. 단계들을 수행하는 책임은 자원봉사자와 직원의 협력 관계에 있는데, 이러한 협력 관계는 성공적인 모든 개발 노력의 바탕이 된다.

기관이 모금의 차원을 넘어서게 하는 10단계는 다음과 같다.

1. 사정(Assess)
2. 평가(Evaluate)
3. 계획(Plan)
4. 모집(Recruit)
5. 고취(Inspire)
6. 설득(Persuade)
7. 편입(Engage)
8. 개입(Involve)
9. 보유(Retain)
10. 갱신(Renew)

1. **사정.** 모금 및 개발 시스템의 평가와 재 설계에 전념하기 전에 변화를 위한 인지된 욕구가 존재해야 한다. 이사회 구성, 의사소통, 기능, 관행 및 모금과 개발에 대한 이해 정도를 사정한다.

뛰어난 자체 사정 도구는 워싱턴 D.C.에 있는 전국 비영리기관 이사회센터(National Center for Nonprofit Boards)를 통해 얻을 수 있다. 그 이사회의 자체 사정 세트가 비영리 부문의 표준이 되고 있다. 1996년 개발 및 모금에 관한 이사회의 태도와 이해에 대한 자체 사정 도구가 NCNB에 의해 '돈에 관하여(Speaking of Money)'라는 제목의 사용자 비디오 가이드의 일부로 개발되었다. 이러한 두 가지 조사는 장기적인 개발 관행을 계획하고 실행하고자 하는 자원봉사자와 직원 지도자들에게 훌륭하고 기본적인 자료를 제공한다.

  자원과 지역사회 이미지도 사정해야 한다. 클라이언트와 기부자, 그리고 지역사회에 대한 조사를 실시하여 프로그램과 메시지에 대한 피드백을 확보한다. 이러한 정보를 얻는데 있어서 조사와 특별위원회는 유용한 도구이다.

  감사마라톤(thankathon)과 전화상의 요청도 기부자와 잠재적 기부자에게 몇몇 핵심 질문을 할 수 있는 기회를 제공한다.

  지역사회 구성원을 편입시키거나 그에게 요청하기 위해 전화를 하는 자원봉사자들은 기관에 보고해야 할 피드백을 받는 경우가 있다. 이러한 정보를 쉽게 전달할 수 있는 양식이나 기타 메커니즘을 이용하면 정보가 전달됨을 분명히 할 수 있다.

2. **평가.** 사정이 완료되면 이를 평가해야 한다. 사정된 내용이 무엇을 의미하는지를 파악한다.

  이사회원 모집이 내포하는 바는 무엇인가? 이사회 교육훈련이 내포하는 것은 무엇인가? 투자자 태도를 전달할 수 있는 기관의 역량은 무엇인가? 개발 프로그램으로 나아가고자 하는 이사회의 의지는 어느 정도인가? 모금 활동에 소극적인 경우 이를 해결하기 위해 기관이 할 일은 무엇인가?

  결과에 대한 평가가 없는 사정은 실제로 무의미하다. 계획을 위한 자료를 제공하는 것은 사정이지만, 이러한 자료를 유용하게 만드는 것은 평가이다.

특별위원회나 조사를 통해 얻은 정보를 활용하여 프로그램, 자료, 클라이언트 서비스 또는 지역사회 연계활동을 향상시킨다.

우리 기부자들은 만족하고 있는가? 기부자 안내서비스가 성공적으로 활용되는가? 우리 프로그램이 중요한 욕구를 충족하고 있는가? 간행물이 우리의 소명과 가치를 전달하는가? 모금 편지와 자료에 변명조의 내용이 없고 대신에 성과를 반영하고 있는가? 소명 헌장이 진정으로 소명을 전달하고 있는가? 우리의 소명이 가치와 기관의 존재 이유를 반영하고 있는가?

사정 및 보고의 내용과 방법을 미리 설명하고 자료의 사용이 분명한 경우, 평가 피드백은 직원과 자원봉사자에게 덜 위협적이 될 것이다.

정보를 수집하려면 피드백 평가의 지침이 될 수 있는 사정이 있기 이전에 시스템을 개발해야 한다. 자료를 컴퓨터로 처리하는 경우, 자료를 확보하기 전에 프로그램을 설치해야 한다. 이사회, 위원회 또는 직원에게 보고하는 문서의 자료를 손으로 작성하는 경우 이러한 자료를 작성하기 전에 그 형식과 목적에 사람들이 익숙해지도록 한다.

3. 계획. 제11장에서는 개발과 모금 과정의 관계와 아울러 기관 차원의 계획 과정을 다루었다. 기관의 성공에서 계획은 필수적인 것이다. 계획은 필수적이 아니라고 생각하는 기관장들이 너무나 많다. 이러한 생각은 기관의 프로그램, 모금 및 미래에 어두운 그림자를 드리울 것이다.

비전, 목표, 세부목표 및 행동 계획은 개발에 대한 강력한 사정과 평가에 의존한다. 기관 차원의 계획은 지역사회의 지원과 투자를 구축하기 위한 도구이다. 또한 개발과 모금을 위한 계획을 고취하는데 있어서 지역사회로 하여금 기관의 비전, 목적과 협력적인 관계를 형성할 수 있도록 하는 방식에 초점을 맞추는 내부 문서이다.

4. 모집. 공고한 기관 차원의 계획을 알리는 사정과 평가가 이루어지면, 지역사회, 기관 또 양자의 욕구에 대한 보다 많은 지식을 가지고 이사회 임원과 자원봉사자, 그리고 직원을 모집할 수 있다. 자원봉사자와 직원을 모집하기 위해서는 효과적으로 이해되는 틀이 있어야 한다.

모집 정책과 절차, 바람직한 행위와 아울러 책임에 대한 내용을 전달하는 직무 내용 그리고 기대치를 명확히 전달할 수 있는 능력은 성공적인 모집의 세 가지 핵심 요소이다.

모집은 개발 팀을 구축하기 위한 첫 번째 단계이다. 기관과 잠재적 직원 또는 자원봉사자에 있어서 상호 탐구가 포함되는 단계인 것이다. 이것은 잠재적 기부자의 모집 – 또는 양육–과 유사한 기능을 수행한다. 바로 이 때가 조사하고 지식을 구하는 시기로, 그 결과 일시적으로 고용 또는 참여하게 하거나 혹은 그렇지 않을 수도 있다.

공고한 정책과 절차를 통해 체계화할수록 이러한 단계는 더욱 효율적일 것이다. 모집 활동은 서둘러서는 안 된다. 서둘러서 결정을 내리거나, 지원자를 놓칠까봐서 절차를 생략해서는 안 된다. 서둘러서 행동하다가 나중에 후회한다는 오래된 경구는, 기관에 대한 적합성이나 헌신성이 결여된 이사회 임원이나 직원 관리자가 있는 기관에는 특히 적용할 수 있을 것이다. 또는 기부자가 조급하게 기부금 요청을 받는 경우에도 적용할 수 있다. 압박감에 시달려 행동할 때, 너무도 많은 조직들은, 이사회 임원들이 그 직책을 그만둠으로써 끝내버리던가, 아니면 이사회 임원들을 참아내야 하는 결과를 초래한다. 즉 절박감 때문에 서둘러서 고용했던 핵심 직원들과의 계약을 돈을 주고 매입하거나, 또는 핵심을 벗어난 요청으로 인해 실망감을 맛보게 되는 경우도 많다. 모집 과정(및 양육)은 인내력을 가지고 진행해야 하고, 과정상에 타협이 없어야 한다.

5. **고취.** 모집된 이사, 직원 후보자들과 잠재적인 기부자를 기관의 고무적인 측면에 노출시킨다. 견학을 실시한다. 적절하다면 그들이 프로그램을 참관하거나 프로그램에 대해 설명하는 비디오를 관람할 수 있도록 한다. 그들을 직원들에게 소개한다.

   기관의 서비스에서 혜택을 입은 사람들과의 만남을 주선한다. 그들이 재정적인 안정성에도 고취되는 경우 (그리고 기관의 재정상태가 안정적인 경우), 비즈니스 매니저(business manager)나 투자 컨설턴트와의 만남을 주선한다. 그들을 이사회 회의에 참석시킨다. 이사회 회의가 고무적이지 않다면 그 형식과 주안점을 변경하여 모집된 사람들뿐만 아니라 이미 참여하거나 고용된 사람들에게도 흥미로운 것이 되게 한다.

   잠재적 기부자들을 소명과 관련된 목적이 있는 위원회에 참여시킨다(마케팅, 프로그램, 개발). 어려운 질문에 대답할 준비를 해야 하지만, 고무적인 사람들과 프로그램을 교차시키는 기회를 통해 기관의 소명을 명확히 드러내야 한다.

6. **설득.** 뛰어난 기부자, 자원봉사자, 직원 후보자들을 모집하고 고취시켰으면, 다음으로는 이들을 설득해야 한다. 비영리 기관들은 그들의 소명, 완전성 또는 가치가 명확하다고 당연하게 생각해서는 안 된다.

기부자와 이사회, 직원을 개발하는 임무를 맡은 사람은 설명하고, 경청하며, 제시하고, 반대 의견에 대응해야 한다. 즉 기관의 영향력에 대해 설득력 있는 증거로 무장해야 한다. 가입과 권유 활동에 참여하는 이사회 임원과 자원봉사자는 잠재적인 직원, 자원봉사자 또는 기부자가 인지하는 욕구와 관련이 있는 기관의 이야기를 할 수 있어야 한다.

　설득은 조작이 아니다. 설득은 가치와 기회 사이의 진정한 관계에 근거한 것이다. 설득은 강압적인 것이 아니다. 비슷한 생각을 지닌 사람들이 공유된 가치와 목적을 중심으로 서로 연결될 때 설득은 강력해질 수 있다. 강력한 이사회, 활기 있는 직원 및 확고한 후원투자자의 기반은 하나의 중요한 동기를 공유하고 있다. 그들은 그들의 시간과 경력과 물질을 제공하고 있는 그 기관의 가치와 영향력에 설득되는 것이다.

7. 편입.　편입은 가입보다 강력한 기능으로 훨씬 심층적인 참여를 의미한다. 기관이 자원봉사자, 직원 또는 기부자를 진정한 의미에서 편입시키면, 기관은 개발 과정에 또 하나의 파트너를 얻게되는 것이다. 정보를 제공받고, 고취되고 그리고 기관을 발전시키는 그들이 맡는 역할을 인식하고, 그리고 보다 심각하게 숙고해야 하는 기준을 받아들이면서 편입이 이루어진다. 기대치는 명확하게 진술된다. 그리고 지속적으로 참여하겠다는 의지가 전달된다. 이는 개인과 기관에게 매우 중요한 순간이다.

8. 개입.　일단 편입하게 되면 개입은 더욱 심화된다. 어떤 종류의 개입

은 기관에 자연스럽게 드러내는 정도가 늘어나면서 이루어지지만, 아울러 신중한 개입도 있어야 한다. 기술과 관심사를 기회와 지속적으로 일치시키는 것은 기관에 대한 개입의식을 성장하게 이끈다. 직원, 자원봉사자, 기부자의 동기를 이해하는 일은 성공적인 개발 전개에서 핵심 요소이다. 동기를 확인하고 개입을 늘리는데 있어서 경청은 핵심적인 전략이다. 개인의 열의를 점화시키는 것이 무엇인지를 확인해야 한다. 동기를 유발할 수 있도록 사람들을 다른 사람들과 프로그램에 연결시킨다. 만족감을 가져다주는 사업계획과 프로그램에 사람들을 개입시켜야 한다. 그 이점은 상당할 것이다.

9. **보유.** 신중하게 모집하고, 적절하게 설득하고, 강력하게 편입시키고, 올바르게 개입시킨 사람들은 기관과 함께 머무를 것이다. 그들은 업무를 계속하고, 이사회나 위원회에 헌신하며, 기부금을 계속해서 제공할 것이다. 공식은 단순하지만 그 실행은 가끔 어려운 경우가 있다. 지도력의 변경, 외적 또는 내적 우선 순위의 변동으로 유발되는 기관 내의 문제, 그리고 자본 캠페인이나 프로그램이 기관의 안정에 미치는 영향으로 인해, 기관에 핵심적인 사람들을 보유하려는 선의의 바람이 방해받을 수 있다.

변화의 시기에 직원, 자원봉사자, 기부자를 잃지 않으려면 공개적이고 정직하며 직접적인 의사소통을 유지해야 한다. 발생하는 사안들에 대해 논의해야 한다. 직원, 이사회 임원, 기부자들과 만나야 한다. 난관을 극복할 수 있는 전략에 관한 그들의 의견을 경청해야 한다. 그들의 관심사를 경청해야 하는 것이다. 적극적인 해결을 위해 그들의 에너지를 동원해야 한다. 그들의 제안사항을 실행하려고 해야 한다. 그들의 아이디어를 사용하지 않더라도 문제 해결을 위한 그들의 노력을 존중해야 한다. 문제 해결의 진척상황에 대해 피드백을 제시해야 한다. 그리고 접근하기 쉬워야 한다.

직원, 자원봉사자, 기부자를 보유함에 있어서 신뢰는 핵심적인 요소이다. 위기를 극복하는 기관은 바로 시간과 노력을 들여서 파트너 및 투자자와 관계를 유지하는 기관이다. 또한 자원을 할당하여 재정적인 위기 상태에서도 개발 관행을 유지할 수 있는 기관이기도 하다.

10. 갱신. 기부금 갱신이라는 명백한 필요를 넘어서는 것이 바로 관계의 갱신이다. 개발은 공유된 가치를 드러내고 관계를 성장하게 하는 과정이다. 이러한 관계는 연락, 사례, 기부자 안내서비스 및 적절한 개입을 통해 지속적으로 갱신해야 한다. 기부금과 관계를 갱신하고자 함에 있어서 자원봉사자와 직원은 자체 갱신의 중요성을 망각해서는 안 된다. 회의에 참석한 시간을 마련하고, 다른 자원봉사자나 직원들과 만나고, 유사한 기관의 프로그램을 참관하고, 관련 문서를 읽고, 자기 기관의 프로그램을 다시 다루게 된다면 갱신에 대단한 도움이 된다. 충분한 운동과 수면(바쁜 시간 중에는 종종 무시되는)이 존재하는 갱신 활동은 다른 종류의 갱신도 제 궤도를 유지하고 있음을 확인하는데 도움이 된다.

이러한 10단계는 기관으로 하여금 개발을 향한 확고한 모금 일정에 오르도록 한다. 두 가지 간략한 사례 연구에서는 개발 프로그램의 실행 메커니즘과 혜택에 대한 예를 제시할 것이다.

비영리 기관의 모금

6. 두 가지 사례 연구 : 단순 모금 차원을 넘어서기

첫 번째 사례는 어느 사회복지 서비스기관에 관한 것으로서, 이 기관은 야심적인 자본 캠페인을 완수하는데 성공했는데, 초기에는 자원봉사자들이 거의 없었고 이사회의 개입도 미미했으며, 기부자 기반은 제대로 개발되지 않은 상태에 주요 기부자는 아예 없었고 직원의 규모도 매우 작았다. 그러나 결국은 성공했다.

두 번째 사례는 어떤 문화기관에 대한 것으로서, 이 기관은 이제 막 개발 프로그램에 착수하기 시작했지만 궁극적으로 모금의 차원을 넘어서게 할 수 있는 여러 가지 적절한 활동을 하고 있다.

1) 샌프란시스코 식량은행(food bank)

활발하지만 그리 알려지지 않고 샌프란시스코의 300여 개 급식 단체에 음식을 공급했던 이 기관은 새로운 저장고가 필요했다.

이사회 및 직원들이 보여주었던 최초의 행동은, 새로운 저장고가 필요한 곳은 식량은행이 아니라 샌프란시스코의 기아 문제를 해결해야 하는 지역사회라는 사실을 깨달은 것이다.

식량은행은 이러한 지역사회의 욕구를 충족하기 위한 수단이었던 것이다. 현재의 저장고로는 300여 개의 급식 단체에게 식량을 충분히 공급할 수 없었다. 또한 냉장고, 냉동고 및 보관 공간이 부적합하여 저장된 식량이 상할 수 있었다. 해마다 4백만 파운드에 달하는 식량을 처리했지만, 보다 큰 저장고가 있다면 해마다 천백만 파운드의 식량을 저장하고 분배할 수 있을 것이었다.

식량은행 자체를 알릴 수 있는 주요 경로로는 계절마다 음식물 모으기 운동(food drive)에 동참하는 기업들이다. 몇몇 유명한 프로 운동선수들도 음식물 모으기 운동에 자신의 이름을 빌려주면서 추천했다. 음식물을 모으는 용기는 특히 휴일에 주요 식료품 가게나 행사장에서 볼 수 있다. "주고받기(Give and Take)"라는 이름의 훌륭한 소식지에서는 식량은행이 급식단체와 개인에게 미치는 영향에 대해 보도했다.

이 기관의 재정상태는 안정적이었다. 재정 관리는 빈틈이 없었기 때문에 기업과 개인들에게 존경과 지지를 받았다. 엄격한 재정 관리로 최초의 투자자들을 캠페인에 끌어들일 수 있었고, 직원들의 지도력의 성실함으로 자원봉사자들은 상당히 많은 액수의 기부금을 끌어들일 수 있었다. 회장과 개발 이사는 직원의 수가 부족했으나 헌신적인 프로그램 담당 직원과 자원봉사자들과 협력했는데, 이러한 자원봉사자들 중 다수는 식량은행이 제공한 급식 프로그램으로 혜택을 받은 사람들이었다.

캠페인을 계획하는 초기 단계에서는 이사진이 많이 바뀌었다. 우선 순위를 가려내야 할 시기였는데, 많은 사람들은 5백만 달러를 위한 캠페인이 그들의 시간과 재정을 너무 많이 소모하게 한다고 생각했다. 한동안 이사회 임원의 수가 부족했다. 새로운 이사를 모집하는 일에 관심을 보이기 시작했는데, 이사회는 모집 매트릭스에 근거한 정책과 절차를 이용하여 점진적으로 재구성되었다.

캠페인 추진위원회는 이사회 지도자와 핵심 직원, 여타의 지역사회 자원봉사자 및 컨설턴트로 구성되었는데, 여기에서 캠페인을 계획했다. 기관이 막대한 기금을 들여서 수행한 실현가능성에 대한 연구는 훌륭한 투자였다. 이를 통해 잠재적인 기부 원천을 확인할 수 있었고, 사례에 대한 진술서를 작성하기 위한 정보를 제공할 수 있었으며, 몇몇 기업, 재단 및 개인으로 구

'영리 기관의 모금

성된 단체에게 처음으로 프로그램 마케팅을 할 수 있었고, 궁극적인 주요 기부자들과 최초의 토의를 할 수 있는 기반을 마련했다.

실현 가능성에 대한 연구를 수행하기 전에 주요 기부자를 확인했다. 주요 기부자인 기업은 CEO가 캠페인을 위한 지역사회 위원회의 공동 의장을 맡도록 했고, 수십 만달러의 기부금을 현금으로 제공했으며, 장소를 확인하고, 준비하고, 프로젝트를 관리하기 위한 서비스도 제공했다.

캠페인은 서서히 시작되었다. 알맞은 장소를 확인하는 문제는 마침내 완벽한 장소에 위치한 토지의 일부를 기증 받음으로써 해결되었다. 토지를 기부 받는 데에는 거의 1년이라는 시간이 걸렸는데, 이 기간 동안 다른 기부금 요청을 위한 토대를 마련했다. 지역사회 위원회를 가입시켰고, 정보 제공(및 고취)을 위한 위원회 회의가 식량은행에서 이루어 졌는데, 예상 못한 우천으로 곤란을 겪게 되었다. 건물의 천장에서 물이 새었고, 따라서 이 건물은 대체로 부적절한 시설이라는 것이 명확해졌다.

개발 원리에 따라, 처음 1년 간의 주요 활동은 식량은행에 대한 지식이나 참여가 없었던 지역주민을 기관과 연결하는 일이었다. 초기 계획 단계에서 관심이 있거나 도움이 되리라고 여겨지는 사람을 설득하고 편입시켰으며 개입시켰다. 이 사람들의 노력은 기업과 재단으로부터 120만 달러의 기부금을 확보하는데서 그 결실을 보았으며, 그 사람들과 배우자들 역시 캠페인에 중요한 기부금을 제공했다. 그 관계는 서로에 대한 상호 존중감, 몇몇 영역에서 자원봉사자가 제공할 수 있는 전문지식, 기관의 성실함과 영향력에 대한 자원봉사자의 존중, 그리고 추진 위원회 지도자들의 열의에 근거한 것이었다. 모금을 위한 자원봉사자의 지원을 요청하기 훨씬 이전부터 그들의 충고를 얻으려고 했고, 그러한 충고에 귀를 기울였다.

토지를 확보하고 지역사회 위원회가 제자리를 잡게 되자 캠페인은 순항

하기 시작했다. 이 시기에 캠페인 관리자를 추가했는데, 그는 개발 이사의 지시 하에 작업했고, 교육훈련, 기부자 안내서비스, 양육, 기부자 관계와 그 외 모금의 여러 분야를 감독했다.

기업, 지방 정부 및 재단으로부터 온 거액의 기부금과 개인이 제공한 익명의 기부금은 1년 만에 총액 50만 달러에서 450만 달러에 육박하는 금액으로 늘어났다. 나머지 기금은 보조금으로 충당했다. 이 외에 더 많은 개인과 소규모 기부자들을 끌어들일 수 있었는데, 여기에는 식량은행의 연중 기부 프로그램에 정기적으로 기부하는 기부자들도 포함되었다.

캠페인을 위해 경과된 시간은 3년 이상이 소요되었는데, 최고의 활동은 마지막 18개월 동안에 이루어졌다. 캠페인은 그 자체의 목적- 재정적인 목적 -을 성공적으로 달성한 것은 물론, 지명도도 높이고 기부의 기반도 확장했다. 모든 목표들을 충족할 수 있게 된 것이다.

단순한 모금의 차원을 넘어서기 위해서 캠페인만이 최선의 수단은 아니다. 일반적으로 캠페인을 시작하기 전에 여러 가지 요소들을 적재 적소에 배치해야 한다. 이 사례에서 식량은행은 매우 성공적인 경우였다. 또한 단계를 밟아가면서 이 장에서 제시한 행위와 자원들을 통합할 수 있었다.

전 과정에서 10단계를 모두 따랐으며, 사람들을 내적, 외적으로 편입시키는데 성공한 것이다. 주요 기부금 가운데 하나는 프로그램 담당 직원과의 연결을 통해 얻었는데, 이 직원은 스스로를 개발 팀의 일부로 간주했고 프로젝트가 성공하기를 바랐다. 지역사회 위원회의 공동 의장은 현장 기증을 하는데 이바지했다. 공동 의장은 수많은 기업 기부금을 요청했다. 샌프란시스코의 한 회계 회사는 식량은행을 '채택'했고, 다른 기업과 개인들에게도 기부를 요청함으로써 25,000 달러의 기부금액을 250,000 달러로 맞출 것을 약속했다.

비영리 기관의 모금

캠페인을 위한 예산은 신중하게 책정되었고, 적재적소에 배치되었다. 컨설턴트는 자신이 수행한 사전 캠페인 연구를 통해 임시적으로 편입을 지속할 수 있었다. 캠페인을 공개할 때까지 자료들은 '탁상용(desktop)' 형식으로 보관되었다.

이 시기에 어떤 광고 회사에서는 테마와 자료 개발을 위해 프로보노(pro bo-no) 서비스를 제공했다. 테마는 식량은행이 수행한 사정에 바탕을 둔 것으로, 기아 연구로 알려진 것이었다. 그 연구에서는 기아의 해결에 가장 큰 문제 중 하나가 식량 배분, 즉 식량의 처리에 알맞은 저장고를 갖는 것이라고 밝혔다. 캠페인 자료에는 다음과 같이 눈길을 끄는 시작 문구가 있다. "사람들은 굶주리고 있지만 음식은 너무나 많습니다. 도대체 무엇이 잘못된 것일까요?"

자원봉사자와 기부자들은 모두 기관의 핵심 가치를 인식했다. 자원봉사자와 기부자의 모든 상호관계에 충만하게 배어 있는 투자자/투자 태도, 그리고 지역사회가 그들이 지닌 영향력을 열렬히 받아들이고 있다는 사실을 깨달을 때, 구걸식 모금 방식을 벗어날 수 있었다. 결과에 대해서 확실하게 말할 수 있었고, 기아의 문제를 더욱 강력하게 다룰 수 있는 미래의 투자를 유치할 수 있었다.

캠페인을 설계하고 실행하는 과정에서 그들은 자원봉사자의 개입, 교육 훈련 및 계획의 필요성과 모금 노력에 할당하는 자원에 대해 철저하게 철학적인 이슈들과 씨름했다. 이러한 문제가 해결되자 철학적 이슈들은 궁극적인 캠페인 계획, 캠페인에 대한 공개적인 발표, 기부자 안내서비스와 인정에 있어서 중추적인 역할을 담당했다. 잠재적/실제적 기부자의 필요, 전문지식 및 편입은 전략과 행사 계획에서 핵심적인 역할을 했다. 또한 무엇보다도 소명에 전념하는 것이 주된 동기가 되었다.

캠페인은 성공했다. 그러나 샌프란시스코의 주민들이야말로 진정한 승자였다. 1997년 여름, 배고픈 시민들의 필요를 충족할 수 있는 프로그램을 위해 식량을 적절히 공급할 수 있는 시설이 생겨나게 되었다.

2) 파리의 미국 도서관

파리의 미국 도서관은 1995년 75번째 창립기념일을 가졌지만 모금 활동에서 괄목할 만한 점을 보이지 못해왔다. 미국 도서관협회(American Library Association)와 제1차 세계대전 이후에 파리에 거주하는 헌신적인 미국인 단체가 창립한 이 도서관은 여러 해 동안 그 규모와 장소가 안정되지 못했었다.

대부분 미국의 기업과 지역사회의 자원봉사자들로 구성된 이사들은 헌신도가 낮았고, 모금이나 개발에의 참여율이 저조했다. 때때로 증여액과 유산, 서적과 기자재 등이 규모가 그리 크지 않은 연중 캠페인과 회비를 통해 보완되었다. 1990년대 초에 내부 확장을 위한 소규모 캠페인에서는 이를 위한 충분한 기금을 마련할 수 있었지만, 장기적인 지원을 확보하는 데에는 익숙하지 못했다. 이러한 기부자들을 개입시키려는 노력이 부족했던 것이다.

명칭은 미국 도서관이었지만 회원의 절반 이상이 프랑스인 이었다. 아동과 십대를 포함한 미국인과 프랑스인에게 공공 도서관 서비스를 제공하는 사립 도서관으로 운영되고 있었다. 최근에 와서 박애주의의 개념을 확장하기 시작했다.

프랑스 내에서의 모금 활동은 매우 도전적인 문제였고, 이는 미국인 개인과 기업에게도 마찬가지였다. 미국에 기반을 둔 여러 기업과 재단들은 해외에 자선적인 투자를 하는 것이 금지되어 있었다. 회원 증원 프로그램을 지원하기 위한 연간 기부의 필요성이 높아졌고, 내부 인테리어를 확장하기 위해 자본이 필요했기 때문에 도서관은 스스로를 더욱 효율적인 위치에 두기 위해 세심하게 숙고하기 시작했다.

처음부터 줄곧 이사진이었던, 그러나 적극적으로 관여하지 않았던 이사들이 좋은 참석률을 보였다. 이사회에서 소명, 가치, 목적, 미래에 대한 이슈를 다루기 위해 이전에 이토록 많은 시간을 집중적으로 투자한 적은 없었다. 캠페인에 대해 논의했고, 계획을 위한 초기의 공약이 제시되었다. 계획 과정에서는 효과적인 모금을 위한 10단계를 채택했다.

이러한 과정 중에, 행동하고 자원과 관련된 영역에서 보다 실제적인 욕구들이 드러났다. 기관의 전략적 계획이 현재는 존재한다. 그러나 이전에는 그러한 것이 없었다. 주요 프로그램 인원에 대한 예산이 할당되어 기부자가 투자해야 하는 근거를 더욱 쉽게 전달할 수 있게 되었다. 아동 프로그램의 참석률과 프로그램 진행율이 500% 증가했고, 저자와의 밤(Evening with Authors)이라는 지역사회 프로그램도 역시 증가세를 보였는데, 이 프로그램에는 이사와 함께 연락 책임을 맡는 정규직의 개발 이사가 추가되었다.

여전히 진행중이며, 그러나 이사회 임원과 이사들이 강력하게 추진하고 있는 것은, 이 장(障)에서 권장하고 있는 필수적인 행동들을 통합하는 것이다. 박애주의를 알고는 있지만, 여전히 유럽에서는 널리 실천되고 있지는 않으며, 따라서 이에 대한 많은 교육을 이사회가, 그리고 이사회와 함께 진행중이다. 창립 75주년 기념일 행사 이래로 기부자 안내서비스를 실천하기 위한 조치를 실행하고 있다. 파리, 지베르니(Giverny) 및 베르사이유(Versailles)에서 있었던 특별 행사에서는 여러 개인과 기관들이 전례 없이 도서관과 관계를 맺었다. 이러한 관계를 유지하기 위해 신중한 관리를 하고 있다. 이러한 축하 행사에는 특별히 행사를 위해 프랑스에 온 미국인 여행객들 다수가 참가하고 있었다. 이들을 개입시키기 위해 노력했다.

이사회는 확장되고 있으며, 더 많은 수의 프랑스 시민들이 도서관 회원이 되고자 참여하고 있다. 기부자 중심의 개발과 모금에 대한 신념이 부상하고 있으며, 개인에 대한 이사의 안내서비스와 양육 활동으로 상당한 액수의 기부금과 자원봉사자의 참여를 도출해 낼 수 있었다. 내부 확장을 위한 캠페인도 진일보하고 있다. 그러나 이후에는 다른 요소들이 제자리를 찾고 보다 관계가 공고하게 구축될 때까지 서서히 진행될 것이다.

박애행위가 시민권의 한 측면으로 이제 막 인식되고 있는 환경에서, 규모는 작지만 탄탄한 기관이 개발을 향해 전진하고 있는 것이다. 이는 다른 문화권 내에서 작업할 수 있는 기회, 그리고 검증된 개발, 모금 원리를 발전시킬 수 있는 기회로 독특한 것이었다. 미국 도서관은 이러한 기회를 자본화하고 있는 것이다.

이러한 사례들은 빙산의 일각에 불과하다. 미국 남서부지역의 박물관, 북서부지역의 사립학교, 중서부지역과 캘리포니아의 종교 기관, 미국 전지역에 걸쳐 있는 관현악단, 프라하의 박물관, 영국의 대학, 호주의 백혈병 재단 등에서 또 다른 사례를 얻을 수 있다. 이러한 일은 어디서나 일어나고 있고, 일어나야 한다.

가까운, 그리고 보다 먼 미래에 모든 기관들에 영향을 미칠 새로운 경향들이 부상하고 있다.

7. 비영리 기관의 개발 및 모금의 추세

1. 비영리 부문은 지역사회 건설자로서 점증적으로 중요한 역할을 맡게 될 것이다. 비영리 부문은 더 이상 정부 보조금이 제공되지 않는 중

요한 부분을 담당하고, 지역사회가 투자할 만한 가치가 있고 소명에 의해 추진되는 기관들의 연합을 강력하게 구축하고, 재정적으로도 건실해질 것이다. 미국에는 120만개의 비영리 기관들이 등록되어 있다. 요청되는 자원과 기부자의 수가 증가하면서 합병과 연합이 있을 것이다. 어떤 기관들은 더 이상 존립하기 위한 지원 기반을 확보할 수 없음을 알게 되어 다른 기관과 합병하거나 문을 닫게 될 것이다. 이러한 합병과 연합은 빠른 속도로 증가하고 있다. 캘리포니아 서부에 있는 두 개의 박물관은 서로 합병했는데, 다른 기관들을 유치하여 그들과 연합하려 하고 있다. 미네소타에 있는 두 개의 가톨릭 대학은 시설, 커리큘럼 및 필수적인 학생 서비스를 공유하고 있다. 다수의 미국 사립학교들은 공동의 교육 프로그램을 제공하고 재정적인 운영을 강화하기 위해 합병했다. 지역사회의 이슈을 다루어야 하는 비영리 부문은 문제를 해결하고 서비스를 제공하기 위한 최선의 대안을 찾아가고 있는 것이다.

2. 이와 같은 추세로 인해 기관들은 지역사회와 함께 교육적인 역할을 더욱 많이 담당하게 될 것이다. 이들은 박애행위와 그들이 담당하는 역할을 정의해야 한다. 이를 위해서는 전문가와 자원봉사자, 직원의 새로운 패러다임과 헌신이 필요한데, 이들은 기관 내에서뿐만 아니라 지역사회에서도 지도자가 되어야 한다. 내부·외부 마케팅을 위해서는 새로운 메시지와 에너지가 요구된다.

3. 기부자들은 더 적은 수의 기관에 초점을 맞추지만 더 많은 액수의 기부금을 제공할 것이다. 기부자들은 자신이 제공하는 기부금이 영향

력을 발휘하기를 바란다. 따라서 선택된 기관에 더 많은 액수의 기부금을 낼 것이다. 기부자를 보유하기 위해서는 훌륭한 기부자 안내서비스를 실천하는 것이 더욱 중요해질 것이다.

4. 기업과 지역사회의 연합 캠페인에 대해서는 계속 의문이 제기될 것이고 그 성과는 감소할 것이다. 기부자들은 기부금 할당에 있어서 더 많은 개입을 원할 것이고, 그들이 기부금을 제공하는 기관과 더욱 강력한 관계를 맺으려 할 것이다. 공동 모금회와 여타의 연합 모금 프로그램은 지속적인 도전에 직면하게 될 것이다. 지역사회 재단은 기부자의 지정 기탁이나 특정 기부금을 제공하고자 하는 사람들에게는 매력적인 선택사항이 될 것이다. 지역사회 재단의 관리비용은 비교적 낮기 때문에 기부자가 지정 기탁을 안심하고 할 수 있다.

5. 기관들은 더욱 소명에 초점을 맞추고, 결과 지향적이 되어야 한다. 기부자들이 스스로를 투자자로 간주하는 추세가 증가하고 있다. 따라서 그들은 기부금의 사용에 대한 정보를 얻음으로써 투자에 대한 상당 정도의 수익을 기대한다. 연례 보고서, 요청 자료 및 모든 연락 사항은 지역사회의 장기적인 욕구에 기부금이 미치는 영향을 근거로 삼아야 한다.

6. 거액 기부금 프로그램의 성공 여부 및 증가하는 전문 직원과의 협력 관계 형성에 있어서 자원봉사 정신은 계속해서 중요한 요소가 될 것이다. 기부자와의 개인적인 접촉 기회를 늘리기 위한 이사회와 직원 사이의 협력 관계가 강조될 것이다. 자원봉사자들에 대한 요구가 증

가하고, 자원봉사자의 더욱 전문적인 기술을 기관이 사용할 수 있게 되면서, 비영리 기관은 자원봉사자의 시간을 가장 효과적으로 활용할 수 있도록 성실해야 한다. 자원봉사자 대 자원봉사자의 차원이든, 직원 대 자원봉사자의 차원이든, 시간과 에너지는 정중히 요청해야 한다. 자원봉사자들은 그들이 투자한 시간에 대한 수익을 얻어야 한다. 즉, 가치의 확신, 만족감, 성취감, 결과의 가시성이 이러한 수익에 해당된다. 적절히 강화하고 보상하면 자원봉사자들은 계속해서 관심을 보이고 과업에 충실할 것이다. 그러나 장기적으로 지속되는 관계를 위한 최고의 도구는 자원봉사자의 시간을 낭비하지 않는 것이다.

7. 기부자들은 기부금을 통해서 뿐만 아니라 의견, 아이디어, 조언 등을 제공함으로써 소속감을 더욱 느끼게 될 것이다. 기관들은 기부자를 단지 돈의 원천으로서가 아니라 가이드의 원천으로 삼아야 한다. 이렇게 해야만 진정한 협력 관계를 마련할 수 있고 투자자 역할의 중대함을 실현할 수 있다.

8. 기부 요청 활동에 있어서 기술이 중요한 역할을 담당하게 될 것이다. 잠재적 기부자에 대한 보다 정교한 연구방식에서는 윤리적인 문제를 제기할 것이다. 인터넷을 통한 기부금 요청 활동이 장려될 것이며, 이는 보다 규모가 작은 기부금 요청 프로그램에서 성과를 얻을 확률이 높다. 기관들은 윤리적인 문제와 기술이 사생활을 침해할 수 있는 가능성에 대해 매우 신중하게 생각해야 한다.

9. 전 세계의 많은 국가들이 시민의 박애주의 책임을 더욱 강조하게 될

것이다. 전 세계 대부분의 국가에서 보이는 정부 지원의 감소와, 동유럽, 남아메리카 일부 지역, 아프리카 및 아시아 지역에서 보여지고 있는 인프라 시설의 해체로 말미암아 박애주의에 대한 교육의 필요성이 절실해졌다. 1996년 5월호 Paris Match지에 실린 2페이지 짜리 전면 광고에는 다음과 같은 내용이 있었다. "프랑스 재단(Foundation of France) : 각각의 소외 형태를 잊지 말아야 합니다. 각각의 기부금은 실제 행동으로 전환되어야 합니다."

계속해서 이 광고에서는 프랑스 재단이 소외, 고립, 고난에 반대하고 있으며, '프랑스 재단에 기부하는 일은 각각의 기부금이 실제로 활용되고 있음'을 시사하고 있다.

이어서 프로그램에 대한 요약을 보여주는데, 여기에는 안락사의 지원, 생존 가족의 보조, 장기 환자아동들이 휴일을 보낼 수 있는 기회 제공, 노인이나 장애 아동을 부양하는 가족에 대한 지원 등이 포함되어 있다.

재단의 슬로건은 다음과 같다. "우리는 도움을 받고자 하는 사람들을 돕습니다." 사진에서는 나이든 어떤 남자가 혼자서 수프를 마시고 있다. 주요 기부금 수준에서뿐만 아니라 이러한 국가들의 시민으로부터 반응과 참여가 증가할 것이다.

10. **비영리 부문은 더욱 활성화되고 전문화 될 것이다.** 모금학교(Fund Raising School, 인디아나 대학, 박애주의 센터), 교육지원 및 진흥위원회(Council for Advancement and Support of Education; CASE), 미국 비영리기관 이사회센터(National Center for Nonprofit Boards; NCNB) 등과 같은 기관의 전문 개발 및 교육훈련을 통해 이사회와

직원간의 강력한 협력 관계를 보장할 수 있다. 미국 모금담당 중역회의(National Society of Fund Raising Executives; NSFRE)와 보건자선협회(Association for Healthcare Philanthropy; AHP)의 인증 프로그램이 부상하고 있으며, 호주 모금연구소(Fundraising Institute Australia; FIA)와 같은 여러 해외 기관들이 새로운 표준과 업무를 비영리 부문에 도입하고 있다. 이들은 환영과 존중을 받고 있다.

11. 비영리 활동에 대한 책임 있는 규정과 법제화에 대한 강조. 연방 또는 주 차원에서 비영리 부문에 대한 연구가 늘고 있다. 비영리 기관, 그 산하 단체 및 전문가 협회는 서로 협동하여 이러한 문제를 다루어야 한다. 전문가들과 자원봉사자들은 자기 기관의 규정 준수여부를 스스로 감시해야 하며, 지역사회에서 지도적인 역할을 해야 한다.

8. 요약

단순 모금의 차원을 넘어 효과적인 모금을 하기 위해서는 새로운 헌신과 패러다임이 요구된다. 작은 꿈을 꾸지 말고 큰 뜻을 품으라는 성인의 말을 기억할 필요가 있다. 궁극적으로 우리는 충족하고 있는 욕구와 충족할 수 있는 역량이라는 현실에 직면하게 된다. 우리가 좁히고자 하는 것은 현실과 희망 사이의 간극이다.

모든 모금 활동에는 두 가지 기본 사항이 있다: 모금하는 돈과 확보된 가치. 또한 두 가지 핵심적인 혜택도 있다 : 요청의 기쁨과 기부의 기쁨.

이 두 가지는 비영리 부문을 발전시킴에 있어서 필수적인 정서이다. 사람들이 투자와 결과라는 맥락에서 요청을 받고 기부한다면, 그들은 자신이 어떠한 영향력을 발휘했는지를 알게 될 것이다. 그들은 생명을 건진 것이다. 배고픈 사람들이 음식을 먹을 수 있도록 했고, 신앙인은 하나님의 뜻을 따른 것이며, 아이들이 교육받을 수 있도록 했고, 노인들이 안락한 생활을 할 수 있도록 한 것이다. 사람들이 이러한 점을 알고 기부를 한다면, 그들은 자신의 일부를 기부한 것이다.

우리는 제공받은 기부금의 선한 관리인이 되어야 한다. 금전적인 기부와 마음의 기부에 대한 기부자 안내서비스가 되어야 한다. 이러한 관계를 구축해야 한다. 헌신은 지속적인 정열임을 명심하면서, 당신의 정열을 요리하여 다른 사람들을 자극할 수 있도록 해야 한다.

이렇게 하면 여러분은 과거의 단순 모금의 차원을 넘어서게 되고, 개발의 가치와 결과에 대해 알게 될 것이다.

참고문헌

Grace, Kay Sprinkel. 1991. "Can We Throw Away the Tin Cup?" in *Taking Fund Raising Seriously : Advancing the Profession and Practice of Raising Money*, ed. D. Burlingame and L. Hulse. San Francisco, CA : Jossey-Base, Inc.

Grace, Kay Sprinkel. 1995. "Toward Passionate Pragmatism : Building and Sustaining Board Commitment" in Taking Trusteeship Seriously, ed. R. Turner. Indianapolis, IN : Indiana University Center on Philanthropy.

Payton, Robert L. 1988. Philanthropy : Voluntary Action for the Public Good. New York : Collier Macmillan.

Rosso, Henry A. and Associates. 1991. Achieving Excellence in Fund Raising. San Francisco, CA : Jossey-Base, Inc.

문화관광부 선정 '99 우수학술도서
사회복지대백과사전

이 사전의 원전은 미국사회복지사협회(NASW)에서 간행한 『사회복지대백과사전(Encyclopedia of Social Work)』 19판이다.

사회복지 전 영역을 포괄하고 있는 총 4권(본책 1,2,3권,별책부록 1권) 3,500여 면에 이르는 방대한 이 사전의 대표적인 장점은 사회복지사들을 비롯한 사회복지 실현을 위해 일하는 모든 이들에게 수준 높은 지식체계를 제공하고 어려운 이웃을 위해 일하는 이들이 갖는 전문성은 어떠해야 하는지, 윤리적, 도덕적 가치를 어디에 두어야 하는지, 여러 가지 상황에 어떻게 대처하고 역할해야 하는지를 극명하게 보여주는 세계적으로 가장 권위있는 사회복지 사전이다.

대표감수 : 김만두,김융일,박종삼
분야별감수 : 김성이 외 60명
옮긴이　　 : 이문국,이용표 외 50'

추천사 사회복지학을 전공하는 학생, 교수는 물론이고 현장 실무자, 정책입안자, 그리고 사회복지에 관심을 가진 사람이면 누구나 이 책의 독자가 될 수 있으리라 믿는다. 이 책의 등장이 우리나라 독자들로 하여금 미국의 사회복지를 이해하고 나아가서 한국적 사회복지를 발전시키는 데에 기여할 수 있는 좋은 계기가 될 것이라 확신한다.

　　　　　　　　　　　　서울대학교 사회복지학과 교수　김 상 균

추천사 『사회복지대백과사전』은 미국 사회사업 전문직의 역사와 가치, 실천 분야와 방법 등에 걸친 현실뿐만 아니라 관련 사회쟁점들을 총체적으로 쉽게 이해할 수 있게 해 줌으로써 미국은 물론 세계 각 국의 사회복지 학도들과 현장실천가들 그리고 사회복지계 내외의 관심이 있는 인사들에게도 귀중한 자료원입니다.

　　　　　　　　　　　　한국사회복지사협회장　김 융 일

사회복지 프로그램신서 **1**

사회복지 프로그램 기획과 관리

정무성 옮김

본 서는 이러한 분위기와 필요를 반영하고 있다. 즉, 사회복지서비스의 효과성을 강조하는 최근의 경향을 반영한 것으로, 프로그램을 하나의 체계(system)로 보고 프로그램의 투입과 전환, 산출, 성과를 일련의 과정으로 설명하면서 '효과성에 기인한 프로그램 기획'을 일관성 있고 구체적으로 기술하고 있다. 이는 사회복지서비스의 중요한 분석단위인 프로그램의 책임성을 보장하는 데 중요한 효과성을 전제로 한 것이다. 따라서 최근 강조되고 있는 사회복지 평가를 계획하고 실천하는 데 매우 가치 있는 내용일 뿐 아니라, 프로그램을 기획(proposal)하고 관리하는 데 유용한 지침서가 될 것임을 따라서 사회복지현장에서 근무하는 실무자들이나 사회복지행정을 전공하는 이들에게 매우 유익할 것이다

사회복지 신서 **2**

사회복지 현장실습핸드북

서홍란 이경아 엮음

사회복지는 학교에서 배운 이론과 방법론들을 직접 실천하는 실천학문이다. 실제적인 실습지도의 필요성에 따라 이 책은 1장에서 사회복지현장실습의 개요와 사회복지실습에 대한 전반적 이해를, 2장에서는 실습양식작성요령에 대해 설명하여 기본적으로 실습을 나가기 전 학생들이 알아야 하는 절차와 과정 등을 서술하였다. 3장에서는 현장에서 활용할 수 있는 사회복지실천 기술과 대표적인 개입방법들을 요약하여 이미 학생들이 배웠지만 실제적용하기 어렵거나 아직 배우지 않은 내용 등을 다시 한 번 숙지하여 기관에서 활용할 수 있도록 요약해 놓았다. 그리고 4장에서는 분야별 실습지에 대한 개괄적인 내용과 실제 실습사례에 대해 실었다. 부록에서는 실습과 관련된 서류 및 공문서를 제시하였다.

사회복지 총서 **1**

사회복지 실천이론의 토대

미국 NASW 지음, 이팔환 외 15인 옮김

본 서의 가장 큰 장점은 각 방법론을 넘어선 독특한 실천구조- 즉, 생태체계적 관점에 따라 다양한 사례들을 일관되게 분석, 사정, 개입하는 데 있다. 이는 철저하게 상황 내 인간이라는 관점을 고수하고 있으면서 동시에 인간에 대한 존엄성을 바탕으로 사회정의 문제까지도 포괄하고 있다. 또한 사회복지실천에서 더욱 중요시되고 있는 평가 부분도 간과하지 않는다. 따라서 어떠한 실천현장에서도 적용 가능하며, 사회복지에 입문하는 학생들에게는 사회복지의 정체성을 보다 분명히 갖게 할 것이다.

이러한 측면에서 『사회복지실천이론의 토대』는, 지금의 교과과정에 진일보하여 각 방법론을 통합한 사회복지실천과 사회복지실천기술론을 새롭게 준비하고 있는 우리나라의 사회복지계에 매우 유익한 책임을 확신한다.

사회복지신서 **1**

한국교회와 사회복지

최무열 지음

저자는 하나님의 복지의도와 관심을 '두 바퀴론'으로 표현하고 있다. 강력한 하나님 말씀의 역사를 중심으로 한 성령의 바퀴, 사회의 고통을 끌어안는 나눔의 바퀴는 항상 일정하게 운행을 할 때 그 기능을 발휘한다. 그러나 한국 기독교 초기 선교 역사와 달리 현재의 한국교회는 어느 한 바퀴만을 강조하면서 사회와 괴리되고, 본래의 기능마저 상실하는 위기에 처해있다. 이러한 측면에서 본 책은, 한국교회가 앞으로 21세기를 준비하면서 교회의 사회복지 기능에 대해 말하고 있다.

이 책은 하나님의 말씀을 연구하는 신학생들, 하나님의 사랑을 실천하기 위해 훈련하는 사회복지학생들, 그리고 일선에서 주의 종으로 사역을 감당하는 목회자들에게 기독교의 사회복지를 이해하는 데 좋은 지침이 될 것이다.

옮긴이 정 무 성

현재 가톨릭 대학교 사회복지대학원 교학부장으로 재직하고 있으며, 사회복지행정과 지역사회복지, 프로그램 개발과 평가, 비영리기관 마케팅 등을 강의하고 있다. 미국 시카고 대학교에서 사회복지행정 박사학위를 취득하였으며, 다수의 NGO들과 사회복지기관들의 자문위원으로 봉사하고 있다. 또한 정부의 사회복지시설 평가사업에 참여하고 있으며, 공동모금회와 기업재단 등의 프로그램 공모사업 심사위원으로도 활동하고 있다.

저서로는 『자원봉사의 효율적 관리』(공저, 1996), 『사회복지관 평가모형 개발』(공저, 1998) 등이 있으며, 역서로는 『사회복지 프로포절 작성법』(1998), 『사회복지 프로그램 기획과 관리』(1999) 등이 있다. 논문으로는 '사회복지기관의 후원자 개발을 위한 마케팅 전략'(1998)외 다수가 있다.

비영리 기관의 모금

초판 1쇄 인쇄 2000년 6월 28일
초판 1쇄 발행 2000년 6월 30일
• • •
옮긴이 / 정무성
펴낸곳 / 나눔의집
펴낸이 / 박정희
편집장 / 정유진
• • •
주 소 / 서울시 관악구 신림1동 1631-19
전 화 / 02-839-7845   팩 스 / 02-839-7846
• • •
http:// WWW.NanumPress.co.kr
Nanum@NanumPress.co.kr
• • •
가 격 / 13,000원
ISBN : 89-88662-16-4 93330

이 책의 출간으로 정무성 교수가 받는 인세는
대한성공회 봉천동 나눔의집 의 어려운 이웃을 위해 사용됩니다.

※ 잘못된 책은 바꾸어 드립니다.